블록체인과 암호화폐
혁명인가 반란인가

가상화폐 시대의 철학 에세이

블록체인과 암호화폐 혁명인가 반란인가

초판 1쇄 인쇄일 2024년 10월 21일
초판 1쇄 발행일 2024년 11월 04일

지 은 이 김종호
펴 낸 이 양옥매
기   획 최자랑
디 자 인 표지혜
마 케 팅 송용호
교   정 조준경

펴낸곳 도서출판 책과나무
출판등록 제2012-000376
주소 서울특별시 마포구 방울내로 79 이노빌딩 302호
대표전화 02.372.1537 팩스 02.372.1538
이메일 booknamu2007@naver.com
홈페이지 www.booknamu.com
ISBN 979-11-6752-536-9 (03320)

블록체인과 암호화폐

가상화폐 시대의 철학 에세이

김종호 지음

책과나무

서문

비트코인은 악명 높다. 비합법 마약 거래에 사용된 익명 암호화 통화이고, 레거시 통화의 균열에 의해 거액의 자금 상실을 낳은 귀찮은 정보기술이다. 몇 년 전에는 이것이 비트코인에 대한 상식이었다. 그러나 비트코인 2.0이라고 불리는 거대한 움직임이 일고 있다. 블록체인이라고 하는 비트코인 내의 구조를 화폐 발행 관리 이외의 분야에 적용하거나 현재의 은행이 관리하는 계정 시스템에 대한 치환검증 실험 등 비트코인은 지금 뜨겁다.

이 책은 기술 해설서가 아니기 때문에 블록체인을 비트코인의 알고리즘에 힌트를 받아 나타나는 다양한 프로젝트의 집합이라고 대강 파악해도 좋다. 블록체인에 의한 프로젝트는 무수히 많지만, 그중에서도 분산 조직의 프로젝트가 가장 혁명에 가깝다고 나는 생각한다. 국가도 하나의 조직이며 그 구조와 형식을 급격히 바꾸는 것이 혁명의 일부이다. 국가와 분산 조직의 관계에 대해 간단히 언급하고 서문에 갈음하고자 한다.

국가는 군대, 경찰, 징세와 같은 강제력이나 외교권을 갖춘 특수한 조직이라고 할 수 있다. 입법과 행정은 분산조직으로 대체 가능성이 높을 것 같지만, 강제력이나 외교권에 대해서는 별로 대체할 수단이 없다. 시장의 실패가 일어나기 쉬운 분야에 대한 개입에 대해서도 수수께끼이지만, 과연 국가는 이 분야에서 어느 정도 기능하고 있는 것일지 생각해 볼 필요가 있다.

기성 조직에 대해 대항할 수 없는 혁명은 당연히 더 어려운 문제인 국가에도 대항할 수 없다. 그러므로 분산 조직만이 이상적으로 실현되더라도 그것은 아직 국가에 미치지 못한다. 혁명과 괄호를 붙인 이유의 또 하나는 이렇다. 예를 들어, 분산 조직의 병아리인 비트코인(혹은 그 상속자의) 경제권이 수백 배의 질서로 거대화해서 유럽연합 수준의 경제 규모가 되었다고 하자. 이때 '강제력이나 외교권을 갖지 않는 국가 이상의 공동체'라는 어색한 존재가 나타난다. 이 가상의 커뮤니티는 기존 국가와 이익이 배반될 때에도 과연 공존할 수 있을까? 아니, 공존해야 하는가?

암호자산이 무정부주의자의 리버타리안에게 애호되고 있는 것, 원점이 사이퍼펑크에 있는 것 등에 대해서는 들은 적이 있을 것이다. 비트코인에 대해 거대한 영향을 가진 중국은 현재 그리고 앞으로도 그 거래를 규제하고 또 규제하겠지만, 실제로는 묵인이라는 형태로 누르고 있으며 언제든지 번복할 수 있는 태도를 유지함으로써 지배력을 갖고 있는 것처럼 보인다.

나는 분산에 '혁명적 의미'가 있다면 단결과 카리스마는 필요하지 않다고 생각한다. 필요한 것은 프로토콜을 계속 개량하는 사고(思考)에 대한 열정이며, 잘 만들어진 프로토콜은 누군가에게 마음대로 채용되어 모르는 사이에 무언가 통제할 수 없는 사건이 일어난다는 사실이다. 비트코인이 그랬다. 조직의 유지와 동원이 폭주하는 것, 내부

블록체인과 암호화폐 혁명인가 반란인가

권력투쟁과 지도자의 발광이 혁명의 원인이다. 블록체인의 혁명이 이것들을 없애면, 그것만으로도 의의가 있다는 생각이 들었다. 그러나 예를 들면, 좋은 분산 조직의 실현을 단지 기존 제도와 맞지 않는다는 이유로 금지하면 어떻게 되는지 상상이 가지 않는다.

열정을 배출하는 방법이 시위, 냉소, 절망밖에 없었던 시대는 이미 끝나고 다시 큰 이야기들이 난립을 시작한다. 아마 모두 잊고 있을지도 모르지만, 임계점에 다다르지 않는다고 정해진 것은 아니다. 살아 있는 채 게놈 편집을 할 수 있는 시대의 생명윤리는 '원래 죽을 필요가 있을까?'라는 절실한 문제를 뚫는다는 사실을 기억하자.

사회는 완만하고 무자비한 자원 배분의 섭동 장치로서 죽음을 활용해 왔지만, 그 대체가 있으면 어떻게 될까? 조직의 혁명과는 별개로 아직도 큰 이야기가 생성되고 있다. 그러나 서사를 자유롭게 선택할 수 있다는 것은 여전히 혁명이 가능하다는 뜻이다.

차례

1부 블록체인, 철학 렌즈로 살펴보기

1장 ◆
자유와 평등의 블록체인 : 윤리, 인권, 기술의 연결

2장 ◆
블록체인의 철학의 결정론

3장 ◆
철학의 렌즈를 통해서 본 블록체인

4장　◆

암호화폐 포크의 철학

5장　◆

오스트리아 자유주의와 비트코인 그 상상 이상의 것

6장　◆

21세기 크립토 철학

3부 함께 그려 나가는 가상화폐 시대

1장 ◆
암호화폐 거래에서 범죄 메커니즘 유형

2장 ◆
정부가 암호화폐를 규제하는 방법

3장 ◆
스토아 철학과 암호화폐의 이해

4장 ◆

비트코인과 기술사회의 윤리

5장 ◆

비트코인 담론과 탈중앙화 이데올로기

6장 ◆

네트워크 페티시즘과 암호화폐의 종말

블록체인,
철학 렌즈로 살펴보기

BLOCKCHAIN AND CRYPTOCURRENCY

REVOLUTION OR REBELLION

자유와 평등의 블록체인
: 윤리, 인권, 기술의 연결

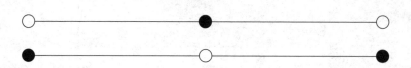

만일 당신이 경영자라면 언젠가는 사회적 영향력이 큰 서비스를 만드는 프로젝트의 설계 및 운영에 대한 정책을 만들어야 한다. 이 서비스는 클라우드에서 실행될 수도 있고, 퍼블릭 블록체인에 배포된 Web 3.0 앱일 수도 있다. 프로젝트는 비용 효율적이어야 하지만 잘못 설계되거나 운영될 경우 많은 사람들이 사생활 보호, 자산 손실, 건강 문제 및 폭력의 위협을 받을 수 있다. 이러한 프로젝트의 설계와 운영을 위한 정책을 수립하기 위해 당신은 어떤 사고 틀을 채택해야 하는가?

최근에 나는 이러한 질문에 정면으로 답하려고 시도한 세바스찬 포르스담 만(Sebastian Porsdam Mann), 맥스 슈미트(Max Schmid)의『동전의 양면: 블록체인, 윤리, 인권』이라는 에세이를 읽을 기회가 있었다. 이 글은 학술논문이 아니라 기술 기반 상업매체인 InfoQ에 게재된 글이지만, 수석 저자인 만(Mann)은 생명윤리학자로서 의학 및 생명과학 연구 분야에서 발생하는 윤리적 문제를 판단하는 기준을 검토하는 전문가이다.

생명윤리라는 분야가 있다는 사실에서 알 수 있듯이 의료계에서도 윤리학의 적용이 진행되고 있다. 반면에 나는 기술(또는 IT 분야)에서 윤리를 적용하는 것을 거의 경험하지 못했다(물론 정보윤리와 AI 윤리라는 분야가 있다. 그러나 그들이 작동했다면 안면인식 차별 문제는 발생하지 않았을 것이다). 그런 의미에서 만(Mann)의 글은 흥미롭다. 이는 블록체인 기술의 영향력이 그만큼 커졌음을 의미한다.

이 글의 핵심은 "공공성을 가진 복잡한 대규모 프로젝트를 어떻게 진행/규제할 것인가?"라는 복잡한 문제를 생각하기 위해서는 사고의 틀이 유연해야 한다는 점이다. 이를 위해 만(Mann)은 인류 역사상 가장 위대한 천재들이 고안하고 역사의 시험에서 살아남은 네 가지 유형의 윤리적 틀을 통합하고, 모든 문제에 적용할 수 있는 사고의 틀을 만들고자 시도한다. 그리고 서문에 다음의 세 가지 질문을 던진다.

- 비트코인이 악하다는 말은 무슨 뜻일까?
- 역사의 시험을 견뎌 낸 4가지 프레임워크는 무엇인가?
- 4가지 윤리 프레임워크 통합이란 무슨 말인가?

1. 비트코인이 악하다는 말의 의미

"나는 노벨상 수상자인 조지프 스티글리츠(Joseph Stiglitz)와 폴 크루그먼(Paul Krugman)이 쓴 두 편의 최근 논문을 보고 깜짝 놀랐다. 비트코인 생태계 자체가 쓸모없거나 부도덕하다고 주장했기 때문이다."

만(Mann)은 크루그먼이 2013년 뉴욕타임스에 기고한 기사 제목인 「비트코인은 악이다(Bitcoin Is Evil)」에 대해 묻는다. 기술이 악하다는 것은 무엇을 의미할까? 이 명제에 대해 어떻게 생각해야 하는가? 이 문제에 대해 저자는 윤리학의 장에서 논의를 시작한다.

크루그먼의 주장을 보면 그가 말하고자 하는 바를 쉽게 이해할 수 있다. 비트코인은 도덕적으로 악한 행위에만 사용되기 때문에 비트코인 자체는 악이다. 윤리적 논증으로서, 이것은 고의적인 무지이다. 블록체인이 사회적 이익을 위해 사용되는 사례를 찾기 위해 노벨상이 필요한 것은 아니다. 만(Mann)은 계속해서 다음과 같이 말한다.

"비트코인은 도덕적으로 사악한 목적으로 사용되기 때문에 악하다는 명제는 논쟁의 여지가 있다. 우선, 사고의 틀로서 우리는 결과에 따라 좋고 나쁨을 판단하는 결과주의(성과주의라고도 함)를 선택했다는 점을 분명히 해야 한다. 그렇다면 문제는 비트코인이 범죄자나 사회 공헌에 사용될 수 있다는 것이다. 예를 들어, 사회 공헌을 위해 블록체인을 사용하는 많은 이니셔티브가 있다. 예를 들어, 유엔 산하기구인 세계식량계획(WFP)은 기아 제로를 위한 블록체인을 보유하고 있다. 그리고 사회 공헌 블록체인 프로젝트는 비트코인이 없었다면 등장하지 않았을 것이다."

비트코인의 메커니즘 중 하나인 작업증명(PoW)이 대규모 전력소비를 수반한다는 비판도 있다. 한편, 비트코인이 제시하는 블록체인 기술은 다양한 영역에도 적용될 수 있는 큰 잠재력을 가지고 있다. 즉, 이 기술은 개인이 '신뢰할 수 있는 제3자'를 거치지 않고 송금할 수 있는 시스템을 제안했고, 그 적용이 확대되고 있다. 따라서 장점과 단점 모두 공정하게 고려되어야 한다고 만(Mann)은 말한다.

흥미로운 점은 비트코인과 퍼블릭 블록체인을 둘러싼 논쟁에서 윤리적 '질문'을 발견한다는 점이다. 예를 들어, 퍼블릭 블록체인 기술을 둘러싼 논란에서 '권력이 탈중앙화될수록 좋다'는 가치를 찾을 수 있다(이 아이디어는 '탈중앙화'라는 용어로 자주 이야기된다). 만(Mann)은 "이것이 윤리의 평등 원칙에 부합한다."고 지적한다. 그러나 엄밀하게 말하면 이것은 그의 생각이 아니라 퍼블릭 블록체인의 주요 특징인 '암호화폐의 소유자만이 소유하거나 양도할 수 있다'는 자주적 원칙이 나중에 논의될 의무론의 자유의 원칙에 적용된다는 점이다. 또한 여기서 암호화폐를 소유한다는 것이 법적으로나 기술적으로 옳지 않다는 논란도 있다. 그렇다면 그의 주장과 내 아이디어를 결합하여 다음과 같이 쓸 수 있다.

퍼블릭 블록체인은 자유와 평등을 보호하는 기술이다. 그리고 만(Mann)은 크루그먼이 암묵적으로 사용했던 결과주의 외에 다른 윤리적 틀이 있다고 지적한다. 신기술과 신사업에 대한 가치판단을 위해서는 단순한 결과 중심, 장점/단점 사고뿐만 아니라 오랜 세월 동안 이어져 온 윤리적 틀과 함께 생각해야 한다.

2. 역사의 시험을 견뎌 낸 4가지 프레임워크

만(Mann)은 윤리를 현실 세계의 문제에 적용하는 데 필요한 규범적 원칙을 이해하기 위해 규범 윤리의 네 가지 틀을 제시한다. 이를 간략하게 정리하면 다음과 같다.

• 공리주의

공리주의는 최대 다수의 최대 행복, 비용 대비 성과, 고통의 최소화, 이익의 극대화, 성과 기반, KPI(핵심성과지표), 분류와 같은 단어의 이면에 있는 개념이다. 그것은 오늘날 우리를 둘러싼 비즈니스 세계와 신자유주의를 채택한 사회 시스템 전반에 걸쳐 사용되는 사고의 틀이다.

결과주의는 좋은 행동과 나쁜 행동을 구별하는 것은 결과라고 주장한다. 결과주의의 가장 유명한 버전은 18세기와 19세기의 두 괴짜 영국인 벤담(Bentham)과 밀(Mill)에 의해 현대적인 형태로 개발된 공리주의이다.

제레미 벤담(Jeremy Bentham)은 윤리적인 것은 최대 다수의 최대 행복을 창조하는 것이라고 주장했다. 이 아이디어는 효용의 원리로 알려져 있다. 벤담에 따르면, 행복은 모든 형태의 쾌락에서 모든 종류의 고통을 뺀 것의 총합이다.

공리주의의 긍정적인 측면은 많다. 인격과 속성보다는 효용에만 초점을 맞춰 판단한다는 생각은 평등의 원칙으로 이어진다. 또 효용이 가장 큰 옵션을 채택해야 한다는 생각은 수학적으로 해를 구하는 방법이나 데이터를 기계적으로 처리하고 분석하는 방법과 양립할 수 있다. 공리주의는 주류 경제학과 게임이론의 이데올로기적 기원이다.

"KPI를 최대화한다"는 경영 스타일과 고통 최소화라는 기준으로 제품과 서비스를 평가한다는 발상도 공리주의의 적용이라고 할 수 있다.

반면에 순수한 공리주의자는 다른 선택지가 없다면(소위 '광산의 수레 문제(trolley dilemma)'라고 불리는) '한 생명을 빼앗는 것이 두 생명을 구할 수 있다'면 한 생명을 죽이는 것을 선택할 것이다. 여기서 공리주의의 이러한 불편한 결론에 도전하고 완전히 다른 원리를 제시하는 틀이 의무론이다.

• 의무론(Deontology)

의무론은 궁극적인 윤리원칙은 효용이 아니라 의무라고 주장한다. 의무론의 가장 유명한 지지자는 벤담과 동시대 사람인 임마누엘 칸트(Immanuel Kant)이다. 칸트는 이성을 갖고 행동할 수 있는 자유가 인간에게 독특한 지위를 부여한다고 믿었고, 그것을 존엄성이라고 불렀다. 그리고 인간의 존엄성이 가장 중요하며, 우리 자신뿐만 아니라 다른 사람들에게도 존중되어야 한다고 주장했다.

칸트는 이러한 자율성의 개념으로부터 도덕법칙을 도출했다. 이 중 가장 유명한 것은 그가 명확한 명제라고 부른 것인데, 항상 다른 사람을 목적을 위한 수단으로 이용해서는 안 될 뿐만 아니라 항상 자신의 목적으로 대해야 한다는 것이다. 즉, 다른 사람의 의사에 반하여 다른 사람을 이용하지 말라는 것이다. 타인을 수단으로 대하는 것은 그들의 자율성을 존중하지 않고, 결과적으로 그들의 존엄성을 존중하지 않는 것이기 때문이다.

칸트는 결과가 중요하지 않다고 말하지 않았다. 단지 효용과 명확한 명제가 충돌할 때마다 명확한 명제가 항상 우세할 것이라고 믿었을 뿐이다. 의무론의 궁극적 원리는 의무이다. 우리가 소중히 여기는 사람과 사물을 보호하기 위해서는 순수한 효용의 극대화를 위해 일종의 억제가 필요하다는 것이 일반적인 생각이다.

칸트의 의무론에 따르면, 인간은 타인의 존엄성을 보호할 의무가 있다. 다른 사람을 자신의 도구처럼 사용하는 것은 허용되지 않는다. '광산의 수레 문제'의 예에서, 두 사람을 살리기 위해서라도 한 사람을 적극적으로 죽이는 선택은 의무에 의해 금지되어 있다. 사람은 마지막까지 모두의 생명을 구할 방법을 찾아야 할 의무가 있기 때문이다.

• 인권

이제 인터넷 접속은 인권의 일부로 인식되고 있으며, 사회에서 소외된 사람들을 돌보는 것의 중요성은 아무리 강조해도 지나치지 않는다. 그러나 이것만으로는 인권의 개념에 대해 완전히 이해할 수 없다.

인권은 철학적 논쟁을 견뎌 낼 수 있을 만큼 충분히 강력한 사고의 틀이며, 모든 사람의 양도할 수 없는 존엄성에서 파생되는 권리와 자유를 설명한다. 인권은 인간의 존엄성이 논란의 여지가 없는 권리임을 인정하는 것이다. 그가 누구인지, 어디에서 태어났는지는 중요하지 않다. 이 권리가 모든 곳에서 모든 사람에게 적용된다는 보편성의 원칙을 기반으로 한다.

1948년에 발표된 세계인권선언은 역사상 가장 큰 규모의 철학자, 학자 및 기타 지식인들을 대상으로 한 조사의 결과였다. 현존하는 모든 문서, 모든 헌법, 모든 권리문서, 그리고 전 세계에서 온 수백 명의 저명한 사상가들을 조사하고 조언을 구했다. 놀랍게도, 인권에 관련하여서는 거의 모두가 논란의 요점에 동의하였다.

블록체인과 암호화폐 혁명인가 반란인가

철학적으로 인권은 존엄성에서 파생된 본질적인 원칙에서 비롯된다. 참여와 포용, 보편성, 평등과 차별의 철폐, 양도할 수 없는 성격과 책임이다. 보편성, 평등 및 차별 금지, 양도할 수 없음과 불가분성, 그리고 책임 등 전체 인권 프레임워크는 세계인권선언이라는 압축 텍스트에 요약되어 있다. 세계인권선언이 채택된 지 75년이 지났지만, 세계인권선언은 현재의 인권 문제를 논의하기 위한 기본 틀로서의 역할을 계속하고 있다.

만(Mann)은 인권 프레임워크가 공리주의와 의무론의 강점을 통합할 뿐만 아니라 또 다른 윤리적 프레임워크를 가지고 있다고 지적한다. 이것이 다음에 설명할 덕목이다.

• 덕 윤리

미덕은 함께 좋은 사람을 형성하는 일련의 성격 특성이다. 미덕은 도덕적으로 긍정적인 방식으로 행동하고 느끼고자 하는 지속적이고 신뢰할 수 있는 성향이다. 다른 말로 하면, 덕은 그 사람이 유덕하게 행동하게 만드는 성격 특성이다. 덕의 윤리는 플라톤, 아리스토텔레스, 맹자, 공자에 의해 발전되었다. 오늘날 논의되는 이론들은 아리스토텔레스와 가장 직접적으로 연관되어 있다.

도덕적 미덕은 사람의 습관의 결과로 생겨난다. 아리스토텔레스는 『니코마코스 윤리학』에서 "우리는 공정한 행동을 함으로써 정의로워지고, 온건한 행동을 함으로써 우리는 온건해지고, 용감한 행동을 함으로써 우리는 용감해진다."고 썼다. 옳은 일을 하기 위해 우리는 옳은 일을 하는 것이 우리의 일부가 될 때까지 습관적으로 미덕을 실천해야 한다.

3. 4가지 윤리 프레임워크 통합

블록체인 기반 비트코인에 대해 만(Mann)은 공리주의, 의무론, 인권, 미덕이라는 네 가지 윤리적 틀 사이의 유사성을 지적한다.

- 평등: 개인의 본질적 중요성과 평등에 동의한다.
- 보편성(universality): 이 원칙은 모든 곳에서 모든 사람에게 적용된다.
- 유용성의 중요성: 권리, 의무, 미덕이 이러한 행동을 금지하지 않는 한, 가장 큰 효용을 낳는 선택이 가장 좋다.
- 개발에 중점: 여기서 개발의 개념은 지속가능발전목표(SDGs)의 개발과 동일하다. 여기에는 교육, 역량 강화, 인프라 개발 및 환경문제가 포함된다.

만(Mann)은 "인권과 인간의 존엄성을 지키기 위해서는 공리주의를 억압하는 권리와 의무의 층이 있어야 한다."고 명시적으로 말한다. 예를 들어, 위에서 예로 제시된 '광산의 수레 문제'의 예는 다음과 같다. 완전히 순수한 공리주의에서는 다른 선택지가 없을 때 두 사람을 살리기 위해 한 사람을 죽이는 것이 정당화된다. 의무론에 따르면, 한 사람을 죽이는 것은 그의 존엄성을 박탈하는 것이고, 이는 자신과 다른 사람들의 존엄성을 보호해야 할 의무에 위배되기 때문에 이 결론은 거부된다. 우리는 마지막 순간까지 모두를 구할 수 있는 방법을 생각해야 한다.

인권의 본질은 결코 빼앗길 수 없는 존엄성에 있으며, 장점과 단점의 계산에만 기초한 순수한 공리주의로는 인권을 지킬 수 없다. 이 우선순위는 엄격하게 준수되어야 한다. 수학의 표현식을 빌려 쓰면, '인권 〉 공리주의'와 같은 수식이고, 이것이 바로 그러한 불평등이 존재하는 이유이다.

쉽게 바꾸어 말하자면, 공리주의와 인권을 조화시키자는 메시지가 유효하다. 이런 사고방식을 실천하는 사람들도 있다. 예를 들어, 빌 게이츠는 "인간성과 이기심은 함께 갈 수 있다."고 말했다(파이낸셜 타임스). 반면, 기업의 편의와 인권이 심각하게 충돌하는 경우에는 인권이 우선되어야 한다. 예를 들어, 기업이 서비스를 운영할 때 수익과 서비스 지표를 높이기 위해 이용자의 사생활을 침해하거나 이용자 개인에게 해를 끼치는 조치를 취하는 것은 인권의 원칙에 위배된다. 이에 대해 만(Mann)은 "권리가 충돌할 때, 정부는 공리주의적 계산과 매우 유사한 과정을 통해 서로 다른 권리 주장의 상대적 중요성을 저울질해야 한다."고 말한다. 현실 세계에서 여러 사람의 권리가 충돌할 때 결론에 도달하는 방법은 공리주의적 계산이며, 그것이 정부가 할 일이다.

만(Mann)이 이 글에서 언급하지는 않았지만, 자유와 권리의 충돌이 발생했을 때 공리주의적 해결책을 취하더라도 토론과 반대의 메커니즘이 수반되어야 한다(이 측면은 Amartya Sen이 "The Idea of Justice" 및 기타 저작에서 논의한다). 예를 들어, 정부기관이 퍼블릭 블록체인 프로젝트(암호화폐)를 규제할 때, 가장 중요한 원칙에 따라 다중 이해관계자와 논의를 진행하는 것이 바람직하다(이러한 이니셔티브는 최근에야 시작되었다). 만(Mann)은 네 가지 윤리적 틀의 핵심 원칙을 검토한 후, 그것들을 결합하여 다음과 같이 새로운 틀을 스케치한다.

"먼저 문제를 명확히 하라. 다음으로 다양한 옵션의 효용을 평가하라. 가장 효과적인 옵션이 다른 사람의 권리를 침해하지 않는지 고려해야 한다. 문제의 권리가 절대적이지 않은 경우, 효용이 실제보다 큰지 판단한다. 권리와 의무에 의해 제약을 받거나 상쇄되지 않고 효용이 가장 높은 것을 선택하라. 가능하면 개발과 미덕에 집중하라."

앞서 설명했듯이 여기에 사용된 효용, 권리, 의무, 미덕, 발전이라는 용어는 나름의 정의가 있다. 그들 중 일부는 반복적이지만 간단한 설명을 추가하겠다.

효용(utility)은 크거나 작은 인덱스와 비교할 수 있는 지표(index)이다. 경제 및 경영의 기본권은 모든 사람의 권리는 결코 빼앗길 수 없는 인간의 존엄성에서 비롯된다는 것을 인정하는 데서 시작된다. 세계인권선언(Universal Declaration of Human Rights, UDHR)의 의무 즉, 궁극적인 윤리적 원칙이 바로 그 기준이다. 인간이 이성을 가지고 행동하는 데 수반되는 의무에는 "순간의 편의나 욕망이 아닌 보편적 법칙에 따라 결정을 내리는 것"과 "인간의 존엄성을 보호하고 다른 사람을 도구로 사용하지 않는 것"이 포함된다. 전형적인 사상가는 칸트인데, 그의 미덕은 사람을 좋은 사람으로 만드는 개인적 자질이다. 그것은 매일의 훈련을 통해 확립된다. 또 한 명의 전형적인 사상가는 아리스토텔레스이고 그의 주장은 개발이 핵심이다. 교육, 역량 강화, 인프라 개발, 환경 조치 등을 포함하는 넓은 의미의 개발은 지속가능발전목표(SDGs)에서 말하는 개발에 공통되는 개념이다.

언뜻 보기에 만(Mann)이 만든 프레임워크는 추상화 수준이 높은 체크리스트처럼 보일 수 있다. 그럼에도 불구하고 새로운 프레임워크는

블록체인과 암호화폐 혁명인가 반란인가

2,000년 이상의 연구에서 살아남은 윤리적 프레임워크를 통합하는 우선순위 지정을 통합한다는 점에서 유의미하다.

　중요한 것은 인권을 침해하지 않고 의무를 위반하지 않는 것을 신규성, 효율성, 이익보다 우선시하는 것이다. 실제 프로젝트에서는 이러한 프레임워크가 사용 상황에 따라 세부적으로 적용된다. 만(Mann)은 이러한 윤리적 프레임워크가 블록체인 프로젝트가 사회에 기여하는 데 어떤 영역이 유용한지에 대한 관점을 제공해야 한다고 지적한다. 나 또한 본서의 집필 동기가 이와 같음을 서장에 기록해 두고자 한다.

2장

블록체인의 철학의 결정론

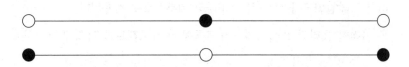

I. 블록체인 철학의 등장

"인간의 일에서 중요한 사건은 그들 자신의 선택에 의해 초래된
것이 거의 없다(모든 것은 결정되어 있는 것이다)."
– 율리시스 그랜트

블록체인과 철학이라는 단어를 같은 문장에 언급하는 사람은 거의
없을 것이다. 최근까지 대중은 블록체인을 틈새 기술적 측면, 더 정확
하게는 암호화폐 톱니바퀴를 돌리게 하는 유사 불가사의한 메커니즘
으로 간주했다. 그러나 여론은 다소 바뀌었고, 블록체인은 이제 다양
한 산업에 적용할 수 있는 매우 가치 있고 다재다능한 기술로 간주되
고 있으며 이는 실제로 이루어지고 있다. 그래서 사람들은 이 기술과

더 추상적인 철학의 세계를 연결시키지 못하거나 연결할 수 없다. 그러나 블록체인의 핵심 특성을 조금만 더 깊이 파고들면 이 기술에는 실제로 철학적 맨틀이 있으며, 블록체인이 무엇인지, 어떻게 작동하는지, 그리고 더 중요하게는 왜 작동하는지에 대한 또 다른 지식을 추가하기 위해 확장할 가치가 있음을 알 수 있다.

1. 블록체인과 결정론에 얽힌 두 가지 개념

철학에서 결정론 원리는 모든 사건과 모든 행동이 이전 사건이나 행동의 필연적인 결과라고 제시한다. 따라서 우리는 미래의 모든 사건이나 행동이 선제적 또는 소급적으로 예측될 수 있다고 추론할 수 있다. 이에 대해 케임브리지 사전은 결정론을 '일어나는 모든 일은 있는 그대로 일어나야 하며 다른 방법으로는 일어날 수 없다'는 이론으로 정의한다. 마치 불교의 연기론(緣起論)을 떠올리게 한다.

지금 블록체인 기술의 경우는 탈중앙화, 투명성, 그리고 결정적으로 합의를 기반으로 생태계를 만든다. 누군가는 이것이 전체 블록체인 건물이 서 있는 세 가지 기둥이라고 주장할 수 있다. 하나를 제거하면 전체 구조가 약해지고 무너진다. 세 번째 기둥인 합의(consensus)는 블록체인 내에서 결정론 없는 합의도 없고, 합의 없는 결정론도 없다는 흥미로운 문제를 제시하기 때문에 특히 인상 깊다. 이 두 가지 개념은 깊이 얽혀 있으며 이 장의 뒷부분에서 살펴볼 것이다.

2. 결정론과 자유의지

대중문화는 수많은 영화, 책, 만화, 픽션과 논픽션에서 결정론 대 자유의지의 문제를 다루었다. 전자의 좋은 예로는 '아주 먼 미래, 인공두뇌를 가진 컴퓨터(Artificial Intelligence)가 지배하는 세계'를 그린 1999년 영화《매트릭스(Matrix)》와 범죄가 일어나기 전 범죄를 예측해 범죄자를 처단하는 최첨단 치안 시스템 프리크라임(precrime)을 바탕으로 미래의 범죄자들을 체포한다는 시놉시스의 2002년《마이너리티 리포트(Minority report)》가 있다. 두 영화 모두 결정론이 많이 등장하지만,《마이너리티 리포트》는 미래의 사건이 이전 사건에 의해 결정되는 정도와 자유의지가 이러한 결과의 예측 가능성을 바꿀 수 있는지 여부에 대해 더 깊이 엿볼 수 있다.

이 영화는 미국 SF 작가 필립 케이 딕(Philip K. Dick)의 1956년 단편 소설 『마이너리티 리포트(Minority report)』를 원작으로 한다. 기본 전제는 'Precogs'라 불리는 세 명의 돌연변이가 사회를 폭력 범죄로부터 보호할 수 있다는 것인데, 이 돌연변이의 선견지명을 통해 살인 사건이 언제 일어날지 정확하게 예측할 수 있으므로 경찰은 살인이 발생하기 전에 범인을 체포할 수 있다. 이 시스템은 흠잡을 데가 없는 것으로 간주되지만, 때때로 Precogs 중 하나가 다른 두 개가 예측하는 결과에 동의하지 않는 경우가 있다. 이러한 '소수자 보고서'는 현상 유지를 위해 억압받게 된다.

3. 합의의 중요성

이제 Precogs를 블록체인의 작동 방식에 대입해 보겠다. Precogs의 신뢰성은 합의에 달려 있다. 세 주체 모두 결과에 동의해야 올바른 용의자를 잡을 수 있고 범죄가 발생하지 않는다. 이것이 문제의 핵심이다. 마찬가지로, 블록체인 네트워크의 모든 노드는 특정 트랜잭션이 검증되고 새 블록이 추가되도록 동의해야 한다. 결정을 신뢰할 수 있으려면 Precogs 사이에 소수 의견(즉, 의견 불일치)이 있을 수 없는 것처럼 모든 노드가 동의해야 합의가 이루어질 수 있다.

4. 블록체인의 결정론

『마이너리티 리포트』는 '일어나는 모든 일은 있는 그대로 일어나야 하며 다른 방식으로는 일어날 수 없다'는 인생 사건의 결정론적 성격과 자유의지가 인간의 존재에 얼마나 많은 영향을 미치는지를 다룬다. 블록체인의 핵심 원칙 중 하나이나 자주 언급되지 않는 것은 이 기술의 결정론적인 특성 때문이다. 여기에서 컴퓨터 마법과 철학의 세계가 추상적인 바이너리 풀(binary pool)로 합쳐진다. 블록체인은 결정론적이어야 하기 때문에 결정론적이며, 다른 방법으로는 설명이 불가능하다. 이것은 모든 것이 작동하는 방식이다.

블록체인 환경에서는 모든 사람이 다른 사람의 네트워크 상태를 볼 수 있으므로 완전한 투명성이 있으며, 즉시 알아차릴 수 있기 때문에 악의적인 사람이 날뛰는 가능성이 없다. 공유되는 것이 트랜잭션뿐인 경우 언제 어디서나 새 노드를 추가할 수 있으며, 동일한 상태를 볼 수 있다. 이것이 스마트 계약이 결정론적 방식으로 작성되어야 하는 이유이다. 그렇지 않으면 합의가 이루어지지 않을 것이다.

5. 맺음말

『마이너리티 리포트』는 훌륭한 이야기이며, 1956년에 쓰였음에도 불구하고 딕(Dick)의 주장은 68년이 지난 오늘날에도 여전히 유효하다. 결정론과 자유의지는 열띤 논쟁의 여지가 있는 개념이다. 철학과 블록체인을 융합하는 것은 쉽지 않으나, 일단 올바른 각도를 찾으면 그리 어렵지 않다. 블록체인의 결정론적 특성은 우리의 인식과 사유 체계를 완전히 새로운 수준의 인식으로 끌어올린다.

II. 블록체인의 철학 ▋

블록체인은 사람들이 디지털 생활에서 어떤 유형의 중개자도 없이 서로 자유롭게 상호작용할 권리가 있다고 믿는 사람들이 만든 기술이다. 이 문구는 독점해제의 가능성을 제시한 것으로서 꽤 자명하지만 각 조각을 떼어 내서 하나씩 살펴보고자 한다.

1. 블록체인은 기술이다

대체로 블록체인은 기술이라는 사실을 잊지 말자. 사실 암호화폐 신봉자에게 물어보면, 블록체인은 암호화폐 없이는 아무것도 아니라고 말할 것이다. 타협을 배제하고 최대를 추구하는 이러한 맥시멀리스트(Maximalist)들에게 경의를 표하며, 우리는 블록체인을 기술 발전으로 취급할 것이다. 블록체인은 코드로 작성된 시스템이므로 본질적으로 소프트웨어이다.

다시 한 번 지적하자면, 블록체인에 대해 이야기할 때 우리는 대부분 디지털 라이프에 대해 이야기한다. 그러나 블록체인은 물리적 생명체와의 상호작용이 제한적이다. 사람들이 일반적으로 이 두 가지를 혼합하고 블록체인을 실제 거래에 적용하려고 하기 때문에 이러한 구분이 중요하다.

블록체인을 지역에 적용할 때는 먼저 해당 지역이 완전히 디지털화되었는지 여부를 확인해야 한다. 그렇지 않다면 블록체인 애플리케이션을 고려하기 전에 먼저 완전한 디지털 라이프로 옮겨 가는 데 필요한 단계를 수행해야 한다.

2. 믿는 자들이 창조한 것이다

블록체인 기술은 암호학, 코딩, 경제학 및 게임이론을 갖춘 사람들에 의해 만들어진다. 이 사람들이 누구인지 묻는다면 대부분 익명이다. 왜일까? 그들이 원하기 때문이다. 중요한 것은 그들이 누구인지가 아니라 그들의 아이디어와 그들이 테이블에 가져온 것이다. 이들 중 일부는 널리 알려져 있는데, 그들 중 세 명만 언급하자면, 데이비드 차움(David Chaum), 닉 자보(Nick Szabo), 할 피니(Hal Finney)이다. 이 3명의 개척자들에 대한 자세한 정보는 Wikipedia에서 따로 찾아보길 바란다.

3. 사람들은 서로 자유롭게 교류할 권리가 있다

다른 사람들과의 상호작용은 여러 차원에서 일어날 것이다. 하나는 다른 사람들과 상호작용할 수 있는 능력이나 수단을 갖는 것이다. 다른 하나는 물리적 경계에 관계없이 누구와도 상호작용하는 것이다. 세 번째 차원은 언제든지 그들과 상호작용하는 것이다. 즉, 제한 없이 다른 사람들과 상호작용할 수 있다.

4. 디지털 라이프에서는 중개자 없이 생활한다

중앙 관리기구가 없는 상태에서 경제활동을 하는 것은 기존 금융기관에서는 거의 불가능하다. 블록체인을 논의할 때 금융기관을 탓하는 것은 아니다. 안타깝게도 내부 시스템과 금융기관 간에 사용되는 인프라는 모두 컴퓨터 시스템이나 소프트웨어 등과 같은 낡은 레거시 시스템이다. 이러한 시스템에는 이러한 기관이 개인에게 '무료' 서비스를 제공하지 못하게 하는 고유한 한계가 있다. 이러한 금융기관에 대한 대안은 물리적(디지털 이전)으로 아날로그 생활에서는 거의 불가능했지만, 다행히도 기술의 도입과 함께 금융 서비스가 완전히 디지털화되어 기존 금융업체에 대한 대안이 등장할 수 있었다.

III. 블록체인 이면의 철학적 직관 ▌

암호화폐의 이면은 토마스 아퀴나스의 철학을 떠올리게 한다. 13세기에 토마스 아퀴나스는 신(God: 神)의 존재에 대한 다섯 가지 논리적 논증을 제시했다. 아리스토텔레스로부터 많은 영향을 받은 아퀴나스는 그 증명을 논리적 "사슬"로 구조화했다. 그에 따르면, 모든 존재의 속성은 파생되거나 기원된다. 음식은 냄비가 뜨겁기 때문에 뜨겁고, 냄비는 스토브에서 열을 얻고, 열은 그것의 최종 기원인 불에서 에너지를 얻는다. 잔디는 공기가 습하기 때문에 젖어 있고, 습기의 마지막 원인인 작은 물방울로 만들어진 구름 때문이다. 모든 체인은 지정된 속성의 원래 소스에서 파생된다.

아퀴나스에게 있어서 어떤 특징들은 "특별하다." 그것들의 기원은 하느님(God) 외에는 아무것도 될 수 없다. 특히 인과관계에 주목하는데, 모든 것은 변하지만 애초에 모든 것을 일으킨 제1원인이 있어야한다. 중세시대에는 그것이 신(God)이었다. 오늘날 현대 과학은 그것을 빅뱅(big bang)이라고 부른다.

블록체인은 이러한 체인 중 하나를 수학적으로 표현한 것이다. 진정성의 사슬인 것이다. 근본적으로, 블록체인은 진정성을 증명해야하는 존재론적 문제에 대한 해답이다. 누군가에게 직접 물어볼 수 없고, 믿을 수 없다면, 어떤 것이 진짜라는 것을 어떻게 증명할 수 있을까?

현대 디지털 시기가 오기 전, 아날로그 역사 동안 우리는 대부분의 관심을 물체 자체에 집중했다. 우리는 붓놀림이나 색상의 화학적 조성과 같은 물감의 구성요소를 연구하여 그림이 진짜인지 확인했다. 또 동전의 무게를 알려진 금속과 비교하여 동전의 유효성을 확인했다. 롤렉스 시계는 일련번호로 진품을 판별하고, 복잡하고 보이지 않는 워터마크로 인한 표시 덕분에 지폐가 진짜임을 확인할 수 있었다. 다시 말해 진정성의 존재론적 속성은 대상 자체에 내재되어 있었다. 이에 따라 위조방지 조치는 항상 개체 자체를 복제하기 어렵게 만드는 데 의존했다.

디지털 시대에는 무언가를 복사하는 것이 사소한 일이 되었다. 디지털 아트 작품을 위조하는 것은 스크린 샷 한 장이다. 누군가를 사칭하는 것은 세션 쿠키(cookie: 웹사이트 방문기록 정보 파일)를 사용하는 문제일 뿐이다. 그렇다면 누군가가 자신의 디지털 코인을 복사하는 것을 막을 수 있는 것은 무엇일까? 진위 여부는 온라인에서 큰 문제이며, 신원이나 희소성 상품과 같이 진위 여부가 진정으로 중요한 경우는 거의 없다. 블록체인은 다른 각도에서 공격하여 이 문제를 해결한다. 그것은 무언가의 진위를 증명하는 문제를 물체 자체의 본질에서 그 진위를 유발하는 일련의 행동으로 옮겼다.

"진짜"의 속성은 더 이상 객체의 특성에 의해 유추되는 속성이 아니라 소유권 이전을 통해 상속된다. 만약 당신이 그 사슬을 따라간다면 당신은 "진정성"의 본래 관찰자에 도달할 수 있는데, 우리는 그를 맹목적으로 신뢰하게 될 것이다. 왜냐하면, 그들은 그 특정한 세계에서 사실상 "신(제1원인)"이기 때문이다. 돈을 발행한 것은 조폐공사가 아니라 프로토콜이다. 명품 한정판 시계를 물리적으로 제작한 회사나 그림을 그린 예술가에게 그것들은 진정성의 기원이며, 블록체인에서는 그 전이적 속성에 의해 다운스트림의 모든 것도 진정성(authenticity)이 있어야 한다.

블록체인과 암호화폐 혁명인가 반란인가

JPG 이미지가 기록적인 입찰가로 판매되기 시작했을 때 세계는 충격을 받았지만, 생각해 보면 사람들은 일반적으로 예술품을 전시하기 위해서가 아니라 자신의 지위를 알리고 소득세를 낮추기 위해 구입한다. 컴퓨터에 모나리자 사진이 있는지 여부는 상관하지 않는다. 우리는 모나리자가 당신의 것인지 여부만 신경 쓴다. 디지털 영역에서 NFT는 특정 예술작품이 실제로 진짜이며 귀하의 것임을 불확실성 없이 알려 준다. 이는 디지털 세계의 본질적인 다른 본질에 대해 많은 것을 말해 준다.

우리는 데스크탑, 폴더, 파일, 마우스, 메일과 같은 우리 자신의 현실에서 빌려온 은유를 통해 온라인과 기계 내부에서 일어나는 일을 상상한다. 그러나 디지털 우주는 양자 시공간과 약간 비슷하다. 우리에게 익숙한 것과 같은 방식으로 일이 일어나지 않는 곳이다. 다른 규칙들이 있기 때문에, 비슷한 문제들이라 할지라도 서로 다른 해결책들을 가질 것이다. 더 이상 예전 것들은 적용되지 않을 것이다. 흥미로운 점은 이것이 지금 우리의 현실이기도 하다는 것이다. 이제 디지털도 우리의 세상이 되었으니, 디지털에 익숙해져야 한다.

철학의 렌즈를 통해서 본
블록체인

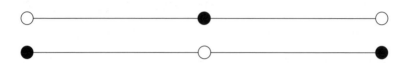

블록체인 기술의 철학적 함의를 탐구하고, 블록체인 개념과 포스트휴머니즘, 트랜스휴머니즘, 가속주의, 비판이론, 사변적 실재론 등 사상사와 현대 이론의 개념 사이의 유사점을 도출하고자 한다. 이를 통해 사이버펑크, 솔라펑크, 크립토아나키즘, 기술 자유주의를 포괄하는 블록체인의 철학적 핵심을 개념화하는 것을 목표로 한다. 또한 블록체인의 13가지 철학적 기둥을 식별해 본다.

나는 이 기술이 정체성과 신뢰에 대한 전통적인 개념에 도전하는 동시에 더 큰 자율성과 주체성을 가능하게 한다고 주장한다. 또한 블록체인은 새로운 형태의 거버넌스의 출현과 인간 능력의 확장을 포함하여 중요한 사회적 변화를 가져올 수 있는 잠재력을 가지고 있다고 제안한다. 마지막으로, 블록체인이 직면한 몇 가지 비판과 도전을 고려하고 사회와 철학의 미래를 형성하는 데 있어 블록체인의 잠재적 역

블록체인과 암호화폐 혁명인가 반란인가

할에 대해 성찰한다.

철학은 주로 형이상학적, 존재론적, 인식론적 질문을 다루는 반면 블록체인은 기술적 도구라는 점에 유의하는 것이 중요하다. 이 책에서 분석한 많은 철학적 개념과 이론은 블록체인 개념과 연계하여 단순화되었다. 더욱이, 이 책에서 언급된 대부분의 철학자들은 그들의 저서에서 블록체인에 대해 명시적으로 논의하지 않았으며, 그들의 철학과 블록체인 사이의 모든 연관성은 나의 해석에 의한 것이다.

우선 블록체인의 철학적 논의의 범위를 어디까지 한정하거나 확장할지 정해야 할 것 같다.

"기계는 인간을 자연의 큰 문제로부터 고립시키는 것이 아니라 그 문제들 속으로 더 깊이 빠져들게 한다."
— 앙트완 드 생텍쥐페리

안팎으로 최근 몇 년 동안 우리의 전통적인 사고방식에 도전하려는 몇 가지 철학적 운동이 등장했다. 이러한 운동에는 트랜스휴머니즘, 가속주의, 비판이론, 솔라펑크, 크립토아나키즘 등이 포함된다. 동시에 기술의 발전은 우리가 살고, 일하고, 서로 관계를 맺는 방식을 변화시키는 새로운 형태의 사회적·경제적 조직을 탄생시켰다. 그중에서 최근 몇 년 동안 주목받고 있는 기술 중 하나가 바로 블록체인이다.

블록체인은 정보의 안전하고 투명한 저장 및 전송을 가능하게 하는 분산형 디지털 원장이다. 금융거래에서 공급망 관리, 거버넌스 시스템(예: 탈중앙화 자율조직, DAO), 디지털 신원확인, 지적 재산, NFT(Non-Fungible Token) 및 소울바운드 토큰(SBT)을 통한 예술가와 과학자의 혜택에 이르기까지 잠재적인 응용 분야는 방대하다. 그러나 모든 신기술과 마찬가지로 블록체인은 신중한 고려와 분석이 필요한 기술로서 많은 철학적 질문과 과제를 제기한다.

이 책에서는 포스트휴머니즘, 트랜스휴머니즘, 가속주의, 비판이론, 사변적 실재론 및 사이버펑크, 솔라펑크, 크립토아나키즘 및 기술자유주의 운동에 특히 중점을 두고 고전 및 현대 철학이론의 맥락에서 블록체인의 의미를 탐구하고자 한다. 다음과 같은 질문에 답하는 것을 목표로 한다.

- 블록체인은 어떤 윤리적, 인식론적, 존재론적, 미학적, 사회적, 정치적 함의를 가지고 있을까?
- 블록체인은 더 넓은 철학적 틀 안에서 어떻게 들어맞는가?
- 현대 철학이론에서 블록체인을 어떻게 보는가?
- 블록체인의 철학적 핵심을 이루는 이론은 무엇인가?
- 블록체인을 철학으로 개념화하는 방법은 무엇일까?

Ⅰ. 블록체인 기술 개요 기초 스케치 ▮

"철학은 우리의 시선에 끊임없이 열려 있는 우주라는 이 거대한 책에 쓰여 있다. 그러나 이 책은 먼저 언어를 이해하고 그 책이 쓰인 글자를 읽는 법을 배우지 않는 한 이해할 수 없다. 그것은 수학의 언어로 쓰였으며, 그 문자는 삼각형, 원 및 기타 기하학적 도형이며, 그것 없이는 인간이 한 단어도 이해할 수 없다."
— 갈릴레오 갈릴레이

블록체인 기술은 복잡한 문제에 대한 안전하고 투명하며 분산된 솔루션을 제공함으로써 미래를 변화시킬 수 있는 잠재력을 가진 혁신적인 혁신이다. 이 항에서는 블록체인, 블록체인의 구성요소, 기능, 유형, 사용 사례 및 과제에 대한 포괄적인 개요를 제공하고자 한다.

1. 정의와 역사

블록체인은 중개자 없이 안전하고 투명하며 변조가 불가능한 거래를 가능하게 하는 분산형 분산원장이다. 탭스콧과 탭스콧(2016)에 따르면, "블록체인은 금융거래뿐만 아니라 거의 모든 가치 있는 것을 기록하도록 프로그래밍할 수 있는 경제 거래의 부패하지 않는 디지털 원장"이다. 이 기술은 암호화를 사용하여 데이터의 무결성을 보장하고 무단 액세스 또는 수정을 방지한다.

블록체인은 2008년 사토시 나카모토(Satoshi Nakamoto)라는 가명을 사용한 알려지지 않은 개인 또는 그룹이 『비트코인: P2P 전자화폐 시스템』이라는 제목의 백서를 발표하면서 처음 소개되었다. 이 백서는 분산형 원장을 사용하여 거래를 추적하고 검증하는 새로운 전자결제 시스템에 대해 설명한다. 2015년 스완(Swan)이 언급했듯이 "비트코인의 근본적인 혁신은 네트워크 참여자가 거래 내역의 단일 버전에 동의할 수 있도록 하는 작업증명 알고리즘을 통해 분산형 합의 메커니즘을 만드는 것"이었다.

비트코인이 도입된 이후 블록체인 기술은 암호화폐와 금융을 넘어 다양한 애플리케이션을 포함하도록 발전했다. 오늘날 블록체인 기술은 의료, 공급망 관리, 창조산업, 투표 시스템, 디지털 신원확인 등과 같은 산업의 응용 분야에서 널리 연구되고 있으며 그 범위는 더 열려 있다.

2. 주요 구성요소 및 기능

간단히 말해서, 블록체인의 핵심은 암호화된 데이터와 이를 체인의 이전 블록에 연결하는 고유한 암호화 서명 또는 해시(hash)를 포함하는 일련의 상호 연결된 블록으로 구성된다. 블록체인의 구성요소는 특정하는 방식의 구현에 따라 다를 수 있지만 일반적으로 다음을 포함한다.

• 분산원장

분산원장은 모든 거래를 분산 방식으로 기록하는 데이터베이스이다. 네트워크의 각 노드는 원장의 사본을 유지 관리하고 실시간으로 업데이트한다. 코로스비 등(Crosby et al., 2016)이 언급했듯이 "블록체인은 본질적으로 변조 및 수정으로부터 보호되는 지속적으로 증가하는 데이터 기록 목록을 유지하는 분산형 데이터베이스"이다.

• 블록

원장은 검증된 트랜잭션 집합을 포함하는 블록으로 구성된다. 각 블록에는 고유 식별자, 타임스탬프 및 체인의 이전 블록에 대한 참조가 포함된다. 스완(Swan, 2015)에 따르면 "트랜잭션은 블록으로 그룹화되어 블록체인 또는 블록체인을 형성한다."

• 암호화

암호화는 블록체인 네트워크를 보호하고 데이터의 무결성을 보장하는 데 사용된다. 여기에는 공개 키 암호화, 디지털 서명 및 해시함수와 같은 기술이 포함된다. 안토노풀로스(Antonopoulos, 2014)가 언급했듯이 "암호화는 블록체인에서 자산의 소유권을 증명하고, 거래의 진위를 확립하며, 데이터의 무결성을 보장하는 데 사용된다."

• 합의 메커니즘

합의 메커니즘은 네트워크의 모든 노드가 원장의 현재 상태에 동의하도록 하는 데 사용된다. 이는 일반적으로 작업증명, 지분증명 또는 기타 합의 알고리즘을 통해 달성된다. 나카모토(Nakamoto, 2008)에 따르면, "노드는 수락된 블록의 해시를 이전 해시로 사용하여 체인에서 다음 블록을 생성함으로써 블록에 대한 수용을 표현한다."

• 스마트 계약

스마트 계약은 블록체인에서 실행되는 자체 실행 프로그램이며 복잡한 거래 또는 계약의 실행을 자동화할 수 있다. 스완(Swan, 2015)이 언급했듯이 "스마트 계약은 중개자나 제3자 없이 복잡한 트랜잭션을 인코딩하고 실행을 자동화할 수 있다."

• 노드

노드는 블록체인 네트워크를 구성하는 개별 컴퓨터 또는 장치이다. 각 노드는 원장 사본을 유지하고 트랜잭션을 확인하기 위해 합의 메커니즘에 참여한다. 크로스비 등(Crosby et al., 2016)이 언급했듯이 "블록체인 네트워크의 노드는 트랜잭션을 검증하고 블록체인의 무결성을 유지할 책임이 있다." 이러한 구성요소는 함께 작동하여 블록체인에서 거래를 기록하고 검증하기 위해 안전하고 분산된 시스템을 만든다.

블록체인 기능의 핵심은 탈중앙화되어 있다는 것인데, 이는 중앙기관이나 중개자가 시스템을 통제하지 않는다는 것을 의미한다. 대신, 네트워크는 시스템의 무결성과 보안을 보장하기 위해 함께 작동하는 분산 노드 네트워크에 의해 유지되고 관리되고 검증된다. 따라서 블록체인에 대한 모든 변경 사항은 네트워크의 대다수가 승인해야 하므로 변조 또는 해킹 공격에 강하다. 중요한 특징은 블록체인의 투명성과 불변성으로, 트랜잭션이 블록체인에 기록되면 변경하거나 삭제할 수 없다. 이는 네트워크의 모든 트랜잭션에 대한 변조방지 및 감사 가능한 기록을 제공하여 다양한 애플리케이션에 유용할 수 있다.

또한 누구나 참여할 수 있는 비트코인 및 이더리움과 같은 퍼블릭 블록체인과 특정 참가자 그룹으로 제한되는 프라이빗 또는 허가형 블록체인을 포함하여 여러 유형의 블록체인이 있다. 퍼블릭 블록체인과 프라이빗 블록체인의 요소를 결합한 하이브리드 블록체인도 있다.

3. 블록체인 사용 사례

블록체인 기술은 광범위한 산업 및 사업영역에서의 잠재적인 응용 프로그램으로 인해 최근 몇 년 동안 상당한 주목을 받았다. 다음은 블록체인 사용 사례의 몇 가지 예이다.

• 금융거래

블록체인의 가장 초기이자 가장 잘 알려진 사용 사례 중 하나는 금융거래 영역이다. 블록체인은 거래를 기록하고 검증하는 안전하고 투명한 수단을 제공할 수 있으며 금융 부문에서 비용을 절감하고 효율성을 높일 수 있는 잠재력을 가지고 있다. 즉, 블록체인을 활용하면 금융기관은 낮은 비용으로 안전한 금융거래 시스템을 갖출 수 있다. 또한 분산원장을 사용하면 P2P 네트워크만으로 거래원장을 손쉽게 관리할 수 있다. 비트코인 및 이더리움과 같은 잘 알려진 암호화폐는 최근 몇 년 동안 상당한 견인력을 얻은 블록체인 기반 금융 시스템의 예이다.

• 공급망 관리

블록체인은 움직이는 모든 부분을 간소화하여 관리할 수 있다. 예를 들어, 원자재의 원산지부터 고객에게 전달되는 최종 제품에 이르기까지 전체 공급망에 대한 투명하고 감사 가능한 기록을 생성하는 데 사용할 수 있다. 이를 통해 사기를 줄이고, 투명성을 높이고, 추적성과 책임성을 개선할 수 있다. 공급망 관리를 위한 블록체인의 이점에는 보안성, 접근성, 투명성, 가시성 등이 포함되어 있다.

• ID 관리

블록체인은 개인이 자신의 데이터를 제어하고 관리할 수 있도록 하는 분산되고 안전한 디지털 ID 시스템을 만드는 데 사용할 수 있다. 탈중앙화신원 증명(Decentralized Identity)은 기존 신원확인 방식과 달리 중앙집중기관에 의하여 통제되지 않으며 개인이 자신의 정보에 완전한 통제권을 가질 수 있는 기술이다. 이는 신원 도용 및 사기를 방지하는 데 도움이 될 수 있으며, 서비스 및 리소스에 대한 안전하고 원활한 액세스를 촉진할 수도 있다.

- **투표 시스템**

블록체인은 검증 가능한 투표 기록 및 집계를 허용하는 안전하고 투명한 투표 시스템을 만드는 데 사용할 수 있다. 블록체인 기술을 투표에 적용하면 유권자 본인 인증부터 투표, 개표, 최종 결과의 모든 단계가 블록체인 안에 기록된다. 또한 선관위부터 후보자, 유권자, 참관인 등이 모두 노드(검증자)로 참여할 수 있어서 모두에게 관련 정보가 공유되므로 상호검증이 가능해진다. 이는 선거 과정에 대한 신뢰와 확신을 높이는 데 도움이 될 수 있으며 사기와 조작을 줄이는 데도 도움이 될 수 있다.

- **지식재산권**

블록체인은 특허 및 저작권과 같은 지식재산권을 관리하기 위한 분산되고 투명한 시스템을 만드는 데 사용할 수 있다. 이는 분쟁과 법적 문제를 줄이는 데 도움이 될 수 있으며, 지식재산권 자산을 보다 효율적이고 효과적으로 관리할 수 있다. 블록체인이 활용될 수 있는 지식재산권 생태계는 다음 그림과 같이 나타낼 수 있다.

블록체인과 암호화폐 혁명인가 반란인가

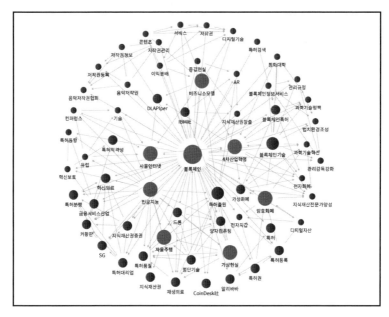

출처: https://www.kiip.re.kr/webzine/2009/kiip_2009_focus01.jsp.

• **의료**

블록체인은 환자가 자신의 의료 데이터를 제어하고 관리할 수 있도록 안전하고 분산된 전자 건강 기록 시스템을 만드는 데 사용할 수 있다. 블록체인 기술이 의료 분야에 활용될 경우, 건강 정보 관리 능력의 증대, 보험 청구 및 심사 프로세스 효율화, 의료기기 및 약물 유통 채널의 추적성 제고, 임상 시험의 안전성 향상, 연구 데이터의 공유와 활용의 증대, 개인 의료 및 건강 정보의 보호 강화, 의료 정보 무결성 확보 및 책임 추적성 등이 증대될 수 있다. 이는 환자 개인정보보호 및 데이터 보안을 개선하는 데 도움이 될 수 있으며, 보다 효율적이고 효과적인 의료 서비스 제공을 촉진할 수 있다.

• 사물 인터넷(IoT)

블록체인은 사물 인터넷(IoT)을 관리하기 위한 안전하고 분산된 시스템을 만드는 데 사용할 수 있다. 이는 사이버 공격 및 데이터 침해의 위험을 줄이는 데 도움이 될 수 있으며 IoT 장치 및 네트워크를 보다 효율적이고 효과적으로 관리할 수 있다. IoT에 블록체인을 접목하면, 구체적으로 다음과 같은 다양한 이점을 얻을 것이다.

- 보안성 향상: 블록체인을 통해 스마트 계약을 구현할 수 있다. 특정 요구사항이 충족되는 특정 사용자만이 중요 정보에 접근할 수 있게 된다.
- 신뢰성 향상: 블록체인은 분산원장이다. 즉, 한 부분의 작동이 중지되더라도 전반적인 성능에는 영향을 미치지 않는다. IoT가 성공적으로 널리 받아들여지기 위해서는 이 기능이 절대적으로 필요하다.
- 속도 증대: 스마트 계약을 통해 특정 조건이 충족되면 계약이 자동으로 수행되게 할 수 있어 '제3의 중계인'이 필요 없기 때문이다.
- 비용 절감: 블록체인이 '제3의 중계인'을 필요 없게 해 주므로 P2P 방식으로 거래를 수행할 수 있어, 이들 제3의 중계인에게 지불하는 수수료가 없어진다.

• 게임 및 가상세계

블록체인은 사용자가 디지털 자산을 소유하고 거래할 수 있는 안전하고 투명한 게임 및 가상세계 플랫폼을 만드는 데 사용할 수 있다. 블록체인이 예술산업을 뒤흔들었다. 예술품의 토큰화는 디지털 토큰 생성을 통해 예술품의 부분적 소유권을 가능하게 하는 블록체인 기술의

블록체인과 암호화폐 혁명인가 반란인가

사용 사례이다. 이를 통해 미술품 투자자와 수집가는 블록체인 기반 플랫폼에서 거래할 수 있는 미술품 소유권 지분을 사고팔 수 있다. 예술의 토큰화는 더 많은 사람들이 예술작품에 투자할 수 있도록 하고, 예술가가 후원자로부터 직접 작품에 대한 자금을 받을 수 있도록 함으로써 예술시장을 민주화할 수 있는 잠재력을 가지고 있다.

• **음악 및 엔터테인먼트**

블록체인 기술은 음악 및 기타 형태의 엔터테인먼트를 배포하고 수익을 창출하기 위한 분산형 플랫폼을 만드는 데 사용할 수 있으며, 이를 통해 아티스트와 제작자는 자신의 작업에 대한 공정한 보상을 받을 수 있다.

• **과학과 교육**

블록체인 기술은 학업 사실 증명 및 자격을 검증하기 위한 안전하고 분산된 시스템을 만드는 데 사용할 수 있으며, 이는 사기 위험을 줄이고 고용 및 채용 프로세스의 효율성을 개선하는 데 도움이 될 수 있다. 즉, 블록체인은 학위, 졸업장, 성적 인증과 같은 학업 자격증명을 저장하고 확인할 수 있는 안전하고 투명한 방법을 제공할 수 있다. 이것은 전통적인 종이 기반 문서의 필요성을 제거하고 사기 및 위조 자격증명의 위험을 최소화한다. 블록체인은 국경을 넘어 자격증명 양도 문제를 해결할 수 있는 잠재력을 가지고 있다. 유학생들은 다양한 교육 시스템과 자격 기준으로 인해 자격증명을 다른 국가로 이전하는 데 종종 어려움을 겪는다. 블록체인은 국경을 넘어 자격증명을 저장하고 전송하는 표준화되고 안전한 방법을 제공하여 학생들이 교육을 계속하거나 다른 국가에서 쉽게 취업하도록 도울 수 있다.

· **자선 및 기부**

블록체인 기술은 자선 기부금을 관리하기 위한 투명하고 안전한 시스템을 만드는 데 사용할 수 있으며, 이를 통해 기부금이 의도한 수령인에게 도달하고 의도한 목적에 맞게 사용되도록 할 수 있다. 후원자들이 계좌로 송금하거나 신용카드 결제를 하는 내역부터 모인 돈이 후원 대상자에게 전달되고 쓰인 내역까지 모두 블록체인에 실시간으로 저장된다. 따라서 후원자 누구나 모든 정보를 조회할 수 있기 때문에 자신의 후원금이 엉뚱한 곳에 유용되지 않는다는 확신을 얻을 수 있다.

· **부동산**

부동산 거래에 블록체인 기술이 적용되면 종이 증명서가 없어도 안전한 거래가 가능하다. 블록체인 기술을 활용하는 만큼 거래 기록을 조작할 수 없어 계약서 위 · 변조 및 부실한 확인 · 설명을 방지할 수 있고, 무자격 · 무등록자의 불법 중개행위를 차단할 수 있으며, 공인중개사 및 거래당사자 신분 확인을 철저히 할 수 있다. 또한 개인정보 암호화로 안심 거래 지원도 가능하다. 이외에도 소유자의 서명을 통해 매물이 등록되며, 거래 시 참여자 모두가 확인할 수 있어 허위 매물 및 '정보의 비대칭'을 최소화할 수 있다. 무엇보다도 블록체인 기술을 사용하여 안전하고 투명한 부동산 등기시스템을 만들 수 있으며, 이를 통해 사기 위험을 줄이고 부동산 소유권이 적절하게 기록되도록 할 수 있다.

• **도전과 한계**

위와 같은 다양한 잠재적인 이점에도 불구하고 블록체인 기술과 관련된 몇 가지 과제와 한계가 있으며, 여기에는 확장성, 에너지 소비, 공통 규제 프레임워크의 부재와 관련된 문제가 포함된다.

II. 블록체인 기술의 철학적 함의

> "기술은 중립적이지 않다. 우리는 우리가 만드는 것의 안에 있
> 고, 그것은 우리 안에 있다. 우리는 연결의 세계에 살고 있으며,
> 어떤 연결이 만들어지고 만들어지지 않는지가 중요하다."
>
> — 도나 해러웨이

블록체인은 단순한 기술혁신이 아니다. 그것은 중요한 철학적 함의를 지닌다. 블록체인 혁신 기술의 탈중앙화, 투명성 및 보안은 권력, 신뢰 및 권위에 대한 전통적인 개념에 도전하여 현재의 철학적·기술적 담론에 필수적인 철학적 질문을 제기한다. 이 장에서는 블록체인의 윤리적, 인식론적, 존재론적, 미학적, 사회적, 정치적 함의를 검토해 본다.

1. 블록체인의 윤리적 함의: 신뢰, 투명성 및 책임에 대한 분석

윤리학은 도덕적 원칙, 가치 및 옳고 그른 행동의 개념을 다루는 철학의 한 분야이다. 개인과 사회가 어떻게 행동해야 하는지, 어떤 행동

이 도덕적으로 옳고 그른지, 무엇이 유덕한 행동을 구성하는지에 대한 질문을 탐구한다. 윤리학은 도덕적 의사결정에 대한 지침 및 인간 행동의 결과와 윤리적 의미를 평가하기 위해 다양한 윤리이론과 틀을 제공한다.

일반적으로 윤리는 윤리적 딜레마에 대한 숙고와 성찰, 다양한 선택의 윤리적 파급 효과를 고려하여 정직, 공정성, 정의, 연민, 타인에 대한 존중과 같은 원칙에 부합하는지 여부에 대한 판단과 결정을 내리기 위해 노력하는 것을 포함한다. 여기에는 개인의 도덕, 직업윤리, 사회윤리, 환경윤리 및 생명윤리를 포함한 광범위한 주제가 포함된다. 또한 윤리학은 도덕적 가치의 본질, 윤리이론의 기본 토대, 도덕 원칙과 인간 본성 사이의 복잡한 관계에 관한 심오한 철학적 질문을 다룬다. 개인과 사회가 윤리적 문제를 비판적으로 검토하고, 도덕적 주장을 평가하고, 행동을 조정하고 개인과 공동체 모두의 건강한 삶(웰빙)을 촉진하는 윤리적 원칙과 지침을 구성할 수 있도록 하는 프레임워크를 제공한다.

역사적으로 많은 저명한 철학자들이 윤리에 대한 자신의 생각을 저술했다. 덕의 윤리 또는 성품에 대한 연구로 유명한 아리스토텔레스는 도덕적으로 선한 삶을 영위하기 위해 유덕한 성품을 배양하는 것의 중요성을 강조했다. 그의 윤리는 사람들이 행복이나 웰빙(eudaimonia)을 얻기 위한 전제 조건으로 훌륭한 성품(그리스어로 "ethikē aretē", 고결한 성품)을 달성해야 한다는 전제를 기반으로 구축되었다.

의무론적 윤리학을 주장한 임마누엘 칸트(Immanuel Kant)는 도덕적 의무의 개념과 도덕적 원칙에 따라 행동하는 것의 중요성을 강조하는

블록체인과 암호화폐 혁명인가 반란인가

범주적 명령을 중심으로 한『도덕 형이상학의 기초』(1785)를 저술했다. 프리드리히 니체(Friedrich Nietzsche)는 전통적인 도덕적 가치에 도전하고 "권력에의 의지"라는 개념과 삶의 내재적 복잡성에 대한 긍정에 초점을 맞췄다.

실존주의 윤리학을 주장한 장 폴 사르트르(Jean-Paul Sartre)는 개인의 자유와 책임을 강조하면서 도덕적 의사결정에서 개인의 선택과 진정성의 중요성을 강조했다. 몇 가지 예를 들면, 윤리와 기술의 교차점, 특히 기술 발전의 윤리적 의미와 관련된 것은 여러 철학자들에게 흥미로운 탐구 분야였다. 예를 들어, 마르틴 하이데거(Martin Heidegger)는『기술에 관한 질문(The Question Concerning Technology)』(1954)에서 기술의 본질과 그것이 인간 존재에 미치는 영향에 대해 논의했다. 그는 모든 것을 계산 가능하고 통제 가능한 자원으로 환원시키려는 기술의 경향에 대한 윤리적 도전에 중요한 질문을 제기했다.

한스 요나스(Hans Jonas)는 인간과 환경에 대한 피해를 방지하기 위해 기술의 개발과 사용에 있어 윤리적 책임과 선견지명의 필요성을 강조하면서 기술윤리에 대해 저술했다(1979). 독일 태생의 미국 철학자 알버트 보그만(Albert Borgmann)은 그의 저서『기술과 현대생활의 성격: 철학적 탐구』(1984)에서 일상생활에서 기술의 윤리적 측면을 분석하고 인간의 가치, 관계 및 의미 있는 경험을 보존하는 방식으로 기술에 참여해야 할 필요성을 강조했다.

정보윤리와 정보철학 분야의 연구로 유명한 이탈리아와 영국의 철학자 루치아노 플로리디(Luciano Floridi)는『정보의 철학(The Philosophy of Information)』(2011)에서 개인정보보호, 데이터 보호, 인공지능(AI)의 윤리적 사용 문제 등 디지털 시대가 제기하는 윤리적 문제를 조사했다.

새로운 기술의 출현과 함께 새로운 윤리적 함의가 발생한다. 블록체인의 경우, 이러한 윤리적 함의는 상당한 철학적 무게를 지니며 숙고를 요구한다. 주로 블록체인의 윤리적 의미는 개인정보보호 및 데이터 보호, 탈중앙화 및 권력, 사회 및 환경의 영향, 신뢰 및 투명성, 경제 및 사회정의를 포함한 몇 가지 주요 주제를 중심으로 이루어진다. 이러한 주제는 신흥기술이 사회와 사람들의 도덕에 미치는 영향에 대한 비판적인 질문을 제기한 여러 저명한 철학자들에 의해 탐구되었다.

• **개인정보보호 및 데이터 보호**

블록체인 기술의 가장 눈에 띄는 윤리적 의미 중 하나는 개인정보보호 및 데이터 보호 문제이다. 블록체인의 사용에는 종종 개인정보의 수집, 저장 및 공유가 포함되며, 이는 상당한 우려를 불러일으킨다. 현대 과학자이자 철학자인 헬렌 니센바움(Helen Nissenbaum)은 프라이버시가 개인정보에 대한 접근을 통제하는 것뿐만 아니라 적절한 정보 흐름에 대한 사회적 규칙과 규범을 형성하는 것이라고 주장한다(2010). 윤리원칙의 잠재적 위반을 피하기 위해 블록체인 기술이 개인정보보호에 미치는 영향을 신중하게 고려하여야 한다는 점이다.

• **탈중앙화와 권력**

블록체인의 또 다른 중요한 윤리적 함의는 탈중앙화와 권력의 문제이다. 블록체인 기술은 권력의 탈중앙화를 가능하게 하며, 이는 긍정

블록체인과 암호화폐 혁명인가 반란인가

적 영향과 부정적 영향을 모두 미칠 수 있다. 철학자 닉 스르니첵(Nick Srnicek)은 '가속주의와 포스트−희소성 경제'라는 정치이론과 관련하여, "지방분권화가 반드시 더 민주적이고 공평한 권력 분배로 이어지는 것은 아니며, 권력의 집중은 여전히 소수의 강력한 행위자의 손에 의해 발생할 수 있다."고 경고한다. 블록체인 기술이 권력 관계에 미치는 영향은 윤리적 원칙이 유지되도록 비판적으로 평가되어야 한다.

• 사회적·환경적 영향

블록체인 기술이 사회적 · 환경적으로 미치는 영향은 또 다른 중요한 윤리적 고려사항이다. 미국의 기술 철학자 벤자민 브래튼(Benjamin Bratton)은 블록체인의 사회적 · 환경적 영향은 기술 및 경제 발전이라는 더 넓은 맥락에서 평가되어야 한다고 주장한다. 예를 들어, 블록체인 채굴에 필요한 에너지 소비는 환경에 상당한 영향을 미친다. 따라서 블록체인 기술이 사회적 · 생태적 문제에 미치는 윤리적 영향은 기술이 지속 가능한 발전에 기여할 수 있도록 비판적으로 평가되어야 한다.

• 신뢰와 투명성

블록체인 기술이 신뢰와 투명성을 강화할 수 있는 잠재력은 또 다른 중요한 윤리적 함의이다. 루치아노 플로리디(Luciano Floridi)는 투명성은 모든 민주주의 시스템의 근본적인 가치이며, 블록체인 기술은 투명성을 강화하는 거래 변조방지 기록을 제공할 수 있는 잠재력을 가지고 있다고 지적한다. 그러나 이러한 잠재력은 잘못된 신뢰감과 남용 가능성을 조성할 위험과 균형 있게 다루어져야 한다.

• 경제 및 사회정의

블록체인 기술은 경제 및 사회정의에 기여할 수 있는 잠재력을 지니고 있다. 벨기에의 기술 철학자 마크 쾨겔버그(Mark Coeckelbergh)는 블록체인 기술이 금융 및 기타 자원에 대한 보다 공평한 접근을 제공하여 경제 및 사회정의에 더 크게 기여할 수 있다고 주장한다. 그러나 이러한 잠재력은 의도하지 않은 부정적인 결과와 함께 신중하게 평가되어야 한다.

• 책임

블록체인 기술은 특히 스마트 계약의 배포와 관련하여 책임 문제에 대한 질문을 제기한다. 스마트 계약은 블록체인 기술에 의해 자동으로 시행될 수 있는 자체 실행 디지털 계약이다. 스마트 계약은 많은 이점을 제공하지만, 의도하지 않은 부정적인 결과를 초래할 수 있는 경우 법적 책임과 그에 대한 질문도 동시에 제기한다. 반면에 블록체인 탈중앙화는 중앙집중식 기관의 부재로 인해 사기, 해킹 또는 기타 범죄 활동의 경우 책임 여부를 가리기 어려울 수 있기 때문에 투명성 문제로 이어질 수 있다.

결론적으로, 철학적 관점에서 블록체인 기술의 윤리적 함의는 방대하고 다면적이다. 개인정보보호 및 데이터 보호, 탈중앙화 및 권력, 사회 및 환경영향, 신뢰 및 투명성, 경제 및 사회정의라는 주제는 기술이 윤리적으로 사용되고 더 나은 사회에 기여하기 위해 해결해야 할 중요한 고려사항이다.

2. 블록체인의 인식론적 함의

: Web 3.0 시대의 지식 창출, 검증 및 신뢰에 대한 탐구

철학의 한 분야인 인식론은 지식의 본질, 기원 및 경계를 탐구한다. 그것은 다음과 같은 근본적인 질문들과 씨름한다.

- 지식이란 무엇인가?
- 우리는 그것을 어떻게 얻을까?
- 우리의 믿음을 정당화하는 기준은 무엇인가?

인식론은 진리, 정당화, 증거, 지각, 추론 및 아는 사람과 알려진 사람 사이의 복잡한 관계의 개념을 조사하고 탐구한다. 인식론에서는 다양한 이론과 접근방식을 통해 지식의 본질을 밝히려고 한다. 합리주의는 지식 습득에서 이성과 타고난 직관의 역할을 강조하는 반면, 경험주의는 감각 경험과 관찰의 중요성을 강조한다. 회의주의는 절대적인 확실성의 가능성에 대한 의구심을 불러일으키고 우리 믿음의 신뢰성에 의문을 제기한다.

인식론은 또한 지식과 신념의 구별, 이성에서만 파생된 지식(선험적)과 경험에 기반한 지식(사후적) 사이의 대조, 귀납 문제로 인한 도전과 같은 중요한 개념과 구별을 탐구한다. 인간 지식의 본질과 범위, 지식을 습득하기 위해 사용하는 방법론, 이해의 한계에 관한 근본적인 질문을 다루려고 노력한다.

본질적으로 인식론은 지식의 본질과 우리가 세상을 이해하고 참여하게 되는 과정을 이해하고 평가하기 위한 틀을 제공한다. 그것은 과학, 윤리학 및 형이상학을 포함한 수많은 다른 탐구영역의 기초를 형성하는 철학의 필수 분야이다.

역사를 통틀어 수많은 철학자들이 인식론 분야에 큰 공헌을 했다. 르네 데카르트(René Descartes)는 회의주의와 합리주의를 탐구하여 『제1철학에 대한 명상(Meditations on First Philosophy)』(1641)에서 현대 인식론의 토대를 마련했다. 그는 기초지식의 출발점으로 "Cogito, ergo sum(나는 생각한다, 고로 나는 존재한다)"이라는 문구를 만든 것으로 유명하다.

존 로크(John Locke)는 『인간 이해에 관한 에세이(Essay Concerning Human Understanding)』(1689)에서 경험과 감각 지각의 역할을 강조하면서 인간 지식의 기원을 조사했다. 로크는 타불라 라사(tabula rasa)라는 개념을 도입했는데, 이는 인간의 정신이 처음에는 감각과 성찰을 통해 지식이 각인되는 백지상태라고 제안했다.

데이비드 흄(David Hume)은 『인간본성에 관한 논문(Treatise of Human Nature)』(1740)과 『인간 이해에 관한 탐구(Enquiry Concerning Human Understanding)』(1748)를 통해 인과관계와 귀납에 대한 전통적인 개념에 도전했다. 그는 타고난 아이디어의 개념을 비판하고 인간 지식의 한계를 강조하면서 보다 회의적인 접근방식을 주장했다. 또 임마누엘 칸트(Immanuel Kant)는 『순수이성비판』(1781)에서 인간의 이성과 지식의 한계를 지적했다.

철학자는 현상의 영역(우리가 인식하는 세계)과 누메나(사물 자체)를 구별하여 현실에 대한 우리의 이해를 형성하는 데 있어 선험적 지식을 종합하는 역할을 강조했다. 버트런드 러셀(Bertrand Russell)은 『철학의 문제(Problems of Philosophy)』(1912)에서 지각의 본질, 귀납법의 문제, 지식과 믿음의 관계와 같은 주제를 검토하면서 주요 인식론적 질문에

블록체인과 암호화폐 혁명인가 반란인가

대한 포괄적인 개요를 제공했다. 또 루트비히 비트겐슈타인(Ludwig Wittgenstein)은 『철학적 탐구』(1953)를 통해 세계에 대한 우리의 이해를 형성하는 데 있어 언어와 언어의 역할을 탐구하고 지식의 본질, 언어 게임, 의미해석에서 맥락의 중요성을 탐구했다.

몇몇 철학자들은 기술 발전이 지식과 정보 획득에 대한 우리의 이해에 어떤 영향을 미치는지 고려하면서 인식론과 기술의 교차점을 탐구했다. 마르틴 하이데거(Martin Heidegger)는 기술과 존재에 대한 우리의 이해 사이의 관계를 조사하여 『기술철학』(1954)을 저술했다. 그는 기술이 세계에 대한 우리의 이해를 형성하고 우리가 지식을 인식하고 습득하는 방식에 영향을 미칠 수 있다고 주장한다. 알버트 보그만(Albert Borgmann)은 기술이 지식 습득에 미치는 영향을 포함하여 인간 경험에 미치는 영향을 탐구했다(1984). 그는 기술장치가 어떻게 세상과 우리의 관계를 형성하고 지식과 진정성의 본질에 대한 질문을 제기할 수 있는지를 탐구한다.

미국의 철학자 돈 이드(Don Ihde)는 기술, 지각 및 지식 간의 관계를 탐구하고 다양한 기술이 우리의 경험을 중재하고 우리의 앎 방식에 영향을 미치는 방법을 조사하여 『Technology and the Life World: From Garden to Earth』(1990)를 저술하였다. 또 루치아노 플로리디(Luciano Floridi)는 『정보철학』(2013)에서 정보통신기술이 지식에 대한 우리의 이해에 미치는 영향을 고찰했다. 그는 정보 프라이버시, 디지털 온톨로지, 기술 매개 지식의 윤리적 차원과 같은 개념을 탐구했다.

미국의 여성 기술철학자 섀넌 발로(Shannon Vallor)는 기술의 윤리적 차원과 기술이 지식 습득에 미치는 영향을 조사하고 기술이 우리의 인지 과정, 정보 액세스 및 지적 미덕 배양을 어떻게 형성하는지 조사하여 『Technology and the Virtues: A Philosophical Guide to a Future Worth Wanting』(2016)을 집필했다.

새로운 현상인 블록체인 기술은 철학적 관점에서 탐구할 가치가 있는 인식론적 의미를 가지고 있다. 인식론은 지식에 대한 연구이며, 블록체인 기술의 출현은 지식의 본질과 지식의 생산, 배포 및 인증 방법에 대한 질문을 제기했다.

• 분산형 지식 생성 및 검증

블록체인 기술은 지식 창출, 검증 및 신뢰에 대한 새로운 가능성을 제공함으로써 전통적인 인식론적 프레임워크를 파괴할 수 있는 잠재력을 가지고 있다. 블록체인의 탈중앙화되고 불변적인 특성으로 인해 은행, 정부 또는 학술기관과 같은 조직에서는 전통적인 중개자 없이도 지식을 생성하고 검증할 수 있다. 이러한 의미에서 블록체인은 지식을 생성하고 검증하기 위해 중앙집중식 기관에 의존하는 전통적인 인식론적 모델에서 벗어났다.

• 블록체인에 저장된 정보의 진실성과 신뢰성

블록체인 기술의 핵심은 안전하고 투명한 방식으로 거래를 기록하는 분산원장이다. 이는 신뢰를 구축하기 어려운 세상에서 신뢰의 새로운 기준을 제공할 수 있는 잠재력을 가지고 있다. 그러나 진실의 본질과 블록체인에 저장된 정보의 신뢰성에 대한 의문도 제기된다. 디지털 문화, 기술 및 철학에 대한 광범위한 저술을 해 온 미국의 학자이자 교수인 데이비드 패트릭 골룸비아(David Patrick Golumbia)는 블록체인 기술이 진실과 신뢰에 대한 전통적인 개념에 어떻게 도전하는지

블록체인과 암호화폐 혁명인가 반란인가

에 대해 연구하였다(2016). 그는 블록체인 기술이 종종 신뢰 문제에 대한 해결책으로 제시되지만, 실제로는 인간관계가 아닌 수학적 알고리즘에 뿌리를 둔 새로운 형태의 신뢰를 기반으로 한다고 주장한다.

• 지식의 보급 및 배포

블록체인의 인식론적 함의는 지식의 생성과 검증에 국한되지 않고 지식의 배포와 보급으로 확장된다. 예를 들어, 블록체인 기술은 기존의 게이트키퍼와 중개자를 우회하여 탈중앙화 과학(DeSci), 탈중앙화 출판 및 정보 공유를 위한 새로운 가능성을 창출할 수 있다. 그러나 이러한 탈중앙화는 또한 공정하고 공평한 지식 분배를 보장하기 위해 해결해야 하는 검열, 접근 및 소유권 문제에 대한 질문을 제기한다.

영국의 예술가, 작가 및 학자인 마이클 펀트(Michael Punt)는 블록체인 기술이 예술과 문화에 어떻게 영향을 미치고 지식 생산 및 보급에 대한 우리의 이해에 도전하는지에 대해 저술했다. 그는 블록체인 기술이 중앙화된 기관이 아닌 탈중앙화된 네트워크를 기반으로 하는 새로운 형태의 지식을 창출할 수 있는 잠재력을 가지고 있다고 주장한다. 펀트는 블록체인이 다양한 산업, 특히 신뢰와 투명성에 의존하는 산업을 변화시킬 수 있는 잠재력을 가지고 있다고 보았으며, 블록체인이 예술과 박물관을 변화시킬 것으로 예상한다.

• 지식의 객관성과 주관성

블록체인 기술에서 제기되는 또 다른 철학적 질문은 블록체인을 통해 생산된 지식의 객관성과 주관성 여부이다. 블록체인에 기록된 데이터는 입력된 데이터만큼만 신뢰할 수 있기 때문이다. 따라서 데이터가 편향되거나 부정확하면 블록체인에 의해 생성된 지식도 편향되거나 부정확하다.

• 지식의 완전성

우리는 블록체인에 기록된 거래에 대한 완전한 지식을 가질 수 있을까? 블록체인은 변조가 불가능하도록 설계되었지만 여전히 오류와 버그가 있을 수 있다. 또한 블록체인에 기록되지 않은 정보가 있을 수 있으며, 이는 생성된 지식의 정확성에 영향을 미칠 수 있다.

• 지식에 대한 접근

마지막으로, 블록체인에 의해 생성되고 온체인에 저장된 지식에 누가 접근할 수 있는가 하는 것이다. 블록체인 기술은 정보에 대한 접근을 민주화할 수 있는 잠재력을 가지고 있지만, 중앙집중화와 힘의 불균형에 시달리기도 한다. 이는 지식을 생산하고 인증할 수 있는 권한이 누구에게 있는지, 그리고 이 권한이 공정하고 공평한 방식으로 분배되는지에 대한 우려를 불러일으킨다.

기술, 미디어, 문화 연구를 전문으로 하는 프랑스의 철학자이자 문화이론가인 베르나르 스티글러(Bernard Stiegler)는 혁신적인 기술이 지식에 대한 접근을 민주화함으로써 전통적인 권력구조를 붕괴시킬 수 있는 잠재력을 가지고 있다고 주장한다. 그는 기술의 역할과 기술 사용이 시간 개념을 형성하는 방식에 대해 통찰력 있는 글을 썼다. 그는 또한 기술 변화의 문화적·정치적 의미와 새로운 기술이 전통적인 형태의 지식과 커뮤니케이션에 도전하는 방식을 다룬다.

스티글러의 핵심 아이디어 중 하나는 기술이 인간문화 및 사회와 얽혀 있는 방식을 설명하기 위해 사용한 "기술"이었다. 그는 기술을 목적을 위한 도구나 수단으로 봐서는 안 되며, 세계에 대한 우리의 인식에 영향을 미치는 지식의 한 형태로 보아야 한다고 주장했다.

블록체인 기술의 인식론적 함의는 복합적이라는 점에 주목할 필요가 있다. 예를 들어, 블록체인의 투명성과 불변성은 지식 창출 프로세스에 대한 신뢰를 높일 수 있는 반면 편향, 개인정보보호 및 보안문제와 관련된 새로운 문제를 야기할 수도 있다. 블록체인의 신뢰성은 시스템이 중립적이고 인간의 편견이나 조작에 영향을 받지 않는다는 가정에 의존한다. 그러나 다른 시스템과 마찬가지로 편향이나 조작의 가능성은 항상 존재하며, 이는 블록체인 기술을 통해 생성되고 검증된 지식의 무결성을 손상시킬 수 있다.

요약하자면, 블록체인 기술은 철학적 탐구가 필요한 중요한 인식론적 함의를 가지고 있다. 이러한 질문에 참여함으로써 우리는 지식의 본질과 블록체인 기술이 생산 및 보급에서 수행하는 역할에 대해 더 깊이 이해할 수 있다.

III. 블록체인의 존재론적 함의: 현실의 재정의　▌

존재론은 개체, 존재 및 현실에 대한 연구를 다루는 철학의 한 분야이다. 존재의 본질, 존재하는 개체의 범주, 그리고 그들 사이의 관계에 대한 근본적인 질문을 검토한다. 존재론은 현실의 근본적인 구조와 존재 자체의 본질을 이해하고자 한다. 존재론에서 철학자들은 다음과 같은 질문을 탐구한다.

- 현실의 기본 구성요소는 무엇인가?
- 존재의 수준이나 종류가 서로 다른가?
- 주체(entity) 간 관계의 본질은 무엇인가?
- 존재의 본질은 무엇인가?

온톨로지는 개별 대상이나 현상에 대한 연구를 넘어 현실 전체의 본질에 대한 포괄적인 이해를 제공하는 것을 목표로 한다. 그것은 종종 다양한 유형의 실체와 그 관계를 분석하고 분류하기 위한 개념적 틀과 이론의 개발을 포함한다.

철학적 맥락 외에도 온톨로지는 컴퓨터 과학 및 정보 과학에서 사용되는 용어이기도 하다. 이러한 맥락에서 온톨로지는 특정 영역에서 지식의 형식적 표현을 의미하며, 인공지능 시스템에서 데이터 통합, 지식 공유 및 추론을 용이하게 하는 데 자주 사용된다. 몇몇 철학자들은 존재론 분야에 상당한 공헌을 했다.

플라톤은 『대화』에서 '형태이론'에 대해 논의하면서 물리적 세계의 기초가 되는 추상적이고 변하지 않는 형태나 관념의 영역이 있다고 제안했다. 아리스토텔레스는 『형이상학』에서 실체, 본질 및 다양한 유형의 존재의 범주화의 개념을 논증함으로써 존재론을 탐구했다. 칸트는 『순수이성비판』(1781)에서 누메나(Noumenon의 복수형: 인간의 감각과 독립적으로 존재하는 대상으로 인식되는 지식)와 감각의 대상을 지칭하는 현상(Phenomenon)의 구별을 논의함으로써 존재와 실재의 본질을 탐구했다.

하이데거의 대표작 『존재와 시간』은 존재론에 대한 심오한 탐구로, 존재의 본질(Dasein)과 인간 존재의 기초가 되는 존재론적 구조를 탐구한 수작이다. 사르트르는 실존주의 저작 『존재와 무(無)』에서 인간의 자유, 존재, 의식의 본질이라는 관점에서 존재론을 고찰했다. 질 들뢰즈(Gilles Deleuze)의 『차이와 반복(Difference and Repetition)』과 알랭 바디우(Alain Badiou)의 『존재와 사건(Being and Event)』은 생성, 다양성, 사건의 본질에 대한 독특한 존재론적 관점을 제시한다.

객체 지향 온톨로지(OOO: object oriented onthology)의 발전으로 유명한 현대 미국 철학자이자 건축학자인 그레이엄 하먼(Graham Harman)은 객체의 자율적 존재와 그 관계를 강조하는 프레임워크를 제안했다. 하먼의 사변적 실재론의 동료인 쿠엔틴 메이야수(Quentin Meillassoux)는 『유한성 이후(Après la finitude: After Finitude)』에서 우연성의 개념과 비인간중심적 존재론의 필요성에 대해 논의했다.

기술의 존재론적 함의에 대해 글을 쓴 철학자들이 여럿 있다. 마틴 하이데거(Martin Heidegger)는 기술과 존재론의 관계에 대한 글에서 현대기술이 존재의 더 깊은 의미와 본질을 "망각"하게 만들었다고 주장했다. 이와 비슷하게, 질 들뢰즈(Gilles Deleuze)는 기술과 미디어가 현실과 우리 주변 세계에 대한 우리의 인식을 형성하는 방식에 관한 글을 썼다.

프랑스의 철학자이자 인류학자, 사회학자인 브뤼노 라투르(Bruno Latour)는 『우리는 결코 근대적이 아니었다(We Have Never Been Modern)』와 『존재 양식에 대한 탐구(An Inquiry into Modes of Existence)』에서 기술의 존재론적 함의를 탐구하고, 존재론적 경계에 대한 전통적인 이해에 도전하면서 기술이 사회적·자연적 현실의 구성에 어떻게 참여하는지 조사했다.

미국의 과학기술 철학자 돈 이드(Don Ihde)는 『기술과 생활세계』(1990), 『포스트현상학과 테크노사이언스』 등의 저작을 통해 기술이 세계에 대한 우리의 인식과 경험을 매개하는 방식을 고찰했다. 기본적으로 그는 기술이 현실에 대한 우리의 상호작용과 이해에 영향을 미침으로써 우리의 온톨로지를 형성하는 방법을 탐구했다.

현대 홍콩 철학자 육후이(Yuk Hui)는 『디지털 사물의 존재에 대하여』에서 디지털 기술의 존재론적 함의를 다루고, 디지털 기술이 어떻게 전통적인 존재론적 범주에 도전하고 새로운 존재양식을 제안하는지 탐구했다. 마누엘 델란다(Manuel DeLanda)와 루치아노 플로리디(Luciano Floridi)와 같은 철학자들은 블록체인 기술의 존재론적 의미에 대해 구체적으로 글을 썼으며, 블록체인 기술이 중앙집중식 당국에 의존하지 않는 새로운 형태의 디지털 신원과 재산을 창출함으로써 존재론과 현실에 대한 전통적인 개념에 어떻게 도전하는지에 대해 논의했다.

새로운 기술과 블록체인은 존재의 의미와 현실이 어떻게 구성되는지에 대한 우리의 전통적인 이해에 도전하기 때문에 오늘날의 온톨로지에 중요한 영향을 미친다.

• 끊임없이 구성되고 협상되는 현실

존재론과 실재에 대한 전통적인 개념은 인간의 인식과 사회적 구성으로부터 독립된 안정적이고 객관적인 세계에 대한 아이디어에 기반을 두고 있다. 그러나 블록체인은 사용자 간의 합의와 신뢰를 기반으로 하는 탈중앙화되고 분산된 네트워크를 만들어 이러한 개념에 도전

블록체인과 암호화폐 혁명인가 반란인가

한다. 이러한 의미에서 블록체인 기술이 만들어 내는 현실은 고정되거나 안정된 것이 아니라 사용자에 의해 끊임없이 구성되고 협상되고 있다. 이것은 고정되고 객관적인 실재에 대한 생각에 도전할 뿐 아니라 세계에 대한 우리의 이해를 형성하는 데 있어 인간 주체와 사회구성의 중요성을 강조하기 때문에 존재론에 대한 우리의 이해에 중요한 의미를 갖는다.

• 새로운 형태의 디지털 존재

블록체인 기술의 존재론적으로 주요한 의미 중 하나는 새로운 형태의 디지털 존재를 창출할 수 있는 능력이다. 중앙집중식 기관에 의존하지 않는 분산형 네트워크를 생성함으로써 블록체인은 전통적인 권력구조와 독립적인 새로운 형태의 디지털 신원 및 디지털 자산을 창출할 수 있는 잠재력을 가지고 있다.

이에 따라 일부 철학자들은 블록체인 기술이 디지털 시대에 존재한다는 것이 무엇을 의미하는지에 대한 우리의 이해의 변화를 나타낸다고 주장한다. 예를 들어, 벨기에 기술철학자 마크 쾨겔버그(Mark Coeckelbergh)는 블록체인 기술이 중앙집중식 기관에 의존하지 않는 새로운 형태의 디지털 신원과 디지털 자산을 생성함으로써 존재에 대한 우리의 전통적인 이해에 도전한다고 주장한다.

• 새로운 형태의 현실

블록체인 기술의 또 다른 존재론적 함의는 새로운 형태의 현실을 창조할 수 있는 능력이다. 합의 알고리즘을 기반으로 하는 탈중앙화 네트워크를 생성함으로써 블록체인 기술은 인간의 해석이나 주관적인 경험에 의존하지 않는 새로운 형태의 현실을 창출할 수 있는 잠재력을 가지고 있다. 이로 인해 일부 철학자들은 블록체인 기술이 새로운 형태의 객관성을 나타낸다고 주장한다.

더욱이 메타버스의 개념은 현실의 새로운 형태로 부상했으며, 이는 물리적 세계와 디지털 세계 간의 관계에 대한 우리의 전통적인 이해에 도전한다. 메타버스는 사용자가 만들고 거주하는 가상세계로, 현실과 가상의 경계를 허무는 새로운 형태의 몰입형 경험을 제공한다. 존재론적 관점에서 메타버스는 순전히 물리적이지도 않고 순수하게 디지털적이지도 않은 새로운 현실 계층을 도입한다. 물리적 요소와 디지털 요소 간의 상호작용을 기반으로 하는 새로운 종류의 하이브리드 현실을 나타낸다. 이것은 현실의 본질과 존재의 의미에 대한 우리의 이해에 중요한 철학적 질문을 제기한다. 메타버스는 또한 자아와 세계 사이의 관계에 대한 우리의 전통적인 이해에 도전한다. 메타버스에서 사용자는 자신의 아바타를 만들고 가상공간에서 다른 사람들과 상호작용할 수 있다. 이것은 정체성의 본질과 자아와 몸의 관계에 대한 중요한 질문을 제기한다.

본질적으로 블록체인 기술의 존재론적 의미는 복잡하고 다면적이다. 그러나 블록체인이 존재와 현실에 대한 우리의 전통적인 이해에 심오한 방식으로 도전할 수 있는 잠재력을 지니고 있음은 분명하다.

IV. 블록체인의 사회적·정치적 함의
: 탈중앙화 및 권력 재분배의 잠재력 이해

많은 철학자들이 사회의 본질, 정부의 역할, 정의, 평등, 권력, 정치 공동체 내에서 개인의 권리와 책임과 관련된 문제를 다루면서 사회 및 정치철학에 대해 광범위하게 저술하였다.

먼저, 플라톤은 『공화국』(기원전 375년)에서 이상적인 국가를 논하고 정의, 통치자의 본성, 이상적인 사회조직과 같은 개념들을 탐구했다. 아리스토텔레스는 『정치학』(기원전 350년)에서 정치 공동체의 본질과 목적, 여러 가지 정부 형태, 시민의 역할, 정의의 개념 등을 살펴봤다. 또 토마스 홉스(Thomas Hobbes)는 『리바이어던(Leviathan)』(1651)에서 사회계약의 개념과 끊임없는 갈등과 불안의 조건으로 묘사되는 자연 상태를 방지하기 위한 강력한 중앙권력의 필요성을 탐구했다.

자유주의 정치철학의 기초가 되는 존 로크의 『정부에 관한 두 논문』 (1689)은 생명, 자유, 재산을 포함한 개인의 자연권을 주장하고 동의와 제한된 권한에 기초한 정부의 개념을 탐구했다. 장 자크 루소(Jean-Jacques Rousseau)의 『사회계약(The Social Contract)』(1762)은 개인이 보호와 공동선을 대가로 자신의 권리 중 일부를 공동체에 자발적으로 포기하는 사회계약론에 대해 논의했다.

존 스튜어트 밀(John Stuart Mill)의 『자유론(On Liberty)』(1859)과 『공리주의(Utilitarianism)』(1861)는 개인의 자유의 가치를 옹호하고 최대 다수의 행복과 복지를 극대화하는 것의 중요성을 주장하는 정치철학의 중요한 저작이다. 칼 마르크스(Karl Marx)는 『공산당 선언』(1848)과 『자본론』(1867)에서 자본주의의 사회적 · 정치적 역학을 분석하고 계급투쟁, 노동착취, 사회적·경제적 구조의 혁명적 변화의 필요성을 탐구한다. 한나 아렌트는『인간의 조건』과『전체주의의 기원』(1951)에서 권력, 권위, 공적 영역의 본질을 고찰한다. 그녀는 민주주의 사회에서 정치적 행동과 대중 참여의 중요성을 탐구한다.

미셸 푸코(Michel Foucault)는 권력과 지식의 관계, 특히 제도와 규율체계의 관계를 탐구한다.『Discipline and Punish』와『The Birth of Biopolitics』와 같은 그의 저서는 다양한 사회적 맥락에서 권력의 작동을 분석한다. 위르겐 하버마스(Jurgen Habermas)의 의사소통적 행위이론과 공적 영역에 대한 개념은『의사소통적 행위의 이론』과『사실과 규범 사이』와 같은 저작에서 논의된 바와 같이 민주주의 사회에서 합리적 담론과 공적 숙의의 역할을 검토한다.

그런가 하면, 몇몇 철학자들은 사회적·정치적 문제와 기술의 교차점에 대해 논쟁적인 글을 썼다. 칼 마르크스(Karl Marx)는 자본주의의 사회적·정치적 함의와 기술과의 관계, 기술과 산업화가 사회계급, 노동관계 및 사회의 권력 역학을 형성하는 방법에 대해 논의했다. 또 헤르베르트 마르쿠제(Herbert Marcuse)는『일차원적 인간(One-Dimensional Man)』에서 선진 산업사회와 기술 발전의 사회적·정치적 결과를 비판적으로 탐구했다. 그는 기술이 지배와 통제의 도구로 사용되어 개인의 자유를 제한하고 사회발전을 저해할 수 있다고 주장했다.

한나 아렌트(Hannah Arendt)는 기술이 정치와 사회에 미치는 영향을 다뤘다. 그녀는 공적 영역의 잠재적 상실과 기술 발전으로 인한 "사회적 원자화"의 부상에 대해 숙고했다. 그리고 도나 해러웨이(Donna Haraway)의 영향력 있는 에세이『사이보그 선언(A Cyborg Manifesto)』

블록체인과 암호화폐 혁명인가 반란인가

(1985)은 인간과 기계 사이의 모호한 경계에 대해 논의하고 정체성, 젠더, 정치에 대한 전통적인 개념에 도전했으며 기술이 사회적 관계와 권력구조를 형성하는 방식을 탐구했다.

정치이론가 랭던 위너(Langdon Winner)는 『고래와 원자로: 첨단기술 시대의 한계 탐색(The Whale and the Reactor: A Search for Limits in an Age of High Technology)』에서 기술의 정치적·사회적 함의를 조사하고 권력 역학, 가치 및 민주적 절차에 대한 기술의 영향에 대한 비판적 분석의 필요성을 강조했다. 셰리 터클(Sherry Turkle)의 『Alone Together: Why We Expect More from Technology and Less from Each Other』는 기술의 사회적·심리적 영향, 특히 인간관계와 사회적 상호작용에 초점을 맞췄다. 이 철학자들은 기술이 사회 및 정치구조, 권력 역학, 개인의 선택의지 및 사회의 전반적인 구조를 어떻게 형성하는지에 대한 통찰력을 제공한다. 이들의 글은 기술과 사회 및 정치 생활 사이의 복잡한 관계에 대한 비판적 관점을 제공한다.

최근 몇 년간 우리는 블록체인 기술과 암호화폐 영역의 출현이 권력, 권위 및 거버넌스에 대한 우리의 전통적인 개념에 도전하면서 심오한 사회적·정치적 의미를 갖고 있음을 목격했다. 중앙집중화된 당국과 독립적으로 운영되는 탈중앙화 네트워크의 구축으로 블록체인은 전통적인 권력구조를 뒤엎고 새로운 형태의 사회 및 정치조직을 도입할 수 있는 능력을 가지고 있다.

• 신뢰와 투명성

블록체인은 새로운 형태의 신뢰와 투명성을 구축함으로써 보다 투명하고 민주적인 사회를 만들 수 있는 잠재력을 가지고 있다. 합의 알고리즘과 탈중앙화 환경을 사용하여 블록체인은 제3자의 필요성을 없애고 책임을 높일 수 있다. 사회 및 정치제도에 대한 의미는 대중의 신뢰를 높이고 부패와 권력 남용을 줄일 수 있기 때문에 중요하다.

• **새로운 형태의 경제조직**

블록체인의 또 다른 사회적 함의는 새로운 형태의 경제조직을 창출할 수 있는 능력이다. 거래를 자동화하고 규칙을 시행하는 스마트 계약으로 인해 블록체인은 보다 효율적이고 탈중앙화된 경제를 만들 수 있는 잠재력을 가지고 있다. 이는 중앙집권적 제도의 힘을 약화시키고 경제적 참여와 기업가 정신을 위한 새로운 기회를 창출할 수 있기 때문에 경제적 불평등에 상당한 영향을 미칠 수 있다. 따라서 블록체인 기반 공급망 관리 시스템은 식품 및 제약과 같은 산업에서 더 큰 투명성과 책임성을 제공할 수 있다.

• **새로운 형태의 민주적 참여**

블록체인의 정치적 함의도 중요하다. 이 기술은 전통적인 거버넌스 모델에 도전하고 중앙집중식 기관에 의존하지 않는 분산형 네트워크를 만들어 새로운 형태의 민주적 참여를 창출할 수 있는 잠재력을 가지고 있다. 블록체인 기반 투표 시스템은 잠재적으로 유권자 사기를 제거하고 선거 과정에 대한 신뢰를 높일 수 있다. 이는 시민들이 의사결정 과정에 직접 참여할 수 있는 권한을 부여받기 때문에 보다 참여적이고 포용적인 정치 시스템으로 이어질 수 있다.

정치이론가 데이비드 패트릭 골룸비아(David Patrick Golumbia)는 블록체인 기술이 본질적으로 민주적이거나 평등주의적인 것이 아니라 블록체인이 사용되는 사회적 · 정치적 맥락에 의해 그것이 형성된다고 주장했다(2016). 그는 또한 블록체인의 정치적 · 경제적 의미에 대한 사이버 자유주의의 글을 썼다. 그는 일부 사람들이 블록체인에 대해 가지고 있는 유토피아적 비전에 대해 비판적이며, 블록체인이 문제에 대한 만병통치약이 아니라고 주장한다. 그는 우리가 블록체인이 사용되는 방식에 대해 더 비판적일 필요가 있으며, 소수의 거대기업에 권력이 집중되는 것과 같은 잠재적인 단점을 고려해야 한다고 제안한다.

사회적 · 정치적 맥락에서 블록체인 기술을 사용하는 것과 관련된 위험은 여전히 존재한다. 비평가들은 블록체인 기술이 실제로 기존의 사회적 · 정치적 불평등을 악화시킬 수 있다고 주장한다. 예를 들어, 소수의 강력한 행위자의 손에 채굴권력이 집중되면 새로운 형태의 디지털 과두정치가 발생할 수 있다. 마찬가지로, 블록체인 기반 시스템은 모든 사람이 포용하고 접근할 수 있도록 설계되지 않은 경우 잠재적으로 차별과 배제를 영속화하는 데 사용될 수 있다.

또한 블록체인 기술의 사용은 경제활동을 규제하는 국가의 역할에 대한 중요한 질문을 제기한다. 일각에서는 블록체인 기반 화폐가 전통적인 금융규제를 우회하고 불법 활동을 촉진하는 데 사용될 수 있다고 주장한다. 다른 사람들은 블록체인 기반 통화가 더 큰 금융포용을 촉진하고 중앙집중식 금융기관의 권한을 줄이는 데 사용될 수 있다고 주장한다. 주로 블록체인 기술의 사회적 · 정치적 의미는 복잡하고 다면적이다. 블록체인 기술은 새로운 형태의 신뢰, 투명성 및 민주적 참여를 창출할 수 있는 잠재력을 가지고 있지만, 사회적 · 정치적 맥락에서 블록체인 사용과 관련된 내재된 위험성을 신중하게 고려해야 한다.

V. 블록체인의 미학적 함의
: 새로운 형태의 창의성, 소유권 및 커뮤니티 탐구

철학의 한 분야로서 미학은 아름다움, 예술, 그리고 미학적으로 즐 겁거나 가치 있는 것에 대한 우리의 인식과 판단의 기초가 되는 원리 를 연구한다. 아름다움의 본질, 인간 경험에서 예술의 역할, 예술 창 작물을 평가하고 감상하는 기준에 대한 질문을 탐구한다. 기본적으 로 미학은 미적 경험의 본질, 예술 형식의 특성, 아름다움과 진실의 관 계, 예술에서 감정의 역할, 미학에 대한 우리의 이해를 형성하는 문화 적 · 역사적 맥락을 포함한 광범위한 주제를 포괄한다. 예술과 아름다 움이 인간의 지식, 감정 및 사회적 상호작용에 기여하는 방식을 조사 한다.

미학은 이론적 측면과 실제적 측면을 모두 포함한다. 이론미학은 미 적 현상을 분석하고 이해하기 위한 이론과 틀을 개발하고자 하는 반면, 실천미학은 예술을 창조, 해석 및 경험하는 데 미적 원리를 적용하는 것 에 중점을 둔다. 또한 미학은 시각예술에 국한되지 않고 문학, 음악, 무 용, 연극 및 영화와 같은 다른 예술 형식도 포함한다. 예술의 영역을 넘 어 자연, 디자인, 건축, 심지어 일상 경험의 미학까지 아우른다.

많은 철학자들이 미학 분야를 탐구했다. 예를 들어, 임마누엘 칸트 (Immanuel Kant)는 『판단력 비판』에서 미적 판단의 본질과 아름다움 에 대한 우리의 경험을 지배하는 원칙을 탐구하고 숭고함, 취향의 역 할, 미적 판단의 보편성과 같은 개념을 논의했다. 게오르크 빌헬름 프 리드리히 헤겔(Georg Wilhelm Friedrich Hegel)에게 미학은 더 넓은 철 학체계의 필수적인 부분이다. 그는 예술의 역사적 발전을 탐구하고 특정 시대와 문화의 정신을 표현하고 반영하는 예술의 역할을 조사했다. 아르투르 쇼펜하우어(Arthur Schopenhauer)의 미학철학은 "의지"의 개념과 예술에서의 표현을 중심으로 한다. 그의 저서 『의지와 표상으로서의 세계』(1818)에서 그는 미적 경험이 인간 존재에 내재된 고통으로부터의 일시적인 탈출구를 제공한다고 주장했다.

미학에 대한 프리드리히 니체의 관점은 그의 작품 전반에 걸쳐 발견되며, 특히 『비극의 탄생』(1872)에서 그는 삶을 긍정하는 예술의 역할, 예술의 아폴론적 측면과 디오니소스적 측면, 예술 창조의 변형적 힘에 대해 논의했다. 미학에 대한 모리스 메를로-퐁티(Maurice Merleau-Ponty)의 현상학적 접근은 체화된 지각과 지각자와 예술작품 사이의 상호작용에 초점을 맞춘다. 존 듀이(John Dewey)의 실용주의 철학은 그의 저서 『경험으로서의 예술(Art as Experience)』(1934)에서 미학으로 확장되어 예술의 경험적이고 변형적인 성격을 강조했으며, 미학과 일상생활의 통합, 개인의 성장을 위한 미적 경험의 중요성을 강조했다.

여러 철학자들은 기술이 아름다움, 예술 및 미적 가치에 대한 우리의 이해와 경험에 어떻게 영향을 미치는지 고려하면서 미학과 기술의 교차점을 탐구했다. 발터 벤야민(Walter Benjamin)은 에세이 『기계적 복제 시대의 예술작품』(1935)에서 사진과 영화와 같은 기술의 출현이 예술의 진정성, 아우라, 문화적 가치에 어떤 영향을 미쳤는지 조사하고, 기술적 복제가 예술작품에 대한 우리의 인식과 수용을 어떻게 변화시키는지를 탐구했다. 또 마샬 맥루한(Marshall McLuhan)은 『미디어의 이해: 인간의 확장(Understanding Media: The Extensions of Man)』(1964)에서 기술이 인간의 인식과 문화에 미치는 변화의 힘을 강조했다. 맥루한은 다양한 미디어와 기술이 미적 감수성을 포함한 우리의 감각적 경험을 형성한다고 주장했다.

블록체인 기술의 미학적 의미는 다각적이며 예술적 표현, 문화 생산 및 블록체인 기반 시스템에 참여하는 전반적인 경험의 다양한 측면을 포함한다. 이들 중 다수는 대체 불가능 토큰(NFT: Non-Fungible Token) 현상과 밀접한 관련이 있다. NFT는 디지털 파일, 이미지, 오디오, 비디오, 비디오 게임 수집품 및 기타 크리에이티브 제품을 나타내는 암호화 토큰을 말한다. 모든 토큰이 동일해야 하는 암호화폐와 달리 각 NFT는 고유하거나 수량이 제한되어 있다.

• 미술품 부족 문제의 해결

NFT는 디지털 방식으로 복제할 수 있는 경우, 가상 예술작품을 희귀하게 유지하는 방법에 대한 오랜 디지털 아트의 희소성 문제를 해결한다. 이와 관련하여 NFT를 사용하면 각 예술작품에 차별화할 수 있는 고유한 해시를 부여할 수 있다. 원본 예술작품의 아티스트는 NFT에 서명을 포함하여 생성된 콘텐츠의 진정성을 강화할 수 있다. 디지털 아트의 사본을 만드는 것이 가능하지만 NFT는 각 사본이 구매자의 단독 소유임을 보장하여 다른 사본과 교환할 수 없도록 하여 아마추어 수집가와 투기꾼에게 예술품의 매력을 높일 수 있다. 그 후, 사용자는 이전 구매가격과 소유권을 포함하여 작품의 전체 기록을 확인할 수 있게 된다.

• 작품 소유권, 출처 및 인증

블록체인의 고유한 투명성과 불변성은 창작 과정에서 신뢰와 진

블록체인과 암호화폐 혁명인가 반란인가

정성을 촉진하여 미적 의미를 가질 수 있다. 예술가(artist)와 창작자(creater)는 블록체인을 활용하여 저작자, 소유권 및 작품의 역사에 대한 검증 가능한 증거를 제공할 수 있다. 이러한 투명성은 예술작품의 기원, 계보 및 무결성에 대한 더 깊은 이해를 제공하여 미적 경험을 향상시킨다.

• 예술의 토큰화와 수익화

NFT를 통한 예술품의 토큰화를 통해 예술가는 작품 판매에서 더 많은 이익을 얻을 수 있을 뿐만 아니라 작품이 새로운 소유자에게 이전될 때마다 로열티를 받을 수 있다. 로열티의 개념은 이전에 비실용적이었으며, 특히 물리적 예술의 경우 소유권을 추적하기가 어려웠다. NFT의 통합은 아티스트가 자신의 작품에 대한 보상을 받을 수 있는 새로운 수익 창출 기회를 가능하게 했다.

전통예술의 상호작용을 방해할 수도 있다. 즉, 블록체인 기술은 새로운 가치평가 및 소유 방법을 도입하여 전통적인 미술시장을 혼란에 빠뜨릴 수 있는 잠재력을 가지고 있다. 스마트 계약과 탈중앙화 플랫폼은 중개자를 우회하고 잠재적으로 미술시장의 역동성을 재편하여 예술가와 수집가의 직접적인 상호작용을 촉진할 수 있다. 이러한 혼란은 예술작품에 가치가 부여되는 방식을 재정의하고 예술적 가치에 대한 기존 개념에 도전함으로써 미학적 의미를 가질 수 있다.

• 탈중앙화된 예술적 실천

블록체인의 탈중앙화된 특성은 예술계의 전통적인 권력구조와 게이트키퍼에 도전한다. 이는 예술가들이 지리적 경계를 초월하여 협업 및 커뮤니티 주도 관행에 참여할 수 있는 기회를 열어 준다. 블록체인 기반 플랫폼과 시장은 탈중앙화 큐레이션, 피어 투 피어(Peer-to-Peer) 상호작용, 예술 제작 및 배포의 대안 모델을 위한 공간을 제공한다.

- **생성예술(generative art)과 알고리즘 미학**

  생성예술은 전체 또는 일부분이 인간 창조자가 아닌 컴퓨터의 자율시스템을 사용하여 생성된 예술을 말한다. 블록체인의 기본 수학적 알고리즘과 암호화 프로세스는 새로운 형태의 데이터 시각화 및 알고리즘 미학에 영감을 줄 수 있다. 이러한 알고리즘에 내재된 복잡성과 패턴을 창의적으로 탐구할 수 있으며, 그 결과 블록체인 데이터 및 트랜잭션을 시각적으로 매력적으로 표현할 수 있다.

- **디지털 신원과 진정성의 재정의**

  디지털 신원을 안전하게 확인하고 인증하는 블록체인의 능력은 개인이 온라인에서 자신을 표현하는 방식에 영향을 미쳐 미학적 영향을 미칠 수 있다. 디지털 진정성과 개인 데이터의 소유권에 대한 개념은 예술적으로 탐구될 수 있으며, 온라인 신원 구축의 기존 규범과 미학에 도전할 수 있다.

  요약하자면, 블록체인의 미학적 의미는 광범위하며 예술 창작과 예술 및 디지털 자산에 참여하는 전반적인 경험에 영향을 미친다. 투명성, 탈중앙화, 새로운 소유권 및 수익 창출 방식을 수용함으로써 블록체인은 새로운 미적 가능성을 열고, 기존 시스템에 도전하며, 예술가, 관객 및 미술시장 간의 관계를 재편한다.

4장

철학적 관점에서의 블록체인

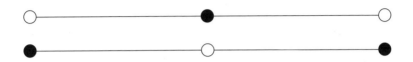

"무엇이든 상상할 수 있는 사람은 불가능을 창조할 수 있다."

– 앨런 튜링

"모든 기술의 기초는 불이다."

– 아이작 아시모프

블록체인의 역사는 1982년 암호학자 데이비드 차움(David Chaum)이 제안한 개념, 1991년 연구원 스튜어트 하버(Stuart Haber)와 웨이크 필드 스콧 스토네타(Wakefield Scott Stornetta)가 도입한 암호학적으로 안전한 블록체인에 대한 설명, 그리고 2008년 상징적인 비트코인의 출현으로 거슬러 올라갈 수 있다. 그러나 블록체인의 철학적 토대는 진리, 신뢰, 공동체의 본질과 같은 철학의 가장 근본적인 질문으로 거슬러 올라갈 수 있다.

사회에서 개인의 역할에 대해 논쟁한 고대 그리스 철학자부터 정의와 사회를 통치하는 기관의 역할에 대한 문제와 씨름한 중세 사상가에 이르기까지, 개인의 행동에 대한 책임의 중요성을 강조한 실존주의자부터 중앙집권적 권위를 비판하는 포스트구조주의자에 이르기까지, 철학의 역사는 사회적·정치적 조직에 대한 질문과 오늘날의 하이테크 세계에서 실제로 존재하는 개념 및 문제와 일치하는 존재론적·인식론적 질문에 의해 형성되었다.

이 장에서는 블록체인 기술의 철학적 뿌리와 그 개념을 사상사의 개념과 병행하여 고대 철학적 논쟁에서 20세기의 현대이론에 이르기까지 추적할 것이다. 우리는 그것들을 이해함으로써 기술이 우리의 세계를 형성하는 방식과 사회적·정치적 조직에 대한 우리의 이해에 대해 사람들이 더 깊이 이해할 수 있다고 믿는다.

Ⅰ. 철학의 발전 연대기 ▮

1. 고대 철학

블록체인 기술과 고대세계의 현상 사이에는 몇 가지 흥미로운 연관성이 있다. 첫째, 블록체인의 핵심인 분산원장의 개념은 고대 메소포타미아 및 기타 초기 문명에서 널리 사용되었던 석판이나 점토판에 기록을 보관하는 일부 고대 관행과 유사하다.

블록체인의 핵심 특징인 무신뢰의 개념은 고대 그리스 철학의 개

블록체인과 암호화폐 혁명인가 반란인가

념, 특히 파르헤시아(그리스어: παρρησία)의 개념과 유사할 수 있다. 파르헤시아는 보복이나 처벌에 대한 두려움 없이 진실하게 말하는 것을 의미하며, 고대 아테네에서는 민주적 통치의 핵심 측면으로 여겨졌다. 또 다른 가능한 연결은 합의의 개념을 통해서이다. 그리스 철학에서 합의는 분쟁을 민주적으로 해결하고 공동체 전체에 최선의 이익이 되는 결정을 내리는 수단으로 여겨졌다. 이러한 아이디어는 중앙집중식 당국의 결정이 아닌 신뢰와 합의에 의존하는 분산 시스템을 만들고자 하는 블록체인 현상을 형성하는 데 영향을 미쳤다. 마찬가지로, 탈중앙화의 개념은 고대 그리스 전통뿐만 아니라 탈중앙화와 비계층적 구조의 중요성을 강조하고 인간과 동물을 포함한 모든 사람이 도(道) 또는 우주와 균형을 이루며 살아야 한다고 주장하는 도교(Taoism)와 같은 아시아 전통과도 유사할 수 있다.

고대 그리스의 공동체 구조는 자치 도시국가 또는 폴리스의 구조였다. 폴리스의 모든 시민은 평등하다고 선언되었고, 투표권(여성 제외)을 포함한 동일한 권리를 가졌다. 그런 의미에서 플라톤이 『공화국』(기원전 375년경)에서 말한 이상적 국가개념은 블록체인이 중앙권력 없이 탈중앙화된 거버넌스를 가능하게 하는 방식과 관련이 있을 수 있다. 이 대화편(dialoghi)에서 플라톤은 정의가 무엇인지, 왜 정의로운 것이 윤리적 맥락과 정치적 맥락 모두에서 각 사람에게 최선의 이익이 되는지를 보여 주고자 한다. 또한, 플라톤의 지식에 대한 생각은 정당한 참된 믿음으로 블록체인이 검증 가능한 정보의 투명하고 불변의 원장을 제공하는 방식과 관련이 있을 수 있다.

아리스토텔레스의 분배 정의에 대한 아이디어는 블록체인이 여러 당사자가 감사(監査)할 수 있는 안전하고 투명한 기록을 가능하게 하는 방식과 관련이 있음을 알 수 있다. 또한 이성과 실천적 지혜에 따라 살아가는 고결한 삶에 대한 아리스토텔레스의 생각은 블록체인이 합리적 의사결정과 자율적 행위자의 중요성을 강조하는 방식과 관련이 있다. 또한 개인정보보호의 개념은 고대 그리스 철학적 논의에 역사적 뿌리를 두고 있다. 이들 중 가장 잘 알려진 것은 아리스토텔레스가 삶의 두 영역 즉, 정치생활과 관련된 폴리스의 공적 영역과 가정생활과 관련된 오이코스의 사적 영역을 구분한 것이다.

로마 황제 마르쿠스 아우렐리우스(Marcus Aurelius)가 이성과 자제력의 중요성을 강조한 것은 개인이 중개자에 의존하지 않고 자산을 안전하고 검증 가능하게 소유하고 이전할 수 있도록 하는 블록체인 기술의 잠재력과 관련이 있다. 또한 그리스 소크라테스 이전의 철학자들과 그 이후의 아리스토텔레스는 블록체인의 핵심 원리 중 하나이자 최종성과 상관관계가 있는 결정론의 원칙을 개념화했다. 결정론의 핵심은 인간의 행동을 포함한 모든 사건이 궁극적으로 이전의 원인에 의해 결정된다는 생각이다. 이 개념은 트랜잭션이 원장에 기록되면 변경하거나 삭제할 수 없는 블록체인의 불변성 개념과 일치한다. 즉, 블록체인상의 거래 결과는 미리 결정되어 있으며 개인이나 단체에 의해 변경될 수 없다.

요약하자면, 블록체인 기술과 고대철학 사이의 연관성은 언뜻 보기에는 미약해 보일 수 있지만, 더 탐구할 가치가 있는 몇 가지 흥미로운 유사점과 연관성이 분명히 있다.

2. 중세 철학

중세의 사상과 신흥기술 분야는 중요한 시간적·개념적 차이로 인해 처음에는 관련이 없어 보일 수 있다. 그러나 자세히 살펴보면 둘 사이에 유사점과 연관성을 확인할 수 있다.

중세에 번성한 중세철학은 고전 그리스 철학, 기독교 신학, 이슬람 철학의 영향을 받은 다양한 철학적 전통을 포괄했다. 그것은 형이상학적·윤리적·인식론적 질문을 탐구했으며, 종종 종교적 교리와 스콜라주의의 틀 안에서 진리를 탐구했다. 그 당시의 주요 개념과 블록체인 사이의 한 가지 가능한 연결은 신뢰의 개념을 통해서이다. 중세철학에서 신뢰는 사회적·정치적 삶의 중요한 구성요소로 간주되었다. 사람들은 지도자와 기관이 공정하게 통치하고 자신의 복지를 보장해 줄 것이라고 믿었다. 반면에 중세철학, 특히 종교담론의 영역에서 신앙, 신뢰 및 합의의 개념에 중점을 두었다. 마찬가지로, 블록체인은 탈중앙화 네트워크의 참여자들 간에 신뢰와 합의를 구축하기 위해 암호화 메커니즘에 의존한다.

또한 블록체인 기술의 핵심 기능인 불변성이라는 개념이 있다. 중세철학에서 진리의 추구와 절대적 지식의 추구는 근본적인 관심사였다. 블록체인 기술은 불변성과 변조방지 특성을 통해 기록을 보존하고 시간이 지남에 따라 무결성을 보장하는 것과 동일한 디지털 기능을 제공한다.

중세철학은 지배적인 사회구조 내에서 개인의 본질과 권리를 반영했다. 마찬가지로, 블록체인은 개인 데이터에 대한 개인정보보호 및 개인 통제를 강화할 수 있으며, 이는 특정 중세철학 전통에 존재하는 개인의 자율성 개념과 일치한다. 블록체인 기술과 중세철학이 직접적으로 연관되어 있지는 않지만, 이렇듯 둘 사이에는 흥미로운 유사점과 연관성이 발견된다.

3. 르네상스 철학

14세기에서 17세기까지 지속된 유럽의 르네상스 시대는 고전 그리스와 로마 철학에 대한 새로운 관심으로 특징지어졌으며, 그 결과 새로운 철학적 아이디어와 접근방식이 발전했다.

르네상스 철학의 핵심 교리 중 하나는 인간이 위대함을 달성하고 사회에 의미 있는 기여를 할 수 있는 잠재력을 강조하는 인본주의에 초점을 맞추는 것이었다. 암호화폐의 맥락에서 이는 블록체인이 금융 및 사회적 포용을 위한 새로운 기회를 제공함으로써 개인에게 권한을 부여할 수 있는 잠재력과 병행하여 볼 수 있다.

또한 1500년대 유럽에서 세속화, 교회의 영향력 약화, 개신교의 부상 과정은 주요 블록체인 기반으로 인해 다양한 분야에서 제3자 및 중앙집중식 권위가 제거된 것과 유사하다고 볼 수 있다.

프랜시스 베이컨(Francis Bacon)과 조르다노 브루노(Giordano Bruno)의 철학적 아이디어와 접근방식은 블록체인에 적용할 수 있다. 예를 들어, 베이컨이 관찰과 실험을 강조하는 것은 블록체인 기반 오라클과 데이터 분석을 통해 복잡한 시스템과 네트워크에 대한 통찰력을 제공할 수 있는 잠재력과 관련지을 수 있다. 그리고 우주를 무한하고 살아 있는 유기체로 보는 브루노의 생각은 블록체인이 전통적인 권력구조에 도전하는 자율적이고 자급자족적인 탈중앙화 네트워크를 가능하게 할 수 있는 잠재력과 관련지을 수 있다.

결론적으로, 르네상스 철학과 블록체인 기술 간의 연관성을 탐구함으로써 학자들은 이 기술이 사회와 문화에 미치는 잠재적 영향에 대한 새로운 통찰력을 얻을 수 있다.

블록체인과 암호화폐 혁명인가 반란인가

4. 근대 철학

계몽주의 철학의 핵심 가치는 개인의 자유였다. 볼테르와 장 자크 루소와 같은 사상가들은 생명, 자유, 재산에 대한 권리를 포함하여 개인의 권리의 중요성을 옹호했다. 그들은 개인이 정부나 다른 외부세력의 간섭 없이 자신의 이익을 추구하고 스스로 결정을 내릴 자유를 가져야 한다고 주장했다. 개인의 자유에 대한 이러한 강조는 블록체인 기술에도 반영될 수 있다. 블록체인은 중앙화된 기관이 아닌 합의와 개인의 자율성에 의존하는 분산형 시스템을 가능하게 한다. 네트워크 참여자는 은행이나 정부와 같은 중개자 없이 스스로 결정을 내리고 자신의 자산을 통제할 수 있는 자유가 있다. 또한 블록체인을 통해 개인은 자신의 데이터와 개인정보에 대한 통제권을 유지할 수 있으며, 이는 개인의 자율성이라는 계몽주의적 이상에 부합한다. 분산형 ID 시스템을 생성함으로써 블록체인은 개인이 자신의 디지털 ID를 제어하고 개인 데이터가 사용되는 방식을 결정할 수 있도록 한다.

보편적인 개인정보보호의 개념은 주로 서구문화, 특히 영국과 북미와 관련된 현대적인 개념이다. 현대기술과 사상의 또 다른 중요한 측면은 산업화와 자동화에 대한 강조였다. 블록체인의 맥락에서 이는 복잡한 비즈니스 프로세스를 자동화하고 간소화하기 위해 스마트 계약을 사용하는 것과 관련지을 수 있다.

스코틀랜드 계몽주의 시대의 핵심인물인 애덤 스미스는 고전적 자유시장경제 이론의 기초를 놓았다. 훗날 오스트리아학파의 경제학자 프리드리히 폰 하이에크(Friedrich von Hayek)는 자유시장 자체가 분권화된 시스템이며, 가격을 지침으로 삼는 개인들의 명시적인 합의나 조정 없이 결과가 산출된다고 주장했다. 동시대 학자 엘리너 도일

(Eleanor Doyle)은 "자유시장에서의 의사결정은 각 시장에 분산되어 있는 모든 개인에게 귀속되어 있으며, 가격체계에 의해 동기화되거나 조정된다."고 말하면서, 재산권에 대한 개인의 권리는 이러한 분산된 시스템의 일부라고 주장한다. 이러한 생각은 블록체인과 암호화폐 세계의 기본과 유사하다.

'중앙집권화'라는 용어는 1794년 프랑스 대혁명 이후 혁명지도부가 새로운 정부구조를 수립하면서 프랑스에서 등장한다. 1820년대에 "지방분권화"라는 용어가 사용되기 시작했다. "중앙집중화"라는 용어는 1800년대 초에 영어로 문어체화되었으며, 그 시기에 분권화에 대한 언급도 나타나기 시작했다. 1800년대 중반, 프랑스의 정치가이자 철학자인 알렉시스 드 토크빌(Alexis de Tocqueville)은 프랑스 혁명이 처음에는 지방분권을 목표로 했으나 결국에는 중앙집권화의 확대로 귀결되었다고 말하면서 다음과 같이 썼다.

> "지방분권은 행정적 가치뿐만 아니라 시민들이 공적 문제에 관심을 가질 수 있는 기회를 증가시키기 때문에 시민적 차원의 의미도 가지고 있다. 그것은 그들이 자유를 사용하는 데 익숙해지도록 한다. 그리고 이러한 지역적이고, 적극적이며, 억압적인 자유의 축적으로부터, 비록 그것이 비인격적이고 집단적인 의지에 의해 뒷받침된다 할지라도, 중앙정부의 주장에 대항하는 가장 효과적인 균형추가 태어난다."

게다가 이 시기에는 또 다른 큰 아이디어가 등장했다. 따라서 임마누엘 칸트(Immanuel Kant)가 강조하는 자율 행위자는 블록체인이 중개자 없이 안전하고 투명한 거래를 가능하게 하는 방법과 관련이 있다. 재산과 소유권에 대한 존 로크의 아이디어는 블록체인을 통해 개인이 자산을 안전하고 검증 가능하게 소유하고 이전할 수 있도록 하는 방식과 관련지을 수 있다.

또 프리드리히 니체(Friedrich Nietzsche)의 전통적 가치에 대한 비판, 능력주의의 개념, 권력에의 의지에 대한 강조는 블록체인이 전통적인 사회 모델을 파괴하고 새로운 형태의 가치교환을 창출할 수 있는 잠재력과 관련이 있다. 부정적인 예를 들자면, 니체(Nietzsche)의 『비도덕적 의미에서의 진실과 거짓에 관하여』에 이어, 지그문트 프로이트(Sigmund Freud)는 "무의식의 은폐 기능 때문에 투명성이 불가능하다."고 주장했다.

5. 자유주의적 사회주의

자유주의적 사회주의는 사회적 소유권 및 민주적 의사결정과 같은 사회주의의 원칙을 개인의 자유 및 자율성과 결합하려는 정치철학이다. 노엄 촘스키(Noam Chomsky)가 말했듯이, "일관된 자유주의자는 노동이 자유롭게 수행되어야 하고 생산자의 통제하에 있어야 한다."는 원칙과 "양립할 수 없는 생산수단과 이 체제의 구성요소인 임금 노예제에 대한 사적 소유에 반대해야 한다." 블록체인 기술은 탈중앙화, 개인의 자율성, 민주적 의사결정을 촉진하기 때문에 자유주의적 사회주의 원칙에 부합한다.

자유의지론적 사회주의는 국가라는 개념을 거부한다. 분산된 의사결정과 자원의 자체 관리를 옹호하며 계층적 구조를 제거하고 개인과 커뮤니티의 권한을 부여하는 것을 목표로 한다. 블록체인 기술은 탈중앙화된 합의 메커니즘을 제공하고, 피어 투 피어 상호작용을 가능하게 하며, 스마트 계약을 통해 자율적인 거버넌스를 촉진함으로써 이러한 원칙에 부합한다. 권력과 의사결정을 분배하는 블록체인의 능력은 자유주의적 사회주의의 핵심 교리와 일치한다.

자유의지론적 사회주의는 자원에 대한 집단적 소유와 통제를 강조한다. 블록체인 기술은 집단 소유권, 민주적 의사결정 및 사회정의를 촉진하는 DAO를 가능하게 함으로써 자유주의적 사회주의 이상을 지원할 수 있다. 블록체인 기반 DAO는 개인이 탈중앙화된 커뮤니티 주도 프로젝트 및 이니셔티브를 만들고 관리할 수 있도록 권한을 부여할 수 있다. 또한 블록체인 기술은 보편적 기본소득(UBI)과 같은 자유주의적 사회주의 정책의 이행을 촉진할 수 있다. 스마트 계약은 자원의 분배를 자동화하고 투명성과 책임성을 보장할 수 있다.

자유주의적 사회주의는 신뢰, 투명성 및 책임성에 기반한 사회를 만들고자 한다. 불변성, 투명성 및 감사 가능성과 같은 블록체인 기술의 고유한 기능은 경제 및 사회적 상호작용에 대한 신뢰를 향상시킬 수 있다. 블록체인 기반 시스템을 통해 모든 참가자가 정보를 기록하고 액세스할 수 있으므로 중앙집중식 기관에 대한 맹목적인 신뢰의 필요성이 줄어든다. 이는 개방성과 책임성을 우선시하는 시스템을 구축하려는 자유주의적 사회주의의 목표와 일치한다.

자유의지론적 사회주의와 블록체인 기술 사이에는 잠재적인 상호연관성이 있지만, 몇 가지 사항을 고려할 필요가 있다. 여기에는 평등한 접근을 보장하기 위한 디지털 격차 해소와 블록체인 시스템의 탈중앙화 특성에 영향을 미칠 수 있는 규제 프레임워크 탐색이 포함된다. 또한 블록체인 커뮤니티 내에서 기존의 권력 역학이 복제되는 것을 방지하고 포용성과 다양성을 보장하기 위해 세심한 주의를 기울여야 한다.

종종 자유주의적 사회주의로 분류되는 다양한 역사적·현대적 흐름과 운동은 다양한 이데올로기를 포괄한다. 여기에는 아나키즘, 마르크스주의, 공동체주의, 민주적 사회주의의 특정 계통, 길드 사회주의, 참여주의, 혁명적 생디칼리즘이 포함된다.

6. 마르크스주의

마르크스주의는 칼 마르크스와 프리드리히 엥겔스(1848)가 개발한 사회, 정치 및 경제 이론으로 계급투쟁의 중요성과 사회를 형성하는 데 경제적 및 사회적 요인의 역할을 강조한다.

마르크스주의의 핵심 교리 중 하나는 생산수단이 소수의 자본가 집단이 아니라 노동자들에 의해 집단적으로 소유되고 통제되어야 한다는 생각이다. 비슷한 맥락에서 블록체인 기술을 사용하면 이상적인 시나리오에서 중앙기관이 아닌 참가자 네트워크에 의해 제어되는 분산형 시스템을 만들 수 있다. 이러한 분권화는 전통적인 권력구조를 전복하고 국민에 의한 더 큰 통제와 소유권을 허용하는 방법으로 볼 수 있다. 또한 마르크스주의의 일부 지지자들은 자본주의가 본질적으로 불안정하고 위기에 취약하다고 주장한다.

블록체인 기술은 특히 금융영역에서 보다 안정적이고 투명한 시스템을 만들어 금융영역의 효율성과 공정성을 높이는 방법으로 선전되었다. 그러나 블록체인 기술이 자본주의 문제에 대한 만병통치약이 아니며 실제로 기존의 힘의 불균형을 영속화할 수 있다고 주장하는 사람들도 있다. 예를 들어, 블록체인 공간에서 소수의 거대 플레이어의 손에 채굴력(PoW의 경우) 또는 자본(PoS의 경우)이 집중되는 것은 자본주의하에서 소수의 부유한 사람들의 손에 부와 권력이 집중되는 것과 유사하다고 볼 수 있다.

닉 스르니첵(Nick Srnicek)과 알렉스 윌리엄스(Alex Williams)는『Inventing the Future: Postcapitalism and a World Without Work』에서 블록체인이 보다 평등하고 민주적인 사회를 만들 수 있는 잠재력을 가지고 있다고 주장한다. 우파와 좌파 양쪽 모두의 하이테크 세계에 대한 혼란스러운 이해에 맞서 우리 사회의 해방적이고 미래지향적인 가능성을 되찾을 수 있다는 것이다. 닉 스르니첵과 알렉스 윌리엄스는 복잡한 미래로부터 도망치는 대신, 표준을 발전시키고, 인류를 노동으로부터 해방시키며, 우리의 자유를 확대하는 기술을 개발할 수 있는 탈자본주의 경제를 요구한다.

철학자 마르크 알리자르트(Mark Alizart)는『크립토코뮤니즘(암호공산주의: Cryptocommunism)』에서 블록체인 기술이 새로운 종류의 공산주의를 만드는 도구가 될 수 있다고 주장한다. 그에 따르면, 암호화폐는 종종 우익 정치운동 또는 대안우익과 관련이 있다. 이는 자유주의자들과 아인 랜드(Ayn Rand)와 프리드리히 폰 하이에크(Friedrich von Hayek)의 팬들의 전유물이다.

익명성과 개인주의를 조장하는 그들이 지배적인 반국가 이데올로기에 매끄럽게 들어맞는다는 것은 의심의 여지가 없다. 그러나 마르크 알리자르트는 암호화폐의 중요성은 암호화폐 아나키즘을 훨씬 뛰어넘는다고 주장한다. 엥겔스가 옹호한 것처럼 '화폐 생산수단을 집단적으로 전유'하고, 마르크스의 말을 빌리자면 '사물의 관리에 의한 개인의 정부'를 대체할 수 있게 하는 한, 이는 마침내 결실을 맺은 공산주

블록체인과 암호화폐 혁명인가 반란인가

의처럼 보이기 시작하는 정치체제로서 암호공산주의의 기초를 형성한다.

> "암호화폐는 정보와 에너지 사이의 변환기 역할을 함으로써 돈과 활동 사이의 관계를 최적으로 조정할 수 있다. 비트코인은 단순한 통화가 아니며 사회 열역학의 규제자이기도 하며 생명의 통화이며 '살아 있는 통화'이다. 따라서 블록체인은 우리로 하여금 우리 사이의 관계가 더 이상 착취에 의해 좌우되지 않는 미래를 상상할 수 있게 해 주는데, 왜냐하면, 그것들은 '죽은' 돈에 의해 매개되기 때문이다. … 이 존재론적 공산주의, 이 물질의 공산주의는 궁극적으로 우리가 크립토코뮤니즘이라고 부를 수 있는 것이다."

슬로베니아의 문화철학자 슬라보예 지젝(Slavoj Zizek)은 디지털 통제 시대에 암호학의 해방적 잠재력에 대해 가끔 이야기해 왔지만, 비트코인과 대체불가토큰(NFT)에 대해서는 쉽게 납득하지 못했다. 그는 NFT와 암호화폐는 그 자체로는 가치가 없으며 오히려 자기 준거적 교환가치와 자본주의적 투기를 나타낸다고 말한다. 그는 디지털 자산이 자유를 가져다준다고 믿는 것은 순진한 생각이라고 주장하며 다음과 같이 썼다.

> "디지털 통제와 조작은 오늘날의 자유주의적 기획의 변칙이나 일탈이 아니라, 그것의 필연적 틀, 가능성의 형식적 조건이다. 체제는 우리의 자유를 규제하는 디지털 및 기타 통제방식의 조

건하에서만 자유의 외관을 제공할 수 있다. 체제가 작동하려면 우리는 형식적으로 자유롭고 우리 자신을 자유롭다고 인식해야 한다."

7. 무정부주의

아나키즘(무정부주의)은 중앙집권적 권위의 폐지와 개인의 자율과 자치의 증진을 강조하는 정치철학이다. 아나키스트 사상은 특히 탈중앙화된 거버넌스의 영역에서 블록체인과 유사하다.

전통적인 거버넌스 모델에서는 소수의 개인이나 기관의 손에 권력이 집중되어 있다. 이러한 권력집중은 부패, 남용 및 자원의 불평등한 분배로 이어질 수 있다. 아나키스트 철학은 권력이 공동체 또는 사회의 모든 구성원에게 분배되는 거버넌스에 대한 보다 분권화된 접근방식을 옹호한다.

블록체인 기술은 중앙집중식 기관이 아닌 합의와 개인 참여에 의존하는 네트워크를 만들어 탈중앙화 거버넌스를 구현하는 방법을 제공한다. 개인이 의사결정 과정에 참여하고 네트워크 유지에 기여할 수 있는 분산형 시스템을 구축하는 블록체인 기술은 개인의 자율성과 자치라는 아나키스트의 이상과 일치한다.

블록체인은 또한 자원의 보다 공평한 분배를 촉진하는 분산형 시장과 경제 시스템을 만드는 데 사용될 수 있다. 아나키스트 사상은 오랫동안 경제적 평등과 자본주의의 착취 시스템 제거의 중요성을 강조해 왔다(블록체인이 이상적으로 기여하는 것과 일맥상통한다). 개인이 서로 직접 거래하고 기존 금융기관을 우회할 수 있도록 함으로써 블록체인 기술은 기업의 이익보다 개인의 요구를 우선시하는 보다 평등한 경제 시스템을 만들 수 있는 잠재력을 가지고 있다.

프랑스 철학자이자 '아나키즘의 아버지'라 불리는 피에르 조제프 프루동(Pierre-Joseph Proudhon)에게 상호주의(mutualism)는 자유시장과 사회주의에 기초한 사회주의 사회를 옹호하는 아나키스트 학파로, 작업장이 "민주적으로 조직된 노동자 협회에 넘겨지는" 분권화된 시스템인 "산업민주주의"를 만드는 것을 포함했다. 그는 "노동자들은 봉건제로의 회귀를 감수하면서까지 모든 구성원에게 동등한 조건을 갖춘 민주주의 사회를 형성해야 한다."고 촉구했다. 이것은 "자본주의적이고 독점적인 착취가 모든 곳에서 중단되고, 임금체계가 폐지되고, 평등하고 공정한 교환이 보장"되는 결과를 낳을 것이다. 또한 노동의 자주관리와 직접민주주의를 중심으로 하는 이데올로기인 혁명적 조합주의, 즉 아나코 생디칼리즘(anarcho-syndicalism)과 직접민주주의 또는 합의민주주의에 의한 의사결정과 국가의 폐지를 주장하는 아나키스트 공산주의(anarchist communism) 등의 현상이 초래된다. 이는 부분적으로 블록체인의 기본개념과 관련이 있을 수 있다.

무정부-공산주의는 국민국가의 중앙집권주의에 대한 대안으로서 코뮌들 사이의 상호부조와 자유로운 연합의 관계에서 연방적 형태를 요구한다. 러시아의 아나키스트 페터 크로포트킨(Peter Kropotkin)은 다음과 같이 주장하였다.

"대의정부는 역사적 사명을 완수했다. 그것은 법의 지배라는 법정 통치에 치명타를 입혔다. 그리고 그 논쟁을 통해 공적 문제에 대한 대중의 관심을 일깨웠다. 그러나 그 안에서 미래 사회주의 사회의 정부를 보는 것은 심각한 오류를 범하는 것이다. 공동체 구성원의 일생의 각 경제적 국면은 그 자체의 정치적 국면을 내포한다. 그리고 정치조직의 바로 그 기초에 상응하는 변화 없이는 현재의 경제적 삶인 사적 소유의 바로 그 기초를 건드리는 것이 불가능하다. 인생은 이미 어떤 방향으로 변화가 이루어질 것인지를 보여 준다. 국가의 권력을 증대시키는 것이 아니라, 현재 국가의 속성으로 간주되는 모든 부문에서 자유로운 조직과 자유로운 연합에 의존하는 데 있다."

8. 실존주의

기본적으로 실존주의는 20세기에 등장한 철학 운동으로, 개인의 자유, 책임 및 겉보기에 무의미한 세상에서 의미를 찾을 것을 강조하는 것이 특징이다. 실존주의자들은 개인이 자신의 선택을 할 자유가 있으며 자신의 행동과 세상에서의 위치에 대해 책임을 져야 한다고 주장한다. 그들은 또한 인간 존재의 본질적인 고립과 부조리, 그리고 개인이 이러한 현실에 직면하고 삶의 의미를 창조해야 할 필요성을 강조한다.

실존주의 철학자들은 블록체인 기술을 어떻게 이해하고 그 의미를 탐구할 수 있는지에 대한 통찰력을 제공한다. 실존주의는 개인의 자율성과 진정한 자아의 진솔한 표현의 중요성을 강조한다. 장 폴 사르트르(Jean-Paul Sartre)가 개인의 자유와 책임을 강조한 것은 블록체인 기술을 통해 개인이 자신의 자산을 더 잘 통제하고 탈중앙화된 의사결정에 참여할 수 있는 방법과 관련지을 수 있다. 탈중앙화 시스템과 자주적 신원을 통해 블록체인은 개인이 자율성을 주장하고 디지털 존재의 진정성을 보존할 수 있도록 지원할 수 있다.

블록체인과 암호화폐 혁명인가 반란인가

이 운동은 종종 윤리적 책임과 개인의 선택의 의미에 대한 질문을 탐구한다. 블록체인의 투명하고 불변적인 특성은 책임과 윤리적 의사결정을 촉진할 수 있다. 예를 들어, 스마트 계약은 미리 결정된 규칙을 시행하고 개인 책임에 대한 실존주의적 개념에 부합하는 계약이 유지되도록 할 수 있다. 블록체인의 관점에서 책임의 개념은 네트워크에서 잘못된 검증자 행동의 결과 중 하나로 슬래싱(slashing: 지분 삭감)을 하는 것과 유사하다. 즉, 검증인이 장시간 블록을 갱신하지 못하거나 이중서명(double sign)을 행할 경우에 발생한다.

실존주의는 개인의 자유를 제한할 수 있는 외부권위와 구조의 개념에 도전한다. 탈중앙화 기술인 블록체인은 P2P 상호작용을 가능하게 하고 중개자를 제거함으로써 중앙화된 권력구조에 도전할 수 있는 잠재력을 제공한다. 권력을 분산시키고 중앙집중식 기관의 영향력을 줄임으로써 블록체인 기술은 개인에게 자신의 삶에 대한 더 큰 선택권과 통제력을 제공할 뿐만 아니라 자유와 자기 결정의 이상을 지원할 수 있다.

실존주의자들은 진짜가 아니거나 소외된 존재의 가능성에 대한 우려를 제기한다. 블록체인 기술은 안전하고 검증 가능한 신원확인을 가능하게 하여 이러한 문제를 해결하는 데 중요한 역할을 할 수 있다. 디지털 서명과 분산형 ID 시스템을 통해 블록체인은 온라인 상호작용의 신뢰성을 높여 디지털 존재의 진정성에 기여한다. 또한 실존주의의 무의미성 개념은 블록체인 기술의 무신뢰 개념과 유사하다고 볼 수 있다. 무신뢰 시스템에서는 개인 또는 중앙집중식 기관 간의 신뢰에 의존하지 않는 방식으로 거래가 확인되고 기록된다. 마찬가지로 실존주의에서 의미는 외부로부터 주거나 받을 수 있는 것이 아니라 개인의 경험과 선택을 통해 만들어져야 하는 것이다.

또한 실존주의는 종종 불안과 불확실한 세상에서 의미 찾기라는 주제를 탐구하며, 신뢰, 보안 및 투명성에 대한 블록체인의 강조는 개인에게 신뢰감과 변조방지 프레임워크를 제공하고 정보를 공유함으로써 실존적 불안을 완화하는 데 도움이 될 수 있다. 그러나 블록체인 기술이 본질적으로 실존주의적인 것은 아니라는 점에 유의하는 것이 중요하다. 그것은 개인에게 더 큰 선택권과 통제력을 제공할 수 있지만, 힘의 불균형을 영속화하고 기존 사회구조를 강화할 수도 있다. 또한 블록체인 기술은 금융거래를 위한 무신뢰 시스템을 제공할 수 있지만, 의미 및 목적과 관련된 광범위한 실존적 질문을 해결하지는 못한다.

9. 현상학(Phenomenology)

현상학은 개인의 주관적 경험과 주변 세계를 인식하고 해석하는 방식을 강조하는 철학적 접근방식이다. 블록체인 기술의 맥락에서 현상학은 개인이 이 기술을 경험하고 상호작용하는 방식에 대한 통찰력을 제공할 수 있다. 또한, 탈중앙화 시스템으로서의 블록체인의 개념은 상호주관성(intersubjectivity) 및 현실의 공유된 성격에 대한 현상학적 개념과 관련될 수 있다.

블록체인과 관련된 현상학의 한 측면은 개인이 세계의 대상과 경험에 주의를 기울이는 방식을 의미하는 의도성(intentionality)의 개념이다. 블록체인 기술의 경우, 의도성은 개인이 블록체인에 저장된 정보를 인식하고 해석하는 방식뿐만 아니라 블록체인을 구성하는 탈중앙화 네트워크와 상호작용하는 방식에도 중요한 역할을 한다.

현상학은 또한 개인이 블록체인 기술과 관련하여 신뢰와 투명성을 경험하는 방식을 밝힐 수 있다. 블록체인 거래의 투명성과 불변성은 신뢰감과 보안감을 조성해 주지만, 이러한 신뢰는 기술을 사용하는 개인의 주관적인 경험에 따라 달라진다. 예를 들어, 개인은 기술적 특성으로 인해 블록체인 기반 시스템을 신뢰할 수 있는 것으로 인식할 수도 있고, 시스템을 신뢰하기 전에 다른 사람의 사회적 검증을 요구할 수도 있다.

요약하자면, 현상학은 블록체인 기술과 관련하여 개인의 주관적 경험을 탐구하는 데 유용한 프레임워크를 제공한다. 개인이 이 기술을 인식하고 상호작용하는 방식을 조사함으로써 우리는 이 기술이 사회에 미치는 잠재적 영향과 그것이 우리의 미래를 형성할 수 있는 방식에 대해 더 깊이 이해할 수 있다.

여기서 우리는 지각과 기술의 관계에 대해 광범위하게 저술한 프랑스의 현상학 철학자 모리스 메를로-퐁티(Maurice Merleau-Ponty)를 언급하지 않을 수 없다. 그는 기술이 단순히 우리 주변 세계를 조작하는 데 사용하는 도구가 아니라 우리 자신의 지각 능력과 신체 경험의 확장이라고 주장했다. 그는 『지각의 현상학(Phenomenology of Perception)』(1962)에서 우리의 지각이 신체 경험에 의해 형성되는 방식과 기술이 이러한 경험을 어떻게 확장하고 변형시킬 수 있는지에 대해 적확하게 썼다. 그는 망원경, 현미경, 카메라와 같은 기술이 단순히 우리가 더 선명하게 보거나 이미 보이는 것을 확대할 수 있게 해 주는 것이 아니라 우리가 세상을 인식하는 방식을 근본적으로 변화시킨다고 주장했다.

또 그는 기술과 그것이 구현하는 세계 사이의 관계를 탐구했다. 그러면서 기술이 우리 몸과 분리된 실체가 아니라 우리의 신체 경험에 통합되고 우리가 세상과 상호작용하는 방식을 형성한다고 주장했다. 예를 들어, 의수나 보청기를 사용하면 신체 경험이 변화하고 세상을 인식하는 방식이 바뀔 수 있다.

10. 실용주의

실용주의는 실용성과 아이디어의 유용성을 강조하는 철학적 접근 방식이다. 19세기와 20세기 초반의 미국 철학의 발전과 밀접하게 관련되어 있으며 법률, 교육 및 정치를 포함한 광범위한 분야에 영향을 미쳤다. 블록체인 기술과 관련하여 실용주의는 이 기술의 실질적인 의미와 잠재적 적용에 대한 유용한 통찰력을 제공할 수 있다. 예를 들어, 효율성 및 투명성 향상과 같은 블록체인 기술의 실질적인 이점 중 하나는 실용적인 솔루션과 결과를 우선시하는 실용적인 철학과 일치한다.

실용주의는 협업과 집단적 문제 해결을 장려한다. 블록체인 기술은 탈중앙화된 특성과 합의 중심의 의사결정 프로세스를 통해 협업 네트워크를 촉진한다. DAO를 통해 개인과 조직은 투명하고 효율적인 방식으로 협력하여 실용적인 문제 해결의 접근방식을 촉진할 수 있다.

실용주의의 또 다른 중요한 측면은 아이디어의 실질적인 결과에 초점을 맞추는 것이다. 블록체인의 경우, 기술의 가치가 이론적 잠재력뿐만 아니라 실질적인 문제를 해결하고 새로운 기회를 창출할 수 있는 능력을 가지고 있다. 예를 들어, 블록체인은 금융거래를 위한 보다 안전하고 효율적인 시스템을 만들거나 데이터 저장 및 공유를 위한 분산 시스템을 구축하는 데 사용할 수 있다.

실용주의는 변화하는 상황에 대처하는 데 있어 혁신과 적응력의 중

블록체인과 암호화폐 혁명인가 반란인가

요성을 인식한다. 프로그래밍 가능하고 자체 실행 가능한 스마트 계약을 위한 기능을 갖춘 블록체인 기술은 다양한 부문에 걸쳐 혁신적인 애플리케이션을 허용한다. 블록체인의 유연성과 적응성은 진화하는 과제에 대한 실용적인 대응을 가능하게 하여 확장 가능하고 효율적인 솔루션을 제공한다.

또한 실용주의에서 실험과 경험에 대한 강조는 반복적이고 끊임없이 진화하는 블록체인 기술의 특성과 일치한다. 개발자와 사용자는 기술을 실험하면서 경험을 통해 배우고 요구사항을 더 잘 충족하도록 기술을 조정할 수 있다.

블록체인과 실용주의 사이의 연관성이 즉각적으로 명확하지 않을 수 있지만, 다양한 산업과 맥락에서 효율성과 효과를 개선하기 위해 블록체인을 어떻게 사용할 수 있는지와 같이 이 분야에서 탐구해야 할 중요한 철학적 질문이 여전히 있다.

실용주의 운동의 핵심인물인 존 듀이(John Dewey)는 기술이 인간의 번영을 촉진하고 사회문제를 해결하는 강력한 도구가 될 수 있다고 주장했으며, 기술을 탐구의 생산적인 수단이나 도구일 뿐만 아니라 탐구를 위한 새로운 방법과 모델을 개발하는 방법이라고 생각했다. 또 다른 영향력 있는 실용주의 철학자인 윌리엄 제임스(William James)도 기술이 사회에 미치는 영향에 대해 연구하였고, 급진적 실험주의(radical empiricism)에 관한 에세이를 썼다. 그는 과학적 진보와 인간의 가치 사이의 균형을 유지하는 것의 중요성을 강조하면서, 기술에 대한 지나친 의존이 잠재적으로 비인간적인 영향을 미칠 수 있다고 경고했다. "우리 세대의 가장 위대한 발견은 인간이 마음가짐에서 태도를 바꿔 자신의 삶을 바꿀 수 있다."고 주장한 윌리엄 제임스는 실용주의 철학의 확립자로 평가받는다.

11. 분석철학

분석철학은 논리적 분석의 사용과 개념의 명확화를 강조하는 철학적 접근방식이다. 다른 철학적 접근방식에 비해 블록체인 기술과 분석철학과의 교차점이 덜 분명해 보일 수 있지만, 여전히 탐구해야 할 몇 가지 흥미로운 연관성이 있다. 예를 들어, 블록체인과 관련될 수 있는 분석철학의 한 분야는 언어철학이다. 분석철학은 언어와 의미론에 세심한 주의를 기울여 단어의 의미와 개념과의 관계를 분석한다. 따라서 블록체인의 맥락에서 스마트 계약, 디지털 자산 및 탈중앙화 네트워크와 같은 블록체인 기술의 다양한 요소를 설명하고 표현하기 위해 언어가 어떻게 사용되는지에 대한 질문이 제기될 수 있다.

분석철학의 핵심 측면 중 하나는 언어와 논증의 명확성과 정확성에 대한 강조이다. 이는 기술의 보안과 기능을 보장하기 위해 기술적 정밀도와 정확성이 필수적인 블록체인 시스템의 개발 및 구현에 특히 중요할 수 있다.

언어와 의미에 관한 연구로 유명한 철학자 루트비히 비트겐슈타인은 언어의 사용을 지배하는 규칙과 관습의 중요성을 강조했다. 블록체인의 경우, 거래가 기록되고 검증되는 방식을 통제하는 규칙과 프로토콜은 기술의 기능에 매우 중요하다. 이러한 규칙과 프로토콜은 네트워크의 여러 노드가 서로 통신하고 조정할 수 있도록 하는 공유언어를 만든다.

또한 분석철학은 논리적 추론과 논증을 우선시한다. 탈중앙화되고 투명한 특성을 가진 블록체인 기술은 엄격한 논리에 의존하는 암호화

블록체인과 암호화폐 혁명인가 반란인가

알고리즘과 합의 메커니즘에서 작동한다. 블록체인의 거래 검증과 데이터 검증에는 논리적 연산과 수학적 알고리즘이 포함되며, 이는 논리적 추론을 분석하는 분석철학과 관계지을 수 있다. 논리적 분석과 개념 및 가정에 대한 신중한 검토에 중점을 두고 있는 분석철학은 블록체인 기술의 잠재적인 과제나 한계를 식별하고 해결하는 데 유용할 수 있다. 예를 들어, 분석철학자는 블록체인 시스템의 잠재적인 논리적 불일치 또는 개념적 문제를 식별하고 이를 해결하기 위한 솔루션을 제공할 수 있다.

블록체인과 관련될 수 있는 분석철학의 또 다른 영역은 인식론이다. 분석철학은 종종 지식, 신념 및 정당화의 문제를 탐구한다. 블록체인의 맥락에서 신뢰의 본질과 신뢰가 블록체인 네트워크에 관련된 다양한 행위자와 어떻게 관련되어 있는지에 대한 질문이 제기될 수 있다. 예를 들어, 블록체인 시스템의 기반이 되는 탈중앙화 네트워크를 어떻게 신뢰하게 되며, 투명성 및 불변성과 같은 개념은 신뢰를 구축하는 데 어떤 역할을 하는가?

사울 크립케(Saul Kripke)와 존 설(John Searle)과 같은 철학자들은 분석철학과 기술의 교차점을 탐구하여 기술의 철학적 의미를 분석하기 위한 이론적 틀과 개념적 도구를 제공했다. 이 철학자들이 블록체인과 분석철학의 교차점을 직접적으로 다루지는 않았지만, 그들의 연구는 기술의 철학적 의미를 연구하는 데 귀중한 통찰력을 제공한다.

12. 포스트구조주의

포스트구조주의는 1960년대와 1970년대에 등장한 철학적 · 비판적 운동으로, 언어와 의미의 불안정성과 우연성을 강조한다. 블록체인 기술의 맥락에서 포스트구조주의 사상은 언어, 권력 및 통제 간의 관계에 대한 중요한 질문을 제기한다.

포스트구조주의의 한 가지 중요한 측면은 의미가 고정되거나 안정된 것이 아니라 끊임없이 변화하고 다양한 요인에 따라 달라진다는 생각을 강조한다는 것이다. 이는 블록체인 기술의 개발 및 사용과 관련이 있을 수 있으며, 기술의 의미와 중요성은 문화적·사회적·정치적 맥락에 따라 다르게 이해될 수 있다. 자크 데리다(Jacques Derrida)와 장 프랑수아 리오타르(Jean-Francois Lyotard)와 같은 포스트구조주의 사상가들의 연구는 기술이 언어, 의미, 지식에 대한 우리의 이해를 형성하는 방식을 탐구했다.

언어와 의미에 대한 자크 데리다(Jacques Derrida)의 해체주의적 접근은 언어가 본질적으로 불안정하고 모호한 방식을 강조하며, 이는 안정성을 가져다주기 때문에 스마트 계약에 사용되는 프로그램 언어와 대조된다.

블록체인의 맥락에서 블록체인 기술이 암호화 해시 및 기타 암호화 기술의 사용과 같은 새로운 형태의 언어적 불안정성을 어떻게 생성하는지에 대한 질문이 제기될 수 있다. 이러한 기술은 비전문가가 이해하기 어려울 수 있는 복잡하고 기술적인 언어를 도입하여 언어적 불안정성을 초래한다. 예를 들어, "해시 함수," "디지털 서명" 및 "논스"와 같은 용어를 사용하면 기술적 배경이 없는 개인이 블록체인 기술의 작동방식을 이해하기 어렵게 만드는 언어장벽이 생길 수 있다.

또한 암호화 기술의 사용은 정보를 인코딩 및 디코딩하는 새로운 방법을 도입하여 새로운 형태의 언어적 불안정성을 야기한다. 예를 들어, 암호화 해시를 사용하면 데이터의 무결성을 확인하는 데 사용

블록체인과 암호화폐 혁명인가 반란인가

할 수 있지만 원본 데이터를 복구하기 위해 되돌릴 수 없는 단방향 함수가 만들어진다. 이로 인해 데이터의 의미가 암호화 및 암호 해독에 의해 변형되는 새로운 형태의 언어적 불안정성이 발생한다.

다른 한편으로, 포스트구조주의는 고정된 정체성과 시간이 지남에 따라 안정된 의미의 개념에 도전한다. 블록체인은 불변성과 타임스탬프가 찍힌 트랜잭션을 통해 시간성에 대한 전통적인 개념에 도전하는 이벤트 및 상호작용의 기록을 제공한다. 이 교차점은 블록체인의 영속성과 투명성이 시간과 정체성(identity)의 구성에 대한 우리의 이해에 어떤 영향을 미치는지에 대한 비판적 성찰을 촉발한다.

이러한 사유를 이어 가면서 포스트구조주의는 주체성과 지식의 파편화되고 다중적인 성격을 강조한다. 분산원장인 블록체인은 동기화된 기록을 유지하는 여러 노드로 구성된다. 이러한 다양성과 분산된 특성은 통합되고 본질화된 ID에 대한 포스트구조주의적 비판과 일치하여 데이터 관리에 대한 보다 분산되고 다양한 접근방식을 허용한다.

더욱이 포스트구조주의는 위계적 권력구조의 해체와 권력 역학의 고찰을 강조한다. 탈중앙화되고 투명한 특성을 가진 블록체인 기술은 P2P 거래를 가능하게 하고 중개자를 제거함으로써 기존의 중앙집중식 권력구조에 도전한다. 블록체인의 분산원장은 권력의 탈중앙화에 기여하고 기존 권한 시스템을 혼란에 빠뜨릴 수 있다.

또한 의미와 지식을 형성하는 데 있어 권력관계와 사회구조의 역할에 대한 포스트구조주의의 초점은 블록체인 기술의 잠재적인 사회적·정치적 함의를 이해하는 데 도움이 될 수 있다. 예를 들어, 포스트구조주의 사상가들은 블록체인 기술이 기존의 권력구조와 통제 시스템에 도전하거나 강화할 수 있는 방법을 분석하는 데 관심이 있을 수 있다.

투명성의 개념을 검토한 철학서로는 미셸 푸코(Michel Foucault)의 『규율과 처벌(Discipline and Punish)』(1975)이 있다. 더 나아가 푸코의 권력과 지식이론은 개인이 사회와 사회에 대한 권력과 통제를 행사하기 위해 지식이 사용되는 방식과 관련이 있다. 블록체인의 맥락에서 블록체인 기술이 어떻게 지식 생산 및 유통의 한 형태로 나타나는지, 그리고 이것이 권력 및 통제의 문제와 어떻게 관련되는지에 대한 질문이 제기될 수 있다.

권력과 지식의 관계에 대한 분석으로 잘 알려진 미셸 푸코는 기술이 인간의 행동을 통제하고 규제하는 데 사용될 수 있는 방법을 탐구했다. 규율과 감시에 대한 푸코의 연구는 특히 블록체인을 포함한 디지털 기술 연구와 관련이 있다.

또한 도나 해러웨이(Donna Haraway)와 같은 포스트구조주의 페미니스트 이론가들은 기술, 젠더, 권력 사이의 교차점을 탐구하고 기술이 기존의 권력구조와 위계에 도전하거나 강화할 수 있는 잠재력을 강조했다. 여기서 주목할 만한 것은 프랑스 철학자 조르주 바타유(Georges Bataille)가 주장한 중요한 개념 중 하나인 아세팔레(Acephale)다. 그리스어 ἀκέφαλος (akephalos, 문자 그대로 '머리가 없는')에서 파생된 아세팔레는 1930년대에 그가 만든 초현실주의 잡지와 콜레주 드 소시올로지(College de Sociologie)의 준종교단체의 이름이었다. 아세팔레의 '머리 없음'은 머리가 없는 사람이 중앙집권적 권력 제거의 상징으로 볼 수 있기 때문에 분권화의 개념과 유사하다.

13. 맺음말

이 장에서는 고대 그리스 철학에서 포스트구조주의에 이르기까지 철학의 관점에서 블록체인을 탐구함으로써 이 혁신적인 기술과 역사를 통틀어 인간의 사고를 형성한 기본개념 사이의 흥미로운 상호작용을 밝혀냈다.

우리의 지적 여정을 통해 우리는 고대의 철학적 이상과 현대의 디지털 현실이 융합되는 것을 자세히 목격했다. 블록체인의 탈중앙화 특성은 보다 정의롭고 평등한 사회에 대한 추구를 반영하며, 플라톤과 루소와 같은 사상가들의 유토피아적 열망과 분명히 공명한다. 동시에 블록체인의 암호화 메커니즘과 투명성에 대한 강조는 니체와 푸코가 면밀히 조사한 것처럼 무제한의 만연한 권력구조에 직면해 있다. 또한, 우리의 철학 탐구는 블록체인이 지배적인 경제 시스템에 도전할 수 있는 잠재력을 밝혀냈고, 마르크스주의적 분석과 자본주의에 대한 비판의 길을 열었다. 동시에 블록체인과 포스트모던 아이디어의 융합은 초연결 세계에서 정체성의 파편화와 다양성을 반영한다.

이 장을 마무리하면서 블록체인을 둘러싼 철학적 탐구가 블록체인의 기술적 기능을 훨씬 뛰어넘는다는 것이 분명해졌다. 블록체인은 인간 존재의 본질과 얽혀 있어 점점 더 디지털화되는 사회에서 진실, 힘, 개인의 선택의지의 본질에 대한 심오한 질문을 제기한다.

나의 탐구는 철학과 관련하여 블록체인의 많은 측면을 조명했지만, 이것은 다학제적 대화의 시작에 불과하다. 블록체인의 철학적 깊이와 그것이 우리의 집단적 인간 경험에 미치는 영향을 완전히 파악하기 위해서는 더 많은 연구와 탐구가 필요하다. 이 대화에 참여함으로써 우리는 블록체인의 잠재력을 집단적으로 활용하여 우리의 가장 높은 이상에 부합하는 미래를 형성하는 동시에 블록체인의 개발 및 구현을 뒷받침하는 윤리적·사회적·철학적 고려사항에 다양한 담론을 조율할 수 있다.

블록체인과 철학의 공생관계에서 우리는 혁신, 성찰, 기술과 인류가 조화롭게 공존하는 세상을 공동 창조할 수 있는 비옥한 토양을 찾아야 한다. 단, 철학은 주로 형이상학적·존재론적·인식론적 질문을 다루는 반면 블록체인은 기술적 도구라는 점에 유의하는 것이 중요하다. 이 책에서 분석한 많은 철학적 개념과 이론은 블록체인 개념과 연계하여 단순화되었다. 더욱이 이 책에서 언급된 대부분의 철학자들은 그들의 저서에서 블록체인에 대해 명시적으로 논의하지 않았으며, 그들의 철학과 블록체인 사이의 모든 연관성은 나의 해석적 사유와 지적 연습으로 간주되어야 한다.

II. 현대철학 이론의 맥락에서 블록체인 ▌

"기술은 우리가 우리의 이야기를 전하는 모닥불이다."
– 로리 앤더슨
"미래는 이미 와 있는데 단지 공평하게 분배되지 않았을 뿐이다."
– 윌리엄 깁슨

우리가 주지하듯이 Web 3.0과 블록체인은 계속해서 디지털 환경을 재편하고 있으며, 그 영향이 기술과 경제 영역을 넘어 확장되고 있음이 점점 더 분명해지고 있다. 블록체인 붐은 사회, 정치, 기술 자체의 본질에 대한 중요한 질문을 제기하며 현대 철학자들의 관심을 불러일으킬 수 있다. 이 장에서는 블록체인이 포스트휴머니즘, 트랜스휴머니즘, 가속주의, 비판이론, 사변적 실재론 등 현대철학의 가장 혁신적이고 생각을 자극하는 영역과 어떻게 교차할 수 있는지 살펴본다. 이러한 교차점을 조사함으로써 우리는 이 기술이 우리, 사회, 그리고 현실 자체의 본질에 미치는 잠재적 영향에 대한 새로운 통찰력을 얻을 수 있다.

1. 트랜스휴머니즘

트랜스휴머니즘은 기술, 인류애, 인간 향상의 교차점을 탐구하는 철학적이고 지적인 운동이다. 인간의 능력을 향상시키고 생물학적 한계를 초월하기 위해 신흥기술의 사용을 옹호한다.

트랜스휴머니즘 사상가들은 인간의 고유한 한계를 뛰어넘기 위해 신흥기술을 검토하는 동시에 그 구현의 윤리적 함의를 고려한다. 트랜스휴머니즘 담론에는 인간이 포스트휴먼으로 분류될 수 있을 정도로 스스로를 향상시킬 수 있는 잠재력이 있으며, 현재 상태를 넘어 상당히 증강된 능력을 가지고 있다는 믿음이 존재한다.

트랜스휴머니즘 사상은 수년 동안 존재해 왔다. 닉 보스트롬(Nick Bostrom)에 따르면, 초월주의적 충동은 적어도 호메로스 서사시보다 1500년이나 앞선 메소포타미아 우르크의 왕『길가메시 서사시』에서 불멸에 대한 탐구, 젊음의 샘, 생명의 영약, 그리고 노화와 죽음을 막기 위한 다른 노력들에 대한 역사적 탐구까지 거슬러 올라간다.

트랜스휴머니즘과 블록체인 간의 시너지 효과와 교차점은 아주 중요한데, 두 분야 모두 인간의 능력을 변화시키고 향상시키는 것을 목표로 하기 때문이다. 트랜스휴머니즘은 기술의 사용을 통해 인간의 몸과 마음의 한계를 초월하고자 하는 반면, 블록체인은 정보와 가치의 교환을 위한 분산되고 안전한 플랫폼을 제공한다.

트랜스휴머니즘과 블록체인의 주요 교차점 중 하나는 블록체인 기술이 첨단기술을 인체에 통합하는 것을 촉진할 수 있는 잠재력을 갖고 있다는 점이다. 예를 들어, 블록체인 기반 스마트 계약을 사용하여 이식된 장치와 외부 시스템 간의 안전하고 완전한 데이터 교환을 보장할 수 있다. 이를 통해 인간-기계 인터페이스의 원활하고 상호연결된 네트워크를 만들어 전례 없는 수준의 효율성과 생산성을 달성할 수 있다.

또한 트랜스휴머니즘은 온체인에서 진정한 디지털 아이덴티티를 만들 수 있는 가능성을 상상할 수 있다. 탈중앙화되고 불변하는 특성을 가진 블록체인은 디지털 ID 및 개인 데이터를 관리하기 위한 플랫폼을 제공한다. 블록체인을 활용함으로써 기술을 인간의 신원과 통합하는 트랜스휴머니즘 아이디어를 촉진하여 생체인식 데이터 또는 자신의 디지털 표현을 포함한 개인정보를 안전하고 검증 가능한 상태로 저장 및 관리할 수 있다.

트랜스휴머니즘의 노력에는 종종 민감한 개인 데이터와 개인정보 보호 및 보안에 대한 우려를 불러일으키는 새로운 기술이 포함된다. 블록체인의 암호화 프로토콜과 합의 메커니즘은 향상된 보안 조치를 제공하여 민감한 정보를 보호하고 데이터 침해의 위험을 줄인다. 또한 블록체인의 탈중앙화 특성은 개인에게 자신의 데이터에 대한 더 많은 통제권을 제공하여 개인의 자율성과 자기 결정권이라는 트랜스휴머니즘적 이상에 부합한다. 예를 들어, 블록체인 기반 인증 시스템을

블록체인과 암호화폐 혁명인가 반란인가

사용하여 승인된 개인만 고급 의료용 임플란트 또는 기타 향상된 기술에 액세스할 수 있도록 할 수 있다.

교차점의 또 다른 영역은 분산 시스템에 대한 아이디어이다. 트랜스휴머니즘과 블록체인은 모두 권력과 권위를 탈중앙화하려고 한다. 트랜스휴머니스트들은 개인이 자신의 몸과 마음을 더 잘 통제할 수 있는 세상을 꿈꾸며, 기술을 사용하여 신체적 · 인지적 능력을 향상시킨다. 반면에 블록체인은 분산원장 기술을 사용하여 금융거래 및 기타 형태의 데이터에 대한 제어를 분산시키려고 한다.

더욱이 트랜스휴머니즘과 블록체인을 연결하는 것은 불변성이라는 개념이다. 트랜스휴머니스트들은 불멸을 달성하는 것을 목표로 기술을 통해 인간의 삶을 향상시키고 연장하려고 한다. 한편 블록체인은 암호화 알고리즘을 사용하여 변경하거나 삭제할 수 없는 불변 데이터를 생성하여 기록되는 데이터의 무결성을 보장한다.

또한 트랜스휴머니즘과 블록체인은 모두 기존 권력구조를 붕괴시킬 수 있는 잠재력을 가지고 있다. 트랜스휴머니즘 기술은 개인, 정부, 기업 간의 전통적인 권력 역학에 도전할 수 있는 반면, 블록체인은 적어도 은행과 금융산업을 혼란에 빠뜨릴 수 있는 잠재력을 가지고 있다.

트랜스휴머니즘은 종종 중앙집권적 권위와 위계적 구조에 의문을 제기한다. 마찬가지로 블록체인은 탈중앙화 네트워크에서 작동하므로 중앙 중개자 없이 P2P 상호작용 및 거버넌스가 가능하다. 블록체인 기반 DAO는 트랜스휴머니즘 프로젝트와 이니셔티브를 위한 길을 제공하여 탈중앙화된 의사결정, 자원 할당 및 참가자 간의 조정을 가능하게 할 수 있다.

또한 트랜스휴머니즘은 기술 진보와 혁신을 포용한다. 블록체인은 토큰화 및 탈중앙화 자금조달 모델을 통해 트랜스휴머니즘 연구, 개발 및 지적재산권 보호에 자금을 지원하고 인센티브를 제공하는 새로운 방법을 공급한다. 이는 탈중앙화 과학(DeSci) 운동을 촉진할 뿐만 아니라 트랜스휴머니즘 혁신에 대한 공정한 보상과 귀속을 가능하게 하는 분산형 시장 및 지적재산권 관리 시스템의 생성을 촉진할 수 있다.

인간성 향상에 대한 개념과 전망 및 관련 문제는 격렬한 철학적 논쟁을 불러일으킨다. 또한 인간성 향상 기술과 블록체인과 같은 신흥 기술의 발전으로 21세기 중반까지 인간의 능력을 향상시키는 데 상당한 진전을 이룰 수 있다는 추측이 있다. 특히 레이 커즈와일(Ray Kurzweil)의 『특이점이 온다(The Singularity is Near)』(2005)와 미치오 카쿠(Michio Kaku)의 『미래의 물리학(Physics of the Future)』(2011)은 다양한 인간 향상 기술을 탐구하고 이러한 기술이 인류의 미래에 미칠 잠재적 영향에 대한 귀중한 통찰력을 제공한다.

대체로 트랜스휴머니즘과 블록체인의 교차점은 전례 없는 방식으로 인간의 경험을 변화시키는 새로운 기술의 개발을 가능하게 할 수 있는 잠재력을 가지고 있다. 블록체인 기술이 제공하는 보안과 탈중앙화를 활용함으로써 트랜스휴머니스트 비전가들은 인간의 잠재력으로 무한한 미래를 만들기 위해 노력할 수 있다.

2. 포스트휴머니즘

'휴머니즘 이후' 또는 '휴머니즘을 넘어서'를 의미하는 포스트휴머니즘은 인간과 비인간 존재 사이의 전통적인 경계에 도전하고 기술을 통해 인간의 능력을 향상시키거나 초월할 수 있는 가능성을 탐구하는 철학적·문화적 운동이다.

포스트휴머니즘은 반휴머니즘, 문화적 포스트휴머니즘, 철학적 포스트휴머니즘, 포스트휴먼의 조건, 포스트휴먼 트랜스휴머니즘, 인공지능 장악, 자발적 인간멸종 등 다양한 분파를 포괄한다. 반휴머니즘은 전통적인 휴머니즘에 비판적이며, 문화적 포스트휴머니즘은 인간의 본성과 주체성에 대한 가정에 도전한다. 철학적 포스트휴머니즘은 인간종을 넘어 주체성을 확장하는 것의 윤리적 함의를 탐구한다. 포스트휴먼 트랜스휴머니즘은 '포스트휴먼의 미래'를 위해 인간의 역량을 강화하는 기술을 개발하는 것을 목표로 한다. AI 탈취 변종은 궁극적으로 인간을 인공지능으로 대체해야 한다고 주장하는 반면, 자발적인 인간멸종은 인간 없는 미래를 추구한다.

포스트휴먼 담론의 지지자들은 혁신적인 발전과 신흥기술이 계몽주의 시대의 철학과 관련된 데카르트가 제안한 전통적인 인간 모델을 초월했다고 제안한다. 휴머니즘과 달리 포스트휴머니즘의 담론은 인간에 대한 근대철학적 이해를 둘러싼 경계를 재정의하려고 한다.

이론적으로 탈중앙화되고 신뢰가 필요 없는 네트워크를 만들 수 있는 잠재력을 가진 블록체인은 포스트휴머니스트들에게 개인에 대한 권한을 부여하고 새로운 형태의 사회조직을 창출하는 도구로 간주될 수 있다.

포스트휴머니즘과 블록체인이 교차하는 영역 중 하나는 분산 에이전시(distributed agency)라는 개념이다. 포스트휴머니스트들은 선택의지가 인간에게만 국한된 것이 아니라 인간과 비인간 개체에 걸쳐 분배될 수 있다고 주장한다. 마찬가지로, 블록체인 기술은 단일 주체가 시스템을 통제할 수 없는 분산되고 자율적인 네트워크 구조를 통해 분산기관의 존립을 가능하게 한다.

포스트휴머니즘과 블록체인이 교차하는 또 다른 영역은 포스트 희소성(post-scarcity)이라는 개념이다. 포스트휴머니스트들은 기술 발전이 자원의 효율적인 사용과 자동화를 통해 물질적 풍요를 달성하는 탈희소성 사회로 이어질 수 있다고 주장한다. 탈중앙화 및 자체 실행 스마트 계약을 생성할 수 있는 잠재력을 가진 블록체인 기술은 다양한 산업을 자동화하고 간소화하여 효율성을 높이고 잠재적으로 리소스 소비를 줄이는 방법으로 여겨져 왔다.

미국 철학자 테오도르 샤츠키(Theodore Schatzki)는 철학적 포스트휴머니즘을 두 가지 유형으로 규정한다. "객관주의"라고 불리는 첫 번째 유형은 세계를 형성하는 데 있어 동물·식물·기술과 같은 비인간 행위자의 역할을 인식함으로써 인간 경험에 대한 초점의 균형을 맞추려고 한다. 두 번째 유형은 개인보다 실천을 우선시하며, 개인은 실천에 의해 구성된다고 제안한다. 블록체인 기술은 중앙화된 통치기관이 없이 운영되는 탈중앙화 자율조직(DAO)의 생성을 가능하게 하며, 이는 개별 주체보다 관행을 우선시하는 포스트휴머니즘 의제에 반향을 일으킨다.

포스트휴머니즘의 맥락에서 우리는 인간과 기술의 관계를 탐구하는 사이보그 이론(1985)에 대한 연구로 유명한 저명한 페미니스트 학자이자 과학철학자인 도나 해러웨이를 언급할 수 있다. 사이보그 이론에 대한 해러웨이의 연구는 또한 신체, 정체성 및 기술 간의 관계에 대한 블록체인의 잠재적 영향에 대한 통찰력을 제공한다. 사이보그를 인간과 기계의 하이브리드로 보는 그녀의 생각은 자연적인 것과 기술적인 것 사이의 엄격한 구분이라는 개념에 도전하고 기술이 이미 인간의 정체성과 경험의 필수적인 부분임을 시사한다.

블록체인과 암호화폐 혁명인가 반란인가

이러한 맥락에서 블록체인은 새롭고 예상치 못한 방식으로 정체성과 관계를 형성하고 변화시킬 수 있는 잠재력을 가진 기술로 볼 수 있다. 간단히 말해서, 포스트휴머니즘과 블록체인의 교차점은 사회의 미래를 형성하는 데 있어 기술의 역할과 인간과 비인간 개체 간의 경계에 대한 중요한 질문을 제기한다.

3. 가속주의

가속주의는 중요한 변화나 결과를 가져오기 위해 사회적 · 기술적 프로세스를 의도적으로 가속화하거나 강화하는 아이디어를 상정하는 철학적 운동이다. 포스트 마르크스주의 사상의 개념으로서 가속주의는 급진적인 사회적 · 정치적 변화를 가져오기 위해 자본주의 과정을 가속화하는 것을 목표로 한다. 기술 혁신, 경제 확장, 사회적 혼란과 같은 자본주의에 내재된 과정과 역학을 가속화함으로써 체제가 한계점에 도달하여 지속 불가능하게 만들고 결국 붕괴와 자본주의 자체의 파멸로 이어질 것이라는 믿음이다.

"가속주의"라는 용어는 벤자민 노이스(Benjamin Noys) 교수가 『부정의 지속성(The Persistence of the Negative)』에서 소개했다. 노이스(Noys)는 이 책에서 개념과 다양한 가닥에 대한 비판적 분석을 제공했다. 그는 가속주의의 긴장과 모순에 대한 통찰을 제공했으며, 가속주의의 정치적 함의와 잠재적 함정에 의문을 제기했다. 또한 자본에 대한 비전통적인 마르크스주의와 반마르크스주의적 관점을 채택한 특정 포스트구조주의 사상가들에게서 관찰되는 궤적을 설명하기 위해 이 용어를 사용했다.

여기에는 질 들뢰즈(Gilles Deleuze)와 펠릭스 가타리(Félix Guattari,

『안티 오이디푸스』, 1972), 장 프랑수아 리오타르(Jean-François Lyotard, 『자유경제』, 1974), 장 보드리야르(Jean Baudrillard, 『상징적 교환과 죽음』, 1976)와 같은 사상가들이 포함된다. 예를 들어, 들뢰즈와 가타리(1972)는 욕망, 자본주의, 사회구조 사이의 관계를 치열하게 탐구했다. 그들은 욕망의 해방적 잠재력을 이끌어 내서 속박으로부터 해방시키고 방향을 바꾸려는 가속주의의 한 형태를 제안하였으며, 기존의 위계와 사회적 규범에 과감하게 도전한다.

가속주의 운동은 부분적으로 기술의 영향을 받았으며, 가속주의와 블록체인 사이에는 몇 가지 흥미로운 연관성이 있을 수 있다.

첫째, 가속주의는 급진적인 변화를 가져오기 위해 기술과 사회 시스템의 변혁적 힘을 활용하려고 한다. 탈중앙화되고 투명한 특성을 가진 블록체인 기술은 금융, 거버넌스 및 공급망과 같은 기존 시스템과 제도를 혼란에 빠뜨릴 수 있는 잠재력을 가지고 있다. P2P 거래를 가능하게 하고 중개자를 제거함으로써 블록체인은 권력의 분산을 가속화하고 새로운 경제 및 사회적 합의를 촉진할 수 있다.

가속주의는 심오한 사회 변화의 가능성을 탐구한다. 마찬가지로, 블록체인 기술은 협업, 자원 분배 및 가치 창출의 새로운 모델을 가능하게 함으로써 사회경제적 구조를 재구성할 수 있는 능력을 가지고 있다. 탈중앙화 자율조직(DAO) 및 토큰 경제와 같은 개념은 대안 경제 시스템 및 조직 프레임워크의 가속화에 기여할 수 있다. 특히 블록체인과 같은 현대적 기술을 사회적 효용과 해방적 잠재력의 수준에 따라 전환함으로써 현 자본주의 체제의 제한적인 '틀'을 극복하기 위해 기술 발전의 과정을 강화해야 한다고 주장하는 '좌파 가속주의'와의 유사점을 찾는 것은 꽤 흥미롭다.

블록체인과 암호화폐 혁명인가 반란인가

가속주의와 블록체인의 또 다른 연결 고리는 탈중앙화의 개념이다. 탈중앙화는 블록체인 기술의 핵심 원칙이며, 가속주의 사상의 아이디어이기도 하다. 이 아이디어는 네트워크를 통해 권력과 통제를 분배함으로써 보다 참여적인 사회를 만들 수 있다는 것이다. 블록체인 기술은 보다 직접적인 형태의 사회적 · 경제적 조직을 가능하게 하는 분산형 네트워크를 만들어 이를 촉진하는 데 잠재적으로 도움이 될 수 있다.

영국의 철학자이자 작가로, 후에 어두운 계몽주의 평론가로 활동했으며 1990년대 "이론소설" 집단 사이버네틱 문화연구 단위(CCRU)의 전 지도자인 닉 랜드(Nick Land)는 종종 가속주의 사상의 저명한 인물로 간주된다. 그는 기술과 자본주의의 변혁적 힘을 강조하며, 전통적인 경계를 극복하고 새로운 가능성을 창출하기 위해 기술의 가속화를 급진적으로 수용해야 한다고 주장한다. 랜드(Land)는 에세이 『Crypto-Current: Bitcoin and Philosophy』에서 블록체인 기술의 철학적 의미를 탐구하면서 블록체인 기술이 중앙집중식 권력 형태에서 벗어나 보다 탈중앙화되고 무정부적인 미래로의 혁명적인 전환을 나타낸다고 주장한다. 그는 블록체인 기술과 암호화폐, 특히 비트코인의 출현을 탐구한다.

이 에세이에서 랜드(Land)는 블록체인과 암호화폐가 우리가 돈, 가치, 권력에 대해 생각하는 방식의 패러다임 전환을 나타낸다고 주장한다. 그는 또한 프리드리히 니체(Friedrich Nietzsche)의 아이디어와 비트코인이 지배적인 글로벌 통화가 될 수 있는 잠재력을 지칭하는 "하이퍼비트코인화(hyperbitcoinization)"의 개념을 연결한다. 기본적으로 이 에세이는 기술, 철학 및 경제 간의 관계에 대한 독특한 관점을 제공하고 블록체인이 가속주의의 가치에 부합하는 새로운 형태의 경제조직을 창출할 수 있는 잠재력을 가지고 있음을 시사한다.

다른 현대 가속주의 사상가로는 마크 피셔(Mark Fisher), 닉 스르니첵(Nick Srnicek) 및 알렉스 윌리엄스(Alex Williams)가 있다. 마크 피셔는 영국의 문화이론가로, 『자본주의 리얼리즘(Capitalist Realism)』에서 가속주의를 다루었다. 그는 신자유주의적 자본주의가 형성한 현대적 상황을 비판적으로 검토하고, 기존 시스템을 붕괴시킬 수 있는 가속주의의 잠재력을 탐구한다. 그는 이 책에서 기술 혁신이 새로운 형태의 사회적·경제적 조직을 창출할 수 있는 잠재력을 가지고 있다고 주장한다.

닉 스르니첵과 알렉스 윌리엄스는 경제와 기술에 대해 광범위한 저술을 해 온 철학자이다. 저서 『미래 발명(Inventing the Future)』에서 이들은 기술의 진보가 사회적·정치적 변화의 핵심적인 동인이라고 주장한다. 그러나 일부 가속주의 사상가들은 블록체인이 기존의 권력구조를 붕괴시키기보다는 강화할 가능성에 대한 우려를 제기하기도 했다. 그들은 블록체인 기술의 현재 상태가 여전히 대기업과 부유한 개인에 의해 지배되고 있으며, 큰 변화가 없다면 블록체인은 보다 평등한 사회를 만들기보다는 기존의 불평등을 고착화시킬 수 있다고 주장한다.

결론적으로, 블록체인과 가속주의의 교차점은 복잡하고 다면적인 탐구 영역이다. 블록체인 기술은 자본주의 현실주의에 도전하고 새로운 형태의 사회적·경제적 조직을 가능하게 할 수 있는 잠재력을 가지고 있지만, 동시에 기존 권력구조를 고착화할 가능성에 대한 우려도 있다. 철학자들은 이러한 문제를 비판적으로 검토하고 더 광범위한

블록체인과 암호화폐 혁명인가 반란인가

사회적 · 정치적 목표에 부합하는 방식으로 블록체인 기술 개발을 형성하는 데 중요한 역할을 수행한다.

4. 비판이론

비판이론은 기존의 사회구조와 권력관계에 도전하고 비판하고자 하는 철학적 · 사회학적 운동이다. 사회학과 문학비평에 뿌리를 둔 비판이론가들은 사회문제가 개인보다는 사회구조와 문화적 가정에서 비롯된다고 주장한다. 비판이론과 블록체인 기술과의 교차점이 즉각적으로 명확하지 않을 수 있지만, 여전히 탐구해야 할 몇 가지 흥미로운 연관성이 있다.

비판적 이론을 블록체인에 적용할 수 있는 한 가지 방법은 블록체인 네트워크 내의 권력관계를 분석하는 것이다. 블록체인 기술은 탈중앙화 네트워크와 P2P 상호작용을 허용함으로써 기존의 권력구조를 붕괴시킬 수 있는 잠재력을 지닌다. 그러나 이러한 잠재력은 자동으로 실현되지 않으며, 블록체인 네트워크 내에서 권력이 어떻게 분배되고 누가 이 기술의 혜택을 받는지에 대한 의문은 여전히 남아 있다.

비판이론가인 테오도르 아도르노(Theodor Adorno)와 막스 호르크하이머(Max Horkheimer)는 현대사회와 문화에 비판적인 학자 그룹인 프랑크푸르트학파와 관련된 영향력 있는 철학자다. 그들은 문화산업을 대중 기만과 사회 통제의 한 형태로 보고 비판한 것으로 가장 잘 알려져 있다. 아도르노와 호르크하이머의 연구와 블록체인 기술 사이에는 직접적인 연관성이 없는데, 이는 블록체인이 등장하기 훨씬 전에 진행되었기 때문이다. 그러나 매스 미디어와 문화산업에 대한 그들의 비판은 현재의 디지털 환경과 블록체인 기술에 적용될 수 있다.

예를 들어, 블록체인은 기존의 권력구조를 붕괴시킬 수 있는 민주화 기술로 선전되어 왔지만, 블록체인이 기업의 이익에 의해 채택되어 문화산업의 또 다른 도구가 되어 기존의 권력 역학을 영속화할 수 있다는 우려가 있다. 이런 의미에서 아도르노와 호르크하이머가 주장한 대중 기만과 사회적 통제를 영속화하기 위한 기술 사용은 블록체인을 둘러싼 현재의 논의와 디지털 환경을 형성하는 데 있어 블록체인의 잠재적 역할과 관련지을 수 있다.

비판이론의 맥락에서 우리는 기술, 신체, 정체성 사이의 관계를 탐구하는 사이보그 이론에 대한 연구로 유명한 저명한 페미니스트 학자이자 과학 철학자인 도나 해러웨이를 언급할 수 있다. 해러웨이는 블록체인 기술에 대해 명시적으로 글을 쓰지는 않았지만, 지식 생산의 정치학, 권력의 본질, 집단행동의 가능성에 대한 그녀의 아이디어는 블록체인의 잠재적 영향에 대한 통찰력을 제공할 수 있다.

해러웨이의 작업은 종종 기술과 지식이 사회적 관계 및 권력구조와 교차하는 방식과 관련이 있다. 그녀는 지식이 중립적이거나 객관적이라는 생각에 비판적이었으며, 대신 모든 지식은 특정한 역사적·사회적 맥락 안에 위치하고 생산된다고 주장했다. 마찬가지로, 그녀는 기술이 결코 중립적이지 않으며, 기술을 만들고 사용하는 사람들의 이익과 가치에 의해 형성된다고 주장했다.

블록체인의 맥락에서 해러웨이의 아이디어는 기술이 본질적으로 해방적이거나 변혁적인 것이 아니라 그것을 설계하고 사용하는 사람들의 가치와 이익에 의해 형성된다는 것을 시사한다. 이는 블록체인의 개발과 배포로 누가 이익을 얻는지, 그리고 기술과 생태계 내에서 권력이 어떻게 분배되는지에 대한 질문을 제기한다. 또한 블록체인

블록체인과 암호화폐 혁명인가 반란인가

기술의 사회적·환경적 영향에 대한 분석을 통해 비판적 이론을 적용할 수 있다. 예를 들어, PoW 블록체인 네트워크의 탄소 발자국과 복잡한 알고리즘과 전문적인 지식에 의존하는 기술의 사회적·경제적 영향에 대한 질문이 제기될 수 있다.

5. 사변적 실재론

사변적 실재론(Speculative Realism)은 21세기 초에 등장한 현대 대륙사상에서 영감을 받은 철학의 운동으로, 전통적인 철학적 가정과 대륙철학의 지배적인 경향에 도전하고 현실의 본질에 대한 존재론적 질문을 탐구한다. 주요 질문은 "철학에서 탐구하는 실재와 과학에서 탐구하는 실재는 어떻게 다른가?" 하는 문제이다. 사변적 실재론은 2007년 4월 런던대학교 골드스미스 칼리지에서 열린 회의에서 이름을 따왔다.

사변적 실재론은 형이상학적 실재론의 지지자로서, 프랑스 철학자이자 네 명의 주요 공헌자 중 한 명인 쿠엔틴 메이야수(Quentin Meillassoux)가 "우리가 사고와 존재 사이의 상관관계에만 접근할 수 있는 개념"으로 정의하는 "상관주의"라고 부르는 칸트 철학 이후의 지배적인 경향으로 인식하는 것과는 대조적으로 자신을 광범위하게 포지셔닝한다. 그리고 "두 용어 중 어느 것도 다른 용어와 분리하여 고려하지 말라."고 주장한다.

기본적인 철학적 쟁점들에 대해 종종 동의하지 않는 사변적 실재론자들은 임마누엘 칸트(Immanuel Kant)로 거슬러 올라가는 인간의 유한성 철학에 대한 비판으로 뭉쳐 있다. 이 운동의 네 명의 주요 공헌자인 쿠엔틴 메이야수(Quentin Meillassoux), 레이 브래시어(Ray

Brassier), 이언 해밀턴 그랜트(Iain Hamilton Grant), 그레이엄 하먼(Graham Harman)을 하나로 묶는 것은 "상관주의"와 특권적인 "접근철학", 즉 인간을 다른 존재보다 우위에 두는 철학을 모두 극복하려는 시도이다.

투기적 현실주의와 블록체인은 직접적인 연관성이 없을 수 있지만, 교차점을 고려할 때 잠재적인 유사점과 시사점을 검토할 수 있다. 얼핏 보면 이러한 현상을 하나로 묶는 것은 비인간 중심적 존중이다. 사변적 실재론은 인간 중심적 관점으로부터의 전환을 장려하고 비인간 존재의 존재성과 주체성을 탐구하며, 상관관계 이론과 관련 철학을 비판한다. 사변적 실재론자들에게 두 사상은 모두 인간 중심주의의 형태를 나타낸다. 마찬가지로, 블록체인 기술은 거래의 집단적 검증 및 검증을 우선시하는 기계 및 분산 네트워크에서 작동하는 기술로, 인간 권한에 대한 의존도를 줄인다. 이러한 탈중앙화는 사변적 실재론의 비인간중심적 관점과 일치하며, 비인간 행위자와 분산된 주체의 중요성을 강조한다.

사변적 실재론은 세계의 급진적인 우연성과 불확실성을 인정한다. 마찬가지로 블록체인은 여러 참가자가 원장의 상태를 검증하고 동의하는 분산 합의의 개념을 수용한다. 블록체인의 탈중앙화 특성은 합의 과정에 협상과 지속적인 적응을 포함하기 때문에 우발성과 예측 불가능성의 요소를 도입한다. 반면에 합의 규칙이 투명하기 때문에 상당히 예측 가능할 수 있다.

인식론적 고찰과 관련하여, 사변적 실재론은 지식 · 지각 · 실재의 문제와 관련을 맺는다. 블록체인은 투명하고 감사 가능한 원장을 통해 디지털 환경에서 신뢰와 검증에 대한 인식론적 탐구에 기여할 수

블록체인과 암호화폐 혁명인가 반란인가

있다. 블록체인 기록의 불변성과 투명성은 정보의 출처와 신뢰성을 이해하고 평가할 수 있는 새로운 가능성을 제공한다.

마지막으로, 투기적 현실주의와 블록체인은 탈중앙화된 거버넌스와 신뢰를 고려했을 때 유사점을 가질 수 있다. 사변적 실재론은 권위와 위계적 구조에 대한 전통적인 개념에 도전한다. 블록체인 기술은 탈중앙화된 거버넌스 모델을 가능하게 하고 중개자의 필요성을 제거함으로써 비계층적이고 분산된 권력구조의 정신과 일치한다. 블록체인을 기반으로 구축된 자체 실행 스마트 계약과 DAO는 거버넌스와 신뢰의 대안적 모드를 탐색할 수 있는 새로운 길을 제공할 수 있다.

6. 사변적 유물론

쿠엔틴 메이야수(Quentin Meillassoux)의 철학 '사변적 유물론(speculative materialism)'은 인간이 주관적 경험을 통해서만 현실에 접근할 수 있고, 인간의 지각과 무관하게 사물을 있는 그대로 알 수 없다는 개념을 지칭하는 '상관주의'라는 개념을 중심으로 설명한다. 메이야수(Meillassoux)는 인간의 생각이나 관찰과 무관한 절대 실재의 존재를 주장함으로써 상관관계에 도전한다.

메이야수의 철학과 관련하여 블록체인을 검토할 때, 블록체인이 주관적인 인간 중개자에 의존하지 않고 객관적인 정보에 접근하고 신뢰를 구축하는 메커니즘을 잠재적으로 제공할 수 있는 방법을 고려할 수 있다. 블록체인을 사용하면 중앙기관 없이 여러 당사자가 액세스할 수 있는 공유 및 변조방지 데이터베이스를 만들 수 있다. 블록체인은 거래 및 이벤트에 대한 검증 가능하고 감사 가능한 기록을 제공함으로써 특정 영역에 특정 객관성을 도입한다고 주장할 수 있다. 블록체인의 탈중앙화 특성은 단일 주체가 데이터를 완전히 통제할 수 없도록 하여 주관적인 편견이나 조작의 영향을 줄인다.

또한 블록체인은 암호화 기술을 사용하여 기록된 정보의 무결성과 불변성을 보장한다. 이러한 측면은 메이야수가 강조하는 우연성과 일치한다. 거래 또는 데이터 입력이 블록체인에 기록되면 변경 또는 삭제에 대한 내성이 생겨 객관적인 현실의 개념이 강화된다.

또한 메이야수는 저서 『The Number and the Siren: A Reading of Mallarmé's Throw the Bones』에서 암호화에 대한 관심을 드러냈다. 여기서 메이야수의 주요 임무는 프랑스 시인의 이 작품에서 암호화 절차를 식별하고 코드번호를 검색하고 그 의미를 설명하는 것이었다. 시(詩)에는 실제로 특정 숫자가 암호화되어 있고, 이 숫자에 대한 지식은 시(Poème) 전체를 올바르게 이해하는 데 필요하다는 명제에 기초하여, 메이야수는 코드의 원리를 찾기 위해 작품 자체에 대한 철저한 분석과 저자의 다른 중요한 작품과의 비교분석을 수행한다. 그리고 그것을 정당화하고자 한다.

7. 객체 지향 온톨로지

사변적 실재론의 한 분야인 객체 지향 온톨로지(OOO)는 인간의 인식에 관계없이 자신의 현실과 독립적인 개체로서의 객체의 존재와 상호작용을 강조하는 철학적 운동이다. "객체 지향 철학"이라는 용어는 운동의 창시자인 그레이엄 하먼(Graham Harman)의 박사학위 논문 『Tool-Being: Elements in a Theory of Objects』(1999)에서 처음 사용되었다. 2009년 레비 브라이언트(Levi Bryant)는 하먼의 원래 명칭을 "객체 지향 온톨로지(object-oriented ontology)"로 바꾸어 현재의 이름을 붙였다.

세 단어의 머리글자를 딴 OOO가 블록체인과 교차할 수 있는 한 가지 방법은 분산 에이전시의 개념을 통해서이다. 블록체인의 맥락에서 이는 스마트 계약 및 탈중앙화 네트워크와 같은 디지털 객체가 인간의 개입 없이 자율적으로 행동하고 결정을 내릴 수 있는 방식을 의미한다.

OOO 관점에서 블록체인은 탈중앙화 시스템 내에서 상호작용하고 서로 영향을 미치는 객체 네트워크로 볼 수 있다. 블록체인의 각 블록은 특정 트랜잭션 또는 데이터 입력에 대한 정보를 포함하는 객체로 이해할 수 있다. 이러한 객체는 독립적으로 존재하며 블록체인 네트워크 내에서 검증 및 합의 과정을 통해 상호작용한다.

OOO는 또한 객체가 블록체인으로 확장될 수 있는 고유한 속성과 특성을 가지고 있다는 아이디어를 강조한다. 블록체인 시스템에서 각 객체(블록)에는 다른 객체와 구별되는 고유한 데이터 세트와 암호화 서명이 포함되어 있다. 이러한 독창성과 개성은 사물이 고유한 현실과 특성을 지닌다는 OOO 개념과 일치한다.

또한 OOO는 객체가 직접 액세스에서 물러나고 다른 객체와의 상호작용을 통해서만 인식될 수 있다고 가정한다. 마찬가지로 블록체인에서 정보는 불변이며 네트워크 참여자의 합의를 통해서만 액세스하고 확인할 수 있다. 블록체인의 이러한 탈중앙화 특성은 인간 관찰자 없이 객체가 서로 상호작용한다는 OOO 아이디어와 일치한다.

미국 철학자 그레이엄 하먼은 OOO의 중심인물이다. 하먼의 철학이 블록체인 기술을 직접적으로 다루지는 않지만, OOO와 블록체인 간의 몇 가지 가능한 연결 고리를 살펴볼 수 있다. 이 연결에 접근하는 한 가지 방법은 블록체인 기술이 작동하는 방식의 렌즈를 사용하는 것이다. 블록체인의 탈중앙화 특성은 인간의 개입 없이 객체의 자율적 존재와 상호작용에 대한 하먼(Harman)의 강조와 일치한다.

OOO의 관점에서 블록체인 기술은 "디지털 자산이나 거래를 고유한 현실을 가진 별개의 개체로 취급한다."고 주장할 수 있다. 블록체인의 각 블록은 검증 및 검증 과정을 통해 다른 객체와 상호작용하는 객체로 볼 수 있다. 트랜잭션 또는 데이터 항목의 형태로 이러한 객체는 독립적으로 존재하며 블록체인 시스템 내에서 상호작용을 통해 연결된다.

또한 블록체인 기술은 다양한 객체가 상호작용하고 누구에게도 권한을 부여하지 않고 각 객체에 영향을 미칠 수 있는 플랫폼을 제공하는 것으로 볼 수 있다. 블록체인 시스템에서 사용되는 합의 메커니즘은 여러 노드 또는 참여자의 참여와 합의를 포함한다. 이 탈중앙화된 합의는 단일 객체가 특권적 위치나 전체 시스템에 대한 완전한 지식을 보유하지 않는 객체 네트워크에 대한 하먼(Harman)의 아이디어와 일치한다.

OOO의 두 번째 중심인물은 미국 철학자 레비 브라이언트(Levi Bryant)이다. '존재론'이라고 불리는 그의 객체 지향적 사고는 형이상학적 탐구의 중심적 위치에서 인간의 경험을 박탈하는 한편, 객체는 항상 가상성과 실재성이라는 두 영역으로 나뉜다고 주장한다. 브라이언트에게 가상성은 주어진 대상의 힘과 잠재력을 의미하는 반면, 실재성은 주어진 시점에서 대상의 잠재력의 실현에 의해 나타나는 특성을 가지고 있다. 여기서 메타버스의 Web 3.0 개념을 참조할 수 있다. 나중에 브라이언트는 철수의 교리와 객체 지향 철학의 비관계주의에 관심을 가지고 OOO 운동에서 벗어나 존재가 전적으로 기계 또는 프로세스로 구성되어 있다고 주장하는 '기계지향 존재론'을 개발했다.

저명한 OOO 사상가인 영국 철학자 티모시 모턴(Timothy Morton)도 인간과 비인간 물체 사이의 관계를 탐구했다. 『Hyperobjects: Philosophy and Ecology after the End of the World』에서 그는 지구가 직면한 생태학적 위기를 해결하기 위해 인간과 기술의 관계에 대한 새로운 사고방식이 필요하다고 제안한다. 그가 사용한 '하이퍼 오브젝트'라는 용어는 싱어송라이터 비요크(Björk)의 1996년 싱글 〈Hyperballad〉에서 영감을 받았지만, '하이퍼 오브젝트'(n차원의 비국소적 개체를 나타냄)라는 용어는 사실 1967년부터 컴퓨터 과학에서도 사용되었다.

모턴(Morton)은 시공간적 특수성을 초월할 정도로 시간과 공간에 대규모로 분포되어 있는 물체를 설명하기 위해 이 용어를 사용했다. 블록체인의 맥락에서 블록체인은 PoW의 경우 환경에 큰 영향을 미치는 분산 네트워크로 볼 수 있다. 다른 한편으로, 블록체인 기술은 생태학적 문제와 교차할 수 있는 잠재력을 지니고 있으며, 탄소 발자국 추적 또는 환경 데이터 관리를 포함한 다양한 방식으로 지속 가능성 노력에 기여할 수 있다.

단, 그레이엄 하먼, 레비 브라이언트, 티모시 모턴이 자신의 철학을 블록체인에 명시적으로 논의하거나 적용하지 않았다는 점에 유의해야 한다. OOO와 블록체인 개념 사이에 연관성을 도출할 수 있지만, 이러한 연관성은 추측적이고 해석적인 것으로 이해되어야 한다.

8. 초월적 유물론

초월적 유물론(transcendental materialism)은 영국 철학자 이언 해밀턴 그랜트(Ian Hamilton Grant)가 옹호한 철학적 입장이다. 그는 신체의 철학이자 물리학인 "신체주의"에 반대한다. 그랜트는 저서 『셸링 이후의 자연의 철학』에서 플라톤의 물질, 실재의 기본 구성요소, 그리고 그것을 지배하는 힘과 힘으로 돌아가는 새로운 철학사를 제안한다. 그는 이 주장을 독일의 관념론자인 피히테(Fichte)와 셸링(Schelling)의 주장으로 거슬러 올라가며, 신체의 물리학 대신 "모두의 물리학"을 옹호한다. 다른 사상가들은 셸링, 베르그송, 태커, 화이트헤드, 들뢰즈를 중심으로 뭉쳐 '과정철학'을 중심으로 결합하였다.

그랜트의 철학은 종종 자연의 개념에 초점을 맞추고 자연과정의 역동적이고 생산적인 측면을 강조한다. 그는 자연이 자기 조직화, 창발, 물질성과 초월적 구조 사이의 상호작용의 과정을 통해 어떻게 전개되는지를 탐구한다. 그랜트의 관점에서 블록체인 기술을 고려할 때, 우리는 그것이 자연과정과 시스템의 더 넓은 맥락에서 어떻게 들어맞는지 검토할 수 있다. 블록체인은 자연과 그 생산능력에 대한 인간의 참여에서 나오는 기술적으로 매개된 시스템으로 볼 수 있다.

더욱이 그랜트가 독일의 관념론, 특히 프리드리히 빌헬름 요제프 셸링(Friedrich Wilhelm Joseph Schelling)의 철학에 참여한 것은 기술과 자연의 관계에 대한 통찰을 제공할 수 있다. 셸링의 철학은 생산력과 자기 조직화를 통해 펼쳐지는 역동적이고 창조적인 본성의 개념을 강조한다. 블록체인의 맥락에서 우리는 블록체인을 인간의 기술적 개입을 통해 매개된 자연의 생산능력과 자기 조직화 원칙의 표현으로 해석할 수 있다. 블록체인의 탈중앙화되고 분산된 특성은 그랜트의 철학

블록체인과 암호화폐 혁명인가 반란인가

적 틀 내에서 논의된 자연의 자율적이고 자기 규제적인 경향의 개념과
일치한다.

또한 물질성과 초월적 구조 사이의 관계에 대한 그랜트의 탐구는
블록체인이 사회구조에 미치는 잠재적 영향을 고려할 때 아주 적절할
수 있다. 블록체인 기술은 중앙집중식 기관에 의존하지 않고 투명성
과 신뢰에 대한 새로운 가능성을 제시한다. 이러한 측면은 물질성과
우리의 경험과 사회적 상호작용을 형성하는 구조 사이의 상호작용에
대한 그랜트의 강조와 궤를 같이한다.

9. 초월적 허무주의

초월적 허무주의는 전통적인 형이상학적 가정에 도전하고 객관적
인 지식과 의미의 가능성에 의문을 제기하는 철학적 입장이다. 궁극
적인 진리 또는 기본원칙의 존재에 대한 급진적인 회의론을 주장하
는 영국 철학자 레이 브래시어(Ray Brassier)와 관련이 있다. 그는 저서
『Nihil Unbound: Extinction and Enlightenment』에서 철학이 멸종
이라는 개념을 피하고 대신 자신의 소멸이라는 개념에 의해 조건화된
세계에서 의미를 찾으려고 노력한다고 주장한다. 그는 대륙철학의 현
상학적 · 해석학적 가닥을 모두 비판하고 본질적으로 의미가 없는 세
계관을 옹호한다. 브래시어는 허무주의를 실재의 진리로 받아들이고,
생각이 존재가 아니라 비존재와 결합되어 있다고 제안하는 반상관주
의 철학을 옹호한다.

초월적 허무주의가 블록체인 기술을 직접적으로 다루지는 않지만,
우리는 이러한 개념들 사이의 잠재적인 연결 고리를 탐구할 수 있다.
초월적 허무주의적 관점에서 블록체인 기술은 궁극적인 기반이 없는

상태에서 신뢰와 의미의 시스템을 만들려는 인간의 시도로 볼 수 있다. 블록체인은 분산 네트워크와 합의 메커니즘을 통해 작동하며, 거래를 기록하고 검증하기 위해 분산되고 투명한 플랫폼을 제공한다. 이러한 탈중앙화된 성격은 중앙집권적 권위와 계층적 구조에 대한 회의론과 일치한다. 또한 블록체인의 암호화 알고리즘과 불변성은 전통적인 제도나 형이상학적 기반에 의존하지 않고 신뢰와 보안을 구축하려는 시도로 볼 수 있다. 절대적 진리와 궁극적 의미에 대한 초월적 허무주의의 거부는 객관적인 검증과 투명성에 중점을 둔 블록체인과 쉽게 공명한다.

더욱이, 인간 인지의 한계와 과학적 실재론의 의미에 대한 브래시어의 탐구는 블록체인이 사회적·경제적 구조에 미칠 수 있는 잠재적 영향을 고려할 때 상당히 적절할 수 있다. 블록체인 기술은 스마트 계약을 통해 거래의 자동화 및 프로그래밍 가능성을 가능하게 하여 인간 중개자에 대한 의존도를 줄이고 효율성과 정확성에 대한 새로운 가능성을 제시한다.

요약하자면, 허무주의, 신뢰, 인간 인식의 한계와 같은 주제를 고려하여 브래시어의 철학적 아이디어와 블록체인 기술 간의 연관성을 도출할 수 있지만, 이러한 연관성은 해석적이고 사변적이다. 브래시어의 철학적 틀을 블록체인에 적용하기 위해서는 비판적 분석과 해석이 필요하며, 기술의 한계와 실질적인 고려사항을 인식해야 한다.

블록체인과 암호화폐 혁명인가 반란인가

5장

기술을 넘어서
철학으로서의 블록체인

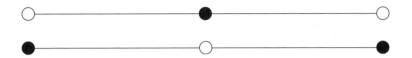

"기술의 본질은 결코 기술적인 것이 아니다."

– 마르틴 하이데거

"우리에 대한 가장 인간적인 것은 우리의 기술이다."

– 마샬 맥루한(Marshall McLuhan)

블록체인(Blockchain)과 암호화폐(Cryptocurrencies)는 단순한 기술 혁신이나 금융도구 이상으로 등장했다. 그들은 철학적 담론을 불러일으켜 사회구조, 권력 역학 및 신뢰의 본질에 대한 새로운 관점을 제공했다. 이 장에서는 그 자체로 철학으로서의 블록체인의 철학적 차원을 탐구한다. 사이버펑크, 솔라펑크, 테크노리비테리어니즘, 크립토아나키즘 운동의 개념을 검토하고 탈중앙화, 개방성, 신뢰와 같은 전통적인 철학적 개념과 혼합함으로써 블록체인과 크립토가 형성한 철학적 지형을 탐색한다.

Ⅰ. 블록체인의 가상의 철학적 핵심 ▉
: 사이버펑크와 솔라펑크에서 크립토아나키즘과 기술 자유주의까지

사이버펑크, 솔라펑크, 트랜스휴머니즘, 테크노리버테리어니즘, 크립토아나키즘 및 사이버 유토피아주의는 모두 블록체인과 관련된 생각이며 그 철학의 기본 부분으로 간주될 수 있다. 이러한 다양한 철학적 지형은 광범위한 문화적·사회적·정치적 영향을 받는 암호화폐 공간의 다양하고 복잡한 철학적 토대를 강조한다.

1. 사이버펑크

사이버펑크는 1980년대에 등장한 공상과학 소설의 하위 장르로, 기술과 기업의 영향력 증가에 크게 영향을 받는 미래를 디스토피아로 묘사한 것이 특징이다. 사이버펑크의 철학은 종종 이윤, 소비주의, 기술 진보에 대한 끊임없는 추구를 강조하는 후기 자본주의의 과잉에 대한 반응으로 묘사된다.

사이버펑크의 핵심은 기술의 비인간적인 영향과 이를 둘러싼 권력 구조에 대한 비판이다. 그것은 개인들이 서로에게서, 그리고 자기 자신으로부터 점점 더 소외되고, 기업과 정부가 인간 생활의 모든 측면에 대해 전례 없는 통제력을 행사하는 미래에 대한 비전이다. 이 철학은 종종 AI, 사이버네틱스, 가상현실 및 해킹과 같은 주제를 사용하여 표현한다.

사이버펑크는 또한 포스트모더니즘과 실존주의 철학에 크게 의존하며, 정체성의 파편화와 목적의식을 잃은 세계에서 의미를 찾는 데 중점을 둔다. 여러 면에서 사이버펑크는 현대사회의 문제에 대한 일종의 허무주의적 반응, 이전 세대의 유토피아적 꿈에 대한 거부, 현재의 암울한 현실에 대한 포용으로 볼 수 있다. 그럼에도 불구하고 강력한 기업과 정부가 사회를 지배하는 사이버펑크의 디스토피아적 미래에서 개인은 일반적으로 매우 윤리적이며 하이테크를 활용하여 통제에 저항한다. 따라서 이 장르에는 종종 해커, 사이보그 및 기술을 사용하여 능력을 향상시키고 권위에 도전하는 캐릭터가 등장한다.

사이버펑크의 중요성은 새로운 기술을 논할 때 아무리 강조해도 지나치지 않다. 그것은 탈중앙화, 개인의 권한 부여 및 권력구조를 전복하기 위한 기술 사용의 중요성을 강조함으로써 블록체인을 포함한 대부분의 현대 첨단기술 개발에 영향을 미쳤다.

2. 솔라펑크

솔라펑크는 사이버펑크의 디스토피아적 테마에 대한 반응으로 등장한 새로운 서브컬처이다. 지속 가능한 미래에 대한 비전에 중점을 두고 생태 균형과 사회정의를 촉진하는 기술과 사회구조를 개발하고자 한다. 솔라펑크는 투명성, 개방성, 협업을 중시하는데, 이 모든 것이 블록체인 기술의 핵심 원칙이기도 하다. 또한 솔라펑크는 폐기물을 최소화하고 자원을 재사용 및 재활용하는 재생 및 순환경제를 옹호한다. 블록체인 기술은 자원과 공급망에 대한 투명한 추적 및 검색을 가능하게 하여 자재가 효율적이고 지속 가능한 방식으로 사용되도록 함으로써 이러한 비전을 촉진하는 데 도움이 될 수 있다.

솔라펑크와 블록체인은 또한 사람과 지구보다 이윤과 권력을 우선시하는 지배적인 경제 및 정치 시스템에 대한 비판을 공유한다. 솔라펑크는 보살핌, 협력 및 커뮤니티의 가치가 우선시되는 미래를 구상하며, 블록체인 기술은 개인이 자원을 할당하고 의사결정을 내리는 방법에 대해 발언권을 갖는 보다 민주적인 의사결정과 거버넌스를 가능하게 하는 데 도움이 될 수 있다. 주목할 만한 것은 이더리움 커뮤니티가 2022년에 PoS로 전환하는 동안 솔라펑크를 방향 중 하나로 삼았다는 것이다. 많은 암호화폐 프로젝트가 지속 가능성에 초점을 맞추고 솔라펑크 비전을 촉진하는 데 도움이 된다.

3. 크립토아나키즘

크립토아나키즘(Crypto-anarchism)은 사회적 · 정치적 목표를 달성하기 위한 수단으로 강력한 암호화 및 기타 개인정보보호 강화 기술의 사용을 옹호하는 정치철학이다. 그것은 모든 형태의 위계질서의 폐지를 옹호하는 아나키즘의 철학과 밀접한 관련이 있다. 이 용어는 컴퓨터 과학자이자 사이퍼펑크인 티모시 C. 메이(Timothy C. May)가 1988년 에세이 『The Crypto Anarchist Manifesto』에서 처음 소개했다.

크립토아나키스트들은 암호학과 블록체인과 같은 탈중앙화 기술을 사용하면 개인이 정부의 감시나 간섭에 대한 두려움 없이 사생활, 언론의 자유, 결사의 자유에 대한 권리를 행사할 수 있다고 주장한다. 검열과 통제에 저항하는 탈중앙화 시스템을 만듦으로써, 크립토아나키스트들은 개인이 보다 공평하고 정의로운 사회를 만들 수 있다고 믿는다.

크립토아나키즘의 핵심은 개인의 주권과 자율성의 개념이다. 크립토 아나키스트들은 국가가 폭력을 합법적으로 독점하고 있다는 생각을 거부하고 개인에게 자신의 삶에 더 큰 통제권을 행사할 수 있도록 권한을 부여하려고 한다. 그들은 기술을 이러한 목표를 달성하기 위한 수단으로 보고 분산된 P2P 네트워크를 통해 개인이 중앙집중식 권한 없이도 활동을 조직하고 조정할 수 있다고 믿는다.

4. 사이버 유토피아주의

웹 유토피아주의, 디지털 유토피아주의 또는 유토피아 인터넷으로도 알려진 사이버 유토피아주의는 보다 분산되고 민주적이며 자유주의적인 사회를 만들기 위한 기술, 특히 인터넷과 디지털 커뮤니케이션의 변혁적 잠재력을 강조하는 철학이다. 사이버 유토피아주의자들은 인터넷이 사람들이 정보에 접근하고, 서로 소통하고 조직화할 수 있도록 하며, 전통적인 권력구조에 도전할 수 있도록 함으로써 자유, 평등 및 개인의 권한 부여를 촉진할 수 있다고 믿는다.

사이버 유토피아주의의 핵심은 인터넷이 보다 민주적이고 분권적이며 평등한 새로운 종류의 사회의 출현으로 이어질 수 있다는 믿음이다. 사이버 유토피아주의자들은 인터넷을 전통적인 위계질서를 무너뜨리고 네트워크와 자발적 결사에 기반한 새로운 형태의 사회적·정치적 조직을 가능하게 하는 도구로 본다. 그러나 사이버 유토피아주의를 비판하는 사람들은 이 철학이 지나치게 낙관적이며 소수의 거대 기술기업(Bigtech)의 손에 권력이 집중되는 것, 사생활과 개인의 자율성이 침식되는 것, 사회적 불평등의 악화와 같은 기술의 잠재적인 부정적인 결과를 무시한다고 주장한다.

5. 기술자유주의

테크노리버테리어니즘(Technolibertarianism) 혹은 사이버 리버테리어니즘(Cyberlibertarianism)이라고 하는 개념은 1990년대 초 실리콘밸리의 초기 해커 사이퍼펑크 문화와 미국의 리버테리어니즘에 뿌리를 둔 정치철학이다. 테크노리버테리어니즘은 리버테리어니즘과 테크노-유토피아주의의 요소를 결합한다. 기술자유주의의 핵심은 개인이 정부나 다른 당국의 간섭이나 규제 없이 어떤 방식으로든 기술을 사용할 수 있는 최대한의 자유를 옹호하는 것이다. 여기에는 암호화폐, P2P 네트워킹 및 기타 분산형 통신 및 교환과 같은 목적을 위한 기술 사용이 포함된다.

기술자유주의는 기술이 사회가 직면한 많은 문제를 해결하는 데 도움이 될 수 있으며 혁신과 진보를 가로막는 장벽을 제거함으로써 개인이 자신과 타인을 위해 더 나은 세상을 만들 수 있다는 믿음에 기반을 두고 있다. 기술자유주의자들은 종종 정부와 다른 기관들이 새로운 기술에 적응하는 속도가 느리며, 기술을 규제하거나 통제하려는 그들의 시도는 혁신을 억압하고 개인의 자유를 제한할 뿐이라고 주장한다.

기술자유주의는 사이버 유토피아주의 및 다른 기술-유토피아 철학과 몇 가지 유사점을 공유하지만, 사회정의나 집단행동의 문제보다는 개인의 자유에 더 초점을 맞춘다. 기술자유주의자들은 일반적으로 시장이 기술을 규제하도록 내버려 두어야 하며, 이 과정을 방해하려는

블록체인과 암호화폐 혁명인가 반란인가

시도는 부정적인 결과를 낳을 뿐이라고 믿는다.

6. 트랜스휴머니즘

우리는 트랜스휴머니즘이 블록체인의 상상 속의 철학적 핵심의 밑바닥에도 있어야 한다고 믿는다. 위에서 언급했듯이 트랜스휴머니즘은 인간의 지적 · 신체적 · 심리적 능력을 인간에게 정상적이거나 자연스러운 것으로 간주되는 것 이상으로 향상시키기 위해 기술을 사용하는 것을 옹호하는 철학적 · 문화적 운동이다.

트랜스휴머니즘은 종종 미래에 대한 낙관주의와 인류의 가장 큰 도전 중 일부를 해결할 수 있는 기술의 잠재력과 관련이 있다. 그러나 그것은 또한 인간을 개조하기 위해 기술을 사용하는 것의 윤리적 의미와 새로운 종류의 포스트 휴먼 사회를 만드는 잠재적 결과에 대한 질문을 제기한다. 트랜스휴머니즘의 철학은 기술이 발전하고 그 의미에 대한 우리의 이해가 깊어짐에 따라 계속 진화하고 있다.

마지막으로, 트랜스휴머니즘과 블록체인은 모두 미래를 형성하는 기술의 힘에 대한 믿음에 의해 주도된다. 트랜스휴머니스트들은 인류가 생물학적 한계를 뛰어넘어 새로운 포스트휴먼 종(種)으로 진화하는 미래를 꿈꾼다. 블록체인 지지자들은 탈중앙화 시스템이 중앙집중식 기관을 대체하여 보다 공평하고 자율적인 사회를 만드는 미래를 꿈꾼다. 두 운동 모두 기술의 변혁적 잠재력에 대한 믿음과 각자의 비전에 따라 미래를 형성하고자 하는 열망을 공유한다.

Ⅱ. 블록체인의 철학적 기초 ▌

우리는 블록체인이 더 넓은 철학적 관점을 반영하는 특정 가치와 원칙을 구현하기 때문에 철학적 관점에서 검토될 수 있다고 가정한다. 블록체인의 기본철학은 탈중앙화, 투명성 및 불변성과 같은 요소를 포함하며, 이는 보다 민주적이고 개방적이며 신뢰할 수 있는 사회를 구축하는 것을 목표로 한다. 비트코인 및 이더리움과 같은 암호화폐는 중앙집중식 기관의 통제를 넘어 작동하는 P2P 디지털 통화를 만들려는 철학적 성향을 나타내며, 이를 통해 기존 금융 시스템에 내재된 권력구조에 도전한다.

블록체인과 암호화폐를 하나의 철학으로 접근하는 것은 이러한 기술의 철학적 함의를 탐구하는 것을 수반한다. 그들은 정보와 부의 관리에 대해 계층구조와 중앙집권적 권위에서 벗어나 보다 공평하고 분산된 접근방식을 옹호한다. 결과적으로, 그들은 탈중앙화와 오픈 액세스를 수용하는 철학적 운동과 일치하며, 기술 및 금융영역을 넘어 거버넌스, 예술 및 미디어와 같은 영역으로 영향력을 확장한다. 블록체인을 철학적 프레임워크로 간주할 수 있는 주요 측면을 제시하고자 한다.

1. 분권(Decentralized)
블록체인 기술과 암호화폐는 종종 탈중앙화의 원칙과 관련이 있다. 이 개념은 정치철학, 특히 탈중앙화된 권력구조의 필요성을 강조하는 아나키스트와 자유주의 사상에 뿌리를 두고 있다. 블록체인 애호가들은 중앙집중식 기관에 의존하기보다는 참여자 네트워크에 권력, 권한 및 통제를 분배하는 시스템을 만드는 것을 목표로 한다. 해시(hash)와 작업증명(PoW)을 통해 중앙집중된 권력을 허물 수 있다. 미세한 차이가 있기는 하지만 분권과 분산은 구별되는 개념이다.

2. 신뢰와 투명성

블록체인 기술은 거래와 정보를 기록하는 투명하고 개방적인 불변의 원장을 제공한다. 중개자나 중앙 당국의 필요성을 제거하고 신뢰를 구축하는 것을 목표로 한다. 투명성에 대한 이러한 강조는 진실, 책임성 및 열린 대화에 대한 철학적 개념과 궤를 같이한다. 전통적인 신뢰와 권위 시스템에 도전하고 보다 참여적이고 민주적인 접근방식을 장려한다. 거래 참여자 모두가 거래 과정을 승인하고 감시하며 그 결과에 합의하게 된다.

3. 자아-주권

블록체인 기술은 개인이 자신의 데이터와 신원을 통제할 수 있다는 것을 의미하는 자아-주권의 개념을 강조한다. 어떤 주체가 임의로 시스템의 규칙을 변경하거나 거래 내역을 수정할 수 없다. 특정 주체가 특정인을 제약하거나 검열할 수도 없다. 이것은 개인의 자율성과 개인이 자신의 삶에 대한 선택 의지를 가져야 할 필요성에 근거한다. 이에 따라 분산화되어 있는 시스템하에 모든 규칙들이 동일하게 적용된다.

4. 개인정보보호 및 보안

암호화폐 및 블록체인 시스템은 암호화 기술을 통합하여 거래를 보호하고 사용자 개인정보를 보호한다. 그들은 익명성의 가능성과 개인

데이터에 대한 통제를 제공하며 일부는 개인정보를 제공한다. 이러한 측면은 프라이버시 권리, 개인의 자율성, 감시 자본주의의 한계에 대한 철학적 논의와 일치한다. 개인이 자신의 데이터에 대한 소유권을 갖고 스스로 결정한 상호작용에 참여하도록 권장한다.

5. 프로그래밍 기능 및 자동화

자동화는 블록체인의 철학에서 중요한 측면이다. 블록체인의 주요 이점 중 하나는 스마트 계약을 사용하여 신뢰를 자동화할 수 있어 중개자가 필요하지 않다는 것이다. 또한 블록체인 기술은 기록 보관, 신원확인 및 공급망 관리와 같은 다른 많은 프로세스의 자동화를 가능하게 한다. 이는 인적 오류 및 사기 가능성을 줄일 뿐만 아니라 효율성을 높이고 비용을 절감한다. 블록체인의 맥락에서 자동화의 개념은 육체노동과 의사결정 프로세스를 기계와 알고리즘으로 대체하려는 광범위한 자동화 철학에 뿌리를 두고 있다. 자동화를 지지하는 사람들은 자동화가 생산성을 높이고, 비용을 절감하며, 인간이 천한 작업에서 벗어나 보다 창의적이고 혁신적인 노력에 집중할 수 있다고 주장한다.

6. 불변성

불변성은 데이터가 블록체인에 기록되면 변경하거나 삭제할 수 없다는 개념을 말한다. 이는 원장이 네트워크 전체에 분산되어 있어 전체 네트워크의 합의 없이는 단일 사용자가 데이터를 변경하는 것이 사실상 불가능하기 때문이다. 네트워크 참여자에게 부여된 권리는 변경할 수 없으며 위조할 수 없다. 철학에서 변하지 않는 영원한 진리에 대한 아이디어는 플라톤과 같은 사상가들에 의해 탐구되어 왔으며, 플라톤은 완벽하고 변하지 않는 형태의 영역이 존재한다고 가정했다.

7. 무신뢰 및 개인 대 개인의 협업

블록체인 기술은 P2P 상호작용 및 중개 해제를 가능하게 하여 중개자 없이 직접적인 상호작용 및 협업을 가능하게 한다. P2P란 서버나 클라이언트 없이 네트워크상에서 개인 컴퓨터 사이를 연결하는 통신망이다. 이러한 측면은 수평적 관계, 협력, 개인과 공동체의 권한 부여에 대한 철학적 아이디어와 공명한다. 이는 중앙집권적 권력구조에 도전하고 상호작용 및 의사결정에 대한 보다 참여적이고 평등한 접근방식을 촉진한다. 협업 개념은 고대 그리스 철학자와 계몽주의 사상가의 저작으로 거슬러 올라갈 수 있는 합의의 개념과도 궤를 같이한다.

8. 평등과 금융포용

암호화폐 및 블록체인 기반 금융 시스템은 은행을 이용하지 않거나 은행을 이용하지 않는 개인에게 금융 서비스에 대한 액세스를 제공함으로써 금융포용을 촉진할 수 있는 잠재력을 가지고 있다. 이는 정의, 평등, 사회경제적 격차 해소에 대한 철학적 관심과 일치한다. 은행과 같은 중개기관의 인프라가 부족한 개발도상국이나 저개발국가에서 블록체인 기술의 구현이 훨씬 더 유용하게 적용될 수 있다. 그들에게 휴대폰이나 컴퓨터 그리고 인터넷 접근성만 있다면 금융기관과 같은 권한 부여를 제공함으로써 금융 혜택을 경험하게 할 수 있다. 블록체인과 암호화폐는 이처럼 보다 포용적이고 공평한 시스템을 위해 노력하는 철학으로 볼 수 있다.

9. 경제적 자유

인간은 자유로운 경제활동을 원한다. 경제적 자유는 블록체인 기술의 근본적인 철학적 기반이다. 이는 개인이 정부나 기타 중앙집중식 당국의 간섭 없이 경제활동을 수행할 수 있는 자유를 가져야 한다는 신념에 뿌리를 두고 있다. 국가주의와 금융통제가 강화되면 국제화와 자유시장은 쇠퇴한다. 하지만 블록체인은 개인이 중개자 없이 P2P 거래에 참여할 수 있는 분산형 인프라를 제공함으로써 경제적 자유를 가능하게 한다. 기존의 통화와 금융시스템을 통한 경제활동의 제약이 발생하였을 때, 이를 뛰어넘을 수 있는 수단을 블록체인에서 찾을 수 있다.

10. 접근성

접근성은 블록체인 기술의 핵심 철학적 기반 중 하나이다. 접근성은 기술의 혜택은 사회 경제적 지위, 교육수준 또는 기술 전문성에 관계없이 모든 사람에게 열려 있어야 함을 의미한다. 또한 블록체인이 개방적이고 투명해야 하며, 참여하고자 하는 개인이나 조직의 진입장벽이 없어야 함을 의미한다. 이러한 블록체인의 접근성의 핵심은 누구나 쉽게 사용하고 참여할 수 있도록 기술을 설계해야 한다는 것이다.

11. 지속 가능한 개발

지속 가능한 개발은 블록체인의 또 다른 철학적 기반이다. 블록체인은 포용적 경제성장, 사회적 보호, 건강과 복지, 교육, 농업, 국가경영, 이민정책 등 전 지구적 목표 실현을 지원한다. 블록체인의 탈중앙화되고 투명한 특성은 빈곤 종식, 지구 보호, 모두를 위한 평화와 번영 보장, 미래 세대를 위한 보다 공평하고 지속 가능한 세상을 만드는 것

블록체인과 암호화폐 혁명인가 반란인가

을 목표로 하는 유엔의 지속 가능한 개발목표(SDGs)의 달성에 기여할
수 있다.

12. 진보와 혁신

진보와 혁신의 기반은 블록체인의 지속적인 발전과 진화를 의미한
다. 유지비용이 비싼 구시대의 위험 관리 기반 정보시스템은 서서히
사라질 것이다. 여기에는 지속적인 연구 개발뿐만 아니라 기능을 개
선하고 잠재적인 사용 사례를 확장하는 새로운 기능의 구현이 포함된
다. 신뢰 격차의 해소와 거래의 진위 관리, 대규모 가치교환을 위한 시
스템 기반 설계, 그리고 보안의 확보를 추구한다. 또한 혁신과 실험을
장려하는 환경을 조성하는 것도 포함되며, 이는 혁신적인 블록체인
기술의 성장과 채택에 필수적이다.

13. 결정론

블록체인의 핵심 철학적 기반 중 하나인 결정론은 완결성 개념과
같다. 결정론의 핵심은 인간의 행동을 포함한 모든 사건이 궁극적으
로 이전의 원인에 의해 결정된다는 생각이다. 이 개념은 트랜잭션이
원장에 기록되면 변경하거나 삭제할 수 없는 블록체인의 불변성 개념
과 일치한다. 즉, 블록체인상의 거래 결과는 미리 결정되어 있으며 개
인이나 단체에 의해 변경될 수 없다.

결정론은 그리스 소크라테스 이전의 철학자들에 의해 개발되었으
며 나중에는 아리스토텔레스에 의해 발전되었다. 이 문제를 다룬 주
요 철학자들로는 토마스 홉스, 바뤼흐 스피노자, 고트프리트 라이프
니츠, 데이비드 흄, 아서 쇼펜하우어, 윌리엄 제임스, 프리드리히 니

체, 알베르트 아인슈타인, 닐스 보어, 그리고 최근에는 존 설, 다니엘 데넷 등이 있다. 그러나 다양한 블록체인 프로젝트가 해당 커뮤니티 내에서 다양한 관점과 접근방식을 포괄한다는 점을 인정하는 것이 중요하다. 또한 특정 철학적 원칙을 구현하지만 고려해야 할 실용적인 고려사항과 제한 사항도 수반한다.

결론적으로, 철학적 렌즈를 통해 블록체인과 암호화폐를 바라보는 것은 기존의 권력 역학에 도전하고 탈중앙화와 개방성을 촉진하는 근본적인 가치와 아이디어를 드러낸다. 이러한 철학적 차원을 분석하고 탐구하면 기술과 철학적 프레임워크로서 블록체인과 암호화폐의 잠재력과 경계에 대한 귀중한 통찰력을 얻을 수 있다.

III. 블록체인의 도전과 미래 사회 형성의 잠재적 역할

"장애물이 클수록 그것을 극복하는 영광이 더 커진다."
– 몰리에르

"삶의 모든 측면에서 권위, 위계, 지배의 구조를 찾고 식별하고 도전하는 것이 합리적이라고 생각한다. 그것들에 대한 정당성이 주어지지 않는 한, 그것들은 불법이며, 인간 자유의 범위를 넓히기 위해 해체되어야 한다."
– 노엄 촘스키

블록체인과 암호화폐 혁명인가 반란인가

철학적 관점에서 블록체인 기술에 대해 제기될 수 있는 몇 가지 비판과 도전 과제에 대해 살펴보고자 한다. 이러한 과제에는 잠재적인 중앙집중화, 윤리적 및 인식론적 고려사항, 환경영향 및 기술 결정론이 포함된다. 따라서 블록체인은 종종 탈중앙화 솔루션으로 선전되지만, 비평가들은 특히 소수의 행위자 그룹이 네트워크 컴퓨팅 능력의 대부분을 제어하는 경우 여전히 중앙집중화의 대상이 될 수 있다고 주장할 수 있다. 철학적 관점에서 볼 때, 이것은 탈중앙화 시스템에서 권력과 통제의 본질에 대한 질문을 제기한다. 또한 블록체인이 기존의 사회적 · 경제적 불평등을 악화시킬 수 있다는 우려가 있으며, 특히 기술에 대한 접근이 소수의 행위자 그룹으로 제한될 경우 더욱 그렇다. 이는 블록체인이 사회적 배제에 기여하고 기존의 힘의 불균형을 영속화할 가능성에 대한 의문을 제기한다.

또한 블록체인 기술은 특히 개인정보보호, 보안 및 데이터 소유권과 같은 문제와 관련하여 다양한 윤리적 문제를 제시한다. 철학적 관점에서 볼 때, 이것은 유익한 목적과 해로운 목적 모두에 사용될 가능성이 있는 기술을 사용하는 것의 윤리적 의미에 대한 질문을 제기한다. 그런데 블록체인 기술은 특히 블록체인에 저장된 정보의 정확성을 검증하는 데 있어 몇 가지 인식론적 문제를 안고 있다. 블록체인은 안전하고 불변의 원장으로 제시되지만, 종종 오류와 부정확성이 기록되는 경우가 있다. 이것은 블록체인의 어떤 정보가 정확하고 신뢰할 수 있는지를 어떻게 가려내는가에 대한 질문을 제기한다.

신뢰는 블록체인 분야에서 가장 중요한 철학적 과제이다. 블록체인의 탈중앙화 특성은 기본 기술과 사용된 합의 알고리즘에 대한 신뢰를 필요로 한다. 또한 블록체인 기반 시스템은 네트워크의 악의적인 행위자가 시스템의 보안과 무결성을 훼손할 수 있으므로 참여자 간의 신뢰가 필요하다. 따라서 블록체인 기반 시스템의 보안과 프라이버시를 보장할 수 있는 신뢰 프레임워크를 구축하는 것이 중요하다.

블록체인 기술에 대한 또 다른 비판은 환경에 미치는 영향이다. 블록체인에서 트랜잭션을 채굴하고 검증하는 프로세스에는 상당한 양의 계산 능력이 필요하며, 이는 다시 많은 양의 에너지를 필요로 한다. 이로 인해 일부 사람들은 탄소 발자국이 큰 기술을 사용하는 것의 윤리적 의미에 의문을 제기했다.

마지막으로, 블록체인 기술을 광범위한 사회적 · 경제적 문제에 대한 만병통치약으로 보는 경향은 비판받을 수 있다. 이는 뿌리 깊이 자리 잡은 사회적 · 경제적 문제를 기술적 해결책이 진정으로 해결할 수 있는가, 그리고 기술적 해결책에 초점을 맞추는 것이 이러한 문제에 기여하는 다른 중요한 요소를 간과할 위험성에 대한 의문을 제기한다.

이러한 비판과 풀어 나가야 할 여러 과제에도 불구하고 사회의 미래를 형성할 블록체인 기술의 잠재력은 엄청나다. 블록체인은 보다 공평하고 효율적이며 지속 가능한 새로운 경제 및 사회 시스템을 만들 수 있는 잠재력을 가지고 있다. 전 세계 사람들에게 금융 서비스, 의료, 교육 및 기타 중요한 서비스에 대한 액세스를 제공할 수 있는 분산형 애플리케이션의 생성을 용이하게 할 수 있다.

블록체인과 암호화폐 혁명인가 반란인가

IV. 블록체인 철학에 의해 주도되는 계몽적인 미래를 위해

철학의 렌즈를 통해 블록체인 기술을 경험하는 것은 이 혁신적이고 빠르게 진화하는 영역의 의미에 대한 풍부하고 다면적인 관점을 제공한다. 윤리적·인식론적 함의에서 사회적·정치적 함의에 이르기까지, 철학은 블록체인이 제기하는 잠재적 기회와 도전을 비판적으로 검토할 수 있는 귀중한 프레임워크를 제공한다. 이 탐구의 주요 통찰력 중 하나는 블록체인의 의미를 이해하기 위해 미묘하고 상황에 맞는 접근방식이 필요하다는 것이다. 그것은 전통적인 형태의 경제조직에 도전하고 새로운 형태의 협력과 소유를 촉진할 수 있는 잠재력을 가지고 있지만, 만병통치약은 아니며 더 넓은 사회적·정치적 함의의 관점에서 신중하게 평가되어야 한다.

블록체인은 사회와 철학의 미래를 크게 형성할 수 있는 잠재력을 가지고 있다. 사회적 관점에서 블록체인의 탈중앙화되고 투명한 특성은 우리가 서로 및 기관과 상호작용하는 방식과 가치를 교환하는 방식에 잠재적으로 혁명을 일으킬 수 있다. 그것은 권력이 분산되고 책임이 더 쉽게 보장되는 더 민주적이고 신뢰할 수 있는 사회를 만들 수 있는 잠재력을 가지고 있다.

철학적 관점에서 블록체인의 잠재적 영향은 훨씬 더 광범위하다. 앞에서 살펴본 바와 같이, 블록체인 기술은 고대철학에서 비평이론 및 사이버펑크에 이르기까지 다양한 철학적 이론 및 운동과 교차한다. 블록체인에 대한 철학적 논의는 신흥기술의 의미를 이해하기 위한 학제 간 접근의 중요성을 강조한다. 그것은 우리가 철학적 통찰력과 기술 발전을 함께 엮어 총체적으로 생각하도록 격려한다. 블록체인의 탈중앙화, 투명성 및 신뢰의 원칙을 우리의 집단의식에 통합함으로써 우리는 공정성, 권한 부여 및 공유가치를 구현하는 사회를 형성할 수 있는 기회를 갖게 된다.

학제 간 대화와 윤리적 고려에 지속적으로 참여함으로써 우리는 블록체인 철학에 의해 주도되는 보다 계몽되고 포용적인 미래를 위한 길을 닦을 수 있다.

6장

블록체인 윤리

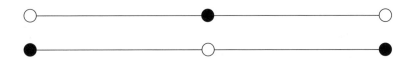

블록체인 기술의 혁신력과 경제적 잠재력에 대해서는 의심의 여지가 없다. 새로운 통화, 금융 서비스 및 스마트 계약의 기반인 블록체인 기술은 메인프레임, 개인용 컴퓨터, 인터넷 및 모바일 장치에 이은 다섯 번째 파괴적인 컴퓨팅 패러다임으로 볼 수 있다. 그러나 블록체인 기술의 경제적 성공에도 영향을 미칠 수 있는 윤리적 의미에 대한 의문이 있다. 블록체인 기술에 대한 윤리적 지침을 제공하기 위해 우선 블록체인 기술의 고유 특성에 집중하고자 한다.

블록체인 기술의 고유한 핵심은 첫째, 사람에 대한 신뢰에서 수학에 대한 신뢰로의 이동으로, 정보 인터넷에서 가치 인터넷으로의 이동으로, 또는 내가 제안하는 것처럼 중개 네트워크에서 즉각적인 네트워크로의 전환으로 정의할 수 있다. 둘째, 블록체인 기술의 고유한 핵심과 관련된 윤리적 기회(예: 투명성, 참여, 서비스에 대한 글로벌 접근)

와 위험(예: 생태학적 영향, 법적 모니터링 및 집행 부족)에 대한 논의를 진행한다. 셋째, 가능한 구체적인 해결책에 대한 전망을 제시한다.

Ⅰ. 블록체인 기술
: 중개 네트워크에서 인접 네트워크로

블록체인 기술의 혁신력과 경제적 잠재력은 엄청나다. 동시에 블록체인 기술의 맥락에서 발생하는 윤리적 문제가 있으며, 보안 및 형평성과 같은 윤리적 문제가 주목을 받고 있다. "블록체인 행동강령"이 필요한지에 대한 질문이 제기되었다. 이에 나는 블록체인 기술의 윤리적 차원을 확인하고 이러한 윤리적 측면에 대해 논의하고자 한다.

이러한 윤리적 문제를 다루기 전에 블록체인 기술이 무엇을 의미하는지에 대한 개념적 이해가 필요하다. 이는 변조에 강하고 시스템의 모든 노드에 의해 집합적으로 수행되는 영구적인 분산 디지털 원장으로 구성된다. 이 기술에 의해 도입된 엄청난 혁신은 네트워크가 개방되어 있고 참가자들이 상호작용하기 위해 서로를 알거나 신뢰할 필요가 없다는 것이다.

전자거래는 사람의 개입, 중앙기관, 통제지점 또는 제3자(예: 정부, 은행, 금융기관 또는 기타 조직), 일부 노드가 신뢰할 수 없거나, 부정직하거나, 악의적이더라도 네트워크는 작업증명이라는 수학적 메커니즘을 통해 트랜잭션을 올바르게 확인하고 원장이 변조되지 않도록 보호할 수 있으므로 사람의 개입이나 통제 권한이 필요하지 않다.

블록체인에서 거래하려면 공개 키와 개인 키가 포함된 지갑이 있어야 한다. 공개 키는 다른 사람들이 해당 주소로 거래할 수 있도록 하는 블록체인의 일종의 이메일 주소로 구성된다. 개인 키는 암호를 사용하며 사용자에게 개인 키가 있는 모든 주소에서 거래할 수 있는 가능성을 제공한다. 따라서 블록체인에서 거래를 하려면 개인 키를 보유해야 블록체인 기술의 보안을 강화할 수 있다. 이러한 키는 본질적으로 암호와 결합되어 시스템에 보안을 제공한다. 개인 키를 잃어버려 블록체인에 대한 액세스 권한을 잃게 되면 디지털 지갑을 사용하여 개인 키를 저장하고 거래를 간소화한다. 이러한 거래는 공개 또는 개인 키가 아닌 분산형 블록체인에서 발생하고 저장된다. 따라서 블록체인 기술은 "규범적 가치와 기술적 속성을 기본 인프라에 코딩함으로써" "사람을 신뢰하는 것에서 수학을 신뢰하는 것으로의 전환"을 포함한다. "이러한 신뢰는 강력한 기술설계 및 계산 능력에 기반한다(esta confianza fundada en un diseño tecnológico y capacidades computacionales muy robustas)." 신뢰를 제공하는 제도적 중개기관은 쓸모없게 된다. 이러한 변화는 블록체인 기술을 기반으로 하는 오픈 액세스 학술출판의 새로운 지평을 열고, 과학 · 연구 · 혁신 · 개발 및 기술 전반에 대한 패러다임적 개선을 제공할 수 있다. 왜 그럴까?

블록체인 기술은 누구에게나 속하지 않고 누구에게도 통제받지 않는 지속적인 문서화를 보장하고 암호학적으로 검증된 피어 투 피어 절차를 검토하기 위해 항상 액세스할 수 있기 때문이다. 과학 · 연구 · 혁신 · 개발 및 기술의 과정을 근본적으로 변화시켜 완전히 개방적이고 투명한 과정으로 변화시킬 수 있는 잠재력을 가지고 있다. 이러한 방식으로 블록체인 기술은 지적재산권을 존중하며, 이를 통해 자유롭고 개방적이며 독립적인 과학적 담론을 장려하고 동기를 부여한다. 그 외에도 블록체인 기술은 정보 인터넷에서 가치 인터넷으로의 또 다른 전환의 관점에서 해석될 수 있다.

가치는 정보로 분해될 수 있으므로 이러한 변화는 다르게 구성되어야 한다고 주장할 수 있지만, 멜라니 스완(Melanie Swan)과 프리마베라 드 필리피(Primavera De Filippi)는 "스마트 네트워크를 통한 안전하고 종단간이며 계산적으로 검증된 가치의 이전(돈, 자산 또는 계약상의 약정으로 표현되는 것이 무엇이든 간에)"을 적절하게 강조하며 블록체인 기술의 혁신적인 핵으로 꼽는다. 그러므로 나는 그 전환이 다르게 정의되어야 한다고 제안한다. 즉, 매개된 네트워크에서 즉각적인 네트워크로의 이동이다.

지금까지는 행위자 또는 기관이 네트워크의 노드를 연결하고 네트워크를 제공하는 데 중심적인 역할을 하는 중개 네트워크가 존재했지만, 블록체인 기술을 통해 네트워크의 노드가 중개자의 개입 없이 즉각적이고 탈중앙화된 방식으로 연결될 수 있다.

이 책에서 블록체인 기술에 대한 윤리적 분석은 윤리와 기술의 상관관계를 이해하는 해석학적이고 근본적인 틀 안에서 진행되며, 윤리와 기술은 서로 밀접하게 얽혀 있으며 서로에게 기여한다. 윤리와 기술 사이의 밀접한 상관관계에 대한 이러한 이해는 윤리가 "기술과의 상호작용"에 기초한다는 전제에서 출발하는데, 이는 기술에 대한 윤리적 담론이 기술이 "만들어진 것"이며 "주어진 것이 아니다"라는 이해에 의존하기 때문이다.

윤리와 기술의 상관관계에 대한 이러한 이해는, 기술 발전을 잘 정의된 범위를 추구하는 선형적 과정으로 인식하는 것이 오늘날의 기술이론과 현실에 부합하지 않을 수 있음을 인정함으로써 계속된다. 기술 혁신은 오히려 작은 단계의 결과이며 때로는 무작위 제품이기도 하다. "기술은 일반적으로 다양한 가능한 파급 효과를 신중하게 고려한 후에 개발되지 않는다. 오히려 대부분의 경우 새로운 기술은 단기적으로 큰 이익을 약속하고 즉각적인 문제를 일으키지 않는 것으로 판단되기 때문에 개발된다." 또한 규범적 고려사항을 능가하는 기술 발전 속도는 기술이 기능하는 방식의 또 다른 특징을 나타낸다. 더욱이, 일부 규범은 특정 기술 발전에 의해 존재한다. 또한 기술 혁신의 복잡성을 과소평가해서는 안 된다.

이외에도 기술의 획기적인 아이디어와 성공적인 적용은 기술이 가치를 창출하고 사회적 과제에 대한 솔루션 및 혁신을 창출함에 따라 윤리에 구체적인 영향을 미친다. 더 나아가 기술이 암묵적 규범, 태도 지향, 태도, 심지어 인간 경험의 무형적 요소에까지도 영향을 미치는 현실의 구체적인 특징으로 인식해야 한다. 따라서 기술은 도덕적 차원의 혁신을 이끌어 내는데, 이는 기술이 사회와 개인에게 미치는 영향은 윤리학에서도 고려되어야 하기 때문이다.

마지막으로, 스마트 기술은 개인의 삶에 영향을 미치고 있다. 예를 들어, 부드러운 개입의 넛지(nudging)가 개인의 삶에 영향을 미치고 있으며, 개인의 삶의 윤리적 차원은 아닐지라도 적어도 사소한 행동에 영향을 미치고 있다. 동시에 윤리는 기술 혁신을 촉진하고, 기술 발명을 인정하고, 윤리적 지침을 제공함으로써 기술에 기여한다. 한 걸음 더 나아가 윤리는 기술에 속한다고 분명하게 말할 필요가 있다. "과학적 지식이 가치 중립적이라는 생각은 전혀 잘못된 것이다. 가치는 과학과 기술을 만드는 데 내재되어 있으며, 특정한 가치를 반영하고 변형시킨다." 가치의 의미와 도덕적 목적의 지평은 윤리적 의미에서 기술에 영향을 미친다.

그 외에도 기술 커뮤니티는 기술 개발의 법적 의무 및 법적 준수의 표준을 알고 있지만 그럼에도 불구하고 정직성, 객관성, 독립성, 공평성, 공정성 및 미래 세대에 대한 책임을 표시하는 등 업무에서도 윤리적 원칙을 존중하기 위해 노력한다. 또한 윤리는 정기적으로 기술 커뮤니티의 법적 의무 및 법적 준수의 표준을 비판적으로 검토할 수 있다. 이는 (이상적으로) 기술에 대한 법적 프레임워크의 지속적인 최적화로 이어져야 한다. 또한 윤리는 올바른 우선순위를 정의함으로써 기술의 의제설정 과정에 도움이 될 수 있을 뿐만 아니라 기술의 영향권과 책임의 영역을 적절하게 구성하는 데에도 도움이 될 수 있다.

마지막으로, 기술이 윤리의 발전에 기여하는 동시에 필요한 연구, 토론 및 연구를 자유롭게 수행할 수 있도록 기술윤리가 분명히 필요하다. 기술은 자유를 침해하고 혁신적이고 창의적인 접근방식을 차단하려는 시도나 개념에 의해 억압될 수 있다. 이러한 범법의 이유는 "절대적 진리"로 추정되는 것일 수도 있고, 경제적 또는 정치적 전체주의적 권력구조의 강요일 수도 있다. 기술 커뮤니티의 구성원이 자유롭고 독립적으로 연구를 수행하지 못할 위험이 여전히 존재한다. 따라서 기술 진보를 지원하고 보호하는 법적ㆍ윤리적 규범이 필요하다.

윤리와 기술 사이의 이러한 상호관계는 윤리가 기술을 제한할 수 있다는 사실을 추가로 인식하게 한다. 건강 및 안전지침, 특허, 지적 재산권의 법적 소유권, 경쟁정책, 소비자 보호 및 윤리행동 강령 등이 이 범주에 속한다. 윤리에 의한 이러한 영향은 때때로 기술 혁신을 차단하고 방해하는 것으로 인식될 수 있다. 윤리는 인간의 호기심, 새로

블록체인과 암호화폐 혁명인가 반란인가

운 발명과 해결책에 대한 노력, 그리고 연결된 실질적인 경제적 이익과 권력, 그리고 연결된 특수한 이익에 의해 점점 더 도전받고 있다. 인공적인 세계, "자연적 생명의 기술적 시뮬라크르"의 창조가 끊임없이 증가함에 따라, 그리고 그에 상응하는 인간의 힘과 영향력으로 인해, 윤리의 중요성은 더욱 커지고 있다.

Ⅱ. 인권 기반 블록체인 기술 ▮

인권은 블록체인 기술에 대한 윤리적 분석의 기준점이 될 것이다. 그런데 왜 블록체인 기술에서 인권을 거론하는 걸까? 인권은 모든 인간이 생존하고 인간 존엄성을 지키며 살아갈 수 있는 최소한의 기준이다. 인권은 최대한의 도덕적 요구도 아니고 더 높은 정신도 아니다. 이것은 그들이 기술에 과부하를 주지 않는다는 것을 의미한다. 대신 기술로 쉽게 달성할 수 있다. 인권은 가장 먼저 존중되어야 하는 최소한의 기준에 기초하여 우선순위를 명확하게 설정할 수 있는 정확한 초점을 가지고 있다. 따라서 인권은 기술의 의제설정 과정에서 올바른 우선순위를 설정하는 것뿐만 아니라 영향력과 책임의 영역을 적절하게 정의하는 데에도 도움이 될 수 있다.

인권은 사람들의 신뢰를 누리고 있으며 널리 존중받는 윤리적 기준이다. 인권은 사람들을 보호할 뿐만 아니라 다양성과 다원성을 촉진한다. 결과적으로, 세계화된 기술 공동체는 인권을 윤리적 기준점으로 삼을 수 있으며, 여러 전통, 문화, 종교, 세계관, 가치체계 및 철학을 접할 수 있다. 이러한 이질성은 한편으로는 인권에 의해 보호되지만, 다른 한편으로는 존중되어야 할 분명한 한계를 제시한다. 인권은 전통, 문화, 종교, 세계관, 가치체계 내에서 인간 존재의 본질적인 요소와 영역을 보호한다. 따라서 인권은 인권을 위해 행동할 때 기술을 지원할 수 있지만 전통, 문화, 종교, 세계관 및 가치체계에 기반한 도전으로 이어질 수도 있다.

또한 인권은 높은 수준의 실천 지향성과 적용 가능성을 가지고 있다. 다른 윤리적 원칙과 비교했을 때, 인권은 윤리적 차원뿐만 아니라 법적 차원도 포함한다. 인권은 법적으로 정의되고, 법적 틀을 가지고 있으며, 실행 가능하고, 법치주의 이행의 형식적 구조를 제공하고, 매개변수를 설정함으로써 그 이행을 제한한다. 그렇다고 해서 인권 실현의 어려움을 무시하려는 것이 아니라, 순수 윤리적 관념에 비해 법적 차원과 법적 집행 메커니즘을 갖는 인권과 같은 윤리적 관념의 구현이 더 쉬울 수 있다는 점을 강조한 것이다.

이외에도 기술에 관련된 개인은 인간이 생존하고 인간으로서의 삶을 위해 필요한 인간 존재의 필수영역과 요소에서 인권으로 보호된다. 이들 중 일부는 1948년 세계인권선언에 명시된 바와 같이 그가 수행하는 기술적 탐구, 연구, 개발 및 응용에 특히 중요하며, 예를 들어, 자유에 대한 권리, 사상·양심 및 종교의 자유에 대한 권리, 의견과 표현의 자유에 대한 권리, 평화적 집회 및 결사의 자유에 대한 권리, 공동체의 문화생활에 자유롭게 참여하고 예술을 향유하며 과학의 발전과 그 혜택을 공유할 권리, 저작자인 과학적·문학적 또는 예술적 작품에서 비롯된 도덕적·물질적 이익을 보호할 권리 등과 같이 보호를 받는다.

윤리적 기준으로서 인권의 지침을 따르는 것은 인권 기반 블록체인 기술을 설계, 개발, 생산 및 사용할 수 있도록 한다.

Ⅲ. 블록체인 기술의 윤리적 기회

1. 민주주의의 잠재력

정치적 참여에 대한 인권을 포함한 인권윤리적 관점에서 블록체인 기술을 살펴보고, 블록체인 기술의 주요 특징 중 하나인 탈중앙화를 고려한다. "'탈중앙화'는 많은 행위자들의 행동이 응집되어 있는 조건을 설명하며, 효과적인 행동을 지시하기 위해 의지가 중요한 사람들의 수를 줄이는 데 의존하지 않는다는 사실에도 불구하고 아주 효과적이다."

이에 따라 특히 인권을 윤리적 기준점으로 삼을 수 있지만, 국가와 법치에 대한 존중을 전제로 할 때만 블록체인 기술의 윤리적으로 긍정적인 요소로서 나타나는 민주적 잠재력을 식별할 수 있다. 민주주의 시스템에서 블록체인 기술은 검열에 저항하는 조직모델과 신원확인을 위한 분산형 저장소를 제공할 수 있다. 블록체인 기술은 투표에도 사용될 수 있다. 또한 블록체인 기술을 통해 주(州)나 정부 당국은 분산형 자체 진화 디지털화에 의존하여 서비스를 보다 효율적이고 효과적으로 제공할 수 있다.

또한 블록체인 기술은 정치 지도자와 의사 결정권자의 무결성 부족으로 인해 민주주의에 발생하는 문제를 극복하는 데 도움이 될 수 있다. 예를 들어, 선거 캠페인의 약속과 실현을 모두 문서화하여 정치인이 옹호하는 정치적 입장의 일관성을 보장함으로써 신뢰할 수 있고 그에 기반한 정치적 표현을 가능하게 할 수 있다. 이외에도 블록체인 기술은 정치인, 정당 및 정치 캠페인의 재정적 지원을 문서화함으로써 영향력의 투명성의 지평을 열 수 있다. 블록체인 기술의 정치적 대표성과 영향력의 투명성은 시민의 정치 참여에 동기를 부여하는 요인으로 작용한다. 이러한 영향은 참여 주체에 의해 기술이 형성될 수 있는 가능성에 의해 더욱 커진다.

마지막으로, 블록체인 기술은 랭던 위너(Langdon Winner)의 프레임워크 내에서 "본질적으로 정치적인 기술, 특정 종류의 정치적 관계를 필요로 하거나 강력하게 양립할 수 있는 것처럼 보이는 인위적인 시스템"에 속하는 것으로 분류할 수 있다. 탈중앙화된 특성으로 인해 블록체인 기술은 억압적인 독재정치보다는 민주적 시스템을 요구한다.

블록체인 기술의 이러한 민주적 기회를 실현하기 위한 조건이자 "블록체인 기술은 단순한 기술적 문제가 아니라 우리가 규범적으로 구성하거나 오히려 사회적 세계를 구성하는 방식과 밀접한 관련이 있다"는 사실 때문에 "사람들에게 권한을 부여하면서도 잠재적인 위험을 완화할 수 있는 여지를 남기는 방식으로 이를 구현할 수 있는 방법을 모색할 필요가 있다. 만약, 필요하다면 이러한 기술의 설계 및 사용에 대한 거버넌스를 어떻게 개선할 수 있는지 조사해야 하며, 예를 들어, 설계 프로세스를 보다 민주적인 방식으로 조직할 수 있는 방법을 모색해야" 한다. 블록체인 기술의 이러한 민주적 잠재력의 구현은 여전히 추구되고 실현되어야 한다.

블록체인과 암호화폐 혁명인가 반란인가

2. 투명성, 검증 가능성, 불변성 및 추적성

투명성은 정치 영역에서뿐만 아니라 자유와 자율성에 대한 인권을 포함한 윤리적 관점에서 블록체인 기술의 또 다른 긍정적인 측면을 나타낸다. 오픈 소스 코드로 사용되는 블록체인 기술은 모든 사람이 언제든지 암호학적으로 검증된 P2P 절차를 검토할 수 있는 액세스를 제공한다. 따라서 블록체인 기술은 검증 가능성을 제공한다. "거래는 실시간으로 즉시 감사할 수 있다. 불변의 순차적 디지털 원장인 블록체인을 사용하면 거래의 전체 기록을 직접 확인할 수 있다."

이 오픈 소스 코드는 누구의 소유도 아니고 누구에 의해서도 통제되지 않기 때문에, 블록체인 기술은 소유자 또는 통제 주체에 의한 공개되지 않은 영향이나 검열을 배제함으로써 투명성을 촉진한다. 또한 모든 노드가 동시에 지속적으로 데이터를 저장하고 적절한 중복성을 제공하기 때문에 검증 가능성도 포함된다.

투명성과 불변성은 모두 블록체인 기술이 제공하는 추적성으로 이어지며, 결정이나 행동의 주체를 식별할 수 있게 해 주기 때문에 인권을 윤리적 기준점으로 장려한다. 블록체인 기술은 예를 들어, 공급망 관리, "인공지능"(데이터 기반 시스템(DS)이라고 하는 것이 더 적절하다)으로 개발 중인 모델 모니터링뿐만 아니라 공급망의 인권침해에 맞서 싸우는 데에도 적용될 수 있다.

3. 경제적 잠재력

블록체인 기술은 은행 계좌가 없는 약 20억 명의 사람들에게 은행 및 금융 서비스에 대한 액세스를 제공할 수 있다. 이러한 경제적 잠재력은 인권의 관점에서 윤리적으로 긍정적인 측면이다. 최소한의 기본 금융 서비스(돈, 최소 신용금액, 저축계좌 및 저비용 송금 옵션)에 접근할 수 있는 것이 인권 존중과 실현에 기여한다고 할 수 있다. 이는 재원이 인간의 일상생활에서 중요한 역할을 하며, 인간이 생존하고 인간으로서의 삶을 영위하는 데 여러 목표를 달성할 수 있도록 돕기 때문이다.

또한 금융시장의 발전은 모든 사람, 특히 빈곤층의 일상생활에 영향을 미치기 때문에 모든 사람이 최소한 금융시장에 참여할 수 있는 가능성을 가져야 한다. 이를 넘어 특정 금융 서비스에 대한 접근은 불법적인 글로벌 불평등을 극복하는 도구가 될 수 있으며, "금융기관과 금융 시스템이 모든 인간의 인권 실현에 기여하고 빈부 격차 해소에 기여한다면 세계의 정의(正義)에 기여"한다고 할 수 있다.

이외에도 암호화폐는 불안정한 지역통화와 함께 재정적 안정을 제공할 수 있으며, 이는 윤리적 기준점으로서 인권 실현에 기여함으로써 경제적일 뿐만 아니라 윤리적 관련성도 있다.

마지막으로, 경제 발전에 중요한 역할을 할 수 있는 토지 소유권 및 부동산 거래에서 블록체인 기술은 잠재적인 역할을 할 수 있는데, 특히 개발도상국의 경제 발전에 기여할 수 있으며, 이는 인권의 관점에서 다시 한 번 중요하다.

위에서 언급한 잠재력은 더 많은 사람들이 금융 서비스와 시장에 접근할 수 있도록 함으로써 보다 세계적인 평등을 창출하는 데 기여할 수 있다. 그러나 지금까지 블록체인 기술이 경제에 미친 영향을 고려하면 블록체인 기술이 빈부 격차를 확대하는 수단으로 작용할 위험이 있다는 또 다른 시나리오가 등장한다. 이는 블록체인 기술에 대한 접근성 부족으로 인해 발생할 수 있으며, 이미 확립된 특권적 위치를 강화할 것이다. 이는 또한 더 적은 수의 사람들이 부가가치 사슬에 직접

블록체인과 암호화폐 혁명인가 반란인가

기여하고 이 부가가치의 혜택을 받게 될 것을 의미한다.

이러한 우려의 중심에는 창출된 부가가치의 분배가 걸려 있다. 이는 블록체인 기술을 기반으로 하는 부가가치 사슬에 참여하는 사람이 줄어들기 때문에 사회적 통합의 문제이며, 이는 일반적으로 디지털 전환의 핵심 결과를 나타내는 관심사이다.

4. 건강 영향

블록체인 기술은 개인 건강기록(게놈 데이터로 구성됨)의 분산저장 및 액세스 가능성을 제공하여 건강에 대한 인권의 실현을 지원할 수 있으며, 이를 통해 개인화되고 보다 독립적이며 정확하고 효율적이며 효과적인 의료 서비스를 가능하게 할 수 있다. 건강에 대한 인권의 실현에 기여하려는 이러한 혁신적인 시도는 모든 인간의 존엄성을 존중한다는 전제하에 진행되어야 한다.

따라서 인간을 도구화하거나 대상화하는 것과는 거리가 멀어야 한다. 개인 의료기록의 분산형 저장 및 접근은 인권의 불가분성 원칙에 기초한 사생활에 대한 인권을 존중해야 하고, 데이터 보호와 정보의 자율성에 대한 권리를 존중해야 하며, 빅데이터의 "볼륨-속도-다양성-진실성"이라는 중대한 도전을 극복해야 하며, 빅데이터가 체계적인 차별의 원천이 될 위험을 해결할 필요가 있다.

IV. 블록체인 기술의 윤리적 위험

1. 생태학적 영향

인권의 윤리적 준거점, 더 구체적으로는 생명권, 건강권, 노동 관련 권리, 주거권, 식량권, 물권을 포함한 적절한 생활수준에 대한 권리와 같은 인권을 대상으로 할 때, 노동증명 합의 방법의 막대한 에너지 소비는 윤리적으로 문제가 있다.

예를 들어, 비트코인의 경우, 작업증명의 유효성에 도달하기 위해서는 전력 10억 와트가 필요한 것으로 추정된다. 즉, "현재 암호화폐 채굴로 인한 전 세계 전력수요는 약 22테라와트시(TWh)에 머물고 있지만, 수요가 증가함에 따라 이미 2018년에 소비량이 세계 소비량의 0.6%인 125~140TWh로 급증할 수 있다"는 의견이 제시되었다. 이 수준은 여전히 전 세계 유틸리티 전력수요에 비해 멀지만, 0.6%가 아르헨티나의 연간 전력 소비량과 비슷하다는 점에 주목할 필요가 있다.

블록체인 기술의 이러한 생태학적 문제를 해결하려는 시도는 "채굴"을 더 친환경적으로 만들거나 채굴 과정을 우회하는 것으로 나타난다. "사용자는 일정 기간 동안 암호화폐를 잠그고 해당 통화에서 사용하는 블록체인을 보호한다. 그 대가로 그들은 마치 암호화폐를 직접 채굴한 것처럼 암호화폐로 보상을 받는다." 이 접근방식은 여전히 애초에 "채굴"에 의존하기 때문에 블록체인 기술의 생태학적 문제를 해결하지 못하는 것 같다. "어떤 사람들은 암호화폐가 금융 시스템을 혼란에 빠뜨릴지 궁금해하고, 다른 사람들은 그 과정에서 환경을 파괴할지 궁금해한다."

이외에도 라이트닝 네트워크와 같은 '레이어 2 솔루션'은 이더리움

메인넷의 확장성 문제를 해결하기 위해 설계된 별도의 레이어이다. 레이어 2의 초당 처리 결제수(TPS)는 수천-수만 배 증가할 수 있다. 레이어 2는 일반적으로 동일한 에너지 요구사항을 갖지 않지만 트랜잭션 수의 상당한 증가를 촉진하기 때문에 생태학적 영향에 관한 솔루션의 일부가 될 수 있다. 더욱이, 적절한 작업증명 계획은 피크가 아닌 시간이나 플레어링과 같은 초과 에너지를 활용하여 환경에 도움이 될 것이다.

2. 돈세탁 및 자금 조달의 국제범죄 및 테러리즘

"블록체인과 그에 따른 암호화폐가 익명이라면, 악의적이거나 의심스러운 사용/조작을 방지하는 것은 무엇일까?" 암호화폐의 기술적 기반으로 표현되거나 활용되는 블록체인 기술은 "익명의 통화"를 가능하게 한다. 이러한 적용은 윤리적 문제를 야기하는데, 이는 처벌 없이 돈을 세탁할 수 있는 수단을 제공한다는 것이다. 블록체인 기술에 의존하는 암호화폐는 국제범죄 및 테러리즘의 자금 조달에도 사용되며, 인권의 윤리적 기준점에 비추어 윤리적으로 용납될 수 없다.

블록체인 기술이 제공하는 긍정적인 영향, 즉 사람들에게 경제적 권한을 부여하는 것과 위에서 언급한 블록체인 기술의 윤리적으로 긍정적인 특성, 즉 투명성, 불변성 및 추적 가능성에 의문을 제기하는 비판이 제기된다. 이러한 것들이 존재한다면, 자금 세탁 및 국제범죄 및 테러 자금 조달에 대한 대책은 쉽게 시행 가능하고 집행 가능하며 성공적이어야 한다.

책임과 의무의 분위기를 조성하기 위해서는 결정이나 행동의 주체를 식별할 수 있어야 한다. 이러한 동일시의 필요성은 비판을 받고 있지만, 규범적 관점에서 누군가에게 책임을 묻거나 책임을 묻기 위해서는 다른 선택의 여지가 없어 보인다. 이러한 책임은 오프라인뿐만 아니라 온라인, 디지털 영역, 블록체인에서도 동일한 법적·윤리적 원칙, 규범 및 표준을 보장하기 위해서 필요하다. 동시에 복잡성은 법적 또는 윤리적 의무와 책임에서 해방되는 구실이 될 수 없는데, 이는 윤리적 및 법적 규범이 복잡한 상황과 맥락에서도 그 유효성을 유지하기 때문이다.

블록체인 기술 분야에서는 "인간의 윤리적 가치에 따라 행동하는 윤리적으로 유도된 암호화폐 시스템"과 "성공적으로 작동하는 '양심이 있는 암호화폐'를 위해 더 많은 연구와 혁신"이 필요하다.

3. 인권침해 자원의 발굴 및 기술 생산

천연자원과 생산수단의 수집은 인권침해의 추가적인 위험을 내포하고 있다. 기술 및 기술기반 응용프로그램 생산을 위한 천연자원을 얻는 방식에는 굴착 및 개발이 포함되고, 기술 및 기술기반 응용프로그램이 생산되는 방식에는 현대판 노예제도 및 노예제도와 유사한 노동조건이 포함된다. 따라서 블록체인 기술에 사용하기 위한 이러한 천연자원에 대한 수요 증가는 필연적으로 인권침해를 증가시킬 것이다. 블록체인 기술의 보급을 촉진하는 천연자원에 대한 수요 증가는 이 분야에서 국가와 민간 부문에 이미 존재하는 인권 의무의 이행을 최적화할 것을 요구한다.

4. 개인정보보호에 대한 권리

인권의 불가분성 원칙을 배경으로 프라이버시에 대한 권리는 프라이버시를 둘러싼 기술기반 위험의 본질적인 관련성으로 인해 여전히 별도로 논의되고 있다. 한편, 블록체인 기술은 데이터를 수집하여 기업에 판매하기 위해 제공하는 기술 회사로부터 디지털 활동의 독립성을 위한 기술적 기반을 제공함으로써 프라이버시권을 침해하지 않으면서 디지털화와 디지털 전환을 추구할 수 있는 방법에 대한 솔루션을 생성한다.

블록체인 기술을 사용하면 프라이버시가 감시, 모니터링 또는 분석되지 않고 온라인에 노출될 수 있으며, 개인정보는 동의 없이 다른 사람에게 판매될 수 있다. 반면에 블록체인 기술은 콘텐츠를 공개적으로 볼 수 있고 매우 많은 수의 컴퓨팅 노드에 저장하는 것이 가능하다. 이 경우 콘텐츠는 블록체인에 영구적으로 저장되며 오류가 발생하더라도 삭제할 수 없으며 변경할 수 없다. 블록체인의 기술적 속성 때문에 그러하다.

블록체인 기술은 기술기반 인프라로 남아 있겠지만 그 기원, 소유자 및 제공자가 존재한다. 그러므로 블록체인의 기술적 고려는 익명성의 정확한 정도를 평가하는 데 큰 영향을 미친다. 이것은 동시에 누군가가 개인의 온라인 활동에 액세스하는 것이 기술적으로 불가능하지 않다는 것을 의미한다. 결국 블록체인 기술이 프라이버시를 침해하는 경우와 보호하는 경우로 나누어 생각해 볼 수 있다. 블록체인이 개인정보와 프라이버시를 침해하는 부정적인 면이 있으나 그것을 해소할 수 있는 솔루션도 갖고 있는 것은 다행이다.

V. 블록체인 기술의 모호성과
윤리적 성찰의 관련성 ▮

　블록체인 기술은 구체적인 적용과 솔루션에 따라 윤리적으로 좋은 목적을 달성할 수도 있고 윤리적으로 나쁜 결과를 초래할 수도 있다. 이는 개인, 조직, 사회적 차원에서 살펴볼 수 있다. 또 블록체인 기술을 기반으로 한 윤리적으로 합법적인 애플리케이션조차도 윤리적으로 정당한 측면과 윤리적으로 불법적인 측면을 모두 나타낼 수 있는 양면성이 있다. 따라서 블록체인 기술 분야에서 윤리는 "이중 사용" 문제를 다루어야 한다.

　마지막으로, 블록체인 기술은 매개된 네트워크가 아닌 인접 네트워크로서 인권을 윤리적 기준으로 하는 윤리적 평가에 함의를 갖는다. 블록체인 기술의 고유한 특징으로 중개자가 없기 때문에 블록체인에 대한 책임은 직접 연결된 참여 주체에 있다.

　블록체인 기술의 특정 응용영역 내에서 더 많은 연구와 기여가 필요하다. 예를 들어, 의료 분야의 블록체인 윤리, 작업 환경을 개선하는 조직의 블록체인 윤리, 회계의 블록체인 윤리 등을 생각해 볼 수 있다. 이러한 필요성은 블록체인 기술에 대한 인간의 윤리적 책임은 인간의 도덕적 능력으로 인해 블록체인 기술 자체에 위임될 수 없다는 이해의 지평 역할을 하는 기본원칙에 기반한다.

　인간은 부가가치 사슬에서 점점 더 배제되고 있지만, 그럼에도 인간은 도덕적 능력으로 인해 이러한 과정의 결정적이고 주도적인 행위자로 남아 있다. 블록체인 기술 기반 애플리케이션은 이질적으로 미리 정의된 규범을 따르고 구현할 수 있지만, 자율성 · 자유 · 양심이 부족하고, 보편화가 가능한 자율적인 도덕적 규범을 정의할 수 있는 윤리적 능력이 없다. 같은 이유로, 기술체계의 자율성과 도덕적 능력을 부정할 수 있으며, 설령 기술체계가 도덕적 행위자인 것처럼 결정하고 행동하는 척한다 하더라도 블록체인 기술에 대한 지침을 제공하고, 윤리적 원칙과 규범을 설정하고, 도덕적 능력으로 인해 블록체인 기술 기반 애플리케이션의 결정과 행동에 대한 책임을 지킴으로써 발전의 속도와 범위를 정의하는 것은 인간의 몫이다. 이러한 도덕적 능력의 일부는 블록체인 기술의 생산, 설계, 프로그래밍 및 사용에 윤리적 원칙과 범주를 포함하고, 기술 진보와 지속적으로 상호작용하는 것이다.

인간의 이러한 윤리적 책임은 끊임없이 증가하는 인공의 세계와 그에 상응하는 인간의 힘과 영향력으로 인해 더욱 커지고 있다. "현대세계의 위대한 기관들이 하지 않는 한 가지가 있다면, 그것은 의미를 제공하는 것이다. 과학은 우리에게 방법을 알려 주지만 그 이유는 알려 주지 않는다. 기술은 우리에게 힘을 주지만 그 힘을 어떻게 사용해야 하는지에 대해서는 지침이 제시되지 않았다. 시장은 우리에게 선택권을 주지만, 그 선택을 어떻게 해야 하는지에 대해서는 아무런 지시도 제시하지 않았다. 자유민주주의 국가는 우리가 선택한 대로 살 수 있는 자유를 주지만, 원칙적으로 우리가 선택하는 방법을 안내하는 것은 거부한다." 인간은 그 자유에 상응하는 책임을 다하고 윤리적 근거에 따라 블록체인 기술을 생성, 설계, 생산, 사용 및 사용하지 않는 방법을 결정해야 한다.

2부

암호화폐와 철학,
유토피아인가

1장

집단허구와 돈의 철학의 정당성

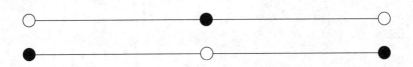

Ⅰ. 암호화폐에 대한 철학적 논쟁

　사람들이 돈의 철학과 그 정당성에 대해 이야기할 때, 집단허구의 철학이라는 관점에서 이야기하는 경향이 있다. 이 용어는 최근에 역사가 유발 노아 하라리(Yuval Noah Harari)에 의해 대중화되었는데, 그는 달러 스토리의 힘을 간결하게 설명했다.

　돈은 아마도 인간이 발명한 가장 성공적인 소설일 것이다. 모든 사람이 하느님이나 인권, 미국을 믿는 것은 아니다. 하지만 모두가 돈을 믿고, 모두가 달러 지폐를 믿는다. 오사마 빈 라덴도 마찬가지다. 그는 미국의 종교, 미국의 정치, 그리고 미국 문화를 증오했다. 그러나 그는 미국 달러를 꽤 좋아했다.

　돈은 실제로 집단적 허구이지만 집단적 허구만은 아니다. 돈은 인간 삶의 진정한 필요를 충족시키기 위해 공유된 지적 구성물의 효능에 기초한 성공적인 집단허구이다. 선진 시장경제는 가치를 측정하고 상품 및 서비스 거래 결제에 사용되는 편리하고 유동성이 높은 자산이 될 수 있는 보편적인 척도를 필요로 한다. 돈은 세 가지 다른 속성을 충족시켜야 하는데, 그것은 회계 단위, 가치저장 수단, 교환 매체여야 한다는 것이다.

결코 돈이 될 수 없는 것들에 대한 반례를 생각해 보는 것은 아주 쉽다. 햄스터를 예로 들어 보자. 햄스터는 나눌 수 없는 살아 있는 동물이기 때문에 '햄스터다움'을 잃기 전까지만 세분화될 수 있어 하나의 단위로 기능할 수 없다. 햄스터는 또한 상당히 빠른 속도로 번식하므로, 햄스터의 공급은 번식에 따라 변동되어 신뢰할 수 있는 가치저장소가 될 수 없다. 그리고 교환의 매개체로서, 그들은 동물을 살리는 데 드는 유지비용 때문에 운송과 거래가 어렵다. 물론 햄스터의 돈에 대한 집단적 허구를 갖는 것은 가능하지만, 그것은 선진 경제의 건전한 근거라기보다는 집단적 망상에 가깝다.

하라리가 그의 책에서 다루지 않는 것은 돈은 우리가 지난 몇 세기 동안 고안해 낸 가장 흥미로운 집단소설 중 하나일 가능성이 높다는 것이다. 이 분야에서 가장 심오한 철학적 발전은 17세기에 고안된 공공부채와 금융자산의 개발이다. 이 두 가지는 민주주의의 번영, 민간 금융시장의 급속한 확장, 오늘날 우리가 당연하게 여기는 현대 경제를 이끈 대규모의 집단행동에 자금을 조달하는 현대적인 방법이다. 국채 및 유가증권과 같은 금융자산은 지금까지 고안된 가장 성공적인 집단허구이며 지속적인 성공을 낳는 풍부한 법률, 모델 및 장학금을 가지고 있다.

이 책에 나타난 글의 미묘함에서 알 수 있듯이 나는 암호화 자산 또는 "암호화폐"의 팬이 아니다. 15년이 지난 지금, 대부분의 이성적인 사람들은 암호화폐 자산이 실제로 화폐로 사용될 수 없다는 것을 분석적으로나 경험적으로 도출했다. 우리는 엘살바도르에서 이 재앙이 실시간으로 펼쳐지는 것을 지켜보고 있다. 무능한 국가원수는 실패가 확실한 프로젝트에 공적 자금을 도박하기 위해 국가를 카지노 테이블로 데려가고 있다. 그리고 이 무모한 정책 결정으로 인해 일반 시민들이 겪게 될 사회 경제적 부담감이 매우 우려스러운 상황이다.

암호화폐가 본래의 결제 목적에서 실패하자, 암호화폐를 둘러싼 신화 만들기는 이후 새로운 이야기를 찾기 위해 현실에 적응했다. 이제 대부분의 사람들은 암호화폐 토큰을 주식 및 채권과 함께 포트폴리오에 추가할 금융자산인 투자로 홍보한다. 그러나 금융자산으로서 암호화 토큰의 가치는 근본적인 경제활동이나 물리적 사물에 연결되어 있지 않기 때문에 분석하기가 매우 어렵다.

달러도 마찬가지지만, 달러는 금융자산이나 투자가 아니며, 화폐의 세 가지 속성을 어떻게 충족시키느냐에 따라 그 효능이 측정되는 완전히 다른 종류의 금융상품이다. 두 범주가 정반대의 금융 속성을 가지고 있기 때문에 그러한 주장이 논리적으로 불가능할 때 암호화폐 자산은 펀더멘털, 현금 흐름, 소득이 없는 금융자산이며, 그 수요는 순전히 서사(narrative)와 '더 큰 바보 이론'에 의해서만 생성될 수 있다는 불편한 결론에 도달하게 된다. 실제로 수요가 적어도 부분적으로는 서사(내러티브)에 의해 생성되는 다른 비교 가능한 재화가 있다.

이른바 베블렌(명품) 상품은 소비자들이 남에게 돋보이고 싶은 심리에서 소비하는 것으로, 지위의 상징으로서의 '기호 가치'에 의해 병리적 수요를 창출하는데, 여기에는 에르메스 백(Hermès bag)과 파텍 필립(Patek Philippe)과 같은 것들이 극도의 프리미엄으로 거래되는 것이 포함되며, 이는 거의 전적으로 그들의 존재를 둘러싼 내러티브에 기인한다. 보석은 인간 의식에서 사회적 중요성에 의해 창출된 내러티브(서사) 중심의 수요를 가지고 있으며, 이는 공급자에 의한 극단적인 시장조작으로 인해 더욱 악화된다. 또한 금은 정치적 서사(내러티브)에 싸여 있다. 금이 헤지 수단으로 보인다면, 그것은 인플레이션 또는 정부 적자의 변화로 인한 금융 불안정에 대한 두려움이며, 이러한 내러티브가 가격 형성의 상당 부분을 주도한다.

이러한 내러티브 중심의 모든 자산은 눈에 띄는 차이점을 가지고 있으며, 모두 희귀하거나 조작하기 어려운 상품에서 파생된 물리성을 가지고 있기 때문에 인위적으로 희소하지 않다. 투자은행이 허공에서 새로운 채권상품을 만들 수 없는 것처럼 손가락을 튕겨 다이아몬드나 파텍 필립 시계를 허공에서 만드는 것은 불가능하다. 이는 모든 내러티브 기반 자산이 반드시 금융자산이 아니라 소비재 또는 상품이라는 단순한 사실에서 비롯된다.

나는 얼마 X(전 트위터)에서 내러티브에 의해 완전히 인위적으로 수요가 생성되는 비슷한 금융자산을 생각해 낼 수 있는 사람이 있는지 물었다. 파생상품 계약은 자격이 없는데, 기초자산 스택을 풀면 실제 상품, 통화, 주식 또는 본질적으로 경제적인 벤치마크에 도달하지 못하는 상품을 아직 확보하지 못했기 때문이다. 가장 근접한 비교 사례는 중세 가톨릭교회가 자금을 조달하기 위한 수단으로 죄에 대한 보속을 면죄부라는 상품으로 재정화하곤 했던 역사적 관행이다. 이것은 순전히 기독교 신앙에서 가치를 파생시키는 순수하게 내러티브 중심의 금융자산의 예이다. 암호화폐 자산이 유사한 금융상품을 가지고 있다면 그것은 면죄부이며, 둘 다 허공에서 만들어질 수 있는 순전히 내러티브 중심의 펀더멘털(담보가치)이 없는 금융자산이며 시장가치는 순전히 기호가치와 이데올로기에 대한 충성의 함수이다. 유일한 차이점은 암호화 자산에는 거래될 수 있는 디지털 2차 시장이 있다는 것이다.

철학적 관점에서 암호화 자산에 문제가 생기기 시작하는 곳인데, 말 그대로 존재할 수 있는 이러한 제품이 무한하기 때문이다. 그들은 무료로 만들 수 있으며 사회적 조작을 통해 대중에게 밀어 넣어 제작자에게 막대한 수익을 창출할 수 있다. 그것은 내러티브를 무기로 사용하여 사람들을 속여 착취하고 금융시장의 착취적 시뮬라크럼에서 도박을 하게 하는 카지노 자본주의의 비뚤어진 형태이며, 결과물로서 경제적 가치는 전혀 생산하지 못한다. 극도로 병적인 이러한 금융자산의 대량 확산은 혼돈, 중독, 빈곤, 시장과 제도에 대한 믿음의 상실로 이어질 수 있다.

암호화폐에 대한 모든 관점이 그렇듯이 논리적인 결론에 도달하면 모순이 발생하여 결국 원래의 의도를 집어삼키게 된다. 순수하게 내러티브 중심의 암호화폐 자산에 대한 초자본주의적 독해도 다르지 않다.

순전히 내러티브 중심의 금융자산과 "모든 것의 금융화"는 자본주의의 진화적 막다른 골목이며, 이러한 유형의 자산은 아무런 목적이 없으며, 우리가 공익을 위해 폰지 사기와 석면을 금지하는 것처럼 공익적 관점에서 금지되어야 한다. 시장의 목적은 당일 거래에 얽매이지 않는 변동성이 큰 장난감을 만드는 것이 될 수 없는데, 이는 기회비용이 실제 경제활동을 배제하기 때문이다. 시장의 목적은 상품과 서비스에 대한 가격 발견을 하는 것이다. 해를 구해야 할 방정식에서 상품과 서비스의 교환을 제거하면 도박장만이 남게 된다.

II. 암호화폐의 내러티브(서사)와 철학 ▌

"영국, 일본, 유로존, 스웨덴, 스위스의 중앙은행들은 디지털 화폐의 잠재적 사용 사례를 평가하기 위해 모였다. 이러한 통화에 대한 이야기는 페이스북이 몇 년 전에 리브라(libra)라는 암호화폐를 도입할 계획을 발표한 후 탄력을 받았다." 이러한 발전에 비추어 볼 때, 암호화폐를 자유의 엔진으로 보는 사람들은 내러티브에 대한 통제력을 잃고 있음이 분명하다.

1. 사용자 경험이 암호화폐의 진정한 '킬러 앱(killer App)'인 이유

P2P 디지털 화폐를 구동하는 내러티브의 본질을 꿰뚫어 봐야 한다. "내러티브"는 내러티브를 지휘하는 사람들이 결과를 결정할 가능성이 가장 높기 때문에 중요한 개념이다. 한때 정치적 올바름과 밀접하게 관련된 이 용어는 최근 몇 년 동안 주류가 되었다. 내러티브는 어떤 것, 즉 어떤 문제 하나의 아이디어에 대한 이야기이지만, 단순히 어떤 문제의 사실을 이야기하는 것 이상이다. 정치적 올바름(political correctness)이 무겁게 끌어들이는 포스트모던 철학에서 내러티브는 현실을 창조하고, 현실은 사실을 창조한다. 지배적인 이야기는 한 사회의 문화와 진실이 된다. 말과 생각은 현실 그 자체를 통제한다.

2. 암호화폐의 내러티브와 철학

대부분의 사람들은 "내러티브"를 특정 접근방식이나 어조를 취하는 이야기를 의미하기 위해 보다 캐주얼한 방식으로 사용한다. 예를 들어, 좌파와 우파의 내러티브는 이슈에 대해 서로 경쟁한다. 이슈에 대한 좌파와 우파의 각기 다른 맥락과 해석은 사람들이 그것을 보는 진실을 정의한다. 결과적으로 일반 대중의 인식은 특히 경쟁의 내러티브가 없는 경우 뒤따르는 사건이나 사실에 영향을 미친다. 이것이 국가가 서사를 검열하는 이유이다. 그들은 경쟁하는 "진실"을 제거하기를 원한다.

이 프로세스는 블록체인을 포함한 암호화폐에 적용된다. 자유의 서사가 결과를 규정할 수 있다. 그렇게 하는 것이 효과적이 되면 검열이 가능할 것이다. 물론 현재로서는 필요하지 않다. 다시 말하지만, 암호화폐가 자유의 엔진인 사람들은 내러티브에 대한 통제력을 잃고 있다. 암호화폐의 미래에 있어 비트코인의 재정적 자유에 대한 본래의 비전을 지배적인 맥락과 해석이 되고 있는 것, 즉 국가주의(statism)로부터 되찾는 것만큼 중요한 것은 거의 없다.

다행히도, 자유는 뚜렷한 이점을 누리고 있다. 탈중앙화를 통한 자유가 어느 정도 가능할까? 암호화폐의 메커니즘은 이를 강력하게 선호한다. 암호화폐의 탈중앙화는 전 세계로 부를 마음대로 이전하는 일반인에게 경제적 힘을 부여하며, 견고한 암호화의 보호만 필요하다. 그럼에도 불구하고 국가는 이길 수 있었다.

크립토(crypto)는 자유에 대한 강력한 경쟁 내러티브를 필요로 한다. 현실경제는 재정적 자유보다 훨씬 더 많은 것이 위태롭다. 다른 모든 자유는 사람들이 자신의 부를 통제할 수 있는 능력에 달려 있다. 자유시장에서 암호화폐의 일부 측면이 탐구될 때마다 이러한 내러티브는 확장되고 사용자는 독립성에 더 가까워진다.

내러티브의 확립은 어떻게 형성해야 할까? 자유에 대한 내러티브를 확립하는 첫 번째 단계는 암호화폐가 단순히 또 다른 투자 또는 돈벌이 도구라는 주장을 거부하는 것이다. 확실히 이것은 암호화폐의 기능 중 하나이고 어떤 사람들에게는 그것이 유일한 기능일 수 있다. 그러나 이것은 그들의 심리나 동기에 대한 논평이지, 별개의 사물로 존재하는 암호화폐의 본질에 대한 논평이 아니다.

지금까지 암호화폐에 대한 최고의 자유 내러티브는 진실이다. 이 내러티브에 대한 가장 좋은 접근방식은 암호화폐의 기본사항을 간단하고 명확하게 설명하는 것이다. 그런 다음 공격적으로 구축하는 것이다.

암호화폐는 일반적으로 경제적·정치적·기술적 용어로 논의된다. 그러나 아리스토텔레스는 "모든 것은 철학적"이라고 주장했다. 즉, 기술을 포함한 모든 것의 기초는 철학적인데, 철학은 사물에 대해 가장 근본적인 질문을 던지기 때문이다.

3. 아리스토텔레스와 암호화폐의 철학

철학은 난해하거나 엘리트적인 것이 아니다. 고전 그리스 철학은 오늘날 심리학과 동일한 기능을 수행했다. 그것은 더 나은 삶을 사는 방법에 대한 원리를 가르쳤다. 철학은 크게 형이상학, 인식론, 윤리학의 세 가지 범주로 나눌 수 있다. 형이상학은 본질과 추상화를 포함하여 존재하는 것 사이의 관계를 다룬다. 인식론은 인간 지식, 특히 지식의 획득, 검증 및 범위에 대한 이론이다. 윤리학은 행동을 지배하는 도덕적 원칙을 다루는 지식의 한 분야이다. 세 가지 질문이 이러한 범주 간의 관계를 포착한다.

- 무엇이 존재할까?
- 어떻게 알 수 있을까?
- 무슨 상관이 있을까?

세 가지 범주의 철학을 암호화폐에 느슨하게 적용하면 그들의 관계를 간략하게 엿볼 수 있다. 암호화폐의 형이상학은 누군가가 암호화폐가 "무"에 기반을 두고 있기 때문에 실재하지 않는다고 비난할 때마다 발생한다. 이것은 경제적 또는 정치적 공격만큼이나 형이상학적인 공격이다.

요즘에는 일반적으로 기업과 국가에서 널리 채택된 블록체인에 대한 비난이 제기되지 않고 있다. 블록체인의 우아한 효율성은 그것이 삶의 모든 구석으로 계속 퍼질 것임을 의미한다. 그리고 유용한 것들은 자동적으로 진짜 지위를 얻는다.

암호화폐의 후반부인 코인은 다른 문제이다. 금이나 명목화폐 바스켓과 같은 물리적 뒷받침이 없는 암호화폐는 종종 "비현실적"이라고 불린다. 이 주장은 사실이 아니다. 근본적으로 암호화는 결과를 생성하는 일련의 컴퓨터 명령인 알고리즘이다. 이 경우, 결과는 교환 매체로 받아들여지는 코인이다. 사람들이 그것을 유효한 돈으로 인정하든 그렇지 않든, 암호화폐는 확실히 진짜이다. 정부가 발행하는 명목화폐(fiat money)와 마찬가지로 그 가치는 사람들이 그것을 받아들이는 것에 기반한다. 명목화폐와 달리 수락은 강요할 필요가 없다.

4. 암호화폐의 내러티브와 철학

암호화폐는 주류 금융으로부터의 자유를 얻게 될 것인가? 로스 울브리히트(Ross Ulbricht)는 에세이 『비트코인은 자유와 같다(Bitcoin Equals Freedom)』에서 암호화폐의 "무언가"의 기반이 되는 또 다른 가치, 즉 금융당국, 특히 중앙은행으로부터의 자유를 언급했다.

비트코인이 어떻게든 무에서 생겨날 수 있고, 사전 가치나 권위 있는 법령 없이 돈이 될 수 있다는 것은 마술과도 같다. 그러나 비트코인은 진공 상태에서 나타나지 않았다. 이는 암호학자들이 수년 동안 고심해 온 문제, 즉 위조할 수 없고 신뢰할 수 있는 중앙집권자의 권한 없이 디지털 화폐를 만드는 방법에 대한 해결책이었다.

우리는 암호화폐를 어떻게 인식해야 하는가? 암호에서 진실은 무엇을 의미하며 인간은 그것을 어떻게 알 수 있을까? 암호화폐와 블록체인의 진실은 그들이 작동한다는 것이다. 그것들이 더 잘 기능할수록 그들은 더 진실해진다. 블록체인이 정보를 전달하고 보존할 때마다 이는 원칙증명과 유사하다.

암호화폐의 신용은 윤리적 행위인가? 암호화폐의 윤리는 그 실재(형이상학)와 그 진리가 작동하는 방식(인식론)의 연장선상에 있다. 암호화폐는 본질적으로 탈중앙화되어 있으며 전적으로 자발적이다. 더욱이 블록체인은 한 사람의 손이나 권위에 의해 중앙집중화되고 통제될 수 없으며 누구도 이를 사용하도록 강요할 수 없다. 자유시장에서 암호화폐는 상호의 이익을 위해 교환하고 협력하는 데 동의하는 개별 사용자에 의해 통제된다. 그것은 권력의 개입이 없는 비폭력의 순수한 표현이다. 이것이 암호화폐의 윤리적 기초이다.

폭력을 도입하는 유일한 방법은 지갑 해킹과 같은 범죄를 통해서이다. 압도적으로 도입된 범죄는 국가 통제이다. 그러나 그렇다 하더라도 국가는 블록체인에 자신의 의지를 강요할 수 없으며, 오직 블록체인을 사용하는 사람들에게만 강요할 수 있다. 이 사람들은 자유의 서사를 이해할 필요가 있다. 미국이 비트코인 기반 자유시장인 이유를 '실크로드'의 창시자 로스 울브리히트(Ross William Ulbricht)는 이렇게 말했다.

> "자유에 대한 약속과 운명의 매혹이 초기 공동체에 활력을 불어
> 넣었다. 비트코인은 의식적으로, 그러나 아무도 의식하지 않는
> 동안 자발적으로 화폐로 받아들여졌으며, 우리의 세계는 결코
> 이전과 같지 않을 것이다."

비트코인은 자유를 약속하고 이를 실현하기 위해 만들어졌다. 그것은 그것이 인기 있는 통화와 투자가 될 것이라는 것을 몰랐던 암호학자들에 의해 위조되었다. 화폐로서의 가치는 결코 폄하되어서는 안 되지만, 암호화폐를 돈으로만 보는 사람들은 요점을 놓치고 있다. 자유에 대한 이야기가 이러한 점을 더 잘 설명해야 한다.

III. 비트코인과 자유선택의 철학　▌

비트코인은 사람들이 자신의 이익을 위해 설계되지 않은 시스템을 거부할 수 있도록 하며, 같은 생각을 가진 "네트워크 상태"를 만든다.

블록체인과 암호화폐 혁명인가 반란인가

1. 비트코인과 네트워크 문화

당면한 주제에 대한 이해나 실질적이고 지속적인 변화를 상정하려는 의도로 지식과 경험을 논의할 때의 로드맵은 다음과 같다. 첫째, 시스템의 문제를 정의한다. 둘째, 시스템에 대한 솔루션을 정의한다. 셋째, 새로운 시스템을 도입할 수 있는 솔루션을 구현한다. 이 경로를 따라가려면 먼저 논의의 중심 이해점 또는 문제를 정의해야 한다.

우선, 문제는 돈이다. 이것은 일반적인 "디지털 골드" 대화가 아니다. 정치적 성향이 어떻든 간에, 기본적으로 모든 사람이 체제가 망가졌다는 데 동의할 수 있다. 그렇다면 우리가 여기에서 언급하고 있는 "시스템"이란 무엇일까? 시스템은 아침에 기상해서 출근을 준비하는 순서부터 양자물리학에 대한 이해를 높이는 데 사용되는 기계에 이르기까지 무엇이든 될 수 있다.

금융 시스템을 말하는 것인가? 물론, 멈추지 않는 인플레이션, 양적 완화의 증가, 레포(Repo) 금리가 전례 없는 수준으로 떨어지는 것은 확실히 금융과 관련이 있다. Covid-19 백신 대응, 글로벌 팬데믹에 대한 공교육의 대응, 임대료 지급 유예, 은퇴 후 사회보장의 부재 등의 사태를 볼 때, 어쩌면 그것은 당신이 가지고 있다고 생각하는 모든 "자유"에 대해 면허가 필요한 것을 참을 수 없다는 사실일 수도 있다. 글쎄, 누가 이 모든 것을 통제할까?

다음 문제는 국가이다. 이것은 아나키즘을 위한 선언문은 아니지만, 나는 매일 아나키즘에 더 가까이 다가가고 있다. 문제는 국가가 우리를 실망시켰다는 것이다. 재정적으로, 관료적으로, 일반적으로, 그리고 완전히, 국가는 우리를 실망시켰다. 이 실패의 이유는 인센티브이다. 체제에서 다수인 사람들에게 봉사하려는 동기는 사라졌고, 다수는 소수보다 훨씬 적은 부를 축적했으며, 소수가 최고의 존재로 군림했다. 소수를 지키는 법안은 현금이라는 부담스러운 무게로 만들어진다.

명목화폐 기준에서 답은 항상 더 많은 것이다. 더 많은 인쇄, 더 많은 구제금융, 더 많은 세금 감면, 더 많은 양적 완화, 더 많은 증권, 더 많은 세금, 더 많이, 더 많이, 그리고 더 많이 늘어날 것이다. 빚의 생태계에서 우리는 규모의 한도를 올릴 것이다. 시스템이 국가이고, 기존 시스템에서 소수가 다수를 무시하도록 허용함으로써 시스템을 부채질한다면, 시스템을 종료하여야 한다.

해결책은 상태를 종료하는 것이다. 말은 쉽지만 실천은 쉽지 않다. 이젠 안 그렇다. 이것은 "마음에 들지 않으면 떠나라"는 것만큼 간단하지 않다. 기존 시스템을 종료하는 것은 상태의 완전한 무효화를 의미하지 않는다. 이는 단순히 누군가에게 불리하게 설계된 시스템을 옵트-아웃하고 그를 위해 설계된 시스템을 옵트-인/아웃(opt-in/out)하는 것을 의미한다.

나는 "명목화폐(Fiat money)는 국가이고 비트코인은 국가가 아니다"라는 것에 대해 지적하고 싶다. 이 두 진술 중 하나가 의미하는 바를 사실이라고 가정하자. 명목화폐는 국가에 귀속되는 반면, 비트코인은 누구에게도 귀속되지 않으며 "무국적"이다.

이론적으로, 우리의 문제가 국가이고 국가의 정반대가 반국가 또는 "무국적"이라면, 비트코인은 글로벌 네트워크를 활용하여 기존 시스템을 종료할 수 있도록 허용하기 때문에 논리적 해결책이 될 수 있다.

단순히 비트코인을 구매하는 것만으로는 시스템을 고칠 수 없으며, 자신의 부(富)에 대한 주권자가 되는 경로를 따르는 경우에만 가능하

블록체인과 암호화폐 혁명인가 반란인가

다. 그렇다면 우리는 어떻게 개인이 아닌 집단을 위해 이것을 성취할 수 있을까? 주권을 어떻게 구현할 수 있을까?

2. 주권 구현의 해결책

나는 이를 위해 노드(node) 설정이나 지갑 작동방식의 설명과 같은 기술적인 설명이 아닌, 집단을 위한 해결책에 초점을 맞출 것이다. 어떻게 하면 기존 체제의 집단적 퇴출을 이룰 수 있을까?

이를 위해서는 우선 전제를 이해해야 한다. 비트코인은 개인이 주변 국가의 경계 밖에서 활동할 수 있도록 허용하므로 비트코인을 해결책으로 만들거나 시스템에서 탈출할 수 있다. 그러나 대부분의 개인은 아직 시스템에서 완전히 벗어날 수 있는 능력이 없다. 그러나 우리는 단지 우리가 그것을 필요로 한다면 기꺼이 그렇게 해야 한다.

비트코인은 글로벌 통화로서 기능하며, 노드와 채굴자가 네트워크를 유지하기 위해 기울인 노력에 의해 뒷받침된다. 노드는 기본적으로 트랜잭션을 검증하는 컴퓨터를 가진 사람들이다. 채굴자들은 실제로 전기를 소비하여 비트코인이 사용하는 암호화를 해결한다. 이러한 유형의 자원 지출을 통해 우리는 가치를 연관시킬 수 있다.

기존 시스템이 프로토콜에 대한 권한이 없기 때문에 비트코인은 기존 시스템의 외부에 존재한다. 국가는 더 많은 비트코인을 생성하기로 결정할 수 없으며, 오직 네트워크 합의만이 그렇게 할 수 있다. 비트코인은 모든 사람에게 책임을 묻는 공개원장이기 때문에 국가는 거래를 숨길 수 없다. 모든 노드는 지금까지 발생한 모든 트랜잭션을 확인할 수 있다. 자신의 코인을 소유하고, 주권적 도약을 하고, 사체 보관으로 자신의 코인을 통제하고, 전 세계 어디에서나 대체 가능한 통화로 기능할 수 있다는 것, 그것은 마침내 기존 시스템을 종료할 수 있다.

일단 충분한 수의 개인들이 체제를 완전히 포기하거나 떠나는 것이 아니라, 새로운 자산을 소유함으로써 체제를 떠나면, 그들은 이제 국가 밖에서 존재할 수 있다. 한 사람, 한 코인, 한 지갑은 국가의 가장 큰 관심사가 아닐 수 있다. 그러나 30~40%의 시민이 기존 체제를 떠난다면 국가는 기꺼이 귀를 기울일 것이다. 어쩌면, 그들이 건드릴 수 없는 시스템에서 누군가 보유하고 있는 이 새로운 자산을 얻기 위해, 누군가 어떤 종류의 보상으로 다시 옵트인하고 싶어 하도록 더 많은 인센티브를 만들 것이다. 어쩌면 그것은 전체 시스템의 재구성일 수도 있다.

간단히 말해서, 시스템을 함께 종료하고 다시 돌아올 수 있도록 작업하여야 한다. 일단 이런 일이 일어나면, 우리는 주권을 추구하는 마지막 이상으로 나아간다. 이제 우리는 시스템을 교체해야 하는데, 무엇으로 교체해야 할까?

3. 시스템의 교체: 네트워크 상태

"네트워크 상태"는 발라지 스리니바산(Balaji Srinivasan)에 의해 대중화되었다. 그는 시스템을 떠날 준비가 되어 있는 같은 생각을 가진 개인들의 단체 협상력이 기존 시스템에 대한 통제력을 가질 수 있다고 주장한다. 그는 이러한 목소리를 내는 집단들이 국가를 획득하고, 자산을 모으고, 부동산을 구입하고, 특정 민족국가 안팎에서 그들 자신의 가상적이고 물리적인 공동체를 만들 수 있는 가능성에 대해 이야기한다.

블록체인과 암호화폐 혁명인가 반란인가

"네트워크 상태"는 현재 시스템에서 벗어나는 각 개인의 내면에 스며드는 아이디어이다. 비트코인 사용자가 되면, 그들은 집단적 합의에 따라 "비트코인의 국가 상태"에 들어가게 된다. "네트워크 상태"는 공식적인 자격으로 인정되는 디지털 커뮤니티의 표현이다.

원래의 제도를 떠나는 것과 새로운 제도를 필요로 하지 않는 것 모두 새로운 제도를 채택하는 데 있어서 개인에게 진정한 선택권을 주는 것이다. 아날로그 시스템에는 선택의 여지가 없으나, 디지털 시스템에는 선택의 여지가 있다. "네트워크 상태"는 필수사항은 아니지만, 미래를 위한다면 채택하는 것이 필수적이다.

비트코인의 철학과 돈의 문제

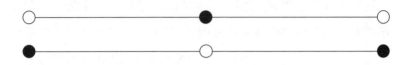

　돈은 300년 넘게 양극화되고 해결되지 않은 사회경제적 문제였다. 이 장에서 나는 국가가 어떻게 화폐에 점점 더 관여하게 되었는지를 탐구하고, 저명한 화폐 이론가들의 주장을 통해 화폐에 대한 국가의 문제를 규명하고자 한다. 나는 비트코인이 이 문제에 대한 해결책이 될 수 있는지 알아보기 위해 비트코인을 분석하지만, 21세기에는 정치적 차원이 이론의 초점이 되어야 하며 화폐 공급과 그것이 가진 힘에 대한 통제가 논쟁의 근원이라고 생각한다.

Ⅰ. 논의의 소개

돈은 '현대 자본주의의 중추적인 제도'이다. 그러나 화폐의 형태, 화폐의 정치화, 심지어 화폐가 무엇인지에 대한 논쟁은 수천 년 동안 지속되어 왔다. 돈은 사회를 움직이는 원동력인 만큼, 악의 영원한 근원으로 여겨져 왔다. 화폐는 완전히 폐지되어야 하는가, 아니면 사회를 개선하고 '화폐적 유토피아'를 이루기 위한 수단으로 변모해야 하는가? 이 문제의 해결을 위한 이론은 여전히 분열되어 있다. 그러나 많은 이원론과 갈등 속에서 등장하는 공통된 주제가 있는데, 그것은 바로 화폐 속의 국가 문제이다.

이 장에서 나는 몇몇 저명한 화폐 사상가들을 통해 이 문제를 풀어본다. 그런 다음 이 문제에 대한 대응책으로 등장한 비트코인을 소개하고 회의론, 비판, 심지어 기각에 부딪혔다는 점에 주목한다. 잉햄 (Ingham)의 '돈 문제'를 사용하여 쟁점을 찾아내고 비트코인을 분석해본다. 우선 두 가지 요소가 있다.

- 첫째, 화폐에 대한 적절한 이론과 화폐란 무엇이며 어떻게 생산되는가?
- 둘째, 본질적인 정치적 차원, 즉 누가 화폐 생산을 통제하는가? 왜, 얼만큼을, 무슨 목적으로 그렇게 하는가?

첫 번째 요소에는 게오르그 짐멜(Georg Simmel)의 저서 『돈의 철학 (The Philosophy of Money)』을 적용하여 기술적 관점에서 비트코인을 살펴보고자 한다. 나는 논쟁이 상품이론 대 청구이론의 전통적이고 근본적인 충돌을 넘어서야 하며, 그럼으로써 화폐 문제의 두 번째 요소를 가장 중요한 것으로 구성해야 한다고 생각한다. 정치적 차원이 돈에 관한 논쟁의 핵심이며, 수 세기에 걸친 긴장의 진원지에는 한 가지 문제, 즉 공급이 있다. 21세기에는 바로 이 지점에서 화폐의 미래에 대한 논의에 집중해야 한다.

II. 돈에 관한 근본적인 충돌 ▮

수 세기 동안 화폐학자들 사이에서는 상품이론 대 청구이론의 전통적이고 근본적인 충돌이 지속되어 왔다. 상품이론가들에게 화폐는 물물교환을 통해 다른 상품과 교환하고 가치를 매기는 대상으로서 등장했다. 소(牛), 소금, 심지어 조개껍데기까지 돈으로 사용되었다. 그러나 귀금속은 내구성이 뛰어나고 분할과 재구성을 가능하게 했기 때문에 곧 선택되었다. 이러한 점에서 상품이론은 금속주의(metallism)로도 표현된다. 여기서 화폐는 금과 같은 '내재적 가치를 가진' 귀금속의 희소성에 기초한다. 이것은 또한 경제학에서 화폐를 단순히 '교환의 매개체'로 보는 고전적 관점이기도 하다. 그러나 이러한 주장을 하는 이론가들은 추상적인 의미의 화폐를 '회계 화폐에 의해 측정되는 청구권 또는 신용'으로 본다. 돈은 그 자체로 '생명과 중요성'을 지닌 단순한 기술적 장치 그 이상이다. 잉햄(Ingham)에게 돈은 '역동적이고 독립적인 경제력'이다.

메탈리즘은 17세기 후반을 지배했으며 존 로크(John Locke) 등에 의해 옹호되었다. 이 시기에 영국의 왕 윌리엄 3세는 프랑스와의 전쟁을 위한 자금을 모으기 위한 법안을 통과시켰고, 이는 1694년 잉글랜드 은행의 설립으로 이어졌다. 은행은 약속어음을 발행했는데, 이 어음은 '요청 시 소지인에게' 귀금속으로 교환될 수 있었다. 이것은 사실상 여전히 금속주의 체계였으며, 종이는 기초가 되는 귀금속을 '표현'했다. 그러나 1797년 프랑스 혁명에 대한 우려가 커지자 은행제한법이 통과되었고, 은행은 지폐를 금으로 전환하는 것을 중단했다(O'Brien and Palma). 이것은 분수령이 되는 순간이었다. 이제 종이를 귀금속으로 교환할 수 있다는 믿음이 깨졌다. 그리고 이 신뢰를 깨뜨린 것은 국가였다.

상품 대 청구권 이론, 금본위제, 명목화폐, 그리고 화폐로 '무엇을 할 것인가'에 대한 다양하고 새로운 경쟁적인 이론에 대한 논쟁이 200년 이상 이어졌다. 그리고 국가는 이 논의에서 여전히 벗어날 수 없다.

III. 돈에 대한 국가의 시각 ▮

은행제한법은 오랜 논쟁의 영역, 즉 화폐 형태의 약화가 권력을 가진 자들이 화폐를 자신들의 이익을 위해 화폐의 가치를 떨어뜨릴 수 있게 한다는 점을 강조했다. 귀금속 시대에 동전의 가치는 물리적으로 떨어졌고, 지폐의 출현으로 인해 금으로 뒷받침되는 것보다 더 많은 지폐를 인쇄함으로써 동일한 효과를 얻었다. 애덤 스미스(Adam Smith)는 1776년 『국부론(The Wealth of Nations)』에서 이렇게 말한다.

"군주와 주권국가의 탐욕과 불의는 신민의 신뢰를 남용하여 금속의 실제 양을 어느 정도 감소시켰다. … 빚을 갚고 약속을 이행하기 위해 그렇게 하였다. [이것은] … 채무자에게 유리한 것이고 채권자에게 파멸을 초래하고 … 때로는 매우 큰 공적 재난에 의해 야기될 수 있었던 것보다 더 크고 더 보편적인 개인적 위난 상황에서 개인들의 운명에 혁명을 일으켰다."

수많은 항의에도 불구하고 국가는 잉글랜드 은행의 설립 이후 화폐의 생성과 통제에 점점 더 관여하게 되었고 지폐가 널리 보급되었다. 19세기와 20세기에 금속주의자들은 금본위제의 정통성을 위해 싸웠다. 이때 케인즈가 금본위제를 '야만적인 유물'이라고 부르며 정통주의에 도전했다. 그러나 케인즈조차도 역사를 통틀어 화폐의 지속적인 평가절하가 우연이 아니며 그 배후에 두 가지 큰 힘, 즉 '정부의 무모함과 채무자 계급의 우월한 정치적 영향력'이 있음을 인정했다. 그럼에도 불구하고, 금본위제가 더 이상 안정적이지 않고 관리통화의 위험에서 자유롭지 않기 때문에 구식이라고 주장했다.

우리는 여기서 돈의 역설을 극명하게 볼 수 있다. 금속은 지출을 제한하지만, 금속이 없으면 정부 자금에 대한 신뢰가 떨어진다. '화폐는 법의 피조물'이라고 주장한 『화폐의 국가론』의 저자 게오르그 프리드리히 냅(Georg Friedrich Knapp)조차도 지폐를 '퇴화'하고 심지어 '위험한' 형태로 묘사했다. 하지만 현재의 상황은 정치가들의 무지와 경솔함이 경제분야에서 파멸적인 결과를 가져올 수 있는 충분한 기회를 허용한 것이다.

20세기 내내 국가의 개입과 지출을 주장하는 케인즈주의자들과 그렇지 않은 오스트리아 경제학파 사이에 이론적 전투가 벌어졌다. 1952년 루트비히 하인리히 에들러 폰 미제스(Ludwig Heinrich Edler von Mises)는 "건전한 화폐는 명목화폐의 가치를 점진적으로 떨어뜨리는 데 자리를 내줬다."며 "오늘날 모든 국가는 인플레이션에 시달리고 있으며 자국 통화의 완전한 붕괴에 대한 암울한 전망에 위협을 받고 있다."고 지적했다. 그는 또한 "우리 시대의 큰 인플레이션은 정부가 만들었다. 그것들은 무(無)에서 부(富)를 창조하는 마술적인 힘을 정부에 돌리는 교리의 파생물들"이라고 하였다.

프리드리히 폰 하이에크(Friedrich von Hayek)는 돈과 관련해 정부가 '다른 사람들이 더 잘할 수 있는 일을 하는 것'을 막아서는 안 된다고 믿었다. 하이에크에게도 국가의 화폐독점에 어떻게 도전할 것인가 하는 문제가 남았다.

IV. 모던 머니

금본위제 이후의 이론은 공급의 문제에도 영향을 미쳤다. 화폐의 수량 이론을 부활시키고 화폐 공급을 늘리면 인플레이션을 일으킨다는 것을 받아들인 통화주의자들에게는 통화정책과 인플레이션 목표를 통해 정부의 화폐 공급을 통제할 수 있었다. 그러나 베버는 『경제와 사회』에서 "국가의 재정적 필요에 의해 결정되는 지폐의 발행을 수반하는 인플레이션은 통화의 가치를 떨어뜨릴 위험이 있다는 것을 부인할 수 없다. 그 누구도, 심지어 냅(Knapp)조차도 이것을 부인하지 않을 것이다."고 기술하고 있다. 1971년 닉슨 쇼크로 금본위제가 최종적으로 종식된 이후, 그 결과는 더 큰 통화 평가절하와 국가부채의 폭발로 이어졌고, 1957년과 2008년 사이에 미국 달러는 구매력의 87%를 잃었다.

전 세계 정부는 지출이 조세를 통한 수입을 초과함에 따라 적자 재정지출을 통해 부채를 계속 늘리고 있다. 내생적 화폐와 외생적 화폐로 이루어진 현존하는 자본주의 화폐 시스템은 종종 민간 금융기관과 협력하는 중앙은행을 통해 이런 일이 일어날 수 있도록 허용한다. 그런데 영국 정부의 경우, 빚진 은행을 소유하고 있다. 이것은 서로 다른 상태가 공존하는 역설적인 상황을 설명하는 '슈뢰딩거의 빚'이라고 부르는 것에 대한 질문을 제기한다. 만약 당신이 돈을 빌렸지만 결코 갚을 필요가 없다면, 그것은 정말로 빚인가? 이러한 생각의 궁극적인 표현이 바로 현대통화이론이다. 근대화폐이론은 국가와 화폐를 화폐제도의 중심에 놓는다.

정통 경제학 사상의 대척점에 있는 현대통화이론의 가장 중요한 개념은 '화폐 발행자가 재정적 제약에 직면하지 않는다는 것'이다. 즉, 한 나라는 결코 파산할 수 없으며 공급을 통제하는 돈이 결코 고갈될 수 없다. 이런 식으로 현대 화폐이론은 국가의 재정을 가계와 비교하는 것은 의미가 없다고 주장한다. 더욱이 정부는 세수가 지출될 때까지 기다리지 말고 먼저 지출해야 한다. 그들은 '긴축에 대한 숭배'가 낡은 금본위제 논리에 기초하고 있다고 주장한다.

미첼-이네스(Mitchell-Innes)는 현대 화폐이론의 부분적인 근거가 되는『화폐의 신용이론(The Credit Theory of Money)』에서 다음과 같이 말한다.

블록체인과 암호화폐 혁명인가 반란인가

"화폐의 문제는 부담과 과세이다. '축복과 정부의 재정적 필요가 개인의 필요와 다르지 않다'는 것을 깨닫지 못하기 때문에 ⋯ 거기서 오해할 수 있다. ⋯ 미국 정부의 돈이 평가절하되고 있다는 것은 의심의 여지가 없다."

미첼-이네스는 '과도한 부채'가 화폐가치의 하락과 '전반적인 물가 상승'을 초래한다는 것을 분명히 하고 있다. 이 가치 하락은 '더 점진적이고 따라서 더 교활한' 것이다. 특히 코로나 팬데믹 이후 전 세계적으로 부채가 폭발적으로 증가하였고, 인플레이션은 큰 우려 사항이다. 그러나 정부 자금이 더 많이 유통될수록 우리는 더 가난해진다는 것이 사실이다. 우리가 신용이론으로부터 배울 수 있는 모든 원칙들 중에서 이보다 더 중요한 것은 없다.

미첼-이네스에게 있어 금본위제는 뻔뻔스러움과 마찬가지였다. 어음을 금으로 교환하는 것은 빚을 청산하는 것이 아니라 단지 '동일한 성격의 다른 의무에 대한 한 형태의 의무'를 바꾸는 것에 불과하다. 금본위제는 정부의 돈/부채의 창출을 제한했을 뿐, 창출된 돈이나 부채의 상환을 위한 조치는 전혀 취하지 않았다. 그리고 갚지 않으면 물가가 오르고 우리는 더 가난해진다. 미국 역사상 가장 큰 인플레이션은 1971년 금본위제의 종말 이후에 나타났으며(Mundell), 이는 부채의 폭발과 일치했다.

2007~2008년의 세계 금융위기는 지난 200년간의 경제이론과 정책의 오류가 정점을 찍은 결과이다. 통화의 대수축에서 연준의 역할에 대한 통화주의적 비판은 중앙은행을 최후의 대부자로 규정했다. 정통파는 재정정책의 절제와 신중을 요구했지만, 경제 사이클의 저점

에 대한 해결책으로 국가의 지출을 늘려야 한다고 주장하는 이들은 이에 반대했다. 그리고 양적 완화는 경제정책의 도구로 등장했다. 양적 완화는 물리적으로 화폐를 '찍어 내는' 것이 아니라 '중앙은행의 키보드를 두드려서' 화폐를 창출하는 것을 포함한다.

경제주체들 사이의 분열은 여전히 깊다. 헨리 포드(Henry Ford)는 "더 많은 사람들이 화폐 시스템이 어떻게 작동하는지 안다면 내일 혁명이 일어날 것"이라고 말한 것으로 자주 인용된다. 머레이 로스바드(Murray Rothbard)가 말했듯이, "국가는 체계화되고 대규모로 기록된 강도 조직"이다. 미국 연방예금보험공사(Federal Deposit Insurance Corporation)의 전 의장조차도 경제에서 새로운 화폐가 불균등하게 분배되어 부(富)의 분배와 경제역학에 영향을 미치는 칸티용 효과에 대해 "나는 시스템이 조작되었다고 생각한다."며 "부유층에게 유리하다."고 말했다.

주로 은행이 발행한 이자와 부채를 통한 화폐 창출에 기반을 둔 현대 시스템은 사회의 대다수에서 상층부로 부를 이전하며, 불안정한 통화 시스템과 '미래가 중요하지 않은' 사회를 낳는다. 고리대금업은 최근까지도 비난을 받고 있지만, 이제는 소수에게 부를 집중시키고 불평등을 조장하는 제도적 특징이 되었다. 인플레이션 증가는 불평등 증가와도 상관관계가 있으며(Albanesi), 과도한 부채는 저성장과 관련이 있다(Reinhart and Rogoff).

국제통화기금(IMF)에 따르면, 1970년에서 2010년 사이에 425건의 통화 및 부채위기가 발생했으며, 이는 연간 10건의 발생비율이다. 독점적 국가화폐는 탄력적이고 공평한 시스템과는 거리가 멀다는 것이 입증되었으며, 역사적으로 여러 통화를 사용하는 사회는 더 큰 안정

블록체인과 암호화폐 혁명인가 반란인가

성과 평등을 누렸다. 그렇다면 어쩌면 다른 통화들의 탈증권화는 단순히 국가화폐 헤게모니에 대한 도전이 아니라, 체계적 변동성에 대한 해결책의 일부가 되는 것을 직접 경험해 볼 수 있을 것이다.

Ⅴ. 비트코인의 철학

화폐에 대한 국가의 통제에 대한 많은 질문과 의문이 제기되고 있다. 그렇다면 그에 대한 답은 어디에 있을까? 어떤 사람들은 그 답이 새로운 유형의 비국가 화폐인 암호화폐에 있다고 말한다. 이 중 최초이자 가장 큰 비트코인은 2007~2008년 세계 금융위기 이후 등장했으며 2009년 1월에 시스템이 처음 가동되었다. 2008년 사토시 나카모토(Satoshi Nakamoto)라는 가명이 발표한 백서의 결과물인 비트코인은 탈중앙화 화폐로 설계되었으며, 명목화폐와 극명한 대조를 이루는 고정된 공급량을 가지고 있다. 그것을 운영하는 단일 중앙집중식 소유자 또는 법인이 없다. 오픈 소스 소프트웨어 사용을 기반으로 하는 자발적인 글로벌 네트워크이다. 결정적으로, 비트코인은 국가와 은행으로부터 중개되지 않는다.

비트코인은 기술적으로 어떻게 다른가? 비트코인은 '채굴'이라는 계산 과정을 통해 생성된다. 채굴자들은 '블록'으로 알려진 거래 배치(batch)를 처리하기 위해 경쟁하며 '퍼즐'을 먼저 푸는 사람은 새로운 비트코인을 보상받는다. 그런 다음 블록은 이진 블록 기록에 추가되므로 블록체인이라는 용어가 사용된다. 비트코인은 2,100만 개 미만의 비트코인이 생성되도록 프로그래밍되었다(각 비트코인은 사토시라고 하는 1억 개의 하위 단위로 나눌 수 있다). 새로운 비트코인을 발행하기 위한 공급 일정도 정해져 있다. 채굴자가 푸는 퍼즐은 약 10분마다 퍼즐이 풀리도록 동적으로 조정되는 작업증명 알고리즘이다.

비트코인이 출시되었을 때 보상은 블록당 50비트코인이었고, 이 일정은 210,000블록마다 절반으로 줄어든다(이것은 약 4년마다 나타난다). 보상은 2020년 마지막 반감기 이후 현재 블록당 6.25비트코인이다. 이러한 방식으로 인플레이션율은 약 2140년까지 0에 가깝게 감소한다. 총공급량이 고정되어 있기 때문에 비트코인은 사실상 디플레이션이며, 사용자는 시간이 지남에 따라 일부 비트코인에 대한 액세스 권한을 잃게 된다.

이러한 디플레이션 정책은 오스트리아의 화폐이론에 부합하며 비트코인을 국가의 소프트 머니와 대조적으로 하드 머니로 설정한다(Hayes). 사토시 나카모토의 정체는 알 수 없지만, 비트코인의 뿌리는 '크립토 전쟁'과 사이버 공간에서 프라이버시를 추구하고 전자화폐를 그 비전의 일부로 보았던 사이퍼펑크의 자유지상주의적 이상주의로 거슬러 올라간다(Hughes).

비트코인은 탄생 이래 정치인, 은행가, 경제학자, 투자자 및 학계로부터 상당한 비판을 받으며 논란이 되어 왔다. 암호화폐는 범죄와 관련하여 보안 위협으로 분류되었고, 사기꾼이 넘쳐나며, 암호화폐 서비스는 사이버 공격으로 어려움을 겪었다. 작업증명(PoW) 알고리즘을 통해 비트코인 네트워크를 보호하는 것은 상당한 양의 전기를 소비하며, 탈중앙화 시스템에서는 소프트웨어 개발에 대한 합의를 도출하는 것이 어려운 것으로 입증되었다. 또한 비트코인의 초기 공급량 증

블록체인과 암호화폐 혁명인가 반란인가

가가 부의 편향된 집중을 초래했는지에 대한 논의도 있다. 그리고 피어 투 피어(P2P) 커뮤니티는 구상만큼 자유롭고 모두에게 개방되어 있을까 의문을 제기한다.

경제 평론가들은 비트코인이 다른 용도로 사용할 수 있는 금과 달리 '가치'가 없기 때문에 돈으로 간주될 수 없다고 주장했다. 그러나 헤이스(Hayes)는 한계생산비용이 가격과 관련이 있음을 보여 주고 비트코인이 채굴 과정에서 소비되는 무형의 계산 노동을 통해 내재 가치를 갖는다고 주장한다. 잉햄(Ingham) 역시 암호화폐가 '돈이 하지 말아야 할 일, 즉 거래에 불확실성을 도입하는 것'을 하기 때문에 이를 일축한다.

그들은 또한 비트코인의 휘발성에 대해서도 언급한다. 2021년 비트코인은 몇 주 만에 다시 50% 이상 하락하기 전에 새로운 최고치로 급등했다. 이는 아직 화폐로서의 미성숙 때문일 수 있지만, 비트코인이 기본 화폐 체제에 필요한 안정적인 통화와는 거리가 멀고 수요가 탄력적이지도 않다고 주장하는 사람들도 있다(Luther). 비트코인의 공급량은 수요에 따라 변하지 않으며 작업증명 알고리즘의 동적으로 조정된 난이도에 따라 일정하게 유지된다. 그러나 암호화폐는 동적 공급 일정을 포함하여 다양한 속성으로 설계될 수 있다는 점은 주목할 가치가 있다(Ampleforth).

이러한 논쟁은 비트코인이 무엇인가에 대한 문제로 이어졌다. 그것은 상품인가, 명목화폐인가, 아니면 사적인 명목화폐인가, 그것도 아니면 합성 상품화폐인가? 루터는 폰 미제스의 회귀정리(Regression Theorem)에 의문을 제기하기 위해 비트코인의 존재를 언급하기도 했으나, 피커링(Pickering)은 이 정리가 어떤 상품이 화폐로 출현할 수 있는지가 아니라 '가치의 주관적 한계효용 이론을 사용하여 화폐의 구매력'을 설명한다고 주장하면서 이를 반박했다. 그러나 이러한 모든 논의에서 비트코인이 돈인지 여부에 대해서는 논란의 여지가 있을 수 있다.

비트코인이 전 세계적으로 사용되고 있는 현재도 이러한 논쟁은 여전히 진행 중이다. 저명한 암호화폐 거래소인 코인베이스(Coinbase)는 2021년 주식시장에 상장되기 전 6개월 동안 고객이 3,500만 명에서 5,400만 명으로 증가했다. 암호화폐의 수요와 사용량은 계속 증가하고 있으며, 비트코인만 해도 300,000건의 거래가 이루어지고 있으며, 하루에 최대 450억 달러의 비트코인이 전송되고 있다.

스미스, 냅, 케인즈, 폰 미제스, 하이에크 등이 화폐국가의 문제를 인정했음에도, 비트코인은 왜 여전히 반대를 받는가? 비트코인이 주로 투기적인 수단으로 비판받는다면, 거래의 98%가 투기적인 외환시장에 대해 어떻게 생각해야 할까? 이런 식으로 이해한다면 "비트코인은 더 전통적인 형태의 화폐보다 더 가짜가 아니다." 다음 섹션에서는 돈과 비트코인에 대한 이러한 혼란을 해결하기 위해 잉햄(Ingham)의 돈에 관한 첫 번째 질문으로 넘어간다. 나는 비트코인이 돈인지 여부를 이론적으로 조사하고 논증하기 위해 짐멜(Simmel)의 『돈의 철학(The Philosophy of Money)』을 인용하였다. 상품 대 청구권 이론은 너무나 오랫동안 화폐의 본질에 대한 근본적인 구분이었기 때문에 이를 충분히 고려하는 것이 필수적이다.

VI. 가치와 돈의 값

　비트코인이 '가치'가 없다는 것은 대중 담론에서 자주 사용되는 비판이다(Torpey). 하지만 돈에 '가치'가 있어야 할까? 그리고 가치란 무엇인가?『돈의 철학』제1장에서 짐멜은 "우리가 어떤 물건을 가치 있다고 부른다고 해서 새로운 성질을 얻는 것은 아니다. 그것은 그것이 가지고 있는 특성 때문에 가치가 있다."고 말한다. 그러므로 가치는 대상의 질이 아니라 다른 대상이 만든 대상에 대한 판단이다. 비트코인이 가치가 없다고 말하는 사람들에게는 금을 포함한 어떤 물체도 내재적 가치를 가지고 있지 않다. 가치는 주관적인 평가이다. 화폐의 형태가 비트코인이든, 금이든, 명목화폐이든, 화폐는 내재적 가치가 없으며, 가치에 대한 우리의 실용적인 개념은 한 품목이 다른 품목으로 교환될 때만 나타난다.

　유용성과 희소성에 대한 짐멜의 입장은 비트코인에도 적용될 수 있는가? 어떤 사람들은 비트코인이 효용성이 없다고 주장하는 반면, 지지자들은 종종 명목화폐와 달리 비트코인의 희소성을 언급한다. 짐멜은 희소성을 공급, 즉 대상과 이용 가능한 총량 사이의 양적 관계로 설명하지만, "경제적 가치의 절대적 부분으로 나타나는 것은 효용"이라고 설명한다. 흥미롭게도, 짐멜에게 효용은 '대상에 대한 욕망'이다. 그것은 유용성에 관한 것이 아니라 수요의 결과인 경제활동에 관한 것이다. 실제로 짐멜은 "우리는 유용하거나 쓸모 있다고 할 수 없는 모든 종류의 것들을 욕망하고, 따라서 경제적으로 가치를 부여한다."고 말한다.

　따라서 유용성이 수요의 전부라면, 우리는 경제활동의 동인(動因)이 수요라는 사실을 받아들여야 한다. 더욱이, 우리는 모든 유용한 물건이 수요가 있는 것은 아니라는 사실을 깨닫게 된다. 외딴 숲의 나무는 불을 피우거나 건축 자재로 사용되지만 그 맥락에서 수요가 없으므로 효용도, 경제활동도 없다. 따라서 비트코인이 효용성이 없다는 주장은 짐멜에 따르면 타당하지 않다. 비트코인에 대한 수요가 많고 많은 물건의 교환과 엄청난 양의 경제적 거래를 주도하기 때문에 큰 유용성이 있다.

Ⅶ. 물질로서의 돈의 실제 가치　█

　돈의 내재가치 유무에 대한 논쟁이 있다. 돈은 어떤 상품을 통해 달성되는 '내재적 가치'를 필요로 하는가, 아니면 '돈이 단순히 토큰이라면 그것으로 충분'한가? 짐멜은 비트코인은 내재가치가 없기 때문에 화폐로서 실패한다는 주장을 반박한다. 세상에 총 10개의 달걀과 10달러가 있다고 가정해 보자. 달걀 한 개, 즉 1달러의 가치를 계산할 수 있으며, 달러 자체는 내재가치 자체를 요구하지 않는다.

　누가 쓸모없는 종이 한 장을 가축과 같은 값진 물건과 바꾸겠는가? 가치를 지닌 화폐는 필요한 출발점이었지만, 사회와 화폐는 쉽게 교환할 수 있는 가치를 필요로 하는 것을 넘어서도록 진화해 왔다. 주머니 속의 동전은 금속이나 다른 곳에서 사용될 수 없기 때문에 가치가 없다.

　오늘날에도 "금속화폐는 금속으로서의 가치에 대한 심리적 무관심의 결과로 지폐와 동등한 위치에 있다." 돈의 실체는 중요하지 않다. 이와 관련하여 명목화폐는 내재적 가치가 없는 것이 화폐가 될 수 있음을 증명한다. 피아트(Fiat)는 귀금속과 관련이 없지만 여전히 교환의 매체로 기능한다. 거리를 측정하는 자(尺)가 플라스틱, 나무 또는 금속으로 만들어져도 상관없는 것과 마찬가지로, "화폐가 가치를 결정하기 위해 제공하는 척도는 그 실체의 본질과 아무런 관련이 없다."그리고 가치 있는 대상에서 '상징적' 화폐로의 이동은 문화 발전의 지표이다. 실제로 짐멜에게 사회에서 지적 능력의 성장과 추상적 사고의 발전은 내재적 가치가 없는 상징적 형태에 점점 더 가까워지는 화폐의 발전으로 특징지어진다.

더 나아가 짐멜은 가장 유용한 대상조차도 화폐로 기능하기 위해서는 그 유용성을 포기해야 한다고 주장한다. 즉, 금을 화폐로 사용할 때 다른 용도로 사용할 수 없다. 이것은 대가를 치르게 된다. 만약 금이 더 이상 돈으로 사용되지 않는다면, 금의 다른 목적을 위한 충분한 가치가 있을 것이다. 이런 식으로 금을 비축하는 것은 금의 가치에 기여하고 다른 용도로 사용할 때 비싸게 만든다. 금이 다른 용도로 사용되기 때문에 비트코인보다 더 나은 형태의 화폐라는 주장은 짐멜의 철학에 따르면 옳지 않다.

마지막으로, 논증에는 비공식적 논리적 오류인 선결문제 요구의 오류, 즉 증명을 요하는 사항을 전제 속에 채용하는 오류(페티티오 프린키피이: petitio principii)가 있다. 좋은 돈이 다른 용도를 갖는다는 전제는 순환논법에서 사용되어 금은 가치와 다른 용도를 가지고 있기 때문에 좋은 돈이라고 선언한다. 비트코인과 법정화폐는 순수화폐에 대한 짐멜 테스트를 통과하지만, 금은 통과하지 못한다. 다른 용도를 가진다고 해서 더 나은 돈을 벌 수 있는 것은 아니며, 짐멜에 따르면 더 나쁘게 만든다.

VIII. 상징으로서의 돈　▌

금이 최고의 화폐 형태가 아니고 법정화폐가 짐멜 테스트를 통과한다는 점을 감안할 때, 그렇다면 비트코인이 왜 필요할까? 앞서 지적한 바와 같이, 문제는 국가의 돈의 남용에 있다.

원칙적으로 화폐의 교환 기능은 단순한 명목상의 화폐로 이루어질 수 있지만, 어떤 인간의 힘도 오용의 가능성에 대해 충분한 보증을 제공할 수 없다. 교환과 계산의 기능은 분명히 화폐의 수량의 제한, 화폐의 '희소성'에 의존한다.

짐멜은 순수한 토큰 화폐가 '개념적으로 옳다'고 생각했지만, 오용의 성향 때문에 공급이 제한된 금과 같은 상품에서 돈을 떼어 내는 것이 '기술적으로 실현 가능'하다고 생각하지 않았다. 짐멜은 화폐 문제에 대한 완전한 해결책을 발견하는 것에 회의적이었을지 모르지만, "화폐의 실제 발전은 '순수한 토큰 화폐'가 최종 결과가 될 것임을 시사한다."고 믿었다.

짐멜이 1900년에 쓴 글에서 문제는 '인간의 힘'이 화폐의 오용을 막는 데 충분한 보장이 될 수 없다는 것이었고, 이것이 바로 금의 희소성을 지배하는 자연법칙의 힘에 의존한 이유였다. 그러나 비트코인은 이제 다른 '기술적으로 실현 가능한' 해결책이 있다는 것을 보여 주었

　블록체인과 암호화폐 혁명인가 반란인가

다. 공급은 코드의 힘에 의해 통제될 수 있고, 국가에 의한 오용을 방지할 수 있다.

짐멜과 우리가 논의한 다른 많은 사상가들에게 화폐의 진정한 쟁점은 희소성, 즉 공급의 통제이지, 화폐가 물리적인 형태인지 추상적인 형태인지가 아니다. 다른 사람들과 마찬가지로, 짐멜은 여기서 칸티용 효과(Cantillon effect)와 관련하여 남용의 문제를 분명히 하는데, 여기서 화폐를 발행하는 사람들은 가격이 '따라잡을' 기회를 갖기 전에 돈을 써서 이익을 얻는다.

상품의 가격은 정부가 이미 많은 양의 새로운 화폐를 소비한 후에야 화폐 공급의 증가에 비례하여 상승하며, 그러면 정부는 화폐 공급의 감소에 다시 직면하게 된다. 새로운 화폐 발행 욕구를 뿌리치기 쉽지 않고, 그 과정은 처음부터 다시 시작된다.

여기서 돈의 핵심 이슈가 정치적으로 다뤄진다. 만약, 우리가 화폐의 수량이론을 받아들인다면, 화폐 공급이 증가하면 가격은 따라올 것이다. 그러나 이것은 즉각적이지 않다. 돈이 '불균등하고 부적절한 방식으로' 분산되기 때문에 여러 경제 문제가 발생한다. 그리고 이것이 국가 화폐의 근본적인 문제이다. 얼마나 많은 새로운 화폐가 창출되고, 결정적으로 누가 그것을 얻는가? 짐멜은 모든 사람이 새로운 돈을 동등하게 받는다면 '아무도 이득을 얻지 못할 것'이라고 보았다. 그러나 이러한 일은 결코 일어나지 않으며, 이것이 바로 비트코인이 등장한 이유이다. 짐멜의 표현을 빌리자면, '정치적 위기, 정당의 이익 및 정부 간섭으로부터' 보호하기 위해 등장한 것이다.

잉햄(Ingham)이 말하듯이, "상품이론과 화폐에 대한 금속주의의 오해의 유산은 이제 청산되어야 한다." 비트코인은 법정화폐와 금과 마찬가지로 돈이다. 우리는 비트코인이 왜 돈인지에 대해 광범위하게 논쟁을 벌였는데, 이는 비트코인을 돈으로 사용해야 한다고 말하기 위해서가 아니라, 돈 문제에 있어서 정치적 차원의 영역을 제거하기 위해서이다.

IX. 정치적 차원 ▮

짐멜 테스트가 비트코인이 금보다 더 순수하고 더 나은 형태의 화폐라는 것을 보여 준다면, 그리고 『돈의 철학』에서 상징적 화폐에 대한 논의가 비트코인과 같은 암호화폐를 지지하는 것처럼 보인다면, 비트코인은 공급의 오용에 대해 '기술적으로 실현 가능한' 해결책을 가지고 있다고 주장할 수 있다. 그런데 왜 이미 논의된 비판을 넘어 비트코인에 대한 반대가 그토록 많은가?

그 답은 잉햄이 말하는 돈 문제의 두 번째 요소, 즉 정치적 차원, 다시 말해 누가 돈을 통제하고, 얼마나 많이 생산되며, 어떤 목적을 위해 통제되는지에 관한 것이다. 여기서 구분되는 것은 케인즈주의/국가론 대 오스트리아학파이며, 통화주의와 현 체제는 둘 사이 어딘가에 자리하고 있다. 양측 모두 국가가 돈에 개입하는 문제를 인정한다. 이에 대해 어떻게 할 것인지에 대한 논쟁이 있다.

폰 미제스(Von Mises)는 중앙계획을 '경제적 계산의 문제' 때문에 작동하지 않는다. 마찬가지로, 정부도 중앙에서 돈을 관리할 능력이 없다는 것이 입증되었다. 1976년 영국의 인플레이션이 26%에 이르렀을

블록체인과 암호화폐 혁명인가 반란인가

때, 하이에크는 『화폐의 탈국유화』에서 인플레이션에 대한 정치적 해결책을 찾아보았다. 그는 반복되는 불황과 높은 실업률의 주요 원인으로 '화폐 문제에 대한 정부의 오래된 독점'을 꼽았다. 그는 민간산업이 대중에게 '화폐 발행의 자유에 대한 요구'를 만족시키는 통화 선택권을 제공할 수 있다고 믿었다.

비트코인이 2008년에 '완전히 새로운 형태의 화폐'로 등장한 것도 이런 맥락에서였다. 비트코인에 대한 사회학적 연구가 점점 더 많이 진행되고 있으며, 이제 우리는 정치적 차원과 관련하여 새로운 형식의 화폐로서 비트코인을 고려하고 있다.

X. 정치로서의 비트코인 ▮

비트코인 사용자를 대상으로 한 첫 번째 설문 조사에서 비트코인이 사람마다 다른 의미를 갖는다는 결론을 내렸다. 이는 암호화폐에 대한 논의에서 포괄적인 진술로 지나치게 단순화하는 환원주의적 경향이 있기 때문이다. 예를 들어, 많은 사람들은 암호화폐가 주로 범죄도구라고 주장한다. 물론 범죄자들이 이를 이용하고 있지만, 대부분의 거래는 합법적이다. 또 돈에 대한 심리적 관점을 안전, 권력, 사랑, 자유의 관점에서 비교한다. 이는 비트코인이 새로운 사회질서를 제공하는 것처럼 보이며 제한된 공급이 국가의 권력 상실로 이어진다는 자유지상주의적 관점과 관련이 있다. 실제로 '비트코인 독립 선언서'라는 유튜브 영상은 "비트코인은 해로운 독이고 본질적으로 망상이며 반체제 · 반역사적 · 반국가적이다."라고 말한다.

마우어(Maurer), 넬름스(Nelms) 및 스와츠(Swartz)는 기호학적 관점에서 비트코인을 조사하고 분석했다. 그들은 비트코인이 "사용자의 프라이버시를 위협하고, 개인의 자유를 제한하며, 국가와 기업의 감독을 통해 화폐의 가치를 훼손하는 것으로 보이는 화폐 및 결제 시스템에 대한 대안을 제공한다."고 밝혔다. 그들은 또한 짐멜과 마찬가지로 비트코인의 진정한 의미는 통화로서의 사용의 표면 수준 아래에 있음을 관찰한다. 즉, '돈의 본질에 대한 훨씬 더 광범위한 논의의 지표'로서 그들의 언어는 비트코인을 둘러싼 격렬한 논쟁의 정치적 본질을 암시한다. 그것은 초당 거래에 관한 것이 아니라, 우리 사회의 근본에 관한 것이며, 그것이 어떻게 운영되어야 하는지에 관한 것이며, 결정적으로 누가 돈의 '중추적인 기관'을 통제하는지에 관한 것이다.

비트코인은 사회적 불안이 큰 시기에 세상에 등장했다. 스티글러(Stiegler)의 기술철학이나 '기술 결정론 대 사회적 형성'에 대한 논쟁에 빠지지 않고, 비트코인은 (구체적으로) 행동주의의 한 형태이며, 다른 무언가에 도전하도록 설계되지 않았다면 만들어지지 않았을 것이다. 매덕스(Maddox) 등은 "비트코인은 사회적 저항의 행위로 볼 수 있다."고 주장한다. 여기에는 아이러니가 있다. 국가와 다른 사람들은 비트코인과 비트코인이 사회에 가하는 위협에 대해 비판적이지만, 사람들은 국가로부터 자신을 보호하고 자주권을 획득하고 '돈과 국가 간의 관계에 대한 전통적인 개념에 도전'하기 위해 비트코인을 사용하고 있다.

이런 식으로 비트코인은 반(反)보안주의(counter-securitising)를 내포한다. 따라서 비트코인이 상징하는 도전은 화폐 문제의 정치적 차원에 있다. 그러나 여기서 우리는 비트코인에 대한 익숙한 이야기를

블록체인과 암호화폐 혁명인가 반란인가

들게 된다. 비트코인이 무엇에 관한 것인지 알기가 종종 어렵다는 것이다. 어떤 사람들에게는 반국가적이지만, 다른 사람들에게는 전혀 다르다. 연구 역시 이러한 혼란을 가중시키고 있다. 예를 들어, 옐로위츠(Yelowitz)와 윌슨(Wilson)은 구글 트렌드 데이터를 분석한 결과, "컴퓨터 프로그래밍과 불법 활동 검색어는 비트코인 관심과 양의 상관관계가 있는 반면, 자유주의와 투자 검색어는 그렇지 않다."고 밝혔다. 그러나 글레서 등(Glaser et al.)은 신규 사용자가 비트코인을 새로운 거래 수단이 아닌 대체투자로 간주한다고 결론지었다.

비트코인은 돈과 법, 국가와의 관계를 특징짓는 많은 모순과 혼란을 보여 주기 때문에 매력적이다. 비트코인은 선진 자본주의 사회에서 증가하는 화폐 다원주의의 증상이자 그 자체로 화폐 다양성의 구현이다. 화폐 자체와 마찬가지로 비트코인은 다면적이고, 정치적으로 논쟁적이며, 그 기능과 의미가 사회학적으로 풍부하다.

이는 비트코인을 둘러싼 혼란을 이해하는 데 도움이 된다. 돈도 같은 음모를 가지고 있다. 세계는 사회가 사용하는 화폐의 형태와 관련하여 큰 전환기를 거치고 있으며, 비트코인은 중국의 위챗페이(WeChat pay)나 페이팔(PayPal)과 같은 다른 것들과 함께 등장한 또 다른 기업이다. 다원주의는 새로운 것이 아니며, 이는 비트코인에도 동일하게 적용된다. 그러나 비트코인은 다른 새로운 결제 수단보다 더 많은 비판을 받고 있다.

대공황 이후 은행으로부터 화폐를 중개하지 않는 것을 목표로 하는 다양한 제안이 있었고, 1970년대에 하이에크는 국가와 화폐를 분리하는 다른 아이디어를 제시했다. 그런데 비트코인은 이 두 가지를 모두 수행한다. 은행은 거래를 처리할 필요가 없으며, 국가는 코드로 작성된 비트코인에 대해 통화정책을 행사할 수 없다. 국가는 통화 공급을 관리할 능력이 없었고, 은행은 2008년 세계 금융위기에서 중요한 원인 제공을 했으며, 많은 사람들이 은행을 부패하고 방탕하며 탐욕스러운 것으로 간주하여 신뢰를 잃었다. 이런 환경에서 비트코인이 발아할 수 있었다.

XI. 돈과 신뢰 ▮

영란은행(Bank of England)의 회보에 따르면, "돈은 신뢰의 결핍 문제에 대한 해결책을 제공하는 사회적 제도이다. 현대경제에서 화폐는 경제계의 모든 사람이 신뢰하는 차용증이다." 그러나 이 신뢰는 깨졌고 많은 사람들이 이제 더 이상 국가의 화폐를 신뢰하지 않는다. 짐멜의 주장은 여기서도 유용하다. 두 개인 간의 사적이고 상품에 기초한 교환에서 더 큰 집단 간의 추상적 교환으로 이동하려면 '더 높은 초개인적 신뢰의 형성'이 필요하다. 더 광범위한 교환은 "경제 공동체 또는 그 대표자인 정부에 의존"한다. 커뮤니티는 거래소의 제3자가 된다. "신뢰가 없으면 금전거래는 붕괴될 것"이므로 경제 공동체는 "사회심리학적으로 유사 종교적인 믿음의 요소"를 필요로 한다.

비트코인 사용자들이 자신의 신념에 열렬하다는 것은 커뮤니티의 약점이 아니라 강점이며, 그에 상응하는 법정화폐에 대한 믿음이 부족하다는 증거이다. 모든 돈에 대해, 그 돈이 받아들여질 것이라는 믿음이 경제계 내에 있어야 하지만, 어떤 형태로든 돈이 항상 사용될 수

블록체인과 암호화폐 혁명인가 반란인가

있다는 100% 보장은 없다. '화폐의 일반적 유용성에 대한 보장'과 화폐의 발행은 '공동체의 대표자,' '객관적 기관'에 의해 수행된다. 그리고 규모가 커지면 돈은 '공공기관'이 된다.

정치적 차원에서 중요한 질문은 이 기관이 '누구'가 될 수 있는가뿐만 아니라 이제 '무엇'이 될 수 있는가 하는 것이다. 그것은 국가여야 하는가, 아니면 다른 더 높은 초개인적 형성체들이 이 역할을 수행할 수 있는가? 짐멜은 이러한 '지층이 매우 다양하게 존재한다'고 분명히 말한다. 고대 그리스 문화에서 돈과 중앙제도의 관계는 정치적인 것이 아니라 종교적인 것이었다. 따라서 제도가 국가일 필요는 없다. 실제로 헤겔의 국민국가 개념은 200년밖에 되지 않았다. 헤이즈는 블록체인이 '그들이 성공하는 바로 그 제도'라고 주장한다.

여기에 우리는 비트코인이 짐멜이 말하는 공공기관이라고 덧붙일 수 있다. 더욱이, 비트코인은 다른 유형의 더 높은 초개인적 형성이 사회와 돈에서 이러한 역할을 수행할 수 있다는 일차적인 증거이다. 비트코인의 경제계에 있는 사람들이 그것을 돈으로 믿으며, 그 결과 비트코인은 어느 정도의 보증을 제공하는 제3자이다. 돈에 대한 신뢰를 줄 수 있는 것은 국가만이 아니다. 우리는 돈을 지나치게 복잡하게 만드는 경향이 있으며 돈의 철학에서 쉽게 길을 잃을 수 있다. 돈은 단순히 한 집단의 사람들이 지불 수단으로 사용하기로 동의하고 신뢰하는 모든 것을 의미한다.

『돈의 철학』의 중요한 주제는 사회의 발전과 병행하여 화폐의 발전이 나타나는 현상이다. 우리의 지적 능력이 발전함에 따라 돈은 상품에서 추상으로 이동했다. 그리고 사회는 사적 거래로부터 계속 확대되는 경제적 순환계로 진화하였다. 이러한 발전은 또한 중앙집권화의 경향으로 나타났는데, 짐멜은 이를 인류가 더 적은 노력으로 더 많은 것을 성취하기 위해 에너지, 힘, 통일성을 집중하는 것으로 보았다.

근대국가는 '타의 추종을 불허하는 힘의 집중'을 나타내며, 화폐는 국가와 경제가 발전함에 따라 점점 더 '가장 간결하고 압축된 방식'으로 가치를 표현한다. 그러나 현재의 금융 시스템과 화폐는 '민족주의, 경쟁, 끝없는 성장, 식민지화가 장려된' 산업화 시대의 세계에 의해 형성되었다. 짐멜이 보기에 이상적인 사회질서에서 돈은 내재적 가치가 없으며 순전히 상징적일 것이다. 그것은 또한 그 힘과 통일성을 극대화한다는 의미에서 중앙집중화될 것이다. 그러나 우리의 현재 체제는 무너져 가는 '통제에 기초한 권력의 위계'와 '지리에 기초한 정치의 위계'에 기초하고 있다.

글로벌 디지털 시대에 우리가 사는 세상은 국경을 넘어 진화하는 사회를 반영하는 더 적절한 돈을 사용할 자격이 있다. 이를 염두에 두고, 우리는 '비트코인은 중앙기관에 대한 신뢰에 의존하지 않는다'는 일반적인 견해를 재해석한다.

국가가 발행하는 명목화폐와는 근본적으로 다르다. 비트코인은 국가가 화폐에서 그 역할을 수행하는 것과 같은 방식으로 중앙기관, 공공기관이다. 그리고 그것은 분산형 컴퓨팅 시스템을 통함에도 불구하고 국경에 의해 제한된 수백 개의 통화의 에너지를 결합하는 '단일 지점의 거대한 힘'을 중앙집중화하고 있다. 비트코인은 더 높은 초개인적 형성의 진화와 발전하는 글로벌 사회와 병행하는 화폐의 진화를 나타낸다.

블록체인과 암호화폐 혁명인가 반란인가

XII. 사회운동으로서의 비트코인

비트코인은 범죄자, 투기꾼, 자유지상주의자, 하드머니 비트코인 자경단 또는 유용하다고 생각하는 사람들 등 다양한 그룹에 의해 사용된다. 그러나 비트코인은 "화폐인 만큼 사회적 운동이라고 할 수 있는데, 이는 비트코인의 속성과 주로 국가와 은행의 탈중개화에 관한 것"이다. 이러한 방식으로 비트코인은 현대 자본주의 시스템의 기초를 형성하는 국가, 중앙은행 및 민간 금융기관에 시나브로 도전한다.

비트코인은 국가의 소프트 머니에 직접적으로 도전하며, 이는 화폐 통제의 혜택을 받는 사람들과 충돌한다. 이런 식으로 우리는 돈이 교환수단 이상이라는 더 많은 증거를 볼 수 있다. 그것은 다른 사람들보다 더 많은 돈을 갖는 데서 오는 '권력의 원천 ― 인프라와 전제'이지만, 더 중요한 것은 그것을 창출할 수 있는 능력에서 비롯된다. 비트코인은 자산의 자주권과 관련된 징수 문제는 제쳐 두고 국가가 세금을 통해 돈과 권력을 축적하는 것을 막지 않는다. 특히 비트코인은 화폐를 창출하여 권력을 휘두를 수 있는 국가의 능력만을 위협한다.

우리의 동의와 무관하게 국제적 힘의 엄청난 부분은 미국 달러가 국제금융의 표준단위라는 사실에서 비롯된다. 미국 하원의원 브래드 셔먼은 암호화폐 지지자들의 목적이 기축통화 달러에게서 그 힘을 빼앗는 것이라고 주장한다. 따라서 비트코인과 돈의 문제는 정치적 차원에 있다. 우리는 이제 돈이 무엇인지, 돈이 어디서 왔는지, 그 형태가 무엇인지에 관심이 없다. 이러한 문제들은 이론적으로는 아니더라도 실제로는 대체로 해결되었다.

현대 화폐는 더 이상 내재적 가치를 갖지 않는다. 그러나 공급에 대해서는 매우 많은 논쟁의 여지가 있으며, 그것은 정치적 차원의 문제이다. 그러므로 우리는 잉햄(Ingham)의 화폐 문제를 오로지 공급에 관한 우리의 화폐 문제로 정제하고, 동일한 세 가지 요소로 나눌 수 있다.

- 첫째, 화폐 관리를 위한 공공기관은 누구 또는 무엇이 될 수 있는가?
- 둘째, 화폐는 어떻게 생산되며, 결정적으로 얼마나 (새로운 공급 또는 파괴 속도로) 생산되는가?
- 셋째, 돈(신구화폐)이 사회에서 공정하게 분배되고 있는가?

이것이 우리가 관심을 가져야 할 질문들이다. 국가는 돈 문제의 두 번째와 세 번째 요소에서 실패했다. 나는 여기서 비트코인이 국가화폐를 대체할 수 있다거나 대체할 것이라고 주장하는 것이 아니라, 공급 문제가 핵심이며 수 세기가 지난 후에도 저항을 불러일으킬 만큼 충분히 강력하다는 진실을 밝히기 위해 비트코인을 분석하고자 한다. 화폐 공급은 우리 시대의 근본적인 이론적 문제이다. 국가가 '선을 위한 힘'으로서 화폐 창출에 힘을 실어 줄 수 있을까? 아니면 비트코인이 통화고권에 근거한 발권력의 독점을 남용하고 오용할 수 있는 능력을 넘어서는 것을 가질 수 있는 '유일한 방법'인가?

블록체인과 암호화폐 혁명인가 반란인가

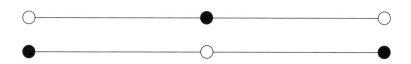

3장

암호화폐의 역사와 철학적 의미

Ⅰ. 암호화폐의 역사, 본질 및 철학

유로화가 도입된 이래로 유럽인들은 환율 및 기타 현지 통화의 특수성을 고려하지 않고 해외로 자유롭게 휴가를 떠나는 데 익숙해졌다. 보편적 통화라는 매혹적인 아이디어는 확실히 유로보다 훨씬 더 오래전부터 존재해 왔지만, 진정한 프로토타입인 비트코인이 탄생한 것은 최근의 일이다. 그러나 여전히 많은 의문이 생긴다. 비트코인이 글로벌 통화가 될 수 있을까? 다른 암호화폐 자산은 어떨까? 암호화폐를 판단하는 기준은 무엇일까? 그들의 미래는 어떠할 것인가?

이에 답하기 위해 우리는 비트코인과 그 선구자의 탄생뿐만 아니라 현재 암호화 자산의 전체 생태계의 발전을 함께 관찰해야 한다. 그런 다음 현재 직면한 문제를 반영하기 위해 일반적으로 암호화폐의 본질과 철학을 연구해야 할 것이다.

II. 최초의 암호화폐의 탄생: 비트코인 ▌

2007년, 세계 금융위기가 가장 선진국에서 "제3세계"로 분류되는 국가에 이르기까지 전 지구촌을 강타했다. 동시다발적으로 여러 사건이 발생하여 세계 금융 시스템의 상당 부분이 갑작스럽게 파산하였다. 그러면서 인류는 화폐제도에 대해 가졌던 신뢰의 상당 부분을 잃게 된다. 특히 키프로스에서는 지역 은행가들에 의해 축적된 빚을 상환하기 위해 정부와 국제통화기금(IMF)에 의해 키프로스 국민들이 저축을 몰수당하는 사건이 있었다. 이 모든 사건은 2008년 비트코인의 출현과 함께 암호화폐의 출현에 촉매제가 되었을 가능성이 크다.

마침내 2008년 11월 1일, 역사에 길이 남을 날, 사토시 나카모토는 『비트코인 백서』를 발표했다. 오늘날까지 진정한 정체가 알려지지 않은 사토시 나카모토는 현대사회의 기둥 중 하나인 돈에 혁명을 일으켰다. 실제로 비트코인은 진정한 보편성의 잠재력을 가진 최초의 통화이며 최근 몇 년 동안 직면한 다양한 문제(예: 저축계좌에서 강제 인출, 불균형한 인플레이션 등)를 극복할 수 있다.

우리는 특히 백서의 서문에서 이러한 모순의 정신을 발견할 수 있다. 비트코인은 "순전히 피어 투 피어(Peer-to-Peer) 전자화폐 시스템"이며 거래를 위해 "금융기관을 통과할 필요가 없는" 것으로 설명된다. 하지만 비트코인은 정말 처음부터 끝까지 혁신적인 개념일까? 우리가 비트코인 이외의 모든 암호화 자산에 대해 이야기할 때, 우리는 알트코인(Alt coin)이라 칭한다. 이는 그들이 잡코인이나 스캠코인까지도 포함하는 부차적인 것이며, 비트코인이 객관적으로 암호화폐 세계의 중심임을 의미한다. 그러나 2008년 이전에 실제로 등장한 다른 암호화폐가 있다. 그들은 무엇이었으며, 왜 무명에 빠졌을까?

III. 비트코인의 선구자, 간신히 묻힌 디지털 화석

1990년대 인터넷의 출현과 개인용 컴퓨터의 대중화로 전자화폐 시스템을 구축하기 위한 많은 프로젝트가 시작되었다. 그러나 그것들은 오늘날 우리가 암호화폐를 언급할 때 설정한 기준과 모두 일치하지는 않았다. 막 암호화폐의 씨앗이 발아된 후 유명해지지 못한 채 세상을 떠난 비트코인의 조상들을 꼽을 수 있다. DigiCash, eCash 또는 Cyber Bucks는 1983년 데이비드 차움(David Chaum)이 구상하여 1995년에 출시되었다. 신뢰할 수 있고 합법적인 네트워크를 구축하기 위해 미국의 기관과 직접 협력했으나 그것은 개발되지 않았고 회사는 파산했다.

CyberCash/CyberCoin은 1994년에 구상되어 얼마 지나지 않아 출시되었다. 또 다른 중앙집중식 시스템은 보안 문제와 2000년 밀레니엄 버그, 이중 지출 현상으로 인해 막대한 재정적 손실을 입었다. 이 모험적인 회사는 이 사건 이후 2001년에 문을 닫았다.

NetCheque, Danmont 카드 또는 Mondex 시스템은 보편적 통화가 아니라 전자통화로 사용되었다. 그들은 모두 은행이 인터넷 세계에 적응하면서 사라졌다. 그러나 모든 비트코인의 조상 중 가장 흥미로운 것은 e-gold이다. 그것은 PureGold Token과 같이 오늘날 존재하는 많은 토큰과 마찬가지로 금의 가격으로 가치가 계산되는 전자통화였다. 1996년에 설립된 e-gold를 유통하는 회사는 한참 후에야 성공을 거두기 시작했다. 1999년 파이낸셜 타임즈(Financial Times)는 e-gold를 "웹에서 임계점에 도달한 유일한 전자화폐"라고 묘사했다.

2000년에서 2004년경 사이에 e-gold는 부분적으로 비트코인과 유사성을 지니고 있었다. 인터넷을 통한 즉각적인 소액결제가 가능하고 비교적 잘 알려져 있으며 특히 많은 귀금속 교환 플랫폼과 연결되어 사용자가 중재를 수행할 수 있었다. 그러나 그것은 중앙집중식 시스템이었기 때문에 몰락을 초래했다.

실제로, 범죄자들은 나중에 비트코인을 장악한 것처럼 e-gold를 장악했으며, 사기, 폰지 사기, 가짜 판매 및 해킹이 급증했다. 결국 미국 정부의 명령으로 e-gold는 막을 내렸다. 오늘날에는 아무도 e-gold에 대해 더 이상 이야기하지 않으며 기억하는 사람도 거의 없다. 이것은 비트코인에 거의 신(神)과 같은 지위를 부여하는 비트코인 맥시멀리스트들에게 주는 교훈이다.

누구나 알고 있듯이, 비트코인은 인기를 끌기에 충분히 안전하고 실용적인 솔루션을 제공한 최초의 제품도 아니다. 그렇다면 왜 그렇게 성공적이었을까? 이유는 매우 간단하다. 이전 네트워크의 모든 가치 있는 기능들을 한데 모으고, 탈중앙화라는 새로운 기능을 추가한 덕분이다. 특히 미국 법원의 결정에 따라 사라진 e-gold의 몰락으로 이어진 중앙집중화로부터 탈피함으로써 같은 운명을 겪지 않을 수 있었다.

경제위기의 상황도 발전에 유리했다. 2008년부터 상상할 수 있는 모든 은행 및 정치적 조작으로부터 보호되는 통화 시스템은 모든 사람의 눈에 이상적이었고 즉시 상당한 규모의 사용자 기반을 구축했다. 오늘날 많은 비트코인 후계자, 사촌 및 클론이 등장했으며 일부는 다른 것보다 더 유용하다. 따라서 나는 이전에 존재하였던 주요 암호화폐와 이미 사라진 몇 가지 다른 화폐를 연구할 것이다.

IV. 암호화 자산의 진화

사토시 나카모토의 백서가 발표된 후 많은 새로운 암호화폐가 등장했다. 그중 첫 번째는 네임코인(Namecoin)으로, 그 목적은 돈의 탈중앙화가 아니라 인터넷 도메인 이름의 탈중앙화이다. 오늘날 네임코인은 여전히 존재하지만 2015년 6월 발표된 선행연구에서 알 수 있듯이 네트워크는 버려진 것처럼 보이며, 120,000개의 네임코인 도메인 이름 중 28개만이 실제로 소유자가 사용하고 있다.

다음은 라이트코인(Litecoin)과 리플(Ripple)이다. 라이트코인은 본질적으로 비트코인의 복제품이지만 새로운 거래 검증 알고리즘을 제공하며, 스크립트는 여전히 오늘날 가장 중요한 암호화 자산 중 하나로 간주된다. 그러나 이러한 중요성은 대부분 연공서열에서 비롯되며, 이 암호화폐는 기술 수준에서 진정으로 혁신적인 요소를 가져오

지 않았으며 궁극적으로 비트코인과 동일한 확장성 문제로 고통받고
있다.

리플은 현재도 여전히 중요한 것으로 간주되는 암호화 자산 중 하
나이지만, 완전히 독창적인 창작물이라는 장점이 있다. 실제로 2004
년에 상상되었고 2012년에 마침내 빛을 보았기 때문에 비트코인과 공
통점이 거의 없다. 현재까지 Ripple Labs에서 기존 네트워크 노드만
직접 선택했기 때문에 실제로 훨씬 더 중앙집중화되어 있다. 많은 사
람들이 또한 리플의 불평등한 분배에 대해 비판한다. 실제로 기존의
모든 리플의 절반 이상, 아마도 최대 80%가 한 사람(개인 또는 회사)의
손에 쥐어져 있는 것처럼 보인다.

그 후 더 독창적인 성격의 암호화 자산이 나타났다. 2014년에 등장
한 모네로(Monero)는 비트코인의 주요 문제인 비트코인의 대체 불가
능성을 극복하는 것을 목표로 한다. 즉, 비트코인의 특성상 각 비트코
인이 채굴된 이후 이동한 경로가 기록되고 분류되며 추적될 수 있다.
결과적으로 범죄 활동에 사용된 비트코인은 영원히 "더러운" 것이다.
이것은 암호 전문가들이 1994년에 이미 이야기했던 문제 중 하나이
다. 전자화폐의 대체 가능성 없이는 개인정보보호는 죽은 것이다. 따
라서 모네로는 이 문제를 해결하기 위한 첫 번째 시도이다. 오늘날 모
네로를 기반으로 하는 암호화폐의 전체 생태계가 있다.

2015년 이더리움(Ethereum)이 등장했다. 러시아계 캐나다인 학생
인 비탈릭 부테린(Vitalik Buterin)이 만든 이 암호화폐는 스마트 계약의
구축을 촉진하기 위한 목적으로만 설계된 최초의 암호화 자산이다.
이들은 실제로 블록체인에 존재하며 특정 작업을 완전히 독립적으로
수행할 수 있는 프로그램이다.

블록체인과 암호화폐 혁명인가 반란인가

DAG를 기반으로 하는 암호화 자산 중 가장 유명한 것은 NANO이다. 라이블록(Raiblocks: XRB)이라고 불렸던 이 암호화폐는 이전에 델(Dell)의 프로그래머였던 콜린 르메이유(Colin LeMahieu)가 만든 다음 AMD이다. 수도꼭지를 틀어 놓은 듯한 놀라운 거래 속도는 이 암호화 자산을 코인마켓캡(Coinmarketcap)의 정상으로 빠르게 끌어올렸다. 그러나 이것이 유일한 DAG 기반 암호화 자산도 아니고 가장 오래된 것도 아니다. 실제로, 우리는 사물 인터넷의 맥락에서 소액결제에 사용되는 것을 목표로 하는 IOTA를 인용할 수 있다. 또는 DAG에서 스마트 계약을 구현할 수 있도록 최초로 허용한 알려지지 않은 암호화 자산인 Byteball도 있다.

암호화 자산이라는 용어는 완전히 다른 기술을 기반으로 하는 이질적인 개체의 집합을 매우 명확하게 포함한다. 이것이 암호화 자산에 대한 일반적인 정의를 제공하는 것일까? 이에 답하기 위해 이 혁명의 기폭제가 된 비트코인 백서를 자세히 살펴보고자 한다.

V. 채굴 비트코인 튜토리얼 ▮

2008년 비트코인이 출시되었을 때 사토시 나카모토의 목표는 비교적 명확했다. 우선 비트코인은 순전히 P2P 전자화폐라는 설명이다. 백서의 첫 단어는 비트코인의 주요 목표가 무엇인지, 즉 순수한 P2P 전자화폐의 생성이 무엇인지를 말해 준다. P2P 시스템은 참가자 간의 중개자 없이 작동하는 시스템이다. 시스템 내에서 모든 사람은 평등하다. 따라서 순수 P2P 전자화폐는 은행이나 정부 없이 운영되어야 하며, 개인이 하드 코인과 소프트 코인을 교환하는 것과 동일한 방식으로 가치를 이전할 수 있어야 한다.

사회적 관점에서 볼 때, 암호화폐와 세계 금융제도 간의 보이지 않는 갈등의 중심에 있는 것은 실제로 돈을 통제하는 힘이다. 그러나 이더리움(Ethereum), 네오(NEO) 또는 리스크(Lisk)와 같은 많은 암호화 자산이 입증할 수 있듯이 가치를 창출하고 우리 사회에 기여하기 위해 통화로 사용될 필요는 없다. 새로운 과정의 실행을 허용한다는 단순한 사실이 새로운 직업, 새로운 교환 방식, 부의 창출로 가는 길을 열 수 있다.

또한, 통화로 사용하기 위해 반드시 통화로 생성될 필요는 없다. 예를 들어, 토큰 및 스마트 계약 생성을 위한 플랫폼으로서 비트코인의 대안으로 매우 자주 제공된다. 따라서 암호화 자산은 그 범주가 무엇이든 간에 다양하고, 다양한 경로로 개인이 외부기관으로부터 재정적으로 독립할 수 있도록 하는 것처럼 보인다. 그러나 현실은 항상 그렇게 간단하지 않으며, 신뢰와 합의의 문제를 살펴봄으로써 어떤 암호화폐가 진정으로 이러한 이상을 추구하는지 알아볼 수 있다.

VI. 신뢰의 문제　　　　　　　　　　　　■

『비트코인 백서』에서 간략하게 언급된 신뢰와 합의라는 두 가지 개념은 암호화폐 자산 혁명이 촉진하는 자유의 이상(理想)의 중심에 있다.

　블록체인과 암호화폐 혁명인가 반란인가

첫째, 신뢰는 모든 통화에 가치를 부여하기 때문에 기본이다. 법화(法貨)는 국가가 이를 책임진다. 『비트코인 백서』에서 사토시 나카모토는 온라인 결제의 맥락에서 중개자, 즉 결제가 통과되는 페이팔(PayPal)과 같은 제3자를 언급했다. 따라서 이름에 걸맞은 암호화폐의 최소 목표는 제3자의 개입 없이 즉각적으로 두 사람 간의 가치 전달을 허용하는 것이다. 그러나 이제 다른 각도에서 살펴보자.

근본적으로 현금을 상품과 서비스로 교환할 때, 거래의 각 당사자는 해당 통화를 발행하는 주체를 암묵적으로 신뢰한다. 따라서 이름에 걸맞은 암호화폐를 사용하면 원칙적으로 코드와 수학 법칙이 문제의 유일한 주인이어야 하기 때문에 제3자 실체에 대한 신뢰를 배제할 수 있어야 한다. 이것은 이미 많은 수의 현재 암호화 자산을 실격시킨다.

사실, 비트코인도 어느 정도 제3자의 의지에 종속되어 있다. 2014년부터 사토시 나카모토가 비트코인 코드를 유지·관리하고 개선하는 중요한 코드를 맡긴 블록스트림(Blockstream)이라는 회사가 있다. 그래서 비트코인에 대한 기술적 개선을 단독으로 결정하고 결과적으로 하룻밤 사이에 비트코인에 관한 주요 규칙을 변경할 수 있다.

이상적인 암호화폐는 신뢰의 부담에서 벗어나 코드에 의해 정의된 수학적 규칙의 적용을 받아야 한다. 그러나 사용된 합의 방법도 마찬가지로 중요하기 때문에 분석해야 할 것은 이것만이 아니다.

VII. 작업증명(PoW)

지금까지 완벽한 해결책이 없는 합의의 문제는 여전히 변동성으로 남아 있다. 암호화폐에서 합의 방법은 거래의 검증이 수행되는 수학적 프로세스이다. 비트코인의 경우, 이것이 작업증명이다. 실제로 더 실험적이고 다양한 프로세스가 고안되었으며 모두 장단점이 있다. 하지만 테크닉에 대해 이야기하기보다는 힘에 대해 이야기할 것이다. 왜냐하면, 합의 방식이 실제로 공동체 내에서 권력이 어떻게 분배되는지를 결정하기 때문이다. 그리고 여기서 "중앙집중화"와 "탈중앙화"라는 단어가 등장한다.

많은 사람들이 동등한 지분으로 더 많은 권력을 가질수록 암호화폐는 더 탈중앙화된다. 그리고 권력이 중앙집중화될수록 제한된 수의 사람들이 더 많은 권력을 쥐게 된다. 이 개념은 "분배"의 개념과 혼동되어서는 안 된다. 분배는 부의 집중의 문제이고, 중앙집권화는 권력의 집중의 문제이기 때문이다.

전통사회에서 권력과 부의 집중은 종종 함께 진행된다. 그러나 암호화폐의 세계에서는 때때로 상황이 상당히 다르다. 사실, 그것은 모두 합의 방법에 달려 있다. 왜냐하면, 어떤 합의 방법들은 본질적으로 과두제에 가깝기 때문인데, 이는 부자들이 다른 사람들보다 우월한 권력을 가지고 있다는 것을 의미한다. 여기에는 네트워크를 통해 전력을 보유하기 전에 상당한 양의 자산을 고정해야 하는 마스터노드 시스템이 포함된다.

네트워크가 성장하고 사용자 수가 증가하자마자 수익성을 찾기 위해 채굴농장과 채굴협동조합이라는 재앙이 나타난다. 그렇다면 채굴

블록체인과 암호화폐 혁명인가 반란인가

농장은 한 사람, 때로는 한 회사가 모두 제어하는 슈퍼컴퓨터 모음이 아니라면 정확히 무엇일까? 비록 많은 채굴자들이 참여하지만, 협동조합의 "관리자"는 유일한 주인으로 남아 있다. 따라서 여전히 계급이 등장한다. 여러 명의 "거대한" 채굴자가 발견되는 "채굴 풀"의 경우, 의사결정 권한은 때때로 전통적인 회사의 방식으로 채굴자들 간에 공유될 수 있다. 채굴협동조합에서 권력의 중앙집중화 문제는 특히 개인이 작업결과를 제어하지 않고 암호화 자산을 채굴하는 NiceHash와 유사한 모델을 가진 사람들에게 적용된다.

공격자가 컴퓨팅 파워를 간단히 대여하면 매우 적은 비용으로 매우 많은 수의 블록체인에 대해 51%의 공격을 설정할 수 있다. 그러나 비트코인의 경우 현재 수행되는 4가지 가장 큰 계산 소스만 고려하면 인류가 네트워크에 제공하는 총 컴퓨팅 성능의 50% 이상에 도달한다. 이는 컴퓨팅 파워를 생성하는 기업을 보유한 4명이 비트코인에 대해 엄청난 힘을 가지고 있다는 것을 의미한다. 그리고 그들이 원한다면 블록체인을 수정할 수 있다. 따라서 비트코인 전체의 유효성에 의문을 제기하는 것은 문제이다.

『비트코인 백서』에서 사토시 나카모토는 특히 다음과 같이 말했다.

"이 문제를 해결하기 위해 우리는 작업증명을 사용하여 공개 거래 내역을 기록하는 P2P 네트워크를 제안했는데, 이는 정직한 노드가 컴퓨팅 성능의 대부분을 제어하는 경우 공격자가 수정하기가 빠르게 계산적으로 불편해진다. 그러나 잘 작성되었듯이 이 보안은 정직한 노드가 컴퓨팅 성능의 대부분을 제어하는 경우에만 유효하다."

다시 말해, 비트코인 네트워크의 탈중앙화와 보안은 동일한 컴퓨팅 파워를 가진 엄청난 수의 채굴자가 존재하며, 따라서 블록체인을 변경할 만큼 충분한 수의 채굴자들로부터 합의를 형성하는 것이 불가능하다는 아이디어에 기반한다. 그러나 이 이상(理想)은 비트코인의 가치가 상승하고 최초의 채굴 농장이 등장했을 때 사라졌다. 거기서부터 채굴자들 사이의 불균형이 커지고 중앙집중화가 시작되었다. 또한 많은 사람들이 네트워크 보안의 작동 방식을 이해하지 못한다.

단일 엔터티(entity)에 의한 블록체인 수정은 이 엔터티가 총 계산능력의 51% 이상을 보유할 때만 가능하다고 가정한다. 그러나 이 가정은 완전히 잘못된 것이다. 51%라는 이 신화적인 수치는 실제로 성공 확률이 100%인 순간만을 나타낸다. 그러나 단일기업이 보유한 컴퓨팅 파워의 30%에서 "거짓 블록"을 만드는 데 성공할 확률은 약 50%이다. 따라서 비트코인도 현재 예상보다 훨씬 더 중앙집중화되어 있음을 이해하게 될 것이다. 그리고 불행히도 그것은 우리가 알고 있는 작업증명의 본질적인 결함이다. 따라서 결국 비트코인을 모델로 한 작업증명을 기반으로 하는 모든 암호화폐는 가치가 상승하면 결국 동일한 문제를 겪게 된다. 채굴농장과 채굴협동조합이 등장하여 압도적인 컴퓨팅 성능을 통해 네트워크를 장악할 것이다.

덧붙여, 이 문제는 또 다른 질문을 제기한다. 만약, 공동체가 권력의 대다수를 쥐고 있는 단체에 의한 조작을 알게 되고, 이 조작을 거부한다면 어떻게 될까? 그러면 포크가 발생하고 새로운 암호화폐가 나타난다. 그러나 이 새로운 암호화폐는 확실히 동일한 알고리즘을 기반으로 할 것이다. 즉, 나중에 동일한 문제가 다시 나타날 수 있다. 따라서 포크의 가능성은 포크 시점에 합의 방법을 변경하지 않는 한 문

블록체인과 암호화폐 혁명인가 반란인가

제를 이동시키고 아무것도 해결하지 못한다. 요컨대, 비트코인과 그 작업증명은 항상 비판에 열려 있다. 즉, 비트코인과 작업증명은 완벽하지 못하며 합의 시스템이 불완전하다.

암호화폐가 수용 가능한 합의 시스템을 가지고 있는지 판단하기 위해 적용할 수 있는 유일한 기준은 결국 '중앙집중화되도록 설계되었는가' 하는 것이다. 그렇다면, 비트코인을 사용하는 암호화폐는 비트코인의 악명을 현금화하려는 위장된 독점통화일 뿐이다. 암호화폐 사용자가 이 혁명의 목표인 진정한 형태의 재정적 자유를 달성하는 것은 탈중앙화를 통해서만 가능하기 때문이다.

Ⅷ. 분배 또는 부의 집중 문제　█

위에서 분산과 중앙집중화의 차이점을 간략하게 언급했다. 간단히 말해서 불평등한 분배는 거부되어야 한다. 분배가 불평등할수록 가격이 더 빨리 상승하기 때문이다. 왜 그러한가?

총액의 극히 일부만이 대다수를 차지하는 "운이 좋은 사람들"의 원 밖에 있는 사람들에 의해 거래된다. 따라서 암호화 자산은 희소한 것으로 여겨지며 사람들은 필요 이상으로 구매하려고 한다. 이는 차례로 관련 암호화 자산의 자본화를 증가시키고 코인마켓캡(Coinmarketcap)과 같은 사이트의 최상위에 오를 수 있다. 이것은 과도하게 부풀려진 자본화를 통해 암호화 자산을 실제보다 더 크게 보이게 하는 것을 목표로 하는 교활한 형태의 조작이다.

분포가 불평등할수록 가격을 즉시 10, 20 또는 그 이상으로 나눌 가능성이 커진다. 하룻밤 사이에 모든 비트코인의 50%가 시장가격으로 재판매되었다고 상상해 보자. 몇 분 안에 비트코인이 €50, $100 미만으로 떨어지는 재앙이 벌어질 것이다. 이를 통해 조작자는 자신이 소유한 비트코인의 가치가 더 떨어질지도 모른다는 소액 소유자의 두려움을 활용하여 더 저렴한 가격으로 직전에 판매된 토큰을 다시 구매할 수 있다. 결국 분배가 불평등할수록 거대 주주들은 허위정보 캠페인, 가짜 판매장벽 설치, 심지어 꼼꼼하고 정교하게 구축한 허위정보를 통해 다양한 방식으로 시장을 조작하려는 유혹을 더 많이 받게 될 것이다.

실제로 위에서 언급했듯이 리플(Ripple) 토큰의 80% 이상이 10명 미만에 있는 것처럼 보인다. 따라서 리플의 목표는 명확하고 명확하다. 이 작은 그룹의 유일한 이익을 위해 무한히 돈을 제조하는 것이다. 이 사람들은 허공에서 수백억 달러를 벌었다는 것을 깨달아야 한다.

리플 랩스(Ripple Labs)와 달리 위에서 언급한 나노(NANO)의 창시자인 콜린 르메이유(Colin LeMahieu)와 같은 사람도 있다. 당시 라이블록(XRB)이라고 불렸던 나노(NANO)는 웹사이트를 통해 공정하게 배포되었는데, 충분한 사람들이 소액을 받을 때까지 완전히 무료로 소액을 받을 수 있도록 매일 상응한 조치를 취했다. 이를 통해 남미의 많은 사람들이 빈곤에서 벗어날 수 있었다.

통화의 분배 자체는 기술의 본질이나 해당 암호화 자산의 진정한 잠재력에 대해 아무것도 증명하지 못하지만, 제작자의 정확한 의도를 결정하는 단서가 된다. 제작자의 의도가 사악하다면 일반적으로 피하는 것이 가장 좋다.

블록체인과 암호화폐 혁명인가 반란인가

IX. 개인정보보호,
필수적이지만 종종 잊히는 요소

『비트코인 백서』에서 가장 적게 언급된 요소 중 하나는 개인정보보호에 대한 단락이다. 사토시 나카모토(Satoshi Nakamoto)는 전통적인 모델과 자신의 모델 사이의 차이점을 간략하게 설명한다. 비트코인은 모든 것을 숨기는 대신 반드시 숨겨져 있는 것, 즉 거래 당사자의 실제 신원만 숨긴다. 그러나 이것은 사토시 나카모토가 지적하지 않은 중요한 문제를 제기한다. 그리고 그 위험은 2008년에 이미 명백했다. 키 소유자의 신원이 공개된다면, 그의 모든 활동을 알기 위해 블록체인에서 그의 발자취를 되짚는 것으로 충분하다. 따라서 비트코인은 실제로 개인정보를 실질적으로 보호하지 않는다. 비트코인 거래과정에서 개인정보 유출은 모든 사람의 삶을 파괴할 수 있다.

우리는 언젠가 훨씬 더 무해한 이유로 같은 운명을 겪을 수 있다. 예를 들어, 비트코인으로 술을 산 다음 알코올 소지가 징역형에 처해질 수 있는 나라로 여행을 간다면 어떻게 될까? 또한 오늘 합법인 것이 내일은 합법이 아닐 수 있다는 점을 항상 명심하여야 한다. 크루아상(Croissant) 공포증의 파시스트 정권이 등장한다면, 비트코인으로 크루아상을 산 혐의로 감옥에 가게 될 수도 있다. 실제로 비트코인 블록체인은 모든 거래에 대한 지울 수 없는 흔적을 남기며, 이러한 이유로 개인정보보호는 기본이다. 그러나 비트코인은 실행 가능한 솔루션을 제공하지 못한다.

그렇다면 어떤 암호화폐에 관심을 가질 만한 가치가 있는지를 어떻게 결정할 수 있을까? 정답부터 말하자면, 네트워크 사용자의 실제 익명성을 허용하는 암호화폐이다. 이러한 기능을 제공하는 암호화 자산은 현재까지 널리 보급되어 있지 않지만, 익명성을 보장하기 위한 최고의 암호화 기술로 보호되는 거래를 제공하는 모네로(Monero)를 기반으로 하는 생태계에 대해 배우는 것이 좋다. 모네로 주변에는 다양한 기능을 추가하거나 제거한 많은 다른 암호화 자산이 등장했다.

암호화폐는 여전히 밝은 미래를 앞두고 있지만 길고 험난하며 구불구불한 길도 있다. 창작자와 투자자 모두 많은 함정을 극복해야 하며, 때로는 서로 충돌하는 많은 목표를 달성해야 한다. 그러나 언젠가는 완벽한 암호화폐가 등장할 것이다. 익명성을 포함하여 모든 이상적인 특성을 가진 암호화폐의 출현을 기대한다.

4장

암호화폐 포크의 철학

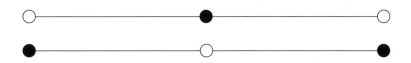

　암호화폐 포크의 근간이 되는 철학은 탈중앙화, 합의 및 윤리적 고려사항과 같은 다양한 주요 측면을 포함한다. 비트코인 및 이더리움과 같은 암호화폐는 중개자를 제거하고 사용자에게 재정에 대한 더 큰 통제권을 제공하는 것을 목표로 하는 탈중앙화 원칙을 기반으로 한다. 거버넌스 도구인 포크는 이러한 디지털 통화의 진화에 중요한 역할을 한다.

　포크는 블록체인 네트워크가 두 개의 개별 체인으로 분할되어 새로운 암호화폐가 생성될 때 발생한다. 포크는 암호화폐 커뮤니티 내에서 서로 다른 이데올로기를 나타낸다. 윤리적 고려사항은 포크를 지지할지 반대할지 여부를 결정하고 보안, 확장성 및 전반적인 유용성에 대한 잠재적 영향을 평가할 때도 작용한다. 암호화폐 포크의 이면에 있는 철학을 탐구함으로써 우리는 이러한 디지털 자산의 개발과 진화를 주도하는 원칙에 대해 더 깊이 이해할 수 있다.

I. 탈중앙화와 합의

탈중앙화와 합의는 암호화폐 포크를 주도하는 핵심 원칙이다. 모든 암호화폐 네트워크의 원활한 운영은 효과적인 블록체인 거버넌스에 의존하며, 탈중앙화는 이 목표를 달성하는 데 중요한 역할을 한다. 참여자 간에 권한과 의사결정 권한을 분배함으로써 암호화폐는 통제가 소수의 개인이나 단체의 손에 집중되는 것을 방지하는 것을 목표로 한다.

포크는 기본 블록체인 프로토콜에 대한 변경 및 개선을 구현할 수 있는 거버넌스 도구 역할을 한다. 포크가 발생하면 일반적으로 암호화폐에 대한 커뮤니티의 비전이 달라진다는 것을 의미한다. 이는 기술 업그레이드, 확장 솔루션 또는 철학적 차이와 관련된 의견 불일치로 인해 발생할 수 있다. 포크는 커뮤니티 내의 다양한 그룹이 자체 규칙과 거버넌스 구조를 가진 별도의 체인을 만들어 각자의 비전을 추구할 수 있도록 한다. 그러나 포크는 암호화폐 환경의 필수적인 부분이지만 윤리적 고려사항을 고려해야 한다.

윤리적 포크는 포크가 투명하고 공정한 방식으로 수행되도록 보장하고, 이해관계자 간의 적절한 커뮤니케이션과 합의를 도출하는 것을 포함한다. 이는 커뮤니티 내에서 신뢰와 신뢰성을 유지하여 리소스와 노력의 파편화를 방지하는 데 도움이 된다.

블록체인과 암호화폐 혁명인가 반란인가

II. 거버넌스와 민주주의 원칙 ▮

암호화폐 포크는 다양한 이해관계자가 의사결정에 참여하고 블록체인 네트워크의 미래 궤적에 영향을 미칠 수 있는 길을 제공함으로써 거버넌스의 민주적 원칙을 보여 준다. 암호화폐 영역의 거버넌스는 블록체인 네트워크 내에서 결정이 공식화되고 실행되는 메커니즘과 프로세스를 포함한다. 거버넌스와 규제를 위해 중앙집중식 기관에 의존하는 전통적인 금융 시스템과 달리 암호화폐는 권력과 의사결정 권한을 분산하는 것을 목표로 하여 거버넌스를 철학의 근본으로 삼는다.

암호화폐 공간에서 거버넌스가 나타나는 주요 방법 중 하나는 포크를 사용하는 것이다. 포크는 블록체인 네트워크가 두 개의 개별 체인으로 분할될 때 발생하며, 각 체인은 고유한 규칙 및 프로토콜 세트로 작동한다. 포크는 네트워크의 방향이나 기술 업그레이드의 필요성에 대한 이해관계자 간의 의견 차이로 인해 발생할 수 있다. 그들은 암호화폐 사용자에게 지원하고 참여할 체인을 선택하여 자신의 선호도와 신념을 표현할 수 있는 기회를 제공한다.

포크는 또한 암호화폐 생태계 내에서 실험과 혁신을 촉진한다. 서로 다른 체인은 고유한 기능, 프로토콜 또는 합의 메커니즘을 구현하여 사용자에게 선택권을 제공하고 건전한 경쟁을 촉진할 수 있다. 이를 통해 네트워크는 이해관계자의 진화하는 요구와 선호도에 적응할 수 있다. 그러나 포크의 거버넌스는 윤리적 고려사항을 제기한다. 포크는 민주적인 의사결정 과정을 제공하지만, 커뮤니티 내에서 분열과 갈등을 초래할 수도 있다. 개인의 자율성과 네트워크의 무결성 및 일관성 유지 사이의 균형을 유지하는 것이 중요하다. 문제는 블록체인 네트워크의 전반적인 안정성과 기능을 유지하면서 참여와 다양성을 가능하게 하는 메커니즘을 구축하는 데 있다.

III. 블록체인 기술 포크의 윤리적 고려사항 ▌

윤리적 고려사항은 포크와 관련하여 암호화폐 세계에서 중요한 역할을 한다. 블록체인을 포크하기로 한 결정은 이해관계자 간의 의견 불일치와 갈등으로 이어질 수 있으므로 도덕적 영향을 미칠 수 있다. 포크를 선택하는 사람들은 사용자, 투자자 및 전체 생태계에 미치는 영향을 포함하여 잠재적 결과를 고려해야 하는 윤리적 책임을 진다. 포크에 윤리적으로 접근하는 것은 투명성, 공정성 및 책임성을 보장하는 데 필수적이다.

1. 암호화폐 포크의 도덕적 의미

암호화폐의 포크는 블록체인을 별도의 개체로 분할하는 과정과 관련된 윤리적 고려사항으로 인해 도덕적 의미를 지닌다. 포크가 발생하면 커뮤니티는 네트워크와 참여자에게 중대한 결과를 초래할 수 있는 결정에 직면하게 된다. 여기서 한 가지 도덕적 고려사항은 공정성의 문제이다. 포크는 블록체인의 방향이나 거버넌스에 대한 의견 차이로 인해 발생할 수 있으며, 포크 결정은 한 그룹이 자신의 비전을 다른 그룹에 강요하는 수단으로 볼 수 있다. 이는 절차의 정당성과 소수 이해관계자의 권리에 대한 의문을 제기한다. 또한 포크는 리소스와 커뮤니티의 파편화를 초래하여 전체 네트워크를 약화시키고 사용자 신뢰를 약화시킬 수 있다. 따라서 암호화폐의 포크를 고려할 때 신중한 윤리적 숙고가 필요하다.

2. 포크 시 윤리적 책임

암호화폐를 포크하는 것은 윤리적 책임을 수반한다. 포크가 발생하면 참가자 그룹은 원래 블록체인에서 분리되어 수정된 규칙으로 새 네트워크를 만들기로 결정한다. 이때 포크를 시작하는 개발자는 개인적인 이익을 위해서가 아니라 커뮤니티의 최선의 이익을 위해 행동해야 한다. 이를 위해 의도를 명확하게 전달하고 새로운 네트워크에 대한 명확한 로드맵을 제공해야 한다. 투명성과 커뮤니티 참여는 포크 기간 동안 윤리적 행동을 보장하는 데 매우 중요하다.

또한 개발자는 새로운 블록체인의 보안과 안정성을 보장해야 할 윤리적 책임이 있다. 철저한 코드 테스트와 강력한 보안 조치의 구현은 사용자 자산을 보호하는 데 필수적이다. 보안을 우선시함으로써 개발자는 커뮤니티의 이익을 보호하겠다는 약속을 보여 준다. 또한 개발자는 포크가 원래 네트워크와 해당 사용자에게 미칠 수 있는 잠재적인 영향을 고려해야 한다. 전환 기간 동안 중단을 최소화하고 지원을 제공해야 한다.

IV. 선택의 자유와 개인의 역량 강화 ▮

암호화폐 포크의 철학은 선택의 자유와 개인의 권한 부여의 원칙을 중심으로 한다. 암호화폐 포크는 탈중앙화 개념의 표현으로, 중앙화된 주체로부터 권력과 통제권을 이전하는 것을 목표로 한다. 개인이 지원하고자 하는 암호화폐의 포크를 선택할 수 있는 자유를 제공함으로써 포크는 프로젝트의 방향과 거버넌스에 대해 발언권을 가질 수 있도록 한다. 포크는 개인이 탈중앙화 네트워크 내에서 자신의 의견과 선호도를 표현할 수 있는 플랫폼을 만든다. 이를 통해 다양한 아이디어와 접근방식을 탐색할 수 있어 암호화폐 생태계 내에서 혁신과 진화를 촉진할 수 있다.

이러한 선택의 자유를 통해 개인은 자신의 가치와 신념을 가장 잘 반영하는 프로젝트에 자신을 맞출 수 있다. 또한 개인의 권한 부여는 포크 중에서 선택할 수 있는 능력을 넘어선다. 포크는 또한 개인이 암호화폐의 개발 및 의사결정 과정에 적극적으로 참여할 수 있는 기회를 제공한다. 이는 코드 기여, 개선사항 제안 및 투표 또는 자체 포크 출시를 통해 달성할 수 있다. 이러한 수준의 개인 권한 부여는 커뮤니티 내에서 주인의식과 참여를 촉진한다.

암호화폐의 혁신과 진화는 멈추지 않는다. 암호화폐 산업은 지속적인 혁신과 진화를 경험하며 발전과 성장을 주도한다. 이는 기술 발전, 규제 프레임워크 및 사용자 채택을 포함한 다양한 측면에서 분명하다. 암호화폐 공간의 혁신과 진화를 강조하는 세 가지 핵심사항을 살펴보겠다.

블록체인과 암호화폐 혁명인가 반란인가

• 기술 발전

암호화폐는 블록체인 및 스마트 계약과 같은 정교한 기술기반 위에 구축된다. 개발자는 이러한 기술을 개선하여 확장성, 보안 및 효율성을 향상시키기 위해 끊임없이 노력하고 있다. 이것은 향상된 기능을 가진 새로운 암호화폐의 출현으로 이어진다.

• 규제 프레임워크

암호화폐가 인기를 끌면서 전 세계 규제기관은 암호화폐 사용을 통제할 적절한 프레임워크를 만들기 위해 노력하고 있다. 이 과정에는 소비자 보호, 금융 안정성 및 혁신 촉진의 균형을 맞추기 위한 정책결정의 지속적인 혁신이 포함된다. 진화하는 규제환경은 기업과 투자자가 운영할 수 있는 보다 안정적이고 예측 가능한 환경을 제공해야 한다.

• 사용자 채택

더 많은 개인과 기업이 디지털 통화의 이점을 인식함에 따라 암호화폐 사용이 증가·확대되고 있다. 이에 따라 기업가와 개발자가 더 광범위한 사용자 기반을 수용하는 사용자 친화적인 플랫폼과 애플리케이션을 만들면서 혁신을 촉진한다. 탈중앙화 금융(DeFi) 플랫폼에서 대체 불가능 토큰(NFT)에 이르기까지 이러한 혁신은 암호화폐 생태계의 진화를 주도한다.

Ⅴ. 포크된 네트워크의 신뢰와 투명성 ▌

신뢰와 투명성은 암호화폐 산업에서 포크된 네트워크의 성공과 무결성에 필수적이다. 포크는 기술 문제 해결, 새로운 기능 구현 또는 커뮤니티 불일치 해결과 같은 다양한 이유로 발생할 수 있다. 신뢰는 참여자가 네트워크 운영에 대한 확신을 갖는 데 매우 중요하다.

투명성은 의사결정 프로세스와 거버넌스 구조에 대한 가시성을 제공하기 때문에 포크된 네트워크에서 매우 중요하다. 참가자는 의사결정이 어떻게 이루어지고 누가 결정을 내릴 권한이 있는지 이해해야 한다. 이러한 투명성은 네트워크 참여자 간의 신뢰를 조성하고 공통의 목표를 보장하는 데 도움이 된다.

신뢰는 네트워크 보안과 밀접한 관련이 있다. 참여자는 포크된 네트워크가 안전하고 자산과 거래가 보호된다는 것을 신뢰해야 한다. 이러한 신뢰는 네트워크 데이터를 검증하고 보호하는 암호화 알고리즘과 합의 메커니즘을 통해 구축된다. 또한 신뢰와 투명성은 개발자와 사용자를 포크된 네트워크로 끌어들이는 데 매우 중요하다. 개발자는 자신의 기여가 가치 있고 네트워크가 혁신을 지원할 것이라고 믿어야 한다. 반면에 사용자는 자금이 안전하고 네트워크가 필요한 서비스와 기능을 제공할 것이라고 신뢰해야 한다.

• 탈중앙화는 암호화폐 포크의 철학에 어떻게 기여할까?

탈중앙화는 암호화폐 포크의 철학에서 중요한 역할을 한다. 네트워크가 단일 주체에 의해 제어되지 않도록 하여 합의기반 의사결정을 촉진하고 사용자가 프로토콜을 관리할 수 있도록 한다. 이 원칙은 중앙

블록체인과 암호화폐 혁명인가 반란인가

기관이 규칙을 지시하거나 네트워크를 조작할 수 없는 보다 민주적이고 투명한 시스템을 허용하기 때문에 암호화폐 포크 아이디어의 기본이다. 탈중앙화를 수용함으로써 암호화폐 포크는 네트워크의 모든 참가자에게 공정하고 포용적인 환경을 조성하는 것을 목표로 한다.

- **암호화폐 포크의 맥락에서 거버넌스와 민주적 원칙의 핵심 원칙은 무엇일까?**

탈중앙화 유지, 합의 달성 및 윤리적 요소의 고려를 중심으로 한다. 이러한 원칙은 포크 프로세스의 무결성과 공정성을 유지하는 데 중요한 역할을 한다.

- **암호화폐를 포크하기로 결정할 때 명심해야 할 중요한 윤리적 고려사항은 무엇일까?**

의사결정 과정에서 투명성, 공정성 및 책임성을 보장하는 것이다. 이해관계자에게 미치는 영향을 고려하고 신뢰, 무결성 및 책임 있는 거버넌스의 원칙을 준수하는 것이 중요하다. 이러한 윤리적 고려사항을 우선시함으로써 암호화폐 포크는 윤리적 기준을 유지하고 건강하고 지속 가능한 생태계를 촉진하는 방식으로 수행될 수 있다.

- **선택의 자유와 개인의 권한 부여는 암호화폐 포크의 철학에서 어떤 역할을 할까?**

암호화폐 포크의 철학은 선택의 자유와 개인의 권한 부여의 원칙을 수용한다. 이러한 원칙을 통해 참가자는 지원할 블록체인 버전을 선택할 때 자율성을 행사할 수 있다. 커뮤니티 내에서 탈중앙화와 합의를 촉진함으로써 암호화폐의 방향에 대한 소유권과 통제력을 키운다.

• 혁신과 진화는 포크를 통해 암호화폐의 개발을 어떻게 주도할까?

　암호화폐의 개발은 포크를 통한 혁신과 진화에 의해 주도된다. 이 프로세스를 통해 새로운 아이디어와 개선사항을 탐색하여 암호화폐 공간에서 가능한 것의 경계를 넓힐 수 있다. 포크를 통해 커뮤니티는 다양한 접근방식을 실험하여 경쟁을 촉진하고 업계의 발전을 주도할 수 있다. 포크를 수용함으로써 암호화폐는 사용자의 변화하는 요구를 충족시키기 위해 적응하고 진화하여 지속적인 성장과 발전을 보장할 수 있다.

　종합하면, 암호화폐 포크의 철학은 탈중앙화, 합의 및 윤리적 고려사항의 원칙을 포함한다. 암호화폐 포크는 암호화폐 커뮤니티 내의 다양한 이데올로기를 반영하는 거버넌스 도구 역할을 한다. 윤리적 고려사항은 보안, 확장성 및 유용성에 대한 잠재적 영향을 평가하는 것과 관련이 있으므로 포크를 지지할지 반대할지 결정하는 데 중요한 역할을 한다. 암호화폐 포크의 철학은 디지털 자산 공간에서 선택의 자유, 개인의 권한 부여, 혁신 및 진화를 촉진한다. 또한 포크를 거치는 네트워크의 신뢰와 투명성을 강조한다.

5장

오스트리아 자유주의와 비트코인
그 상상 이상의 것

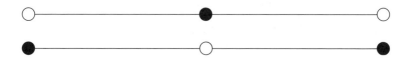

"비트코인 단위를 구매하기로 한 결정은 무엇보다도 정치철학의
문제이다."

– 비트코인 오리진 브라이튼 존스

Ⅰ. 암호화폐의 기원

비트코인의 시작에 대해 이야기할 때 사토시 나카모토를 지적하는
것이 통례지만, 비트코인에 대한 아이디어는 근본적으로 1990년대의
사이퍼펑크 운동에서 비롯되었다. 존 길모어(John Gilmore), 줄리안
어산지(Julian Assange), 에릭 휴즈(Eric Hughes), 할 피니(Hal Finney),

티모시 C. 메이(Timothy C. May)와 같은 사이퍼펑크(Cypherpunks)들은 프라이버시, 제한된 정부, 언론의 자유에 대해 자유지상주의적인 생각을 가지고 있었으며, 그들 중 일부는 비트코인의 성장에 관여하게 되었다.

에릭 휴즈(Eric Hughes)는 『사이퍼펑크의 선언(A Cypherpunk's Manifesto)』에서 다음과 같이 선언했다.

> "우리 사이퍼펑크들은 익명의 시스템을 구축하는 데 전념하고 있다. 열린 사회에서 프라이버시를 위해서는 익명의 거래가 필요하다."

암호화로 보호되는 익명 거래는 바로 사토시가 세상에 제공한 것이다. 사토시는 『비트코인 백서』에 개인정보보호만을 전담하는 섹션도 담았다.

현대의 자유주의자들은 비트코인을 대체적 교환수단으로 채택하기 시작한 최초의 사람들 중 하나였다. 비트코인과 오스트리아 경제학파 그리고 더 나아가 자유지상주의와의 연관성은 그리 미묘하지 않다. 비트코인 프로토콜의 경제적 특성을 살펴보면, 프리드리히 폰 하이에크(Friedrich von Hayek)의 화폐 탈국유화(Denationalization of Money)를 떠올리지 않을 수 없다.

실제로 유럽중앙은행(ECB)의 "가상화폐 제도" 보고서는 탈중앙화 디지털 화폐를 오스트리아 경제학파와 직접 연결시키고 있다. ECB의 보고서에 따르면, 비트코인의 철학적 뿌리는 경제학자 루트비히 하인리히 에들러 폰 미제스(Ludwig Heinrich Edler von Mises), 프리드리히

블록체인과 암호화폐 혁명인가 반란인가

폰 하이에크(Friedrich von Hayek), 오이겐 폰 뵘-바베르크(Eugen von Böhm-Bawerk)가 "경기순환과 엄청난 인플레이션을 악화시켰다."고 주장한 "현재의 명목화폐와 정부 및 기타 기관이 취하는 개입에 대한 비판"이다.

바로 이 경제학자들은 현대 자유주의 운동의 이데올로기적 토대를 마련한 가장 주목할 만한 사상가들 중 일부이다. 비트코인이 오스트리아 경제학 및 고전적 자유주의 원칙과 밀접한 관련이 있다는 점을 감안할 때, 현대의 자유지상주의자들이 비트코인을 대안적 교환수단으로 채택하기 시작한 최초의 사람들 중 하나였다는 것은 놀라운 일이 아니다.

혁신이 확고하게 자리 잡은 작업방식을 대체하려면 일반적으로 일종의 문제나 비효율성을 해결해야 한다. 그러나 우리가 깨닫게 된 것은 비트코인이 기술 발전보다 이데올로기에 더 가깝다는 것이다. 즉, 실행 가능한 디지털 통화를 개발하기 위해 노력하는 개인의 원래 동기는 글로벌 금융 시스템의 거래 효율성을 개선하는 것이 아니라 완전히 다른 것을 추구하는 것이었다.

암호화폐의 기본 개념은 데이비드 차움(David Chaum)의 1983년 백서 『추적할 수 없는 지불을 위한 블라인드 서명(Blind Signatures for Untraceable Payments)』에서 찾을 수 있다. 차움은 글의 도입부에 우리가 사회에서 직면하는 시대를 초월한 딜레마를 식별한다.

"상품과 서비스에 대한 지불 방식의 자동화는 소비자가 이용할 수 있는 전자뱅킹 서비스의 다양성과 성장에서 알 수 있듯이 이미 진행 중이다. 새로운 전자결제 시스템의 궁극적인 구조는 개인정보보호뿐만 아니라 결제 범죄의 성격과 범위에 상당한 영향을 미칠 수 있다. 이상적으로, 새로운 결제 시스템은 상충되는 것처럼 보이는 이 두 가지 문제를 모두 해결해야 한다.

한편으로는, 제3자가 개인이 행한 모든 거래에 대한 수취인, 금액 및 지불 시간을 알면 개인의 행방, 교제 및 생활방식에 대해 많은 것을 알 수 있다. 예를 들어, 교통비, 호텔, 식당, 영화, 극장, 강연, 식품, 의약품, 주류, 서적, 정기간행물, 회비, 종교 및 정치 기부금과 같은 것들에 대한 지불을 고려해 보자. 반면에 지폐 및 동전과 같은 익명 결제 시스템은 통제와 보안이 부족하다. 예를 들어, 지불 증거의 부족, 지불 절도, 미디어, 뇌물에 대한 블랙 페이먼트, 탈세 및 암시장과 같은 문제를 생각해 보자."

II. 개인정보보호, 보안 및 자본주의의 미래 ▌

미국인들은 오랫동안 개인정보보호와 보안 요구 사이의 균형에 대해 의견이 분분했다. 어떤 사람들은 테러리즘, 사이버 공격, 갈취, 마약 및 인신매매 등을 포함한 새로운 위협과 불법 활동에 대한 보안을 강화하기 위해 개인정보보호를 줄여야 한다고 생각한다. 실제로 이것은 통신, 금융거래 및 기타 모든 인터넷 기반 활동에 적용된다. 그러나 어떤 경우에든 어떤 대가를 치르더라도 개인정보를 보호해야 한다고 믿는 개인과 그룹도 있다.

나는 이 책에서 개인정보보호 대 보안 논쟁 가운데 어느 한편을 주

블록체인과 암호화폐 혁명인가 반란인가

장하려는 것이 아니다. 하나 이상의 암호화폐의 광범위한 채택이 사회에 광범위한 영향을 미칠 수 있기 때문에 독자들이 스스로 이 세계를 이해하고 자신의 가치관에 따라 개인적인 가치에 부합하는 정보에 입각한 투자 결정을 내릴 수 있도록 돕고자 한다. 이를 위해 먼저 암호화폐 운동의 저명한 인물들의 개발 동기와 이데올로기적 신념을 이해할 필요가 있다.

비트코인의 창시자인 사토시 나카모토(Satoshi Nakamoto)는 가명으로 익명으로 활동했지만, 사이버 활동가 그룹인 "사이퍼펑크(Cypherpunks)"와 관련된 것으로 알려져 있다. 1992년 에릭 휴즈(Eric Hughes), 티모시 C. 메이(Timothy C. May), 존 길모어(John Gilmore)가 설립한 이 그룹의 초기 의도는 암호학과 관련된 비공식 토론을 위한 소규모 모임을 개최하는 것이었다. 그러나 시간이 지남에 따라 그룹의 규모는 컴퓨터 업계의 많은 저명한 인물을 포함하여 수백 명으로 불어났다.

창립 멤버들은 이렇게 많은 추종자들과 함께, 그룹의 전반적인 의제와 그들의 이데올로기를 논의하는 논문을 저술했다. 『사이퍼펑크의 선언문(A Cypherpunk's Manifesto)』에서 세 명의 창립 멤버 중 한 명인 에릭 휴즈는 그룹의 핵심 목적을 다음과 같이 설명한다.

> "우리는 정부, 기업, 그리고 다른 거대하고 얼굴 없는 조직들이 그들의 선의로 우리에게 사생활을 허락할 것이라고 기대할 수 없다. 우리는 우리 자신의 사생활을 보호해야 한다. 우리는 함께 모여 익명의 거래가 이루어질 수 있는 시스템을 만들어야 한다. 우리 사이퍼펑크는 익명의 시스템을 구축하는 데 전념하고 있

다. 우리는 암호화, 익명 메일 전달 시스템, 디지털 서명 및 전자 화폐를 통해 개인정보를 보호하고 있다.

사이퍼펑크는 암호화에 대한 규제를 개탄하는데, 암호화는 근본적으로 사적인 행위이기 때문이다. 암호학을 금지하는 법조차도 한 국가의 국경과 폭력의 무기까지만 적용된다. 암호화는 불가피하게 전 세계로 확산될 것이며, 이를 가능하게 하는 익명 거래 시스템도 확산될 것이다. 프라이버시가 널리 퍼지려면 사회계약의 일부가 되어야 한다. 사람들은 공동의 이익을 위해 이러한 시스템을 함께 구축해야 한다. 사생활은 사회에서 동료들의 협력이 있을 때에만 가능하다."

에릭 휴즈의 이 선언문에 관한 한 논란의 여지가 없다. 그는 이 그룹의 목표가 프라이버시를 보장하는 시스템과 프로토콜을 만드는 것이라고 말하였는데, 이는 암호학자 그룹에게는 그리 놀라운 일이 아니다. 그러나 『Cyphernomicon: Cypherpunks FAQ and More』라는 제목의 논문에서 티모시 C. 메이(Timothy C. May)는 더 극단적인 이데올로기를 설명한다.

"솔직히 말하자면, 나는 우리가 가지고 있는 현대판 민주주의를 경멸하게 되었다. 모든 이슈는 대중의 정서, 대중의 투표 방식에 따라 구성된다. 최악의 선전 선동과 폭도에 의한 지배 … 하지만 어쩌면 우리는 이 말도 안 되는 소리를 멈출 수 있을지도 모른다. 나는 강력한 암호화폐(그리고 그 궁극적인 형태인 암호화폐 무정부 상태)를 지지하는데, 이는 이러한 형태의 민주주의를 훼손하기 때문이다. 크립토아나키(Crypto anarchy)는 사람들이 적어도 사이버 공간적 맥락에서 자신이 지지하는 법률을 효과적으로 선택할 수 있도록 한다. 그것은 사람들이 다수주의적 규범 체계의 지역적 속박을 깨고 어떤 법이 도덕적이고 어떤 법이 헛소리인지 스스로 결정할 수 있는 권한을 부여한다."

우리가 식별할 수 있는 한, "사이퍼펑크 의제"의 대부분은 일반시민들을 분노로 자극할 가능성이 높다는 것을 명심하여야 한다. 익명 메일, 디지털 화폐, 돈세탁, 정보시장, 데이터 피난처, 권위의 훼손, 초국가주의 등에 대한 이야기는 물론 주류가 아니다. 변방의 이단아들이나 추종하는 세계이다. 나는 많은 사람들이 암호화폐 무정부 상태의 영향이 그들이 받아들일 수 있는 것 이상이라는 것을 알게 될 것이고 라고 생각한다. 암호화폐는 익명의 거래 시스템을 만드는 것이지, 더 효율적인 거래 시스템을 만드는 것이 아니다. 암호화폐는 기술의 발전보다 이데올로기에 관한 것이다. 특히, 암호화폐의 옹호자는 모든 경우와 비용에 관계없이 개인정보를 보호하기를 열망하는 사람들이다.

앞서 언급했듯이 어느 한편을 주장하려는 것이 아니다. 그러나 투자자가 암호화폐에 대한 포지션을 취하기 전에 자신의 신념을 고려하는 것은 매우 중요하다. 법 집행기관이 국가안보 이익을 보장하고 법을 집행하기 위해 개인정보에 어느 정도까지 접근할 수 있어야 한다고 생각하는가? 테러 공격을 방지하고, 적국을 제재하고, 인신매매를 근절하기 위해 어느 정도의 개인 사생활을 희생할 가치가 있을까? 개인정보가 모든 경우에 어떤 대가를 치르더라도 보호되어야 한다고 생각하지 않는 한, 암호화폐는 당신에게 적합하지 않을 수 있다.

암호화폐는 기술 발전보다 이데올로기에 관한 것이다. 따라서 비트코인에 포지션을 취하기 전에 자신의 신념을 고려하는 것이 중요하다. 프라이버시 대 보안 논쟁을 넘어 "크립토매니아"의 장기적 함의를 살펴보면, 암호화폐 운동의 저명한 인물 중 다수가 스스로를 "무정부적 자본주의자"로 여긴다는 점도 알 수 있다. 사이퍼펑크의 이데올로기 배경에 따르면, 무정부–자본주의는 순전히 자발적 행동에 기초한 사회를 위해 국가를 제거하는 것을 옹호하는 정치철학이다. 즉, 모든 서비스는 강제적 과세 없이 사적 자금 조달 기업에 의해 운영될 것이다.

더 고려하기 어려운 문제는 무정부–자본주의 교리에 따를 경우, 암호화폐가 널리 채택된다면 언젠가 민주주의 제도를 훼손할 수 있는 정도이다. 사람들이 전통적인 명목화폐를 버리고 무국적 암호화폐를 선호하는 세상에서 권리와 복지 프로그램, 국방 등은 어떻게 될까? 강력한 자유주의적 견해를 가지고 있지 않는 한, 즉 자율규제되고 자발적인 국가를 원하지 않는다면 암호화폐는 당신에게 적합하지 않을 수 있다. 결국 비트코인 구매 결정은 무엇보다도 정치철학의 문제라 할 수 있다. 즉, 정부가 국가안보 이익을 보호하기 위해 어디까지 할 수 있어야 한다고 생각하는가? 좀 더 일반적으로 말하자면, 정부의 역할은 무엇이어야 한다고 생각하는가? 언젠가 민주주의 제도를 훼손할 수 있는 무언가에 투자하고 싶을까? 다르게 말하면, 나는 암호화폐를 재량적 투자 권장사항의 범위를 벗어나는 행동주의 운동으로 본다.

블록체인과 암호화폐 혁명인가 반란인가

III. 가장 조용한 혁명 ∎

이 항은 닉 카터(Nic Carter)의 『A Most Peaceful Revolution』을 기반으로 작성하였다. 사람들이 정부를 두려워하는 것은 이상한 일이다. 공화주의 시대인 오늘날은 오히려 권력과 정부가 국민을 두려워해야 한다고 생각한다. 비트코인의 출현으로 절대적인 순종이 인간을 행복하게 만든다는 충격적이면서도 단순한 생각이 이토록 분명하게 증명된 적은 일찍이 없었다. 이런 점에서 비트코인 사용자는 혁명가이다.

자유지상주의자들은 착각했다. 민주적 방법에 따라 국가 권력을 축소하려는 시도가 있었지만 실패했다. 정부의 권력욕은 J.R.R. 톨킨의 『반지의 제왕』에 나오는 웅골리안트(Ungoliant)처럼 끝이 없다. 현대의 정치 시스템은 유권자가 투표를 통해 정부 권력의 확장을 승인하고 그 대가로 다양한 혜택과 보조금을 받는 것이다. 자유주의자들조차도 정부의 지원에 만족했다. 독자 여러분이 행사하는 모든 투표, 민주적 절차에 대한 여러분의 참여는 국가의 권력을 강화하게 될 것이다.

하지만 비트코이너(Bitcoiner)는 이를 거부한다. 그들은 상대방이 규칙을 지시하는 게임에서 이길 수 있는 유일한 방법은 게임에 참여하지 않는 것임을 알고 있다. 그리고 그들에게 부과된 전통적인 규칙을 무시하고 그들은 국가의 권력과 감독을 넘어서는 새로운 화폐 시스템을 구축하기 시작했다. 궁극적인 목표는 정부 개입의 여지가 없는 자유 시장, 검증 가능한 화폐를 준비금으로 하는 자유은행 시스템(이익은 반환되지 않고 손실은 국민이 보충하는 무의미한 현대 은행 시스템의 대안), 자본 통제의 제거, 인플레이션을 통한 정부의 국가 자산에 대한 합법적

횡령의 종식, 정부 권력의 축소 및 통화정책 도구의 제거이다.

비트코인을 비판하는 사람들이 단지 정권과 가깝다는 이유만으로 부당하게 이득을 취하는 사람들인 것은 우연이 아니다. 예를 들어, 정부 보조금에 의존하는 대학, 정치적 영향력을 이용해 부를 축적하는 정치인과 전직 정치인, 신흥 미디어와 인기 유튜버의 진입으로 수적으로 열세에 처한 언론인, 보조금과 종신 재직을 대가로 케인즈 경제학을 전파하는 경제학자들은 기회가 있을 때마다 비트코인을 비판한다.

여론을 조작하는 데 능숙한 사람들의 반발에 노출됨으로써, 유토피아를 건설하는 임무를 수행하던 비트코인은 이미 반체제 인사로 낙인 찍혔다. 레거시 언론은 경제면에서 비트코인을 모욕과 조롱의 대상으로만 언급한다. 벤처캐피탈의 투자를 받지 않고, IPO를 하지 않고, 법인을 갖지 않고 순수 오픈 소스 프로젝트의 형태로 탄생 10년 만에 시가총액을 0원에서 200조 원 이상으로 늘린 금융자산임에도 불구하고 비트코인은 언론에 의해 부당한 대우를 받아 왔다.

미국은 비트코인 기반 자유시장인 '실크로드'의 창시자 로스 울브리히트(Ross William Ulbricht)에게 종신형과 가석방 없는 징역 40년을 선고했다. 중국은 비트코인 거래를 금지했고, 인도는 비트코인 소유를 불법화하는 법안을 고려하고 있다.

세계가 지금 목격하고 있는 것은 전쟁의 징조가 아니다. 전쟁은 이미 시작되었다. 물론, 이것은 20세기에 군인들이 최전선에서 고상하게 서로 대치하고 그들 중 한 사람이 힘이 다할 때까지 서로 싸웠던 것과는 다르다. 현재 진행 중인 전쟁은 반정부 활동, 폭탄테러, 경제제재, 드론 공격, 스턱스넷과 같은 전략적 인프라를 겨냥한 사이버 공격이다. 전쟁마저 가상공간에서 벌어지는 시대에 가상공간에서 반란이

블록체인과 암호화폐 혁명인가 반란인가

일어나는 것은 더 이상 낯설지 않을 것이다.

IV. 비트코인 반란 ▌

비트코인은 확실히 반란이다. 아직은 그 수가 매우 적지만, 비트코인 사용자들은 사회의 변화에 대해 진지하게 생각하는 혁명가들이다. 국가에 의존하기는커녕 적대적이다. 정부는 비트코인을 규제, 포획 또는 통제할 수 없다. 실크로드는 단순한 비트코인 이야기가 아니다. 실크로드는 비트코인의 숭고한 의도를 구현한 것일 뿐만 아니라 비트코인이 기존 정부의 통제금융 시스템으로부터 완전히 독립했다는 증거이다. 비대하고 탐욕스러운 정부들은 시민들의 육체적 복종에 만족하지 않고 무제한의 개인정보를 요구했다. 국민의 경제활동은 정부의 손에 달려 있다. 모든 금융거래는 검열되며 중개 금융기관의 허가가 필요하다. 조금이라도 평범하지 않은 행동을 하면 재산을 강제로 몰수당할지도 모른다.

이에 비트코인은 국가를 공격한다. 16세기에 개신교도들이 가톨릭 교회의 교리와 교황의 권위에 의문을 제기했던 것처럼, 사이퍼펑크(정치적·사회적 변화의 수단으로 암호학의 사용을 장려하는 활동가)도 마찬가지로 현대 정부에 의문을 제기한다.

- '인플레이션'은 과연 필요한가?
- 중앙은행이 마음대로 통화의 가치를 조작할 수 있는 환경을 자유경

제라고 부를 수 있을까?

- 국가는 국민의 경제활동을 자유롭게 통제할 수 있어야 하는가?
- 예금자들은 은행(또는 은행이 파산할 경우 궁극적으로 납세자)이 예금을 환불해 줄 것이라고 맹목적으로 믿을 수밖에 없는 것일까?
- 은행 데이터베이스에 입력된 숫자의 의미는 무엇인가?

진정한 암호화폐, 즉 대체통화 시스템은 정부와 그들의 지갑에 큰 위협이다. 비트코인은 인플레이션과 시뇨리지의 망치로 마음대로 자금을 조달할 수 있는 정부의 최대 특권에 도전하고 있다. 그들이 비트코인을 신성모독적이고 고려할 가치조차 없는 것으로 미친 듯이 일축하는 것은 놀라운 일이 아니다.

암호화폐(그리고 지금까지는 비트코인에 국한된)는 이미 중앙은행의 통화정책에 영향을 미치고 있다. 특히 지정학적 영향이 엄청나다. 돈의 자유시장과 인터넷에서의 유통 채널의 결합은 국가에 대한 강력한 도전이다. 그렇다면 비트코인이 국가에 미치는 영향에 대해 자세히 살펴보자.

지나 피터스(Gina Pieters) 박사의 2016년 논문은 유동성이 높은 비트코인 시장이 환율을 조작하기 위해 자본통제를 채택하는 국가에 큰 위협이 된다고 지적했다. 아르헨티나 비슷한 상황에 처한 다른 나라의 경우 비트코인은 골칫거리이다. 비트코인은 대중에게 자본통제를 우회할 수 있는 쉬운 방법을 제공한다. 피터스(Pieters)와 비방코(Vivanco)의 2016년 논문에 따르면, 대부분의 정부는 전 세계 어디에서나 접근할 수 있는 비트코인 시장을 규제하는 데 실패했다. 또, 비트코인의 환율이 정부가 정한 공식 환율보다 시장수요와 공급을 더 밀접

블록체인과 암호화폐 혁명인가 반란인가

하게 반영하는 경향이 있다고 지적한다.

비트코인의 유동성이 충분히 높아지면 국가의 의지에 종속되지 않는 진정으로 자유로운 국제자본시장이 창출될 것이다. 이것은 큰 문제이다. 브라질, 러시아, 인도네시아, 대만, 중국, 아르헨티나 및 기타 여러 국가가 자본통제를 채택했다. 비트코인은 자본통제라는 중요한 통화정책 도구의 효율성을 크게 떨어뜨린다.

또 다른 논문에서 피터스(Pieters) 박사는 비트코인이 정부에 의한 환율 조작의 문제점을 부각시킨다고 지적했다. 비트코인 거래를 통해 정부가 정하는 공식환율과 실물경제의 격차가 드러나고, 실제 수요와 공급을 반영하는 '시장가격'이 드러난다. 이는 비트코인이 가치 측정의 국제표준으로 빠르게 자리 잡고 있음을 보여 준다. 예를 들어, 베네수엘라에서는 볼리바르(Bolívar) 통화에 대한 비공식 환율(시장환율)을 발표하는 것이 불법이다. 정부가 환율을 자신에게 유리하게 조작해 이득을 취하기 때문이다. 베네수엘라에서 가장 인기 있는 환율정보 사이트인 돌라투데이(DolarToday)는 미국 마이애미에 본사를 두고 있으며, 로컬비트코인(LocalBitcoins, 비트코인 P2P 거래소)의 거래 정보를 참고하여 미국 달러에 대한 볼리바르의 환율을 계산한다.

가장 번성한 비트코인 P2P 거래 시장이 자본통제, 하이퍼인플레이션 및 정치적 불안정이 있는 국가에 집중되어 있다는 것은 놀라운 일이 아니다. 로컬비트코인(LocalBitcoins)의 데이터를 활용한 맷 알보그(Matt Ahlborg)의 분석에 따르면 1인당 비트코인 거래량이 가장 높은 국가로 러시아, 베네수엘라, 콜롬비아, 나이지리아, 케냐, 페루가 꼽혔다.

당신이 친구들과 산을 오르다가 곰을 만났다고 상상해 보자. 모두

들 위기를 모면하기 위해 미친 듯이 도망칠 것이다. 이때 살아남기 위해 가장 빨리 도망칠 필요는 없다. 가장 느린 친구를 추월하기만 하면 된다. 통화 간의 경쟁도 마찬가지이다. 비트코인은 달러에 충분하지 않을 수 있다. 그러나 인플레이션이 높은 통화에는 확실히 위협이 된다. 비트코인은 국가의 영향력(그리고 국가가 깜빡이는 폭력의 위협)의 범위를 넘어서는 재산권 보호 시스템을 제공한다. 서구 국가와 같이 재산권이 존중되는 국가에서는 큰 문제가 되지 않지만, 그렇지 않은 국가에서는 생사가 걸린 심각한 문제이다.

아이러니하게도 비트코인에 대한 비판의 최전선에 있는 사람들은 국가의 재산 몰수를 걱정할 필요가 없는 사람들이다. 비트코인에 대한 대응은 그 사람이 인플레이션과 현대 은행 시스템의 해악을 이해하고 있음을 보여 준다. 결국 비트코인을 큰 소리로 비판하는 것은 자신의 무지와 서구 중심주의를 폭로하는 것과 같다.

터키와 아르헨티나의 통화위기에 대한 로스킨(Raskin), 살레(Saleh) 및 예르막(Yermack)의 연구는 암호화폐 채택이 개발도상국에서 선진국보다 앞서 있음을 확인시켜 준다.

> "언뜻 보면 나카모토 사토시의 계획은 효과가 없었던 것처럼 보인다. 그것은 사람들에게 새로운 선택권을 제공했지만, 그것을 필요로 하는 사람은 거의 없었다. 그러나 개발도상국의 상황은 다르다. … 비트코인의 탄생 이후 통화위기를 경험한 첫 번째 국가, 즉 터키와 아르헨티나를 연구함으로써 우리는 이 디지털 통화가 빠르게 하락하는 통화에 미치는 영향을 평가할 수 있다. 그 결과 나카모토의 비전이 실현되었다고 볼 수 있다. 디지털 화폐

블록체인과 암호화폐 혁명인가 반란인가

가 아직 달러를 대체하지는 못했지만, 디지털 화폐의 존재 자체
가 통화 및 규제정책의 편차와 과잉을 억제하는 효과가 있을 수
있다."

　연구자들은 국가로부터 독립된 디지털 화폐의 존재가 국민의 이익
에 부합함을 이미 밝혔다. 특히 자국통화 이외의 새로운 옵션이 창출
되면 위험분산이 가능해지고 국민이 경제적 안정을 얻을 수 있음도
밝혀냈다. 또한 어느 나라에도 속하지 않는 디지털 화폐가 자국 통화
를 대체할 수 있는 가능성을 보여 줌으로써 통화위기에 직면한 국가들
은 온건한 방식으로 통화정책을 수행할 수밖에 없게 될 것이라고 하였
다. 그 결과 인플레이션이 완화되고 투자 수익은 증가한다는 것이다.
마침내 국내 투자도 반등할 것이다.
　경제학 기초 수업에서 배웠듯이 경쟁의 원리를 도입하고 독점체제
(금융시장은 사실상 정부의 독점 허락을 받은 것이나 다름없다)를 무너뜨림
으로써 시장은 공정하고 건강해질 것이다. 지금까지 우리는 다른 선
택의 여지가 없었기 때문에 자국의 통화로 저축할 수밖에 없었고 인
플레이션을 견뎌야 했다. 그러나 이제 전 세계 사람들은 암호화폐로
인해 자국의 통화 시스템을 떠날 수 있는 선택권을 갖게 된 것이다.
이는 중앙은행에 큰 타격이다. 자국화폐를 매각하면 화폐 유통속도가
빨라지고 인플레이션이 악화된다. 따라서 비트코인의 존재만으로도
중앙은행이 파괴적인 통화의 평가절하를 피할 수 있는 인센티브를 제
공한다.

Ⅴ. 국가해체 수단

아무도 화폐제도를 개혁하고 싶어 하지 않는다. 화폐제도에 얽힌 경제적 이해관계가 너무 크기 때문이다. 방대하고 번거로운 과업과 국가의 존립에 대한 위협에 비추어 볼 때, 이 대업은 맹목적인 믿음과 명확한 비전에 대한 헌신 없이는 수행될 수 없다. 알트코인 개발자들이 저지른 가장 큰 죄악은 확고한 신념 없이 임의의 경주마에 베팅한 다음, 다른 사람들도 그 말에 베팅하도록 부추긴 것이다. 그들은 그들 자신조차도 믿지 않는 꿈을 다른 사람들에게 팔았다. 얼마나 많은 알트코인 개발자들이 국가에 맞서겠다는 결의로 사회를 완전히 바꿀 시스템을 구축하고 있다고 말할 수 있을까? 우리 중 얼마나 많은 사람들이 자신의 믿음 때문에 기꺼이 감옥에 가겠는가? 도대체 그런 영웅은 없는 것이 아닌가?

알트코인 피라미드의 꼭대기에 있는 개발자인 '커뮤니티'는 참신함이 부족하고 설득력 있는 비전이 피라미드의 하위계층으로 전파되는 것을 반복하고 있다. 코인 가격이 떨어질 때마다 손해를 보는 코인 보유자들의 목소리가 '매수하기 딱 좋은 시기'라고 서로를 응원하는 목소리가 피라미드 안에서 울려 퍼진다. 가격 변동에 동요하지 않고 자신의 신념을 고수하는 커뮤니티와 그들의 차이는 분명하다.

언뜻 보기에 비트코인과 알트코인의 기능에는 큰 차이가 없다. 둘의 가장 큰 차이점은 영혼이라고 할 수 있다. 알트코인이 도덕성이 낮거나 가치 제안이 약한 것이 아니라 공허하다는 것이다. 피상적인 기술 혁신은 국가에 의존하지 않는 영구적인 시스템 구축보다 우선시된다. 물론 경제적 이익을 추구하는 것이 목적인 비트코인 사용자도 있

블록체인과 암호화폐 혁명인가 반란인가

다. 그러나 많은 비트코인 사용자들은 책임을 방기한 정부와 은행으로부터 자유로운 개방적이고 기능적인 대안 금융 시스템을 만들겠다는 심오하고 근본적인 사명감에 의해 움직인다.

비트코인은 확실히 돈과 국가의 분리를 향해 나아가고 있다. 그 결과 여러 차례 무자비한 정치적 공격을 받았지만 매번 견뎌 냈다. 어떤 알트코인 프로젝트도 이 정도로 공격과 방해를 받은 적이 없다. 알트코인 개발자에게 성공은 코인을 매각하거나 수익을 내는 것을 의미하기 때문이다. 우선은 프리세일이라고 하여 친구들 사이에서 싸게 팔고, 그다음에는 가격을 올리고, 마지막은 일반 투자자에게 고가로 재판매한다.

새로운 블록체인과 코인 개발의 동기는 매우 간단하다. 화폐는 다른 어떤 재화보다 더 큰 TAM(Total Addressable Market)을 가지고 있다. 자체 발행된 코인이 이 거대한 시장에서 작은 점유율이라도 얻을 수 있다면 개발자는 막대한 이익을 얻을 수 있다. 그러나 경제적 이익 추구가 궁극적인 목표인 기회주의자들이 주도하는 프로젝트는 지지자를 얻지 못한다. 개발자가 얻는 막대한 이익의 원천이 일반 투자자의 손실일 때 특히 그렇다. 충성도 높은 지지자들의 헌신적인 지원에 의존하면서 가치도 없고 쓸모도 없는 코인을 높은 가격에 되팔아 부자가 되는 것은 공동체에도 좋은 일이 아니다. 나심 탈레브(Nassim Taleb)의 말을 빌리자면, "나는 당신이 어떻게 생각하든 상관하지 않고, 당신의 포트폴리오를 보여 주기만 하면 된다." 섬뜩한 이 말에 동의해야 하는가는 각자의 몫이다.

"모방(imitation) 블록체인 2.0"으로도 알려진 EOS는 ICO 역사상 가장 높은 금액인 4조 원 이상을 모금했으며 대차대조표에 140,000개의 비트코인을 자본화했다. 비트코인이 탄생한 이후 10년 동안 우리는 수많은 실험적 프로젝트, ICO를 통한 잘못된 자본 배분, 알트코인 개발자의 현실을 무시하는 과도한 야망을 보아 왔다. 그 과정에서 우리는 가치 창출에 대한 몇 가지 귀중한 교훈을 배웠다. 그중 하나는 과학자와 엔지니어가 정치와 돈의 진화를 기술의 진화와 혼동하는 경향이 있다는 것이다. 더 강력하고 효율적인 데이터베이스 구조나 시빌 공격(civil attack)을 피할 수 있는 알고리즘을 개발할 수 있다면 궁극적인 암호화폐를 만들 수 있을 것이다. 놀랍게도 아직도 이렇게 생각하는 엔지니어가 많다. 그러나 이 생각은 잘못된 것이다. 처음부터 새로운 통화 시스템을 구축할 때 중요한 것은 기술 구현의 세부 사항이 아니다. 중요한 것은 다음 질문에 설득력 있는 답변을 제공할 수 있는지 여부이다.

- 왜 새로운 돈을 발행할 권리가 있는가?
- 왜 당신은 돈의 방향에 그렇게 많은 영향을 미치는가?
- 기존의 모든 코인을 거부하고 완전히 새로운 오리지널 코인으로 교체해야 하는 이유는 무엇인가?
- 무엇이 돈을 발행할 당신의 권위를 확증해 주는가?
- 새로운 화폐의 발행과 유통에 있어 공정성과 기회의 평등을 어떻게 보장할 것인가?
- 중앙은행들조차 정치적 압박을 받고 있는 이때, 우리는 어떻게 새로운 통화 시스템의 공정성을 보장할 수 있는가?

비트코인은 이 모든 질문에 대한 명확한 답을 가지고 있다. 알트코

블록체인과 암호화폐 혁명인가 반란인가

인에는 없다. 그뿐만 아니라 알트코인 개발자들은 위의 질문의 중요성을 깨닫지도 못한다.

유틸리티 토큰은 야생이다. 이는 지난 10년 동안 이미 입증되었다. 대부분의 사람들은 해외여행을 할 때마다 외화를 사는 것이 번거롭다고 생각한다. 유틸리티 토큰은 자국에서 쇼핑하는 사람들에게 그 번거로움을 강요하는 것과 같다. 즉, 각 상점은 다른 토큰을 발행하고 해당 토큰에 대한 지불을 제한하므로 쇼핑객은 상점 수만큼 토큰을 구매해야 한다. 유틸리티 토큰은 소급 적용되며 생성할 가치가 없다. 무엇보다 실험으로 끝나고 과거의 유물이 되어 버렸다.

만들 가치가 있는 유일한 암호화 자산은 돈으로 기능하는 것을 목표로 하는 자산이다. 그렇다고 해서 반드시 국가에 대한 반항을 의미하는 것은 아니다. 그러나 국가와 어깨를 나란히 하기 위해서는 수천만 명이 필요하며, 이들은 같은 열망을 공유하고 목표를 달성하기 위해 기꺼이 투자할 의향이 있다. 헌신적인 동지들을 한데 모으는 열쇠는 새로운 암호학이나 비잔틴식 내결함성 알고리즘이 아니라 세상 그어떤 것보다 더 중요해 보이는 가치이다.

VI. 야생에서 인민주권과 사회계약으로　█

그렇다면, 비트코이너(Bitcoiner)가 공유하는 가치는 정확히 무엇일까? 비트코인주의는 오스트리아 경제학, 자유지상주의, 재산권의 불가침성, 계약주의(국가권력이 국민과의 계약에 기초하는 인민적 주권으로서 사회계약의 개념) 및 개인의 독립성을 결합한 정치 및 경제철학이다. 일부 자유지상주의자들은 계약주의에 동의하지 않는데, 그들은 계약론을 강제적인 것으로 본다. 왜냐하면, 대중에게는 실제로 계약서에 서명할 기회가 주어지지 않기 때문이다. 그러나 비트코인은 모든 잠재 사용자에게 계약을 명시한다. 인류 역사상 가장 투명하고, 누구나 과거의 모든 거래를 추적할 수 있고, 평가절하를 걱정할 필요가 없는 우월한 화폐 시스템에 참여하는 것은 의무가 아니라 권리이다.

비트코인 사용자가 중요하게 여기는 다른 가치로는 낮은 검증비용(누구나 참여할 수 있음), 완전한 추적성(예상치 못한 인플레이션이 발생하지 않음), 발행 및 배포의 공정성(비트코인을 얻으려면 지위나 소유권에 관계없이 모든 사람이 '시장가격'을 지불해야 한다. 채굴을 통해 얻든 거래소에서 구매하든 상관없다), 하위 호환성(하드 포크보다 소프트 포크가 선호됨), 누구나 자유롭게 참여할 수 있는 개방형 검증 프로세스(검증자의 공모 및 검열 방지)가 있다.

비트코이너는 프로젝트의 성공을 출구로 정의하는 기회주의적 알트코인 개발자와 근본적으로 다르다. 종말론적 철학을 가진 비트코인 사용자들에게 성공은 기존의 제대로 작동하지 않는 금융 시스템에서 벗어나 비트코인 순환경제를 구축하는 것이었다. 그들은 출구를 꿈꾸지 않는다. 적어도 벤처 캐피털리스트의 출구 측면에서는 그렇다. 그들의 꿈은 평가절하가 불가능한 통화 시스템을 만드는 것이다.

가치는 우연적이거나 기술구현의 단순한 세부사항이 아니다. 가치는 있는 그대로의 시스템이다 디지털 휴머니즘은 기술적으로 능숙한 사람뿐만 아니라 모든 인간의 권리와 삶의 경험을 중시한다. 앞으로의 민주주의와 자유의 미래는 디지털로 유능한 대중의 참여에 달려 있다.

블록체인과 암호화폐 혁명인가 반란인가

강력한 암호화는 분산되고 개별화된 세계의 전망을 제시한다. 인공지능(AI)이 공산주의라면, 암호화(Crypto)는 자유주의이다. 그렇다면 암호화폐와 다른 블록체인 기술이 자유세계에 큰 도움이 될까? 이 질문에 대한 간단한 답은 '예'와 '아니오'이다. '예'는 암호화가 자유사회에 비교우위가 되고 적어도 이론적으로는 분산화된 혁신을 가능하게 한다는 점에서이고, '아니오'는 지금까지 일어난 일이 인간의 번영에 초점을 맞춘 것이 전혀 아니라는 점에서이다. 비트코인과 같은 분산화된 금융이 중개자를 배제하고 민주적 가치를 강화함으로써 일반인에게 도움이 될 것이라는 주장은 아직 실제로 실현되지 않았다. 하지만 미래는 이 두 극단 사이 어딘가에 자리 잡을 것이다.

우리 시대의 주권자는 누구인가? 새로운 주권적 개인은 신화 속의 신(神)처럼 평범한 종속 시민과 같은 물리적 환경에서 활동하지만 정치적으로는 별도의 영역에서 활동할 것이다. 비트코이너와 같은 미래의 주권적 개인은 정부를 재설계하고 경제를 재구성할 것이다. 이 충격적인 변화의 전체적인 의미는 상상조차 할 수 없다.

권력의 중심인 국가는 주권적 개인에게 밀려날 것이다. 이러한 세계관으로 우주는 자신의 규칙과 개인화된 조세 피난처를 만들 수 있는 곳이다. 점점 더 복잡해지는 적응형 글로벌 시스템의 가장 큰 수혜자는 국가나 EU가 아니라 주권적 개인일 것이다.

유리한 입장에서 보면 가상공간은 궁극적인 오프쇼어 관할권으로, 암호화폐 시장은 지리적 공간에서 분리된 가상현실이 된다. 거래는 이루어지지만, 어느 국가에서 규제해야 할까? 누가 관할권을 가지고 있을까? 이와 같은 질문에서 찾은 답이 신세계이며, 거버넌스에 대한 고유한 새로운 과제를 제시할 것이다.

내가 여기서 신세계라는 용어를 사용할 때, 나는 분산형 데이터베이스 네트워크와 그 사이의 연결(블록체인)을 말한다. 비트코이너와 같은 개척자들은 각자가 주권적 개인이 되어 은행과 모든 중개인을 배제하고 오직 그들 자신과 그들만의 고유한 필요와 선호도에만 응답한다. 암호화 기술은 신세계를 구축할 질서를 제공하기 위해 신뢰가 필요하지 않은 중앙집중식 권한의 분산된 변형을 가능하게 한다. 이것이 신세계이고 계몽주의를 벗어난 새로운 사회계약으로서 인민주권주의가 구현된 세계이다.

VII. 프로메테우스의 불 ▮

사토시 나카모토보다 더 좋은 롤 모델은 없다. 그는 비트코인을 처음부터 구축하고, 소스 코드를 공개하고, 짧은 기간 동안 프로젝트를 실행한 다음 영원히 물러나는 데 오랜 시간을 들였다. 그가 채굴한 비트코인(다른 사람이 없어서 네트워크를 계속 운영해야 했기 때문에)은 현재까지 한 번도 옮긴 적이 없다. 사토시는 국가의 가장 큰 특권인 무에서 유를 창조할 수 있는 권리를 빼앗아 상상할 수 있는 가장 순수한 방법으로 그것을 국민에게 기꺼이 되돌려 줄 수 있는 대담함을 가지고 있었다. 그것은 프로메테우스(선견지명의 소유자)라고 불릴 만한 행위이다.

사토시의 도전에 대한 국민의 반응은 어떠했는가? 비트코인이 심각한 위협이라면 국가를 파괴해야 하지 않을까? 비트코인 사용자들은 이러한 질문에 대해 준비된 답변을 가지고 있다. 비트코인은 법으로 금지해도 멈출 수 없는 것이 현실이다. 국제사회는 지금 혼돈과 무질서의 늪으로 치닫고 있다. 북한, 이란, 미국, 러시아, 사우디아라비아가 비트코인이라는 공통의 위협에 맞서기 위해 힘을 모으는 것을 상상할 수 있을까? 나는 이것이 비트코인 부정론자들에 대한 가장 좋은 반론 중 하나라고 생각한다. 금지하든 금지하지 않든 결과는 동일하다.

주요국이 비트코인 거래 금지 협정에 서명하더라도 비트코인 거래가 암시장으로 옮겨 갈 뿐 완전히 파괴되는 것은 아니다. 다른 예를 들어, 법으로 사용이 금지된 제품인 대마초는 생산하는 데 엄청난 양의 전기가 필요하고, 생산자는 기업과 비법인이며, 주요 유통채널은 암시장이며, 시장 규모는 수백만 명의 반복 사용자이다. 대마초를 원한다면 합법이든 불법이든 (미국에서) 30분 이내에 구할 수 있다. 비트코인 거래 금지가 비트코인에 대한 수요를 급감시킬 것이라는 생각은 우습기까지 하다. 이 금지는 비트코인의 존재 이유, 즉 냉소적이고 근시안적인 정부로부터 자기방어를 위한 수단으로서의 가치 제안을 확인시켜 줄 뿐이다. 정부가 새로운 개방 금융 시스템의 허용에 겁을 먹을 때, 대중은 그 편집증적이고 지배적인 본성을 꿰뚫어 볼 것이다.

국가가 비트코인을 위해 할 수 있는 최선의 일은 기술 괴짜이자 오스트리아 경제학자인 비트코인 전문가의 요청에 따라 스스로를 재창조하는 것이다. 구체적으로 말하자면, 그것은 통화의 평가절하, 불평등을 확대하는 무책임한 통화 관리, 경제순환에 간섭하는 것(상황을 악화시킬 뿐이다), 그리고 화폐의 시간 가치를 조작하고 금융기관이 화폐를 무기로 사용하는 오만함을 종식시키는 것을 의미한다. 그러나 정부가 단기적으로 이들 중 어느 하나라도 실제로 중단할 가능성은 낮다고 봐야 한다.

최신 뉴케인즈 이론인 현대통화이론(MMT)에 따르면, 국가는 자국 통화로 표시된 한 끝없이 소비할 수 있다. 이것의 결과는 믿을 수 없을 것이다. 오늘날의 유권자들은 버니 샌더스(Bernie Sanders), 엘리자베스 워런(Elizabeth Warren), 알렉산드리아 오카시오-코르테즈(Alexandria Ocasio-Cortez), 제레미 코빈(Jeremy Corbyn)과 같은 집단주의와 어깨를 나란히 하는 사회주의 추종 정치인들을 환영한다. 영국에서 노동당은 놀라운 몰수 정책을 채택하고 사유재산의 강제매각이라는 반자유주의적 조치를 옹호한다. 개발도상국인 아르헨티나에서도 키르히네르주의와 집단주의로 인해 모든 금융자산의 가치가 폭락했다. 아르헨티나보다 자유시장을 더 존중하는 이웃 나라 칠레에서는 뻔뻔한 공산주의 국회의원 두 명이 정책 입안을 담당하고 있다. 베네수엘라는 더 이상 설명이 필요 없다. 그리고 최근까지 활발한 세계 자유시장이었던 홍콩은 말 그대로 잔인하고 권위주의적인 점령자들의 공격을 받고 있다.

자본주의 경제가 정상적으로 기능하는 데 필수적인 자유시장과 재산권이 전 세계적으로 위험에 처해 있다. 불행히도 이러한 추세가 조정되고 있다는 징후는 없다. 가난한 사람들은 점점 더 정부에 의존하고 있으며, 정부의 보다 광범위하고 적극적인 개입을 요구하고 있다. 그들은 빈곤을 퇴치할 수 없고 세계 전체가 더 부유해질 수 있다면, 전 세계를 빈곤하게 하더라도 불평등을 없애야 한다고 믿는다.

금융기관들은 적어도 표면적으로는 자신들이 유지해 왔던 합리성을 포기했다. 미국 대통령이 연방준비제도(Fed) 의장과 환율을 놓고 공개적으로 언쟁을 벌이는 끔찍한 광경이 오락거리로 소비되는 시대

블록체인과 암호화폐 혁명인가 반란인가

이다. 재선만을 염두에 둔 정치인들은 유권자를 기쁘게 하는 선거공약을 내세우고, 경제의 금융화(통화정책, 금융시장, 금융기관이 경제 전반에 미치는 영향이 커지면서 금융위기가 빈번하게 발생하고, 시장 상황이 실물경제와 괴리되어 변동성이 커지는 현상)를 정치적으로 이용한다.

이것은 표면상으로는 정부로부터 독립된 중앙은행을 효과적으로 통제함으로써 쉽게 달성될 수 있었다. 실물경제가 중앙은행 통화정책에 좌우되면서 헤지펀드들은 중앙은행 총재가 성명서를 낭독할 때 눈썹의 움직임을 기반으로 금리를 예측하는 머신러닝 알고리즘 개발에 수억 달러를 투자했다. 말도 안 되는 일 같지만 현실이다.

지금은 금융시스템이 연중무휴 365일 24시간 운영되는 세상이다. 선진국의 중앙은행에서는 금리 통제가 사실상 올바른 전략으로 간주된다. 국제통화기금(IMF)은 실물 현금의 강제 평가절하를 포함한 마이너스 금리정책을 공개적으로 논의하고 있다. 예금주들이 이자소득을 받을 권리가 있다고 믿는 한 정부가 예금을 몰수하겠다고 제안한다면 당연히 반대할 것이다. 만약, 정치인들이 자신들의 정치적 목적을 달성하기 위해 중앙은행에 마이너스 금리를 도입하도록 압력을 가할 수 있다면, 중앙은행이 예금주의 예금을 보호해 줄 것이라고 기대하는 것은 쓸모가 없는 믿음이다. 어떨까? 우리는 이미 전례 없는 무법지대에 들어섰고, 목적이 수단을 정당화하는 한 불합리한 통화정책을 멈출 수 없을 것이다.

비트코인 시스템은 새롭고 복잡하기 때문에 많은 사람들이 자세한 작동방식과 이점을 이해하지 못한다. 그래서 비트코인을 비웃을 수도 있다. 그러나 어쩌면 미래에 진짜로 비트코인이 필요할 때가 올지 누가 알까? 그때도 비트코인이 지금과 같이 여전히 존재할 수 있을까?

지금은 필요하지 않을 수도 있다. 남은 생애 동안 필요하지 않을 수도 있다. 그러나 세계는 점점 더 권위주의적이고 전체주의적으로 변해가고 있으며 혼란스러운 상황으로 치닫고 있다. 요즘 같은 시기에는 인류 역사상 최고의 자산 보호 시스템이 존재하고 이를 활용할 수 있다는 사실을 아는 것은 큰 위안이 된다.

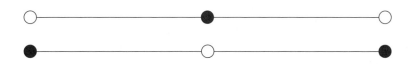

6장

21세기 크립토 철학

I. 암호화폐, 과연 유토피아인가

공상과학소설은 사람들이 기술에 대해 글을 쓰는 장르가 아니다. 그것은 기술과 관련하여 인간의 과잉에 대한 글이다. 허영심, 게으름, 극단주의, 잘못된 낙관주의, 산산조각 난 유토피아적 꿈에 관한 이야기이다. 나에게 있어 암호화폐는 공상과학소설이다. 나는 암호화폐의 기술적 측면이 아닌, 암호화폐의 꿈의 사회적·철학적 측면을 다루고자 한다. 나의 관점은 화면 속의 숫자가 아니라 인간의 행동에 관한 것이다.

암호화폐는 기성의 사회 통념, 제도, 가치관을 부정하는 히피(Hippie)와 비슷하지만 규모가 몇 배 더 크다.

암호화폐는 탈중앙화라는 한 단어로 설명할 수 있다. 크립토는 오늘날의 페이스북과 아마존, 구글이 소유한 인터넷(세계)에서 벗어나 내일의 탈중앙화 인터넷(세계)에 도달할 수 있는 방법을 제공하고자 한다. 그것은 우리 자신의 지침에 따라 우리가 적합하다고 생각하는 대로 우리 자신의 삶에 대한 통제권을 수집하고 유지(또는 재분배)하는 방법을 제공하기를 원한다. 그것은 우리가 가치 있다고 생각하는 프로젝트에 참여하기 위해 토큰(지분)을 구매하고 보유함으로써 우리의 (디지털) 세계를 재건하는 데 참여할 수 있기를 원한다.

암호화폐의 꿈은 단지 돈에 관한 것이 아니라 주권에 관한 것이다. 그것은 단지 금융이나 경제에 관한 것이 아니라 집단과 개인 사이의 이상적인 교차로에 관한 것이다. 그것은 후기 자본주의의 무너져 가는 세계에서 덜 부서지고 덜 억압적인 세계로 탈출하는 것에 관한 것이다. 21세기의 제도와 21세기의 정부보다 더 나은 삶을 영위할 수 있는 도구를 사람들에게 제공하려 한다.

사토시 나카모토는 2007~2009년 글로벌 금융위기에 대한 직접적인 대응으로 비트코인을 발명했다. 그는 정부가 승인한 월스트리트의 과대망상증의 세계가 얼마나 완전히 망가지고 지속 불가능해졌는지를 보았고 탈출구를 만들었다. 그리고 거기에서 디지털 통화에서 말 그대로 원하는 모든 아이디어에 지분을 보유할 수 있는 방법으로 발전했다. 소유권, 형평성, 인센티브, 집단권력, 개인주권, 거버넌스 및 커뮤니티의 개념을 재구성하는 방법이다. 낙관적으로 말하자면, 블록체인에서 전 세계를 재건하는 방법이다. 그러나 필자의 논지는 이것이다. 암호화폐는 너무나 많은 근본적인 지적(知的), 철학적 반칙을 저지르고 있다는 것이다. 도저히 지킬 수 없는 약속을 한다. 그것은 모두 희망과 꿈이며, 균형을 맞추는 비례적인 뉘앙스가 없다. 고귀한 대의

블록체인과 암호화폐 혁명인가 반란인가

명분이지만 쓸모없는 대의명분이다.

결론적으로, 나의 논지는 암호화폐가 원하는 것이 될 수 없다는 것이다. 그것은 유토피아적 사고를 허용하고 활용하기 때문이다. 역사를 조금이라도 공부해 본 사람이라면 누구나 알겠지만, 유토피아주의는 인간의 삶에서 설 자리가 없다.

본질적으로 인간적인 현상을 기술적 현상으로 대체하려고 하기 때문이다. 인간관계를 금융적·수학적 거래로 축소하기 때문이다. 소크라테스와 플라톤 이래로 존재해 온 철학(및 다른 학문)의 기본 교훈을 파악하지 못하기 때문이다. 그리고 모든 것을 하려고 할 때 아무것도 성취하지 못할 것이기 때문이다. 그것은 완벽함이 선(善)의 적이 될 수 있게 한다. 지금까지 크립토는 유토피아적 꿈으로 위장한 디스토피아적 악몽처럼 보인다.

이 책을 집필하는 데 있어 매트 레빈(Matt Levine)의 「The Crypto Story」가 많은 영향을 주었다. 그의 40,000단어 분량의 에세이는 블룸버그의 『비즈니스위크』에 실렸고, 내가 읽은 것 중 가장 좋은 견해였다. 그것은 내가 지금까지 암호화폐에 대해 가졌던 모든 생각을 마침내 구체화하는 데 도움이 되었다.

II. 꿈, 약속, 희망 ▮

내가 말하고 싶은 것은 암호화폐 세계에서 진화한 가장 큰 희망, 꿈, 약속 또는 개념 중 몇 가지에 대해 이야기하는 것이다.

암호화폐 세계에서 완전히 보편적인 재정적 인센티브의 기본 개념부터 논의를 시작하겠다. 칼 마르크스(Karl Marx)는 『공산당 선언』에서 자유시장이 발전함에 따라 모든 관계는 금융으로 바뀐다고 말했다. 부르주아지는 그것이 우위를 점하는 곳마다, 모든 봉건적·가부장적·목가적 관계들을 종식시켰다. 그것은 인간을 "타고난 상급자"에게 묶어 두었던 잡다한 봉건적 유대를 무자비하게 찢어 버렸고, 인간과 인간 사이에는 냉담한 "현금 지불" 이외에, 적나라한 이기심 외에는 다른 어떤 연결 고리도 남기지 않았다. 그것은 개인의 가치를 교환가치로 환산시켰고, 무수히 많은 부정할 수 없는 공인된 자유 대신에 유일하고 비양심적인 자유(자유무역 조건)를 내세웠다. 그는 봉건제도에서 벗어난 부르주아지의 발전에 대해 말하고 있는데, 물론 우리는 그보다 더 "문명화"되어 있기 때문에 더 이상 그런 것을 가지고 있지 않다.

암호화폐의 세계에서는 마르크스의 예측이 완전히 현실이 된다. "모든 암호화폐 애호가"가 디지털 통화의 피상적인 재정적 인센티브에 취약할 것이다. 이기적인 이득을 위해 금전적 인센티브가 존재하는 시스템을 구축하면, 무리(그리고 가장 위험하게는 지도자들)는 이익을 위해 이기적으로 행동할 것이다. 그것은 세상의 불변의 법칙이며, 암호화폐는 이를 저절로 해결하지 못할 것이다.

암호화폐에서 하는 모든 일은 재정적 위험과 미래 어딘가의 잠재적인 재정적 보상과 관련이 있다. 해당 프로젝트에 참여하려면 프로젝트에서 토큰을 구매해야 한다. 목소리를 내고 보상을 받으려면 생태계에 돈을 투자해야 한다. 개인의 참여는 재정적 위험 및 재정적 보상과 분리될 수 없으며, 모두 같은 것이다. 암호화폐 프로젝트에 참여하

블록체인과 암호화폐 혁명인가 반란인가

는 것은 재정적 (때로는 평판에) 투자를 하는 것과 같다.

그러므로 자신의 암호화폐 프로젝트가 돈에 관한 것이 아니라고 말하려는 사람은 정의상 거짓말을 하는 것이다. 말 그대로 암호화폐는 항상 돈에 관한 것이기 때문이다. 그러한 시스템에는 순수하고 박애주의적인 동기가 없다. 예를 들어, 최근 FTX의 폭락은 샘 뱅크먼-프리드(Samuel Benjamin Bankman-Fried)가 현명한 자선사업가라고 오랫동안 믿어 왔던 사람들에게 그가 파산한 회사의 얼마 남지 않은 돈을 가지고 도망가고 있는 평범한 그리고 무모한 은행 CEO에 불과하다는 것을 보여 주었다.

암호화폐의 세계에서 모든 커뮤니티는 재정적으로 서로에게 의존하는 사람들로 구성된다. 이러한 많은 공동체에는 진정한 단합과 협력과 정직함이 있다. 그러나 재정적 인센티브는 항상 그것을 능가할 것이다. 제정신을 가진 사람이라면 누구도 결코 돈을 벌 수 없을 것임을 알고 있는 프로젝트에 돈을 투자하지 않을 것이기 때문이다. 수익성이 없거나 수익성을 높이려는 목표가 없다면 애초에 커뮤니티가 아니다. 사람들이 거기 없을 테니까 말이다. 냉혹하지만 암호화폐에는 단지 재미나 우정을 위한 것이 없다. 그렇지 않으면 돈을 벌지 못하거나 사회적 보상을 받지 못할 것이기 때문이다. 그렇지 않다면, 그들은 본질적으로 그들의 프로젝트가 무가치하다는 것을 인정하는 것이다. 그러니까 서로 정겨운 용어를 사용하고 목표가 일치한다 해도 서로에게 경제적 대상이라는 사실은 변함이 없다. 웹 3.0 세계에서, 암호화폐 중심 사회에서 모든 관계는 서로에게 어떤 재정적 인센티브를 제공할 수 있는지에 관한 것이다. 그리고 거기서 끝나지 않는다.

Web 3.0의 영혼은 희망적이고 밝은 것이 아니라 로봇적이고 어둡다. 중국의 믿을 수 없을 정도로 디스토피아적인 "사회 신용점수" 시스템에 대해서도 들어 보았을 것이다. 매트 레빈(Matt Levine)은 「The Crypto Story」에서 암호화폐 세계에서 떠오르는 관련 아이디어에 대해 이야기한다.

> "구매한 토큰뿐만 아니라 작업을 수행한 대가로 받은 토큰도 포함된 암호화폐 지갑이 있다. 대학을 졸업하면 대학에서 학사학위 토큰 또는 수강한 과정과 성적 및 배운 내용을 지정하는 일련의 토큰을 보낸다. 운전면허시험에 합격하면 DMV에서 운전면허증 토큰을 보낸다. 전문가회의에 참석하면 회의를 개최한 조직에서 참석증표를 위해 전화로 회의토큰을 보낸다. 직장에서 승진하면 고용주가 시니어 블록체인 개발자 토큰을 보낸다. 오픈 소스 프로젝트를 도울 때 프로젝트 리더는 오픈 소스 프로젝트 토큰으로 도움을 준 것에 대한 감사를 보낸다. Reddit에 많은 게시물을 올리면 다른 Reddit 사용자가 Reddit 토큰에 대한 Good Post를 보낸다. 이들은 도처에 존재하며 커뮤니티 포인트라고 한다. 친구의 이사를 도와주면 친구는 이사를 도와줘서 고맙다는 메시지를 보낸다."

이 세상은 끔찍하게 들린다. 나는 나의 명성, 생계, 인간으로서의 나의 가치가 수학적으로 계산되고 다양한 종류의 인터넷 포인트로 검증되는 세상에서 살고 싶지 않다. 나는 손주들이 성실성, 좋은 태도, 다른 사람을 신뢰함으로써 기꺼이 위험을 감수하는 것과 같은 인간의 근본적인 강점이 존중받는 것보다 "그래, 하지만 너는 그것에 대한 증

블록체인과 암호화폐 혁명인가 반란인가

표가 있느냐?"가 더 중요한 평가로 인정받는 세상에 살기를 원하지 않는다. 그런 세상은 지옥 같다. 나는 그것이 나쁘거나 불쾌하게 들린다는 것을 의미하지 않는다. 나는 그것이 지옥처럼 들린다는 것을 의미한다. 그곳은 우리를 협력적이고 사랑스런 인간으로 만드는 곳이 아니라 모든 것이 적나라하게 벗겨지고 문자와 숫자로 대체된 곳이다.

나는 그 토큰들 중 어느 것도 원하지 않는다. 그것들은 이미 전혀 의미가 없기 때문이다. 사실 그것들은 무의미한 것보다 더 나쁘다. 그것들은 반(反)의미적이다. 그들은 나의 인생에서 의미 있는 것을 적극적으로 훼손한다. 그들(토큰)은 인간에게 건강하고 선하며 영적인 것에 정면으로 반대된다. 그것들은 우리 모두를 투자자로 만들고 동시에 투자상품으로 만든다. 어쩌면 언젠가는 인간과 그들의 다양한 점수를 주식과 같은 거래소에서 거래할 수 있을지도 모른다. 어떻게 이것을 악몽이 아니라고 볼 수 있는지 이해할 수 없다. 내일 아침에 일어나 서울과 도쿄와 런던과 뉴욕과 로스앤젤레스가 토큰 기반 사회로 나아가고 있다는 것을 알게 된다면, 정말 끔찍한 세상이 될 것이다.

III. 영혼의 매각 ▌

이더리움 블록체인의 공동 창립자이자 암호화폐 분야의 선구자인 비탈릭 부테린(Vitalik Buterin)은 에릭 글렌 웨일(Eric Glen Weyl), 푸자 올하베르(Puja Ohlhaver)와 함께 『탈중앙화 사회: 웹3.0의 영혼을 찾아서(Decentralized Society: Finding Web 3.0's Soul)』라는 논문을 발표했다. 그것은 우리가 어떻게 "영혼에 묶인" 토큰을 기반으로 사회를 건설할 수 있는지 설명한다. 여기에는 우리의 자격, 가치, 그리고 사람들이 우리에 대해 알아야 할 모든 것이 포함될 것이다. 그러나 나에게 명백한 질문은 "얼마나 오랫동안, 그것이 짐이 될 때까지?" 하는 것이다.

사람들은 잠재적으로 의미가 있을 수 있는 모든 것에 대한 토큰을 생각해 낼 것이다. 그리고 그것은 우리를 점점 더 많은 것들에 대한 토큰이 있는 곳에 놓이게 하고, 결국에는 기본적으로 모든 것에 대해, 그리고 결국에는 너무 많은 것들에 대해 더 이상 사람들의 토큰을 검증하는 데 시간을 할애할 가치조차 없는 곳에 놓이게 한다. 또는 애초에 관계를 맺는 모든 자들의 데이터를 수집한다. 마침내 이 상상 속의 토큰 중심 경제에서 우리가 수익이 감소하는 지점에 도달하는 데 오랜 시간이 걸리지 않을 것이다. 요점은 단지 한계적인 효용이 아니라, 완전한 헛됨의 망상인 것이다.

왜 우리는 《굿 윌 헌팅(Good Will Hunting)》과 같은 영화를 좋아할까? 또 왜 우리는 영화에서 전혀 자격이 없는 사람이 단지 "특별한 것"을 가졌다는 이유로 아주 작은 기회에 일자리 제안을 받는 장면을 보았을 때 감동받는가? 그런 사람을 만나거나 그런 사람이 되기를 바라기 때문이다. 우리 모두는 그 이야기의 일부가 될 수 있기를 바란다. 우리 내면에는 그 이야기가 중요하다는 것을 이해하는 불변의 무언가가 있다. 그것들은 인간 존재와 분리될 수 없다. 우리는 실생활에서 사랑하고 싸울 가치가 있어야 한다. 그리고 이 아이디어에는 또 다른 큰 문제가 있다. 검증과 진실이다. 이 토큰들이 당신의 삶을 분산시키고 마침내 사회에서 "권위"의 힘을 분산시킬 수 있을까? 그러나 그것은 완전히 거짓이다. 무언가를 증명하는 토큰으로는 입증(proves)이 근본적으로 불가능하다. 스탠포드에서 발행하지 않은 "나는 스탠포드를 졸업했다"라고 적힌 블록체인 토큰을 가질 수는 없다. 누가 이 토큰을 발행할 수 있을까? 오직 스탠포드만 가능하다. 나는 암호화폐가 블록체인에서 모든 것을 쉽고 간단하게 증명할 수 있다고 제안한다는 것을 알고 있다. 그러나 누가 "나는 태권도에 검은 띠를 가지고 있다"는 토큰을 발행할 것일까? 누가 "작년에 주말마다 교회에서 자원봉사를 했다"는 토큰을 발급해 줄 것인가? 우리는 진실을 알아내기 위해 전화를 걸고 이메일을 써야 한다. 그리고 문제는 이 세상에서 진실은 중앙의 권위를 요구하거나, 아니면 최소한 어떤 형태의 합의를 필요로 한다는 것이다.

결국, 중앙의 권한만 남는다. "진짜" 토큰의 발행자가 되기 위해서는 단 하나의 기관이 필요하다. 당신이 침례교회의 활동적인 회원이거나 태권도 검은 띠를 가지고 있다고 말하는 조직은 단 하나뿐이어야 한다. 여러 개가 있으면 토큰은 전혀 의미가 없기 때문이다. 암호화폐에서 "진실"은 없다. 단지 경쟁하는 버전과 경쟁하는 비권위자의 이야기만 있을 뿐이다.

어디서든 누구나 특정 성취나 지위의 상징을 강조하는 꾸며 낸 토큰을 발행할 수 있다. 그런 다음 친구들에게 나눠 줄 수 있다. 중앙권력이 없다면 이 모든 것은 아무 의미가 없다. 일종의 인증 시스템이 없다면 다양한 기관에 자격을 갖추거나 성취한 사람을 선언할 수 있는 2차적인 권한을 부여할 것이다. 그리고 내가 확신하듯이 그것은 더 많은 중앙집중화를 야기한다. 중앙집중화의 또 다른 형태는 훨씬 더 복잡하고 관료적인 형태의 중앙집중화이다. 이것이 암호화폐와 "블록체인 사회" 비전의 문제이다. 암호화폐는 한 가지 근본적인 일을 하고 있다. 세상을 완전히 재창조하려고 시도하는 것이다.

이것은 또한 상호교차성(intersectionality, 집단 정체성에 따라 사람들을 분류하는 것)의 문제이기도 하다. 모든 사람을 집단 정체성에 따라 분류하다 보면, 시간이 지남에 따라 그 분류가 점점 더 정교해질 것이다. 결국 한 개인이 개인의 수준으로 다시 내려갈 때까지 세분화된다는 말이다.

세상이 지금과 같이 조직되어 있는 것은 수천 년에 걸친 인간의 독창성이 바로 이 결과를 낳았기 때문이다. 우리가 할 수 있는 최선이기 때문에 우리가 있는 곳이 최적의 장소이다. 그렇다고 해서 내가 현재 상황을 완벽하다고 생각하는 것은 아니다.

요점은 암호화폐가 대부분 문제를 찾는 솔루션이라는 것이다. 현실 세계와 완전히 분리된 공상과학 인프라의 집합체로, 사람들은 현실 세계로 다시 연결하기 위해 리버스 엔지니어링을 시도한다. 그러나 암호화폐는 한 가지 문제를 해결하려는 시도에 그치지 않고 우리가 한 종으로서 해결한 모든 문제를 다시 열고, 수천 시간과 수백만 달러를 들여 코드화하고, 블록체인에서 다시 해결하기를 원한다. 그것은 결국 인간이 역사적으로 이미 해 왔던 모든 것을 다시 하는 것에 불과하다.

어쩌면 이것이 21세기 버전의 철학일지도 모른다. 어쩌면 이 세대는 일련의 불필요한 재정적 · 사회적 실험을 통해 역사가 이미 가르쳐줄 수 있었던 것을 배우는 절망적인 세대일지도 모른다. 어쩌면 이 세대는 애덤 스미스와 존 스튜어트 밀을 읽는 대신, 기술을 통해 인류의 철학 전체를 재발견하고 있는지도 모른다. 암호화와 컴퓨터를 통해 개성, 신뢰, 공동체, 자유, 거버넌스를 재발견한다.

IV. 어리석은 욕망

컴퓨터 프로그래머는 자신이 발견한 문제를 해결할 수 있는 멋진 아이디어를 가지고 있다. 그들은 그 아이디어를 애호가와 얼리 어답터에게 판매한다. 얼리 어답터는 더 많은 사람들에게 아이디어를 판매한다. 그들은 자신들이 처음으로 세계 문제를 해결하고 있다고 생각한다. "솔루션"은 더 많은 인프라와 투자 및 코딩으로 해결해야 하는 더 많은 문제를 야기한다. 프로젝트가 실패하거나 지속 불가능할 정도로 복잡해진다.

이 문제는 수백 년 전에 인간사회와 철학에서 발견되었다. 이는 새로운 문제가 아니며 새로운 해결책도 거의 없다. 그리고 현재 해결책이 우리가 생각해 낼 수 있는 최선이다. 그리고 새로 제안된 해결책은 너무 이상적이어서 사용할 수 없으며, 세상은 그렇게 단순하지 않다. 이것은 거의 모든 암호화폐 프로젝트와 아이디어의 필연적인 결과이다.

요점은 우리가 이미 가지고 있는 시스템이 불완전함으로 가득 차 있지만 꽤 훌륭하다는 깨달음이다. 사회적·정치적·경제적 문제를 완벽하게 "해결"하기 위한 노력의 일환으로, 암호화폐는 우리 삶에서 실제로 꽤 잘 작동하는 많은 것들을 쏟아붓는다. 볼테르는 "완벽함"이 "선"의 적이 되지 않도록 경고했지만, 그것이 바로 암호화폐가 하는 일이다. 흠잡을 데 없는 것을 추구하기 위해 유용한 것을 버린다. 이것이 주류 암호화폐 철학에서 빠진 것이다. 해결책은 없고 트레이드오프만 있을 뿐이라는 생각이다. 하지만 크립토는 삶의 타협적인 본질을 갑자기 바꿀 수 있는 유일한 기술이며, 이제 그것은 모든 것을 검증할 수 있기 때문에 인간은 더 이상 자연과 타협할 필요가 없다고 약속한다. 그리고 한 가지 간과되고 있는 사실이 있다. 선진국 사회에서 사람들을 근본적으로 움직이는 것은 돈이 아니라 시간이라는 점이다.

러시아의 우크라이나 침공 초기에 미국과 다른 세계 강대국들은 러시아와 그 시민들에 대한 제재와 제한을 가함으로써 러시아에 대한 금융 시스템을 무기화했다. 비슷한 시기에 캐나다 정부는 문제를 일으킨 시민들을 상대로 자체 금융 시스템을 무기화했다. 이 사건들로 인해 전 세계 시민들은 독립적인 금융 시스템을 필요로 하게 된다. 정부의 지나친 영향력과 지정학적 불확실성으로부터 누구나 자유로워야 한다. 늘 그렇듯이 이것은 완전히 이해할 수 있고 매력적인 비전이다. 그러나 이것은 철학적으로나 실제적으로나 과장에 불과하다.

좋든 싫든, 전 세계 시민들은 중앙집권적 권력에 의존한다. 일반 시민은 완전히 새로운 재정 체계를 배우고 그것을 사용하기 위해 노력할 것이다. 여기에는 자신의 모든 재정을 새로운 시스템으로 이주(migration)하고, 새로운 시스템의 타협과 단점을 다루는 방법을 배우고, 그 새로운 프레임워크 내에서 완전히 운영되는 것이 포함된다. 그런데 솔직히 말해서 보통 사람은 이 일을 할 시간도 에너지도 욕망도 관심도 없다. 보통 사람들은 전체 글로벌 금융 시스템은 고사하고 은행이 어떻게 작동하는지조차 이해하지 못한다.

비트코인 맥시멀리스트와 암호화폐 유토피아주의자들은 전 세계 시민들이 지갑에서 암호화폐를 주고받는 동안 웃는 얼굴을 하고, 독립적인 삶을 구축하고, 인간 협력과 기술 적응의 새로운 개척지에 참여하는 비전을 염두에 두고 있다. 그러나 그들은 한 가지 근본적인 진실을 알지 못한다. 아마도 인간의 가장 큰 원동력은 자신의 시간을 통제하는 것일지도 모른다는 것이다. 나는 사람들이 80%만 적절하지만 참여하기 위해 엄청난 노력이 필요한 시스템보다는 40%만 적절하고 시간을 통제할 수 있는 시스템을 원한다는 것을 주장하고자 한다.

전자는 대략적으로 말하자면 현재의 시스템이다. 그것이 민주주의이다. 애초에 민주주의가 발명된 이유다. 이는 자신의 시간을 통제하려는 인간의 욕구와 보통 사람이 높은 수준의 사고와 복잡한 일에 실제로 참여할 수 없는 무능력에서 비롯된다. 무능함은 그러한 시스템을 운영하는 데 도움이 되는 장비와 지식의 완전한 부족을 의미한다. 왜냐하면, 대다수의 사람들이 그러한 참여를 할 수 있도록 준비시키는 것이 논리적으로 불가능하기 때문이다. 사람들로 구성된 사회 전체를 높은 주체성, 명료한 사고력, 협력적 문제 해결, 충분한 독서량, 해결 지향적인 개인으로 준비시키는 것은 불가능하다. 대부분의 사람들은 결코 그렇게 살지 않을 것이다. 이것이 우리가 애초에 중앙집권적 정부를 가지고 있는 이유이다. 그것은 우리가 발전된 사회를 만들기 위해 치러야 할 피할 수 없는 대가이다.

다양한 암호화폐 기업의 붕괴로 수천 또는 수백만 달러를 잃은 사람들을 생각해 보자. 그들이 묻는 첫 번째 질문은 "어떻게 이런 일이 일어날 수 있을까?"이다. 혼란스러워진 그들은 주위를 둘러보며 어떤 규제기관이나 권위 있는 인물을 찾는다. 그러나 가장 먼저 물어야 할 질문은 "그들의 장부를 감사했을까? 실사를 하였을까? 무엇에 투자하고 있는지 알고 있었을까? 재정적으로 건전한 기관이었을까?" 등이다.

물론 암호화폐 구매자 중 이러한 질문에 답할 수 있는 사람은 거의 없거나 대답은 '아니오'이다. 우리는 모든 작업을 수행할 때마다 감사나 실사를 할 필요가 없는 세상에서 살고 있기 때문이다. 은행을 이용하고 싶을 때마다 활발한 조사를 해야 한다면 절대 은행을 이용하지 않을 것이다. 아무도 그럴 시간이 없기 때문이다. 인간은 이와 같은 일들을 감독하기 위해 강력한 권위를 세웠다. 안전에는 대가가 따르며, 그 대가는 중앙정부에 집중된 권력이다.

DAO는 결국 CAO가 될 것이다. 크립토(Crypto)는 우리가 탈중앙화 자율조직의 구성원이 됨으로써 우리 자신의 일을 관리할 수 있다고 약속한다. 우리는 토큰을 구매하고, 토론에 참여하고, 투표를 한다. 우리는 우리 자신의 삶에 대한 권위를 되찾고 우리 자신을 다스린다. 다시 말하지만, 이것은 헛된 꿈이다.

사람들은 의사결정을 내리는 데 시간을 할애하려는 사람들에게 의사결정을 아웃소싱한다. 자치(자율)는 작은 규모에서만 가능하다. 많은 사람들로는 불가능하다. 공동체나 조직 또는 사회가 임계점에 도달하면 투표를 투표 풀에 위임하기 시작한다. 그 시점에는 일반인이 따라가기에는 움직이는 부분이 너무 많기 때문이다. 투표해야 할 사안이 너무 많고, 너무 많은 노력이 필요하다. 그것은 시민들을 대신하여 투표권을 행사할 대표자들이나 지도자들을 (무력에 의해서든 선택에 의해서든) 선출하기 시작한다. 크립토에서 이는 자발적인 위임을 통해서, 또는 누가 가장 많은 코인을 가지고 있는지 묻는 두 가지 방법으로 발생할 수 있으며, 후자는 비전의 명백한 실패이자 결정적으로 탈중앙화에 반대하는 것이다.

현안에 집중할 시간이나 열정이 있는 사람들은 모든 표를 행사하겠지만, 일반 시민들은 그렇게 할 수 없기 때문이다. 이것이 의미하는 바는 모든 결정이 가장 관심이 많은 소수의 손에 맡겨져 더 이상 분산되어 있지 않다는 것을 의미한다. 그리고 분명히 말하자면, 그 소수는 권력의 일반적인 증상에서 절대적으로 자유롭지 않다. 그들은 마술처럼 정치적 책략, 부패한 행동, 공동체 구성원의 형편없는 대표성에 관여하지 않을 것이다. 크립토가 현실세계에서 지적한 거버넌스와 정부의 모든 실패는 크립토 중심의 세계에서 다시 나타날 것이 확실하다. 탈중앙화는 곧바로 중앙화로 이어지고, 그에 따른 모든 문제가 발생한다. 그것은 자본주의의 약점이나 피할 수 있는 어떤 사고가 아니라 인간행동의 기본적인 진리이다.

암호화폐는 19세기 미국의 서부개척 시대와 비교하여 생각해 볼 수 있다. 프론티어 정신, 자유와 정직한 경쟁, 그리고 어느 정도까지든 협력이 불안정한 황금채굴이 가능한 땅이 매우 닮았다. 작은 마을들이 곳곳에 흩어져 있었고, 각 시민은 자신의 삶에 대해 상당한 수준의 통제권(그리고 막중한 책임감)을 가지고 있었다. 그리고 무법자들과 위험에도 불구하고 한동안은 꽤 좋았다. 그리고 시간이 지남에 따라 인구는 더 많아지고 인프라는 더 복잡해졌으며 문제는 처리하기가 더 어려워졌다. 그래서 이런 일들을 처리할 권한과 책임은 그것들을 다루고 싶어 하는 특정 당사자들에게 위임되었다. 보안관은 경찰이 되었다. 결투는 법원 제도가 되었다. 학교건물은 관료들의 업무구역이 되었다. 독립운송회사는 철도 대기업이 되었다. 어리석은 우연이 아니라, 다른 방법이 없었기 때문에 그렇게 될 수 있었다.

크립토는 현대 서부가 되지 않고도 황량한 서부가 될 수 있다고 생각한다. 그러나 그것은 무법천지이며 지속 불가능한 생활방식이다. 더 나은 보호와 안정을 간절히 바라는 시민들이 문명의 안전을 외칠 때까지만 지속될 수 있다.

V. 믿음의 희망　　　　　　　　　　■

　이전 세대가 다루지 않았던 우리 시대에 우리가 직면하고 있는 문제는 디지털 위조의 문제이다. 모든 종류의 기술 기반 위조, 예를 들어 사람들은 비디오 게임의 스피드런 비디오, 소셜 미디어 계정 및 전화번호를 위조할 수 있다. 딥페이크(deepfake) 기술을 이용해 실제 사람의 모습을 재현하는 가짜 동영상을 제작할 수도 있다. 이 모든 것이 합쳐져 하나의 끔찍한 문제가 발생하는데, 현실 세계는 이제 거의 모든 것의 디지털 위조품으로 넘쳐날 위험에 처해 있다. 우리 모두가 걱정해야 할 문제이며, 블록체인 기술이 어떤 면에서는 해결책을 제시할 수도 있다.

　어쩌면 전화번호는 결국 블록체인 주소가 될 것이다. 어쩌면 비디오는 나중에 변조를 방지하기 위해 실시간으로 블록체인에 기록될 것이다. 그것들은 매우 편리한 용도가 될 것이다. 그러나 그것은 디스토피아적으로 변하고 말 것이다. 가짜 이름과 프로필을 통해 인터넷과 상호작용하는 완전히 익명의 미래가 도래할 것이다.

　암호화폐 애호가들이 즐겨 사용하는 단어 중 하나는 "신뢰가 필요 없다"는 것이다. 비트코인은 안전하고 유용하며 공정하기 위해 두 당사자 간의 신뢰가 필요하지 않기 때문에 "신뢰가 필요 없는" 프로토콜이다. 비트코인은 모든 것을 암호학적으로 처리하며, 기능적으로 속이는 것이 불가능하기 때문에 비트코인을 사용하는 한, "신뢰"라는 위험한 인간행동에 다시는 관여할 필요가 없다. 그러나 그것은 조지 오웰적인 약속일 것이다. 왜냐하면, '신뢰가 없다'는 말을 들었을 때, '신뢰가 필요하지 않다'는 생각은 들지 않기 때문이다. 신뢰는 인간의 삶에서 필수적인 항목이다. 그것은 값없이 주어지고 겸손하게 받아들여져야 하는 자원이다. 그것은 인생에서 의미 있는 것을 성취하거나 의미 있는 관계를 맺기 위해 때때로 실망하고 상처를 받는 대가를 치르고 감수해야 하는 위험이다. 선택사항이 아니다. 그것은 신성불가침이다.

암호화폐는 수학으로 문제를 해결할 수 있다. 하지만 그런 것들을 해결하기 위해서는 인간성이 조금 떨어진다. 우리는 모든 것이 컴퓨터에 의해 매개되는 세상에서 살 수도 있고, 인간으로 남을 수도 있다. 그러나 둘 다를 가질 수는 없다.

우리가 본질적으로 하려는 것은 정부/기관의 억압을 컴퓨터의 억압과 맞바꾸는 것이다. 정부와 기관들의 억압이 나쁘기는 하지만, 사람들은 우리가 이 거래를 할 경우 상황이 얼마나 나빠질 수 있는지 이해하지 못하는 것 같다. 적어도 나쁜 정부는 수백 년에 한 번씩 전복된다. 나쁜 기관은 가끔씩 무너진다. 그러나 컴퓨터는 믿을 수 없을 정도로 효율적이며 변조에 강하다. 그리고 우리는 그들에게 영구적이고 지속적으로 개선되는 사고방식을 개발하도록 가르치고 있다. 우리가 세상을 컴퓨터에 넘겨준다면, 우리는 결코 그것을 되찾을 수 없을지도 모른다.

그리고 명백한 문제들을 안고 있는데, 인플레이션 헤지로서의 암호화폐는 인플레이션과 통화정책에 나쁘게 반응할 뿐만 아니라 실제로 나스닥보다 더 빠르고 강력하게 반응한다. 또 암호화폐를 은행 시스템으로부터의 탈출구라고 하지만, 모든 동일한 문제를 안고 있고 책임은 훨씬 더 적은 새로운 은행 시스템일 뿐이다.

암호화폐 프로토콜이 확장성 트릴레마(Scalability Trilemma) 때문에 고삐 풀린 미치광이 자본주의가 되었다는 사실과 그리고 강도를 당해도 경찰력이 없다는 사실 때문에 돈을 잃어버리고도 그것에 대해 할 수 있는 일이 없다. 이처럼 암호화폐(all)가 전통적인 금융이 저지르는 것과 동일한 실수를 저질렀다는 사실은 특정 유형의 금융 패턴이 아니라 인간행동의 일반적인 패턴이기 때문이다. 누구나 들어 본 대부분의 암호화폐 프로젝트가 폰지 사기라는 사실 때문이다. 오래된 돈에 대한 수익을 제공하기 위해 새로운 돈의 지속적인 유입에 의존하는 투자계획은 다름 아닌 폰지 사기 그 자체이다. 분명히 말하자면, "우연히" 폰지 사기처럼 작동하는 것이 아니라 필연적으로 그럴 수밖에 없는 것은 바로 폰지 사기이다. 암호화폐 그것이 바로 그것이다.

아마도 지금까지 암호화폐의 가장 중요한 목표는 끔찍한 은행 시스템을 없애는 것이었을 것이다. 이것은 우리가 현실 세계에서 보아왔던 과도한 레버리지, 끔찍한 가치평가, 오만하고 지나친 열정과 똑같은 문제였다. 그러나 앞에서 살펴본 바와 같이 암호화폐는 은행과 동일한 문제를 안고 있다. 문제는 암호화폐 리더들이 은행 시스템과 다르다고 약속했다는 데 있다.

현재 우리가 살고 있는 세상에는 완벽한 은행 시스템도, 완벽한 투자도, 완벽한 사회적 또는 재정적 아이디어도 없다. 하지만 크립토는 다양한 경제적 및 재정적 약점을 해결할 수 있다고 주장한다. 그러나 지금까지 그것은 단 하나의 문제도 해결하지 못했다. 그것은 단지 그들을 블록체인으로 재배치하고 다른 그룹이 부자가 될 수 있도록 했을 뿐이다.

사람들은 이제라도 이해하지 못하는 프로젝트를 위해 토큰을 구입하는 데 더 적은 시간을 할애하고 역사와 경제에 관한 책을 읽는 데 더 많은 시간을 할애해야 한다. 암호화폐로 인하여 우리는 수백 년 동안 존재해 온 많은 사회적·정치적·재정적 철학을 재발견하고 있다. 나는 암호화폐가 자본주의의 생애 주기에서 우리가 처한 상황의 자연스러운 결과라고 믿는다. 나는 또한 그것의 전반적인 비전이 유토피아적이고, 비실용적이며, 사회적으로 건전하지 않다고 믿는다. 나는 그것이 근본적으로 반인간적이라고 믿는다.

암호화폐에 충분한 시간을 보내면 현실 세계가 꽤 좋아 보이기 시작한다. 환상의 심리적 만족 효과가 있기 때문이다. 현실은 끔찍한 문제와 불행한 부작용으로 가득 차 있지만, 실체를 보기 전까지는 볼 수 없는 믿을 수 없을 정도로 효과적인 기계로 가득 차 있다.

나발 라비칸트(Naval Ravikant)와 발라지 스리니바산(Balaji Srinivasan)과 같은 사상가들은 디지털 화폐가 게임 체인저가 될 것이라고 매우 낙관적이다. 하지만 그것은 거의 문제를 해결하지 않았으며 오히려 산더미 같은 새로운 문제를 도입한다. 그것은 토큰화하고, 금융화하고, 비인간화한다. 그것은 우리가 지금 가지고 있는 제도가 사려 깊은 점진적 실험을 통해 만들어졌다는 사실을 무시하고, 갑작스럽고 기적적인 해결책이 있다고 주장한다. 그리고 타협이 이루어져야 한다는 생각을 무시한다.

블록체인 기술이 미래에 실용적이고 주류로 적용될 것이라고 믿어야 할까? 물론이다. 블록체인 기술이 우리 삶의 중심이 될 것이라고 생각해야 할까? 아니면 문명을 처음부터 완전히 재창조할 수 있다고 생각해야 할까? 아니다. 절대 그렇지 않다.

나는 인류의 진보를 진심으로 믿는다. 기술, 개선, 반복, 심지어 혁명까지 진심으로 믿는다. 그러나 분명히 이해하기 위해 노력하지도 않은 일련의 도구와 구조를 버리는 것을 원하지 않는다. 체스터턴의 울타리(Chesterton's fence)이다. 무언가를 바꾸려 할 때는 애초에 그것이 왜 그렇게 만들어졌는지 이해해야 한다(Gilbert K. Chesterton). 공공정책에서 현 상황의 근거를 파악하기 전까지는 개혁을 해서는 안 된다는 원칙이다. 유구한 전통이나 제도는 침입자들로부터 사람들을 보호하는 울타리 같은 것이다. 그러므로 나는 우리가 완벽한 미래를 상상하지 않기를 바란다, 왜냐하면, 암호화폐가 꿈꾸는 그런 미래는 존재하지 않기 때문이다.

어쩌면 비트코인은 단순한 2차원 경제수단으로 사용될 수도 있다. 어쩌면 불완전한 가치저장 수단으로서의 디지털 화폐는 우리에게 유용하게 쓰일 것이다. 그러나 나머지 암호화폐는 인류를 해결하기를 원한다지만 결코 이 문제를 풀 수 없다. 모든 무모함과 죄악을 지닌 인류를 디지털 안전과 끊임없는 비인간화의 세계로 데려갈 것이다.

나는 우리가 공상과학 소설을 갈망하는 대신 역사를 읽는 데 더 많은 시간을 할애해야 한다고 생각한다.

BLOCKCHAIN AND CRYPTOCURRENCY
REVOLUTION OR REBELLION

3부

함께 그려 나가는
가상화폐 시대

1장

암호화폐 거래에서
범죄 메커니즘 유형

Ⅰ. 논의 배경

탈중앙화 금융(DeFi), 대체 불가능한 토큰(NFT), 스테이블코인 및 기타 생태계의 새로운 측면은 소비자가 암호화폐에 참여할 수 있는 대안을 제공한다. 또한 암호화폐가 상품, 서비스 및 기타 복잡한 사회적 상호작용의 구매 및 판매를 용이하게 하면서 급성장하는 가상세계의 생태계인 '메타버스'의 개발을 주도하고 있다. 더욱이 이러한 혁신은 은행 및 기타 기관투자자가 그 어느 때보다 암호화폐에 더 많은 관심을 갖게 되면서 전통적인 금융부문에 점점 더 많이 관여하고 있다.

그러나 지금까지의 선행연구에서는 비트코인과 같은 가상화폐는 블록체인 기술을 적용하여 마치 절대 불법행위가 발생할 수 없는 완벽한 것인 양 주장하는 경우가 많았다. 또한 보안공격에 의한 보안사

고만이 가상자산 거래에서의 위험으로 보고, 이것만 해결하면 만사가 안전한 것처럼 보안의 중요성만 강조한 연구들이 대부분이었다. 하지만 가상자산을 이용한 금융범죄의 유형은 매우 다양하며 새로운 공격 유형은 지금 이 시간에도 시도되고 있을 것이다.

이 장에서는 가상자산을 이용한 범죄행위가 이루어지는 과정을 기술적인 측면에서 상세하게 설명하고, 범죄를 예방할 수 있는 대응책과 이에 대한 종합적인 평가를 덧붙이기로 한다. 다만, 실제 시장에서 일어나는 범죄는 추적하기 어려울 정도로 다양하기 때문에 대표적인 몇 가지만 다루도록 하겠다.

II. 다양한 범죄유형
범죄유형 1. 피니 공격(Finney Attack)

1. 개요

비트코인 거래의 첫 번째 수행자는 할 피니(Hal Finney)였으며 비트코인 출시에 대해 처음 말한 사람이 바로 이 사람이었다. 그는 또한 비트코인에 대한 이중지출 공격의 가능성을 처음으로 제안했다. 이러한 이유로 이 공격은 그의 이름을 따서 피니 해킹(Finney Hack) 또는 피니 공격(Finney Attack)으로 명명되었다.

피니 공격은 이중지출 공격의 한 유형이다. 거래 상대방이 네트워크에서 확인되지 않은 거래를 수락할 경우 발생할 수 있다. 즉, 이중지출 공격의 일종으로 공격자 자신의 비트코인을 지불하지 않고 판매자로부터 상품을 얻기 위한 공격이다. 피니(Finney)는 채굴자가 주소 A에서 다른 주소 B로의 트랜잭션을 포함하는 블록을 생성할 수 있다고 설명했다. 그런 다음 동일한 통화로 다시 결제하여 주소 A에서 주소 C(다른 사용자에게 속함)로 보낸다. 해당 사용자가 네트워크의 확인 없이 트랜잭션을 수락하면 공격자는 초기 트랜잭션이 포함된 블록을 해제할 수 있다.

이렇게 하면 판매자에 대한 거래가 무효화되어 공격자가 이중지출을 할 수 있다. 즉, 공격자는 공격대상인 판매자가 향후 무효화될 거래를 승인하도록 함으로써 목적을 달성한다. 특히 판매자인 V가 기다리는 블록의 승인 횟수가 1회 이하일 경우 블록의 정당성을 충분히 확인하지 않고 지불 완료로 하기 때문에 공격대상이 되기 쉽다. 이 공격을 성공시키기 위해서는 공격자 A가 사전에 자신의 통제하에 있는 노드 간의 트랜잭션을 포함한 블록을 마이닝(mining)할 수 있는 능력이 필요하다. 공격 순서는 다음과 같다.

① A는 사전에 자신의 통제하에 있는 노드 간의 트랜잭션(A에서 A로의 송금도 가능) TR_AA를 포함한 블록을 마이닝하고 브로드캐스트하지 않고 보관한다.

② A는 같은 코인을 사용하여 V에 대한 거래 TR_AV를 만든다.

③ TR_AV가 V에 접수되기를 기다린다. TR_AV는 블록체인 B에 포함된다.

④ V로부터 상품을 받으면, A는 미리 채굴해 둔 블록을 네트워크로 전송하여 블록체인 B의 포크 B'를 발생시킨다.

⑤ 다음으로 채굴된 블록이 블록체인 B'에 연결되면 B'가 최장이 되

블록체인과 암호화폐 혁명인가 반란인가

고 B는 무시되기 때문에 TR_AV는 무효가 된다. TR_AA도 TR_AV도 A 이외의 마이너 입장에서 보면 유효한 거래이기 때문에 다음 블록이 블록체인 B에 연결될지, B'로 연결될지는 운에 달렸다.

⑥ 블록체인 B'에 포함된 TR_AA는 A가 V에 지불해야 할 코인을 되찾는다.

이는 특히 소액 거래에서 V가 고객 서비스상 비트코인 네트워크에서 블록 승인을 충분히 기다리지 않고 결제를 수락해야 하는 경우의 취약성을 공격한 수법이다.

Finney Attack 개요도

그림 출처: Il Kadyrov, https://hackernoon.com/hal-finney-and-vulnerability-that-took-his-name-720ef6f90134.

2. 대응책

공격자가 피니 공격을 사용하여 비유동 자산을 얻으려는 경우, 이 자산의 필요성을 블록 검색과 일치시키기가 어렵다. 그러나 비트코인을 다른 통화로 교환하는 것과 같이 유동적인 것을 얻는 방법으로 사용한다면 항상 자신을 실현할 수 있는 기회가 있다. 그러나 판매자(상인)가 조치를 취하기 위해 여러 가지 확인을 요청했을 가능성이 크다. 따라서 실제로 이와 같은 것을 달성하는 것은 매우 어렵고 불가능하다.

결국 이 공격에 대해서는 V가 상품을 제공하기 전에 여러 단계의 승인을 확인하는 것, 즉 TR_AV가 포함된 블록체인 B 뒤에 여러 블록체인이 연결되는 상태가 될 때까지 기다리는 것이 필요하다. 이 조치는 기술적 개선이 필요하지 않기 때문에 공격에 쉽게 대응할 수 있다. 단, 이 대책 기술은 완전하지 않으며, 특히 다음 범죄유형 2에서 기술한 피니 공격의 발전 형태에 의해 쉽게 무너질 가능성이 있다.

범죄유형 2. 무차별 대입공격(Brute Force Attack)

1. 개요

피니 공격의 발전 형태로, 공격자 자신의 비트코인을 지불하지 않고 판매자로부터 상품을 얻기 위한 공격이다. 피니 공격에서 공격자는 자신에게 편리한 거래를 포함하는 블록을 하나만 마이닝하지만, 무차별 대입공격(Brute-force attack)에서 공격자는 다음 블록 이후의 블록도 마이닝함으로써 공격의 성공 확률을 높인다. 이를 통해 공격자는 공격대상인 판매자가 향후 무효화될 거래를 승인하도록 하여 목적을 달성할 수 있다. 이 공격을 성공시키기 위해서는 A 공격자는 판매자 V가 필요로 하는 승인 단계에서 몇 분(few minutes)의 블록을 단시간에 채굴할 수 있는 충분한 해시파워를 갖고 있어야 한다. 공격 순

블록체인과 암호화폐 혁명인가 반란인가

서는 다음과 같다.

① A는 사전에 자신의 통제하에 있는 노드 간의 트랜잭션(A에서 A로의 송금도 가능) TR_AA를 포함한 블록을 마이닝하고, 그다음 블록을 계속 마이닝하여 브로드캐스트하지 않고 보관한다.

② A는 같은 코인을 사용하여 V에 대한 거래 TR_AV를 만든다.

③ TR_AV가 V에 접수되기를 기다린다. V는 승인을 받기 전까지 x번의 승인을 기다리면 TR_AV가 포함된 블록 뒤에 x−1개의 블록이 추가로 연결된다.

④ A가 V로부터 상품을 받아 x+1개 이상의 블록을 비밀리에 마이닝할 수 있다고 네트워크로 전송하여 블록체인 B의 포크 B'를 발생시킨다.

⑤ 여기서 B'가 최장이 되고 B는 무시되므로 TR_AV는 무효가 된다.

⑥ 블록체인 B'에 포함된 TR_AA는 A가 V에 지불해야 할 코인을 되찾는다.

이는 V가 지불을 수락할 때까지 비트코인 네트워크에서 여러 블록의 승인을 기다리는 경우에도 A가 충분한 해시파워를 가지고 있으면 승인된 A에서 V로의 송금을 포함하는 블록을 오픈 블록으로 만들 수 있다는 취약성을 공격한 것이다.

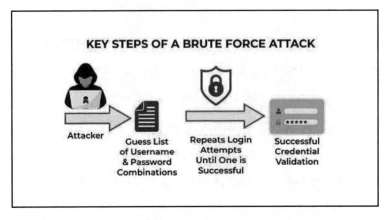

그림 출처: Chiradeep Basu Mallick, What Is a Brute Force Attack?
Definition, Types, Examples, and Prevention Best Practices in 2022, spicework, availablle at
https://www.spiceworks.com/it-security/cyber-risk-management/articles/
what-is-brute-force-attack/.

2. 대응책

영어로 brute는 "짐승 같은, 난폭한"이라는 뜻이고, brute-force는 "난폭한 힘, 폭력"이라는 뜻이다. 시간과 자원이 엄청나게 들어서 얼핏 보면 무식하다고 생각할 수도 있겠지만, 항상 정확도 100%를 보장한다는 점에서 암호해독법 중 가장 확실하고 무서운 방법이다. 많은 자릿수, 특수문자, 비사회적 언어 등을 섞어 암호화하는 것이 좋다.

그런데 이 공격의 성공 확률은 전체 해시파워 네트워크 대비 A의 비율이 낮을수록, V가 기다리는 승인 횟수가 많을수록 낮아진다. 비트코인 네트워크를 단순화한 모델을 사용했다. 이론적인 계산에 따르면, 예를 들어, A의 해시파워 비율이 10퍼센트이고 V가 6 승인을 기다리는 경우, 공격 성공 확률은 0.1퍼센트 이하이다. 다만, 승인을 받기 위해서는 약 1시간이 걸리기 때문에 V가 이 조치를 도입할 수 있는 상황은 제한적이다.

범죄유형 3. 벡터 공격
(Vector 76 or One-Confirmation Attack)

1. 개요

블록체인을 포함한 첨단 기술에도 불구하고 사이버 범죄자가 유리하게 사용할 수 있는 공격 벡터가 있다. 벡터 공격이 그것인데, 비트코인 합의 시스템의 작은 버그를 악용하여 실행하는 일종의 이중지출 공격이다. 레이스 공격(Race attack)과 피니 공격(Finney attack)의 조합으로, 유효하지 않은 트랜잭션을 사용하여 공격대상에게서 부정하게 코인을 출금하기 위한 공격이다.

이 공격을 통해 공격자는 단일 블록에 이중지출 트랜잭션을 포함하고 이를 유리하게 사용할 수 있다. 이는 블록이 유효하다는 확인을 제공하기 위해 자체 생성된 블록을 네트워크에 전송함으로써 달성한다. 따라서 공격자는 네트워크가 문제를 인식하기 전에 일정량의 자금을 압류할 수 있다. 공격대상은 거래소, 비트코인 믹서 등 오프체인 회계 서비스 제공자들이다. 이 공격을 성공시키기 위해서는 A 공격자가 채굴할 수 있어야 하며, 그 공격대상의 주소를 알고 있어야 한다. 공격순서는 다음과 같다.

① 공격자 A는 공격대상 V의 노드에만 접속하는 풀 노드 N_A를 보유하고 있다. A는 또한 하나 이상의 노드와 연결된 풀 노드 N_B

를 보유하고 있다.

② A는 동일한 코인을 사용하는 두 개의 트랜잭션을 만든다. 첫 번째는 V에서 A의 계좌로 입금하는 트랜잭션 TR_dep이고, 두 번째는 A 자신의 지갑으로 지불하는 트랜잭션 TR_AA이다. 두 거래 모두 이 시점에서 네트워크로 보내지 않을 것이다.

③ A는 첫 번째 거래를 포함하도록 블록을 채굴한다. 채굴이 완료되면 블록을 공개하는 대신 아래를 동시에 실행한다.

– N_A에 대하여 첫 번째 트랜잭션 TR_dep을 송신한다.

– N_B에 대해 두 번째 트랜잭션 TR_AA를 전송한다.

④ 미리 마이닝한 블록을 N_A로 송신한다.

⑤ V는 A의 계좌로 입금된 거래를 보고 A의 지갑에 해당하는 금액을 송금한다. A는 즉시 그 금액을 인출한다.

⑥ N_A는 연결된 노드가 적기 때문에 네트워크 전체를 보면, 대부분의 노드에서 N_B로 보내진 트랜잭션 TR_AA가 수리된다. 따라서 네트워크에서 N_A로 전송된 트랜잭션 TR_dep은 결과적으로 기각된다.

이는 단일 승인만으로 지불을 수락하는 공격대상에 직접 연결하여 이중지불 트랜잭션이 포함된 블록을 전송할 경우 공격대상은 해당 블록이 불법이라는 것을 즉시 감지할 수 없다는 취약성을 찌른 공격수법이다.

블록체인과 암호화폐 혁명인가 반란인가

Vector 76 or One-Confirmation Attack 개요도

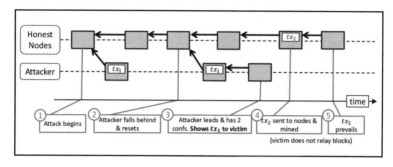

그림 출처: Brett M. Drury, https://www.researchgate.net/figure/
The-progression-of-a-generalized-Vector76-attack-on-a-2-
confirmation-merchant_fig7_327655554.

2. 대응책

이 공격에 대한 대응으로 다음과 같은 조치가 제안되었다.

첫째, 1차 승인만으로 지불을 수락하지 않는다. 즉, 단일 확인 트랜 잭션을 허용하지 않는 시스템을 사용한다. 벡터 공격이 성공하기 위 해서는 이것이 가능해야 한다. 대신 최소한 2개 또는 6개의 확인을 예 상해야 한다. 다만, 2차 승인을 받기 위해서는 약 20분 이상이 소요되 기 때문에 V가 이 조치를 도입할 수 있는 상황은 제한적이다.

둘째, 내부 방향으로 연결된 노드로부터의 트랜잭션은 사용하지 않 는다. 즉, 사용 중인 노드는 들어오는 연결을 사용하도록 설정하지 않 아야 하며, 실패할 경우 잘 알려진 컴퓨터에서 들어오는 연결을 검색 해야 한다. 이를 통해 공격자가 블록체인에 대한 잘못된 정보를 노드 에 입력하는 것을 방지할 수 있다. V로 보아 내향으로 접속된 노드는 N_A와 같이 A가 V에 직접 접속한 노드일 가능성이 있다. 이 조치는 비트코인 고객을 개선해야 하지만 도입은 쉬울 것으로 예상된다. 나 가는 노드 연결도 모니터링해야 하며 잘 알려진 노드에만 허용해야 한

다. 이렇게 하면 노드가 처리 중인 체인의 상태에 대한 정보를 제공할
수 없다.

셋째, 정적(고정) IP 주소를 사용하지 않는다. 이 대책은 V의 네트워
크 설정을 변경하는 것만으로 가능하기 때문에 도입이 쉬울 것으로 생
각된다.

범죄유형 4. 뇌물 공격(Bribery Attacks)

1. 개요

단기적으로 많은 양의 계산 자원을 얻고 이중지불이나 블록 보류
공격(Blok withholding attack)을 성공시키기 위한 공격이다. 미래에는
시간이 지날수록 보상이 떨어지는 비트코인과 같은 암호화폐에 대한
뇌물수수 공격이 가장 두드러진 공격 중 하나가 될 것이다. 공격대상
은 일반 마이너나 판매자이다.

공격에 필요한 조건은 공격자 A가 마이너에게 뇌물을 주어야 하기
때문에 이를 위한 자금이 필요하다. 즉, 두 체인의 수익성을 비교하는
데 필요한 유일한 요소는 블록 보상이기 때문에(메인 체인의 거래수수료
는 공격자 체인의 거래수수료로 중화될 수 있기 때문에) 블록 보상을 절반으
로 줄임으로써 채굴자가 채굴하도록 설득하는 데 필요한 것이 뇌물이
다. 이때 공격자의 체인도 줄어들게 된다. 공격절차는 아래 세 가지 방
법으로 마이너에게 뇌물을 주고 단기적으로 많은 양의 계산 자원을 입
수하여 이중지불이나 블록 보류 공격을 시도한다.

블록체인과 암호화폐 혁명인가 반란인가

① 가상화폐나 법정화폐로 직접 뇌물을 지급한다. 이것은 클라우드 마이닝 업체를 이용함으로써 쉽게 실현될 수 있다.
② 보수를 시장보다 높게 책정한 풀을 만들고 마이너를 유치한다.
③ 공격자들이 연장하려는 블록체인 포크에 대해 뇌물을 주고 채굴하도록 한다. 이것은 예를 들어, A가 단순히 수수료가 높은 거래를 연장하고 싶어 하는 블록체인 포크에 브로드캐스트함으로써 이루어질 수 있다.

이 공격은 비트코인 거래의 합의 알고리즘이 해시파워의 다수결을 기반으로 한다는 점을 지적한다.

2. 대응책

이 공격을 막기 위해서는 블록 채굴 보상이 그 블록에 포함된 모든 거래의 합 이상이어야 하는데, 이는 비현실적이다. 이 공격을 극복하기 위한 한 가지 대응책은 사용자가 전송할 수 있는 BTC의 양을 제한하는 것이다. 제한은 블록 보상의 양과 밀접한 관련이 있다. 공격자의 예산이 일정하게 유지되는 경우, 보상을 줄이면 공격 성공 확률이 높아진다. 그래서 비트코인과 같은 일부 암호화폐에서는 채굴 알고리즘이 4년마다(보상이 떨어질 때) 한도를 조정하는 메커니즘을 갖추어야 한다.

다른 해결책은 각 블록에서 전체 전송된 BTC를 제한하는 것이다. 이전과 마찬가지로 이 대응책에서도 한계를 조정하는 메커니즘이 있어야 한다. 이러한 대응책은 블록 보상이 없고 유일한 보상은 거래 수수료인 상황을 고려해야 한다. 어쨌든 최소한 소프트포크는 필요하다. 현실적인 대응책으로 기술 대신 공격 가능성을 줄이는 다음과 같은 요소들이 언급되었다.

마이너가 뇌물이나 더 높은 보상을 제시받더라도 계산 자원의 대여/풀을 변경할 수 없거나, 뇌물이 설정된 블록체인 포크를 깨닫지 못할 수도 있다. 그러나 마이너가 경제적으로 합리적으로 행동하고 기술적으로 고도화될수록 자신에게 더 이익이 되는 행동을 취하는 경향이 있기 때문에 이 가능성은 낮아진다(따라서 뇌물을 받을 가능성이 높아진다).

A가 이 공격으로 이익을 얻기 위해서는 큰 액수의 거래를 작성해야 하며, 이를 위한 자금이 필요하다. 또한 공격이 실패하면 반드시 이 거래를 잃지는 않지만 뇌물은 반환되지 않는다. 이중지불로 물건을 구하려 할 경우 반품해야 할 수도 있다. 또한 이중지불 시 거래 상대방에게 수수료를 지불해야 하거나 뇌물의 상대 비용을 무시할 수 있을 정도로 이중지불로 인한 이익을 얻지 못할 수도 있다. 여기서의 수수료는 마이너에게 지불하는 수수료가 아닌 비트코인 외부의 일반적인 거래 수수료이다.

거래 금액이 증가할수록 수취인은 더 많은 블록에 대한 승인을 요구할 것이고, A는 더 많은 뇌물을 필요로 할 것이다. 다만, A가 소액의 거래를 많이 만들어 이중지불을 시도할 것으로 예상되기 때문에 이 요인이 공격위험을 크게 줄이지는 않을 것으로 보인다.

공격대상자가 공격을 막기 위해 역으로 마이너에게 뇌물을 줄 가능성이 있다(뇌물 싸움이 될 수도 있다). 만약 그 공격이 행해지려고 한다면, 그 의도는 다른 마이너들에게 빠르게 전달될 것이고, 공격이 성공한다면 비트코인의 가치는 떨어질 것이다. 따라서 마이너가 뇌물을

블록체인과 암호화폐 혁명인가 반란인가

받고 단기적으로 이익이 되더라도 장기적으로는 불이익을 받기 때문에 뇌물을 받을 가능성은 낮다.

범죄유형 5. 환불 공격(Refund Attacks)

1. 개요

환불을 활용하여 거래 이력을 숨기고 부정한 이익을 얻기 위한 공격이다. 이 공격의 종류로는 BIP 70(Bitcoin Improvement Proposal 70)에서의 인증 취약성에 주목한 실크로드 공격(Silkroad attack)과 기존 지불처리의 환불규약을 악용한 마켓플레이스 트레이더 공격(Marketplace Trader attack) 두 종류가 고안되었다. 공격에 필요한 특별한 조건은 없으며, 각 공격 절차는 다음과 같다.

(1) 실크로드 공격(Silkroad Attack)

이 공격은 예를 들어, T업체로부터 불법 상품을 구매하려는 고객이 제3자인 판매자 V를 이용하여 자신의 구매내역을 은폐하기 위한 것이다. 여기서 공격자는 고객 A이고, 공격대상은 판매자 V이다.

① 고객 A가 업체 T의 웹사이트에서(T의 주소 AT, 금액 B, T의 공개키 σT를 포함한다) 지불 요구 메시지를 다운로드한다.
② A는 불법적인 상품과 동일하거나 그 이상의 상품을 판매하고 있는 판매자 V를 찾아 그 상품을 구입하는 절차를 밟고(V의 주소 AV, 금액 B, V의 공개키 σV 포함한다) 지불 요구 메시지를 다운로드

한다.

③ A 지갑에서 지불 거래를 승인하고 T의 지불 주소 AT를 환불 주소로 하여 지불 요청 메시지에 추가한다.

④ A가 V로부터 지불 승인 메시지를 받은 후, A는 주문을 취소하고 V에게 환불을 요청한다.

⑤ V가 BIP 70이 되기를 원한다면 환불된 코인은 T로 전송될 것이다. BIP 70에 도입된 지불 프로토콜은 결제 시 고객이 환불을 위한 비트코인 주소를 판매자에게 통지하는데, 판매자는 그 주소가 정말 고객의 것인지 확인할 수 없기 때문이다.

Silkroad Attack 개요도

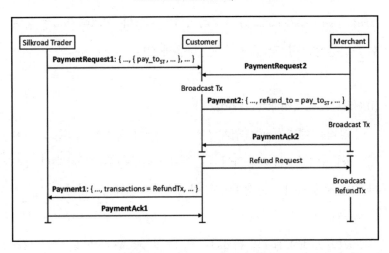

그림 출처: Siamak F. Shahandashti, https://www.researchgate.net/figure/The-Silkroad-Trader-attack_fig2_326223137.

(2) 마켓플레이스 트레이더 공격(Marketplace Trader Attack)

공격자인 A가 최신 제품 등을 싸게 판매하는 웹사이트를 구축하고

블록체인과 암호화폐 혁명인가 반란인가

신뢰할 수 있는 대형 소매업체를 통해 지불 방법이 발생한다고 홍보함으로써 고객을 안심시킨다. 고객이 속아서 그 웹사이트에서 구매한 후, A는 주문을 취소하고 고객이 지불한 비트코인을 소매업체에서 A로 환불하도록 함으로써 이익을 얻는다. 여기서 공격자는 A업자이고 공격대상은 V고객이다.

① 불법업체 A는 상품을 시가보다 저렴하게 판매하는 웹사이트를 구축하고 CeX와 같은 신뢰할 수 있는 소매업체 T를 통해 거래함으로써 자신을 신뢰할 수 있는 업체인 것처럼 위장한다.

② 고객 V가 A의 상품을 구입하기로 결정하고 A의 웹사이트에서 지불 버튼을 클릭하면, A는 T의 웹사이트로부터(T의 주소 AT, 금액 B, T의 공개키 σT 를 포함한다) 지불 요구 메시지를 자동으로 취득하여 V로 전송한다.

③ V 지갑에서는 정상적인 지불 메시지에 지불금액과 함께 신뢰할 수 있는 T의 이름이 표시되므로 V는 A를 믿고 T에게 지불 메시지를 보내고, T에 대한 지불 트랜잭션 TR_T를 브로드캐스트 한다.

④ A의 웹사이트는 네트워크에서 지불 트랜잭션 TR_T를 식별하면 V의 웹 브라우저를 업데이트하여 가짜 확인 페이지를 보여 준다.

⑤ A는 T에게 V의 주문이 취소되었음을 연락하고, T에게 메일로 환불 주소 AA와 금액 B를 보낸다.

⑥ 이메일 인증을 허용하는 규약에 따라 A의 환불 주소 AT로 코인페이 Ƀ가 전송된다. 이 공격은 제3자가 비트코인 거래에서 환불을 할 때 상품 구매자로 가장하여 환불받을 수 있다는 점을 공략 포인트로 삼는 것이다.

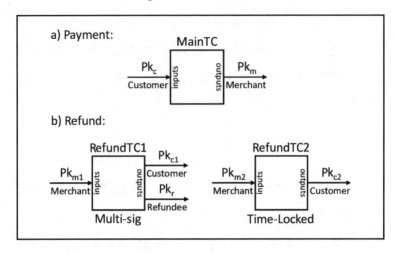

Marketplace Trader Attack 개요도

(a) 주거래이다. (b) 판매자가 거래를 고객과 환불 대상에게 잠그고 협력하는 경우 이 거래를 상환할 수 있는 제안된 환불 메커니즘이다. 판매자는 또한 견고성을 위해 RefundTC2를 발행하여 첫 번째 거래가 상환되지 않은 경우 고객이 환불을 잠금 해제할 수 있도록 한다.

그림 출처: Siamak F. Shahandashti, https://www.researchgate.net/figure/The-Marketplace-Trader-attack_fig3_326223137.

2. 대응책

이 공격에 대해서는 판매자에게 받은 환불 주소가 지불을 승인한 구매자와 동일인에 의해 승인되었다는 것을 암호학적으로 증명할 수 있는 공식적으로 검증 가능한 증거를 제공하는 것이 대응책으로 제안된다. 즉, 판매자에게 다음과 같은 공개적으로 검증 가능한 증거를 제공할 것을 제안한다. 프로토콜 중에 받은 환불 주소가 결제를 승인한 동일한 익명의 고객임을 보증해야 한다. 거래를 승인한 모든 키를 가정하는 것은 유효하지 않다. 거래가 성격상 단일 고객에 의해 승인되었다는 것은 비트코인 거래의 악의적 사용자가 판매자에게 메시지를 보내면 판매자는 환불을 승인할 수 있는 유일한 권한을 갖는다. 구매자가 거래를 인증한 각각의 열쇠로 구매자 자신의 환불 주소를 승인하도록 함으로써 이러한 공격을 방지한다. 이 조치의 도입은 비교적 쉬울 것으로 보이며, 이미 일부 거래소에서 시행되고 있다.

범죄유형 6. 시간차 공격(Time Jacking)

1. 개요

공격의 목표는 블록체인 네트워크 시간을 조작하고 이중지불, 다른 마이너의 계산 자원 낭비, 트랜잭션 승인 속도 저하와 같은 성공적인 공격을 수행하는 것이다. 공격대상은 일반 사용자와 마이너이다. 공격자 A는 공격대상 V의 IP 주소를 알고 있어야 한다.

비트코인 네트워크에서 각 노드는 네트워크 시간을 나타내는 카운터를 내부에 유지한다. 처음 접속하는 노드에 대해서는 각 노드의 카운터 중앙값이 버전 메시지로 전송된다. 그러나 그 중앙 시간이 시스템 시간에서 70분을 초과하는 오차가 있을 때 네트워크 시간 카운터는 시스템 시간에 맞춰진다. 이 네트워크 시간은 새로운 블록을 검증하는 데 사용된다. 블록 타임스탬프가 현재 네트워크 시간보다 120분 이상 진행되면 노드는 블록을 거부한다. 과거 11블록 타임스탬프의 중간값보다 앞선 타임스탬프의 블록도 거부된다. 이 검증은 블록 타임스탬프의 허용 범위에 상한과 하한을 설정한다. 공격 순서는 다음과 같다.

① A는 네트워크에 여러 노드를 연결하여 해당 노드에서 잘못된 타

임스탬프를 보고하도록 한다. 이를 통해 V의 시간은 실제 시간에서 최대 70분 늦추고 나머지 대부분의 노드는 최대 70분까지 이동시킬 수 있다. 여기서 A의 지배하에 있는 단말기 수가 적더라도, 예를 들어, 익명성 소프트웨어인 토르(Tor)를 사용하여 발신자의 IP 주소를 다양하게 위장함으로써 접속자 노드의 시간을 변경하기에 충분한 수의 버전 메시지를 송신할 수 있다.

② A는 실제 시간보다 190분 빠른 타임스탬프를 설정한 B블록을 만든다.

③ V의 노드에서 B블록 타임스탬프가 260분 앞선 것처럼 보이기 때문에 B블록을 거부한다.

④ 한편, 대부분의 다른 노드들은 B블록 타임스탬프가 120분 앞선 것처럼 보이기 때문에 B블록을 승인한다.

⑤ V의 노드는 네트워크의 정상적인 트랜잭션 처리에서 고립된다. 다른 마이너들이 생성한 블록은 V에서 140분 앞서 있는 것처럼 보이기 때문에 V는 그 블록들을 모두 기각한다. 이것은 V에 대한 이중지불과 V의 계산 자원 낭비와 같은 공격을 용이하게 한다. 이중지불 거래가 대부분의 다른 마이너들에 의해 승인되더라도 V는 그 블록을 기각하고 이중지불을 깨닫지 못하기 때문이다. V로부터는 공격을 받는 기간 동안 네트워크의 대부분에서 승인된 블록이 비활성화되어 보이기 때문에 V는 그 블록들 앞에 연결하기 위한 블록을 채굴한다.

이 공격은 비트코인 네트워크에서 각 노드에서의 네트워크 시간은 네트워크 접속 시 인접 노드로부터 송신되는 버전 메시지의 타임스탬

블록체인과 암호화폐 혁명인가 반란인가

프로부터 결정되므로, 부정한 버전 메시지를 송신함으로써 임의 노드의 네트워크 시간을 진행하거나 지연시킬 수 있다는 취약성을 이용하여 이 허점을 찌르는 것이다.

Time Jacking 개요도

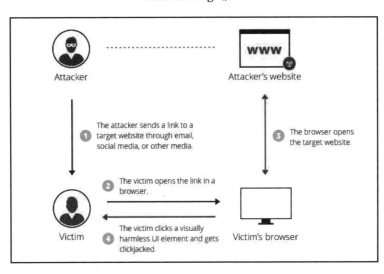

그림 출처: https://www.imperva.com/learn/application-security/clickjacking/.

2. 대응책

이 공격에 대해서는 다음과 같은 대책을 제안한다. 먼저, 블록 타임스탬프와 상한선을 결정하기 위해 네트워크 시간 대신 노드의 시스템 시간을 사용한다. 그러나 이것은 주기적인 시간 조정을 필요로 하며, 노드 간의 시간 차이가 몇 초 정도라도 네트워크 분할이나 노드 분리와 같은 공격을 받을 수 있다.

노드의 네트워크 시간 차이 허용 범위를 좁힌다. 현재 허용되는 70

분에서 30분으로 변경할 수 있지만 이 공격을 완전히 막을 수는 없다. 신뢰할 수 있는 노드만 사용하지만, 이 경우 소수의 신뢰할 수 있는 노드가 공격대상이 될 수 있어 이들 노드의 안전성이 떨어진다. 이것은 분산 시스템의 장점에 어긋난다.

네트워크 상태를 모니터링하고 의심스러운 행동이 있으면 종료한다. 이것은 효과적인 조치이지만, 이 공격에 대해 자동으로 해결되지는 않는다. 거래를 수락하기 전에 많은 승인을 요청한다. 그러나 이것은 이중지불을 막을 수는 있지만, 다른 마이너들의 계산 자원 낭비와 같은 다른 공격이 성공할 가능성은 남아 있다. 블록을 검증할 때, 블록 타임스탬프 하한과 마찬가지로 상한에도 120분이 아닌 과거 블록의 타임스탬프 중앙값에서 계산한 값을 사용한다. 이것은 이 공격에 대한 완전한 해결책이며, 비트코인 클라이언트 규칙의 변경과 소프트웨어의 개선이 필요하겠지만 도입은 비교적 쉬울 것으로 생각된다.

타임스탬프가 진행 중인 블록을 메모리에 저장하고 나중에 확인하면 된다. 이 조치는 또한 비트코인 클라이언트 규칙의 변경과 소프트웨어의 개선을 필요로 하지만, 도입은 비교적 용이할 것으로 보인다.

Ⅲ. 평가 및 방향 모색 ▌

실제 암호화폐 거래 상황에서는 훨씬 다양한 공격유형의 범죄들이 벌어지고 있고, 새로운 유형의 범죄 시도들이 지금 이 시간에도 어디에선가 계속되고 있을 것이다. 예를 들어, 탈중앙화 금융(DeFi) 환경에

블록체인과 암호화폐 혁명인가 반란인가

서 이자 획득(yield farming)을 하는 등 새로운 기법들이 나오기 시작했다. 암호화폐와 사이버 범죄는 떼려야 뗄 수 없는 관계이다. 문제는 이러한 범죄의 리스크가 이용자 및 금융거래시스템에 어떤 영향을 미치며 이를 어떻게 평가해야 하는지에 관한 것이다.

나는 공격유형별 리스크 평가를 두 가지 관점에서 측정해야 한다고 생각한다. 첫째는 '이용자에게 미치는 영향도 × 발생확률'의 평가치이고, 둘째는 '금융거래시스템에 미치는 영향도 × 발생확률'의 평가치 측정이다. 그런데 '발생확률'은 전체 거래 건수에서 공격이 시도된 거래 건수를 파악하면 측정되겠지만, '이용자에게 미치는 영향도'와 '금융거래시스템에 미치는 영향도'는 거래에 참여한 이용자와 거래소 등 시스템 관리자나 감독 당국 등 다양한 사람들의 공격에 대한 심리적 상태를 기준으로 설문 조사를 통해 평가할 수밖에 없을 것이다. 리커트(Likert) 척도 5점 혹은 7점 방식을 활용하여 개념·현상·행위·사건에 대한 반응을 조사하는 것이다.

조사 결과에 따라 "평가치가 높다, 낮다, 중간 정도이다" 등의 평가를 할 수 있을 것으로 본다. 예를 들어, 평가치가 낮다면, 그 근거는 다음과 같다. 이용자에게 미치는 영향도와 관련하여 영향을 미치는 범위는 좁고, 마이너(minor, 채굴자)가 공격대상이다. 심각도는 낮으며 마이너가 공격대상이다. 금융거래시스템에 미치는 영향도와 관련하여 영향을 미치는 범위는 중간 정도이고, 시스템 내 시각이 비동기화될 수 있다. 심각도는 중간 정도로 공격이 개시되면 시스템 내 시각이 비동기화될 수 있다. 공격이 발생할 확률과 관련하여 공격 용이성은 높으며 시각이 부정확한 블록을 생성할 뿐이다. 공격 인센티브는 중간 정도로 공격자의 이익은 한정적이다.

이상과 같은 리스크 평가를 공격유형별로 분석해서 유형별 대응 방안을 마련한다면 암호화폐 거래 생태계가 안정화될 수 있을 것이다. 명심할 것은 암호화폐 공격자들은 암호화폐의 가치를 보고 공격을 하는 것이 아니라 시스템이 안전하지 않고 어디에선가 공격이 틈이 있을 때 범죄를 실행한다는 사실이다.

가상자산의 세계는 더 자유롭고, 더 공정하고, 더 접근하기 쉽다. 이러한 추세는 암호화폐 세계에 큰 영향을 미치고 있다. 새로운 제품과 서비스의 확산과 전통적인 금융서비스 회사의 진입은 암호화 자산이 진정으로 주류가 될 수 있는 기반을 제공한다. 시장 참가자들은 항상 이것이 궁극적으로 모두를 위한 더 자유롭고 공정하며 접근하기 쉬운 금융 시스템을 만들 것이라는 비전을 가지고 있다. 그러나 이러한 발전에는 불가피한 위험이 따르는 것도 사실이다.

DeFi는 범죄에 악용될 수 있으며, KYC(Know-Your-Customer) 규정을 적용하지 않고도 자금 세탁 메커니즘을 제공한다. NFT는 암호화폐를 사용하여 자금을 세탁할 수 있는 새로운 잠재적 방법과 사기 및 조작의 기회를 제공한다. 제재를 받은 행위자와 국가가 암호화 공간의 새로운 혁신을 능숙하게 활용하고 규제 프레임워크의 격차를 악용할 수 있음이 입증되었다. 특히 이러한 위험은 2022년 2월 러시아의 우크라이나 침공 이후 전 세계적으로 확대되었다. 암호화 자산과 전통적인 금융의 융합이 계속 증가함에 따라 범죄자들이 이러한 복잡성을 이용하여 법정화폐 경제에서 암호화 생태계로 자금을 이동할 수 있는 새로운 기회가 발생할 것이다. 따라서 거버넌스, 위험 및 규정준수 전문가가 암호화 공간에서 진화하는 사기의 특성과 금융범죄의 유형을 이해하는 것이 그 어느 때보다 중요하다. 이러한 측면을 고려하

블록체인과 암호화폐 혁명인가 반란인가

여 나는 선행연구와 달리 가상자산 거래 과정에서 발생하는 다양한 공격형태를 조사하여 분석하였다.

지급결제 세계에서는 '가상화폐,' '암호자산,' '선불식 지불수단'의 이전으로 지급에 충당하는 수단도 이용되고 있다. 그러므로 법정통화에 의한 '자금'의 이전에 그치지 않는 앞에서 서술한 다양한 '가치'이전에 대해 금융범죄 방지의 관점에서 대응할 필요가 있다. 관리 소홀로 방치해 두면 다크웹에 숨거나 다른 가치로 바꿔치기도 하고, 어느새 예기치 못한 제3자에게 넘어가거나 하는 사태가 태연히 발생하는 시대이다. 사회의 규범에 비추어 볼 때, 각 사업자는 이러한 부적절 행위를 방지할 의무가 있으며, 불투명성을 불식하기 어려운 분야임에도 불구하고 리스크 베이스에서의 일정한 투명성 있는 관리가 각 사업자에게 요구되고 있다는 점에서 대단한 난제임은 말할 필요도 없다. 거래 속도나 비용 삭감 등의 수익자 편익은 개선되는 한편, 가치의 이전과정에서 수신처에 관한 보충이 뒤로 밀리는 사태가 발생하고 있는 것도 사실이다. 최악의 경우 이들이 금융범죄의 온상이 되는 경우도 부정할 수 없는 상황이다. 그러나 단순히 다크사이드 방지에만 경주해 쓸데없이 새로운 결제수단을 봉인하려 하거나 신기술 활용에 제동을 거는 것만이 아니라 얼마나 합리적으로 대처할 수 있는 구조나 방법을 제공하느냐가 가장 중요한 방향성이라고 나는 믿고 있다.

글로벌 주요 금융당국의 감독 눈높이도 엄격해 대형 위반 사안에 대해서는 수천억 원에 이르는 거액의 제재금, 경영자 경질, 업무에 종사하는 담당자 수준의 성명까지 공개돼 향후 직무 제한, 해당 업무 관여 금지 사태로까지 번지고 있는 경우도 적지 않다. 이 책에서 소개한 다양한 유형의 금융범죄의 공격 실행 메커니즘을 정확하게 이해하고

난 후에 적절한 대응책을 적용할 수 있을 것이다. 업무 담당자와 금융 당국 모두 끊임없는 후속학습이 필요함을 강조하고자 한다.

2장

정부가 암호화폐를
규제하는 방법

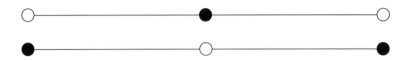

Ⅰ. 암호화폐 규제 논쟁

블록체인 기술 초기에 암호화폐는 경제의 회색 영역에서 작동했다. 그러나 금융기관이 이 분야에 진입하고 전 세계적으로 사용자가 급증함에 따라 규제기관의 위험 계산법이 바뀌었다. 이후 정부는 사이버 범죄에 맞서 싸우고 사용자를 보호하기 위해 주요 조치를 취했다. 이러한 이유로 투자자, 기업 및 기관은 정부가 암호화폐를 규제하는 방법과 업계 리더가 대화를 추진하는 방법을 이해하는 것이 중요하다.

기술적으로 말하자면, 암호화폐는 암호화에 의해 보호되고 분산된 컴퓨터 네트워크에 의해 유지되는 디지털 통화이다. 따라서 입법자의 임무는 블록체인 이전의 법적 프레임워크 측면에서 이 기술을 분석하는 것이다. 이 프로세스의 첫 번째 단계는 암호화폐를 자산의 범주로 분류하는 것이다. 암호화폐는 재산인가? 투자수단인가? 그렇다면 상품이나 유가증권은 무엇일까? 그리고 정확히 어떻게 세금이 부과될까?

II. 암호화폐 규제에 대한 접근방식　█

　미국과 영국을 포함한 대부분의 국가에서 비트코인과 같은 암호화폐는 재산으로 간주되지만 법정통화는 아니다. 재산으로서 암호화 자산은 과세 대상이다. 미국에서는 IRS가 암호화폐를 주식 및 부동산과 같은 다른 자산 클래스와 동일하게 취급하며 그에 따라 자본이득세, 주 및 연방 소득세를 부과한다. 그리고 암호화폐는 엘살바도르 이외의 다른 곳에서는 법정통화로 간주되지 않기 때문에 많은 회사들이 비트코인을 거래수단으로 받아들이지 않았고, PayPal 및 Square와 같은 금융 서비스 회사가 참여했다.

　암호화폐가 상품으로 정의되는지 증권으로 정의되는지에 따라 상품선물거래위원회(CFTC) 또는 증권거래위원회(SEC)는 상품 및 증권법의 틀 내에서 암호화폐 활동을 감독하고 규제할 수 있다. 미국에서는 암호화폐가 상품인가 아니면 증권인가에 대한 모호성이 여전히 존재한다. 상품과 관련하여 CFTC는 비트코인과 이더리움이 과거의 상품이라고 밝혔으며, CFTC 위원인 돈 스텀프(Dawn Stump)는 최근 CFTC의 규제 감독당국이 어떻게 적용되는지에 대한 지침을 발표했다. 스텀프 위원은 CFTC가 원자재를 규제할 수 있는 본회의 권한을 가지고

블록체인과 암호화폐 혁명인가 반란인가

있지 않으며(상품과 관련된 사기 또는 조작행위에 대한 주장을 추구할 수 있는 권한을 포함하여 특정 집행권한을 가지고 있지만), 오히려 상품에 대한 선물계약, 레버리지 암호화폐 거래 및 기타 파생상품에 대한 선물계약이 있으며, 이는 상품인 암호화폐의 파생상품으로 확장될 것이라고 밝혔다. 비트코인이나 이더리움의 선물 계약과 같다.

증권과 관련하여 SEC 의장 게리 겐슬러(Gary Gensler)는 Howey 및 Reves 테스트를 집행결정의 정당성으로 지적했다. 가장 자주 인용되는 하우이 테스트에 따르면, 일반 기업에서 수익을 기대하면서 돈을 투자하는 것이 오로지 다른 사람들의 노력에 의해서만 파생되는 경우 제안은 투자계약이므로 증권에 해당한다.

대조적으로 Reves 테스트에 따르면, 암호화폐 제공(이 경우 ICO(초기화폐공개)와 같은 약속어음과 유사한 것)은 7가지 예외 사례 중 하나가 충족되지 않는 한 또는 법원이 새로운 예외를 추가하기로 결정하지 않는 한 유가증권으로 간주된다.

리플 랩스(Ripple Labs)를 상대로 한 소송과 같이 SEC가 암호화폐를 증권으로 간주한 매우 구체적인 사례가 있었지만, 겐슬러 위원장이 이 용어를 적용한 사례는 매우 광범위했다. 예를 들어, 2021년 8월 아스펜 연구소(Aspen Institute)에서 겐슬러 위원장은 대부분의 거래소가 100개 이상의 서로 다른 디지털 자산 거래를 제공하는 상황에서 "50개 또는 100개의 토큰이 있는 특정 플랫폼에 증권이 전혀 없을 가능성은 매우 희박하다."며 "스테이블코인은 증권 및 투자회사일 수도 있다."고 말했다. 겐슬러 위원장은 또한 일부 디지털 자산이 "증권기반 스왑"을 나타낼 수 있으며, 이는 주식이나 증권 채무상품과 같은 현금증권에 적용되는 규칙과는 다소 별개이며 별개의 SEC 규제 체제하에 있을 수 있다고 제안했다.

서로 다른 기관은 암호화 자산이 고유한 조직 권한과 교차하는 방식에 따라 다르게 규제하기 때문에 당면한 특정 사례에 따라 수십 개의 정의가 있을 수 있다. 그러나 이러한 규정의 목표는 금융시장의 투명성과 무결성을 보장하고, 범죄 및 남용으로부터 시스템을 보호하고, 필수적인 투자자 보호를 제공하는 것으로 상당히 일관된다.

III. 암호화폐 사업에 대한 규제: 오늘날의 풍경 ▮

암호화폐 사업에 대한 가장 광범위한 규제는 국제자금세탁방지기구(FATF)가 제시한 기준과 권고안을 기반으로 한다. 글로벌 자금 세탁 및 테러자금조달 감시기관인 FATF의 주요 목표는 포괄적인 자금 세탁 방지 및 테러자금 조달 방지(AML/CFT) 통제를 개발하고, 공식 권고사항을 발표하고, 회원국 관할권이 이러한 표준을 이행하고 집행할 의무를 이행하도록 하는 것이다. FATF의 웹사이트에 따르면, 200개 이상의 국가와 관할구역이 이 표준을 구현하기 위해 최선을 다하고 있다.

미국에서 FATF의 AML/CFT 표준준수의 핵심이 되는 법안은 1970년 의회에서 처음 통과된 은행비밀법(BSA)이다. BSA는 암호화폐 사업을 포함하여 모든 자금 서비스 사업(MSB)에서 통화의 전송 또는 교환을 용이하게 하는 모든 사업체를 의미한다. 이 법은 고객 이해 제도(KYC) 및 자금 세탁 방지(AML) 프로그램을 시행할 것을 요구한다. 즉, 암호화폐 거래소, 암호화폐 ATM, 장외거래(OTC) 브로커, 커스터디

블록체인과 암호화폐 혁명인가 반란인가

(Custody) 제공업체 및 P2P 거래소와 같은 암호화폐 사업은 BSA 집행을 담당하는 재무부 산하기관인 금융범죄단속네트워크(FinCEN)에 MSB로 등록하고 BSA 요건을 준수해야 한다. 이러한 규칙은 이전에는 명목화폐에만 적용되었지만 이후 디지털 자산을 포함하도록 일반화되었다.

전 세계 FATF의 AML/CFT 표준과 마찬가지로 이러한 미국 규정의 핵심 기능은 범죄자와 테러리스트가 불법자금을 세탁할 수 있는 능력을 차단하고, 법집행기관이 금융범죄에 효과적으로 대처할 수 있도록 권한을 부여하는 것이다. 범죄자들은 부정하게 얻은 자금을 세탁하는 방법으로 암호화폐를 탐색했다. 그러나 적절한 규정과 KYC 및 AML 통제가 이루어지면 법집행기관은 블록체인 분석도구를 사용하여 불법 암호화폐 거래를 현금 인출 지점으로 추적하고, 해당 비즈니스에 법적 절차를 제공하며, 관련 암호화폐 주소와 관련된 KYC 정보를 얻을 수 있다. 그러나 불법행위자가 FATF 표준이 시행되지 않은 국가에서 현금을 인출하는 경우 해당 정보가 존재하지 않을 수 있다. 이러한 종류의 관할권 차익거래는 범죄수사에 걸림돌로 작용한다. 이러한 이유로 FATF는 AML/CFT 표준을 준수하지 않거나 전략적으로 결함이 있는 것으로 간주되는 국가 및 관할권을 식별하는 공개성명을 발표한다.

북한과 이란은 현재 FATF의 기준을 완전히 준수하지 않는 국가로 구성된 행동촉구 대상 고위험 관할권의 "블랙리스트"에 포함되어 있다. 반면, FATF의 모니터링 강화 대상 관할구역의 "그레이 리스트(gray list)"에는 22개국이 해당된다. 이 목록은 규제기관, 조사관 및 규정준수 전문가에게 특히 중요한데, 회색명단에 있는 국가는 FATF 준

수 국가의 강화된 실사조치의 적용을 받기 때문에 거래가 이루어지기 전에 고객, 자금 출처 및 부(富)의 출처에 대한 추가 정보를 제시해야 하기 때문이다. 심각하고 장기적인 결함이 있는 경우, 이러한 조치는 금융거래에 대한 제한 또는 금지로 확장될 수 있다.

FATF를 넘어 규제 환경은 국가마다 크게 다른 경우가 많다. 중국의 변화는 아마도 가장 주목할 만할 것이다. 과거에 비트코인 채굴에 전용된 값싼 전기가 풍부했음에도 불구하고 중국 정부는 2021년 초 채굴을 금지하기로 결정했다. 그리고 2020년 거래량 기준으로 세계 최대의 암호화폐 시장임에도 불구하고 이제는 거래도 금지하기로 결정했다. 중국이 2021년 현재 단속을 한 이유에 대한 몇 가지 그럴듯한 설명이 있다.

체이널리시스(Chainalysis)의 아시아 태평양 및 일본 담당 전무이사인 울리세 델로토(Ulisse Dell'Orto)의 설명에 따르면, 중국은 중앙은행 디지털화폐(CBDC) 개발에 있어 몇 년 앞서 출발했기 때문에 비트코인과 같은 탈중앙화 암호화폐가 자체 중앙화 대안과 경쟁력이 있다고 인식할 수 있다. 중국은 암호화폐 채굴을 금지하기로 결정하면서 환경문제를 언급했지만, 중국의 반대는 실질적이면서도 이데올로기적일 수 있다. 암호화폐에 관한 중국 보고서에서는 중국에 기반을 둔 익명의 암호화폐 운영자를 인터뷰했는데, 최근 단속에 대해 다음과 같이 밝혔다.

"이를 이해하려면 중국 공산당의 통치 철학을 알아야 한다. 그들
은 하향식 접근방식을 취하며 목표는 안정성과 단결을 유지하는
것이다. 따라서 정부 관료들이 초기 비트코인 사용자들과 같은

블록체인과 암호화폐 혁명인가 반란인가

사람들이 초부자가 되고 자유와 자주권을 옹호하는 것을 볼 때, 그들을 반체제 인사로 보는 것은 자연스러운 경향이다. 이는 국가가 감시하는 미디어의 암호화폐 반대 캠페인, 중국 검색엔진 및 플랫폼에서 암호화폐 관련 검색어 금지 등으로 이어졌다."

다른 국가들도 서로 다른 이유로 암호화폐와 비슷한 관계를 맺고 있다. 인도를 예로 들면, 2017년 재무부는 암호화폐를 폰지 사기와 동일시하는 성명을 발표했다. 2018년 인도 왕립은행(RBI)은 암호화폐 활동을 전면 금지했다. 이후 2020년에 인도 대법원은 금지령을 폐지했다. 그리고 2021년까지 인도는 암호화폐 채택 지수에서 154개국 중 2위로 올라섰으며, 이는 전년도 11위에서 더 상승한 수치이다.

그런가 하면, 또 다른 정부들은 암호화폐의 출현을 자국에 투자자본을 가져올 수 있는 기회로 보고 암호화폐를 수용했다. 이들 국가는 세금 친화성을 중심으로 규제 구조를 구축해 왔다. 예를 들어, 벨라루스에서는 모든 암호화폐 활동이 최소 2023년까지 면세로 선언되었다. 이와는 대조적으로 스위스에서는 암호화폐 투자 및 거래가 비과세 자본이득으로 취급되지만 연간 "부유세"는 여전히 소유한 암호화폐 및 기타 자산의 총액에 대해 부과된다.

IV. 최근 시정조치

미국에서 SEC는 암호화폐 규제를 둘러싼 대화의 핵심 논의자이며 집행기관으로서의 활동을 매우 활발히 하고 있다. 앞서 논의한 바와 같이, SEC의 규제조치는 대부분 가상자산이 증권인지 여부를 결정하는 Howey 및 Reves 테스트를 기반으로 정당화되었다. 이 시행 메커니즘은 2017년에 처음 적용되었으며, SEC는 하우이 테스트에 따라 UG의 토큰/코인 제공 슬록잇(Slock.it)을 증권이라고 판정했다. 그 후, SEC에 등록되지 않은 ICO에 대해 수십 건의 불만이 제기되었다.

최근에는 서클 일드(Circle Yield)와 코인베이스 렌드(Coinbase Lend)와 같은 주요 암호화폐 기업들의 이자부 공모 개시를 막기 위해 비슷한 조치를 취하겠다는 협박을 받았는데, 두 회사 모두 무기한 연기된 상태다. 많은 사람들은 SEC가 규칙 제정을 통해 입장을 공식화하기 전에 사례별로 암호화폐 사업을 계속 규제할 것이라고 의심한다.

게리 겐슬러 SEC 위원장이 암호화폐 서비스 제공업체에 대한 단속 강화를 추진하고 있는 것으로 보이지만, 다른 SEC 관계자들은 보다 신중한 접근을 지지하고 있다. 지난 2021년 8월 SEC가 암호화폐 거래소 폴로닉스(Poloniex)를 국가 증권거래소로 등록하지 않거나 등록 면제에 따라 운영하지 않아 증권거래소법 제5조를 위반한 혐의로 조치를 취했을 때, 헤스터 피어스(Hester Maria Peirce) SEC 위원은 이 조치에 대해 이례적으로 SEC가 암호화폐 거래소와 관련된 권한을 명확히 확정하기 전에 결정해야 할 몇 가지 질문을 표명했다.

CFTC는 또한 여러 차례 집행권한을 행사했다. 지난 2021년 9월에는 이전에 마진 소매상품 거래를 제공했던 한 암호화폐 거래소에 선물 수수료 상인으로 등록하지 않은 것에 대해 125만 달러의 벌금을 내라고 명령했다. 그리고 바로 2021년 10월 19일에는 두 가지 이유로 다른 암호화폐 회사들에 총 4,250만 달러의 벌금을 부과했는데, 하나는

블록체인과 암호화폐 혁명인가 반란인가

등록되지 않은 선물거래 수수료 취급 상인으로 운영되었기 때문이고, 두 번째는 그들의 스테이블코인이 미국 달러로 완전히 뒷받침된다고 거짓 주장을 했기 때문이다.

돈 스텀프(Dawn Stump) 위원은 많은 스테이블코인에 대한 CFTC의 권한이 사기방지 및 조작방지 집행조치에 국한되어 있고, 사전에 규칙을 정할 수 있는 권한이 없기 때문에 이러한 집행조치는 암호화폐 사용자들 사이에 증권에 대한 잘못된 인식을 심어 줄 수 있다는 우려를 표명했다.

V. 제정 중인 규정

주요 글로벌 AML/CFT 표준기구인 FATF는 디지털 자산 규제에 가장 영향력 있는 기관 중 하나이다. 따라서 2021년 10월 말에 발표된 업데이트된 지침은 장래 암호화폐 산업에 큰 영향을 미칠 것으로 보인다. 업데이트된 가이던스는 가상자산 및 가상자산 서비스 제공업체(VASP)의 정의(DeFi 및 NFT에 적용되는 방식, FATF 표준이 스테이블코인에 적용되는 방식, FATF가 회원국 관할권에 암호화폐 포함으로 확대할 것을 권장하는 트래블룰 시행 관련 지침 포함)를 명확히 할 것으로 예상된다.

이 트래블룰(Travelrule) 지침은 유럽연합 집행위원회(European Commission), 영국 HM 재무부(UK HM Treasury) 및 FinCEN이 각각 트래블룰 제안을 고려하고 있는 중요한 시점에 나온 것이다. 그러나 이러한 제안을 설명하기 전에 먼저 규칙을 설명해야 한다. 트래블룰은 대규모 암호화폐 거래의 익명성을 최소화하여 자금 세탁을 막는 것을 목표로 한다. 따라서 VASP는 암호화폐 송금의 발신자 및 수취인에 대한 정보를 획득, 보유 및 교환하고 특정 임계값 이상을 다른 VASP와 교환해야 한다. FATF는 1,000 USD/EUR/GBP를 기준액으로 권장하고 있으며, 대부분의 제안이 이를 따랐다.

유럽연합 집행위원회(European Commission)의 제안은 VASP 간의 €1,000 이상의 암호화폐 거래에 적용된다. 반면 영국 HM 재무부의 제안은 VASP 간의 £1,000 이상의 암호화폐 거래와 개인 지갑에서 VASP로의 거래에 적용된다. 이 제안이 VASP 간의 거래만 포함하도록 축소될지 여부는 불확실하다. 마지막으로, FinCEN의 제안은 VASP 간의 임계값을 $250로 설정한다. 여기서 중요한 점은 이러한 제안은 아직 승인되지 않았으며 효력이 발생하기 전에 변경될 수 있다는 것이다.

2021년 10월 말에 발표한 또 다른 규제지침은 미국 재무부의 스테이블코인 관련 보고서로, 스테이블코인 발행사들도 은행처럼 준비금 및 보고 요건에 맞춰 규제를 받을 것을 권고하고 있다. 바이든 행정부는 의회가 만족할 만한 은행과 같은 프레임워크를 시행하지 못할 경우, "금융 시스템에 대한 위험을 감시하는 규제기관인 FSOC(금융안정 감독위원회)를 통해 권고사항의 집행을 보장하는 것을 주저하지 않을 것"이라고 밝혔다. 다시 말해, 어떤 형태로든 스테이블코인 규제가 의회나 다른 채널을 통해 곧 이루어질 가능성이 높다는 뜻이다.

마침내 2021년 여름, 미국 상원은 1조 달러 규모의 초당적 인프라 법안을 심의했다. 이 법안에는 거래소와 같은 암호화폐 중개인을 포함하도록 "브로커"의 정의를 확대하여 사용자의 이름, 주소 및 거래 활동에 대한 정보를 국세청에 보고하도록 요구하는 조항이 포함되었

블록체인과 암호화폐 혁명인가 반란인가

다. 암호화폐 업계에서는 보고 방식이 너무 광범위한 데다 정보에 액세스할 수 없는 채굴자, 노드 검증자 또는 개발자를 포괄하는 것으로 해석될 수 있다는 우려를 표명했다. 이에 상원에서는 이를 수정하려 했지만 결국 성공하지 못했다. 2021년 10월 26일 현재로서는 하원이 아직 법안을 통과시키지 않았기 때문에 이를 수정할 기회가 여전히 남아 있는 상태다. 이는 암호화폐에 대한 교육을 개선하고 입법자 및 정책 입안자와 협력하여 정책과 규정이 공간에 적합한지를 확인하는 것이 중요함을 보여 주는 사례이다.

VI. 암호화폐 산업이 도울 수 있는 규제 방법 ▮

암호화폐 규제의 광범위한 영향과 이 분야의 놀라운 혁신 속도를 감안할 때, 암호화폐 업계는 규제기관과 협력하여 새롭고 보다 효율적인 규제 프레임워크를 설계할 필요가 있다. 이제까지 이러한 혁신은 거의 없었기 때문에, 전통적인 규제 모델을 적용할 수는 없다고 생각된다. 그렇다고 해서 산업을 효과적으로 규제할 수 없다는 의미는 아니지만, 신중하게 규제해야 한다는 의미는 분명하다.

나는 이 분야에 규제혁신의 기회가 있다고 믿는다. 전통적인 금융은 규제기관이 금융기관에 직접 요청하지 않고는 거래 데이터에 액세스할 수 없기 때문에 매우 불투명하지만, 블록체인 기술은 전례 없는 수준의 투명성을 제공한다. 이를 통해 규제감독자는 거래를 자유롭고 쉽게 검토할 수 있어 규정 준수 및 모니터링의 특성을 변경할 수 있다.

규제기관이 업계와 협력하고 기술에 대해 더 많이 배우기 위해 노력해
나갈 것을 기대한다.

3장

스토아 철학과 암호화폐의 이해

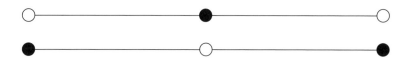

스토아학파는 유덕한 삶이라는 궁극적인 목표를 이루기 위해 실용적이고 윤리적으로 사는 방법을 가르치는 고대철학이다. 반면에 암호화폐는 약 10년 동안 존재했으며 이미 2021년 말까지 총 시가총액이 2조 9천억 달러로 성장했다. 나는 고대 스토아 철학의 개념을 현대 암호화폐 시장에 적용하고자 한다.

이를 위해 먼저 스토아학파의 네 가지 덕목과 통제의 이분법, 그리고 부정적 시각화의 실천을 검토할 것이다. 이 논의는 재정적 조언으로 따르기 위한 것이 아니라, 단지 스토아학파의 철학을 적용하여 이 호황을 누리고 있는 산업을 이해하기 위함이다. 스토아학파에 대한 나의 지적 배경에 직접적으로 적용되는 과거의 시장 주기에 대한 경험을 자세히 설명하고자 한다.

그렇다면 왜 암호화폐인가? 암호화폐 시장은 변동성으로 유명하다. 돈을 잃을 가능성이 매우 높지만 상당한 투자수익을 올릴 수도 있다. 이러한 변동성은 누구나 처음에 시장에 뛰어든 정확한 이유이다. 나는 재정 조언서인 『The Richest Man in Babylon』에서 투자와 암호화폐 시장에 대한 많은 의견을 참조하였다.

Ⅰ. 시장 타이밍　　　　　　　　　　　　　　　　　■

나는 2018년 1월 처음 암호화폐에 입문했다. 돌이켜 보면, 당시는 시장이 정점을 찍고 이제 막 약세장에 진입하고 있었기 때문에 나쁜 흐름이었다. 초보 투자자로서 나는 그러한 시장 상황을 고려하지 않았다. 시장은 영원히 계속 성장할 것 같았다. 인내심을 갖고 시간을 들여 시장을 이해하는 것은 새로운 암호화폐 투자자를 위한 최고의 팁이다.

암호화폐 투자를 통해 저렴한 가격에 구매하여 더 많은 돈을 벌 수도 있다. 그러나 약세장에서 수년 동안 자산의 90%를 잃을 수도 있다. 결국 암호화 자산은 여윳돈이 있는 사람들에게 가장 적합하다. 가처분 소득이 있으면 투자하고 잊어버릴 수 있어야 한다. 그래야만 자산 가치의 대부분을 잃을 때 당황하지 않을 것이다.

블록체인과 암호화폐 혁명인가 반란인가

II. 암호화폐 투자에 적용할 수 있는 스토아 철학의 덕목

오늘날 누구나 비트코인, 이더리움 및 리플과 같은 인기 있는 자산으로 암호화폐 시장에 쉽게 참여할 수 있다. 밈 코인인 시바이누(Shiba Inu)와 도지코인(DogeCoin)도 코인베이스(Coinbase)와 같은 사용하기 쉬운 플랫폼에 참여할 수 있다. 인기 있는 자산일수록 구매하기 쉽고 위험이 적은 경향이 있지만, 현재 시장에서 저평가되어 있을 수 있는 새로운 프로젝트도 고려해 볼 가치가 있다.

2013년 각 비트코인의 가치가 100달러였던 것과 유사하게, 오늘날에도 미래에 매우 가치 있는 많은 프로젝트가 생겨나고 있다. 하지만 이러한 자산을 어떻게 식별할 수 있을까?

나는 암호화폐 시장에 대한 나의 견해를 공유하고 스토아 철학을 적용하고자 한다. 크립토(Crypto)와 스토아주의(Stoicism)는 나의 가장 큰 관심사 중 두 가지이며, 둘 다 알면 성공 가능성이 높아질 것이라고 믿는다. 이제 변동성이 큰 암호화폐 시장에 적용되는 스토아주의(Stoicism)의 세 가지 핵심개념에 대해 논의할 것이다.

금욕주의의 네 가지 덕목을 적용하라. 스토아학파에서 적용할 수 있는 개념은 에우다이모니아(eudaimonia)인데, 이는 우리가 가장 높은 자아(daimon)와 좋은 관계(eu)를 유지함으로써 우리의 삶에서 번창한다는 것을 의미한다. 이것은 "아레테(arreté)와 함께 살기" 또는 매 순간 최고의 자아를 표현함으로써 이루어질 수 있다. 아레테는 우리의 행동과 우리의 가장 깊은 가치와 조화를 이루는 삶에 이성을 요구한다. 우리 자신과 조화를 이루는 삶은 스토아학파의 네 가지 덕목인

지혜, 절제, 용기, 정의를 이해하는 것에서부터 시작된다. 우리는 이들 각각을 암호화폐 투자에 적용할 수 있다.

1. 지혜

투자를 시작하기 전에 암호화폐 시장을 어느 정도 이해해야 의사결정을 하는 데 도움이 된다. 누구나 돈을 투자하기 전에 시장을 상세하게 이해함으로써 성공을 위한 준비를 해야 한다. 맹목적으로 투자하는 것은 가장 어리석은 일이다. 시장 움직임을 이해하는 것뿐만 아니라 투자하기 전에 각 자산의 성격을 이해해야 한다.

비트코인은 일반적으로 암호화폐에서 안전한 베팅으로 간주되지만 잠재적인 수익은 높지 않다. 따라서 다른 자산도 고려해 볼 가치가 있다. 시장에 뛰어들어 새로운 프로젝트를 고려하는 것은 훨씬 더 높은 수익을 제공할 수 있지만 위험도 훨씬 더 높다. 높은 위험과 보상에 대한 욕구가 있다면 벤처 캐피털리스트 접근방식을 취할 수 있다. 여기에는 적어도 하나의 프로젝트가 몇 년 동안 초기 투자의 100배를 회수할 것이라는 생각으로 여러 프로젝트에 투자하는 것이 포함된다. 결국 암호화폐 투자는 규칙과 메커니즘을 이해하는 데 도움이 되는 일종의 게임이다.

2. 절제

시장을 이해하면 다음은 인내심이 큰 요인이 된다. 낮은 곳에서 들어가 높은 곳에서 나가야 한다는 투자의 성공 법칙을 달성하는 데 있어 인내심은 가장 큰 요인이다. 나는 2017/18년 피크 기간 동안 초기 투자를 통해 FOMO가 투자자를 참을성 없게 만든다는 것을 배웠다.

블록체인과 암호화폐 혁명인가 반란인가

시장이 상승세를 탈 때 계속 상승할 것이라고 믿는다. 운 좋게도 나는 초기 투자를 계속해서 유지했고, 이제 처음에 구입한 것보다 더 높은 가치를 갖게 되었다. 변동성이 높기 때문에 잃어도 괜찮을 만큼만 투자해야 한다. 그렇게 투자하고 난 후에는 그 돈을 잊고 살아야 한다. 또한 투자 수익에 만족할 때까지 자산을 매도해서는 안 된다.

나는 강세장이 초기 투자금의 40배에 달하는 정점에 달하기 전에 가장 수익성이 높은 자산이 가치의 90%를 잃는 것을 보았다. 그때 만약 참지 못하고 돈을 인출했다면 엄청난 손실을 보았을 것이다. 나는 그 돈을 갖고 있다는 사실을 잊은 채 기다렸다. 그리고 시장이 매일 새로운 최고치를 달성하는 것처럼 보였음에도 불구하고 수익률에 만족했을 때 자산의 대부분을 매도했다. 이는 잠재적인 약세장이 오기 전에 초기 투자를 현금화하는 동시에 자산이 새로운 고점에 도달하더라도 약간의 수익을 더 맛보기 위한 노력이었다.

3. 용기

암호화폐 자산을 매수하면 약세장이든 강세장이든 상관없이 가치는 매일 오르락내리락할 가능성이 높다. 불편하더라도 장기 계획을 고수하는 것이 중요하다. 좋은 시기에 시장에 진입했다고 생각한다면 폭풍의 첫 징후에 뛰어들지 말아야 한다. 이전에 믿었던 자산이 지금은 초기 투자에 비해 저평가되어 있으므로 보유 자산을 늘릴 때일 수 있다.

이것은 내가 가장 수익성이 높은 투자를 돌이켜 본 후에 배운 교훈이다. 저점에서 더 많이 샀다면 고점 당시의 가치의 400배에 달했을 것이다. 워런 버핏(Warren Buffet)과 같은 성공한 투자자들은 시장과 반대되는 방식으로 반응할 것을 권장한다. 대부분의 사람들이 두려워할 때 흥분하고, 대부분의 사람들이 흥분할 때 조심해야 한다. 다른 사람들이 약하고 두려워할 때 강하고 용감해지는 것이 좋다.

4. 정의

정의는 스토아학파의 마지막 덕목이며, 나는 이것이 두 가지 핵심 요소로 요약된다고 생각한다. 첫째, 세금 신고서를 제출하고 이익을 낼 때 양도소득세를 공정하게 납부해야 한다. 이것은 국세청의 잠재적인 감사에 대한 불안감을 덜어 줄 것이다. 당신의 삶에 평온을 가져다줄 것이다. 공정한 몫을 지불하는 것은 또한 모두를 위한 더 나은 사회에 기여한다.

정의는 자신의 암호화폐 프로젝트를 시작하는 사람과도 관련이 있다. 특히 위험해 보이는 경우 모든 계란을 한 바구니에 담지 말아야 한다. 자신의 프로젝트를 시작하는 사람들은 정직하고 투명하며 공정해야 한다. 물론 사람들은 폰지 사기 스타일의 금융범죄를 저지르기 위해 계속해서 새로운 기술을 사용할 것이다. 그러나 스토이즘을 신뢰하는 항상 그러한 비윤리적인 관행을 멀리해야 한다.

5. 통제의 이분법 적용

스토아학파의 또 다른 개념인 통제의 이분법으로부터 우리가 통제할 수 있는 것에 집중해야 함을 배울 수 있다. 앞서 시장 타이밍에 있어 지혜와 절제의 역할에 대해 논의했지만, 시장이 호의적이지 않을 때 투자할 준비가 되었다면 어떻게 해야 할까? 객관적으로 정답은 없지만 하이브리드 접근방식을 사용할 수 있다. 투자할 준비가 되었지

블록체인과 암호화폐 혁명인가 반란인가

만 시장이 준비되지 않은 것 같다면, 프로세스와 작동방식을 이해하기 위해 사용 가능한 수익의 5%를 새 프로젝트에 투자할 수 있다. 언젠가는 투자하고 싶어질 거라는 걸 알기 때문에 실용적인 지식에 투자하는 것이다. 새 지갑을 설정하고 새 계정을 확인하는 데 며칠이 걸릴 수도 있다. 시장이 준비되지 않았더라도 미리 약간의 발품을 팔아 가는 것은 장기적으로 도움이 될 것이다.

좋은 투자 기회를 기다리는 동안 통제할 수 있는 또 다른 활동은 학습이다. 암호화폐 시장은 너무 거대하고 빠르게 성장하여 아무도 모든 것을 알지 못하기 때문이다. 또한 몇 가지 암호화 관련 프로필을 팔로우하기 위하여 크립토 트위터(Crypto Twitter)에 가입하는 것도 도움이 된다.

네거티브 시각화로 최악의 시나리오를 상상해 보자. 궁극적으로 변동성이 높기 때문에 가능한 최악의 시나리오에 대해 정기적으로 생각하는 것도 도움이 된다. 이것은 고대 스토아학파가 매 순간 이성적으로 생각하도록 돕기 위해 했던 일이다. 그들은 모든 소유물, 친구, 가족 및 그들이 소중히 여기는 모든 것을 잃는 것에 대해 명상하곤 했다. 그렇게 하면 역경이 닥쳤을 때 준비가 되어 있을 것이다. 이것이 네거티브 시각화 연습의 목표이다. 스토아학파는 어떤 일이 닥치더라도 살아남을 수 있음을 깨닫는 연습을 통해 계속해서 용감하게 역경에 맞선다.

우리는 이 개념을 장기 암호화폐 투자에 사용할 수 있다. 최악의 시나리오를 상상해 보면, 암호화폐에 투자한 모든 돈이 그 가치의 100%를 잃게 된다. 잃을 각오가 되어 있는 만큼만 투자한다면 아마 괜찮을 것이다. 그렇지 않다면 포트폴리오를 수정해야 한다. 네거티브 시각화를 실천함으로써 우리는 시장가격이 우리가 예상한 가치보다 훨씬 낮게 떨어질 때를 대비할 수 있을 것이다.

III. 스토이즘(Stoicism)과 암호화폐 이데올로기 ▌

암호화폐 시장은 향후 수십 년 동안 세계 경제를 근본적으로 변화시킬 수 있는 급성장하는 산업이다. 이 분야에서 성공의 열쇠는 위험과 시장 주기 변동성의 폭풍을 견뎌 내는 것이다. 스토아주의는 우리에게 실용적인 틀과 연습을 통해 최고의 삶을 살도록 가르친다. 네 가지 덕목을 검토함으로써 우리는 윤리적이고 성공적인 관행을 암호화폐 투자에 적용할 수 있다. 우리는 또한 우리가 통제할 수 있는 것에 집중할 수 있고, 시장에 돈을 투자할 준비가 되지 않았을 때에도 계속 발전할 수 있다.

궁극적으로, 부정적인 시각화 연습은 우리가 투자에서 모든 가치를 잃어도 괜찮을 수 있게 마음의 준비를 시킨다. 스토아주의의 실천은 우리가 초기 투자전략을 고수하고 시장 변동성을 유리하게 사용하는 데 도움이 된다. 우리가 모든 것을 기꺼이 잃을 때, 우리는 우리가 상상할 수 있는 것보다 더 많은 것을 얻으려고 스스로를 준비한다. 암호화폐 투자에는 지혜와 절제가 필요하다.

비트코인의 명성과 가치가 계속 성장함에 따라 새로운 투자자들이 암호화폐 시장에 진입하고 있다. 그러나 모든 사람이 이데올로기적 이유로 이곳에 있는 것은 아니며, 누구도 그렇게 되기를 기대해서는

블록체인과 암호화폐 혁명인가 반란인가

안 된다.

　블록체인이라고 하는 오픈 소스 원장으로 작동하는 비트코인은 노드 네트워크를 통해 거래가 확인되고 암호화를 통해 보호되는 분산형 디지털 통화이다. 이러한 노드를 유지하고 거래를 검증하는 개인을 "채굴자"라고 하며 비트코인으로 보상을 받는다. 혁신적인 기술적 측면 외에도 세계 최초의 암호화폐는 귀금속을 수천 년 동안 성공적인 교환매체로 만든 금의 많은 고유한 특성을 모방한다. 비트코인이 자유주의 철학과 분리될 수 있다는 생각은 근본적으로 잘못된 것이다.

　벤 메즈리치(Ben Mezrich)는 "비트코인이 성공하기 위해서는 (초보자도 쉽게 접근할 수 있는) 바닐라가 되어야 한다"며 "자유지상주의 철학에서 벗어나야 한다"고 말했다. 찰리 슈렘(Charlie Shrem)은 이에 동의하며 "비트코인의 핵심 원칙이 유지되고 기술이 변하지 않는 한 괜찮다"고 답했다. 비트코인이 자유주의 철학과 분리될 수 있다는 생각은 근본적으로 잘못된 것이다. 비트코인은 자유주의적 이념 때문에 존재하며 오스트리아 학파의 경제원칙을 고수하기 때문에 우월성을 유지한다.

IV. 일확천금 낭만주의　　　　　　　　　　　▮

　비트코인의 명성과 가치가 계속 성장함에 따라 새로운 투자자들이 암호화폐 시장에 진입하고 있다. 그러나 모든 사람이 이데올로기적 이유로 이곳에 있는 것은 아니며, 누구도 그렇게 되기를 기대해서는 안 된다. 많은 비트코인 사용자들은 하룻밤 사이에 비트코인 억만장

자에 대한 낭만적인 이야기와 일확천금을 노리겠다는 거짓 약속에 현혹되었다. 반대로, 많은 비트코인 사용자는 주요 금융기관의 범위를 벗어나거나 인플레이션 위기를 겪고 있는 국가에 거주하는 개인이다.

사람들이 불가피하게 비트코인을 사용하기로 선택하는 이유를 완전히 이해하든 그렇지 않든 간에, 그들은 이 새로운 기술의 경제적 특성과 현대 자유주의 운동에 의해 전파된 사상(ideologie) 때문에 이러한 결정을 내릴 것이다. 이러한 판단은 아마도 사이페딘 아모스(Saifedean Ammous)의 저서 『The Bitcoin Standard: The Decentralized Alternative to Central Banking』을 읽으면 가장 잘 이해할 수 있을 것이다.

누구에게나 케인즈 경제학의 독설은 기분이 좋게 느껴질 것이다. 그의 전반기 법화(法貨)제도에 대한 비판의 논리는 매우 흥미롭기까지 하다. 그러나 그것은 탈중앙화 권력이 국가에 의한 화폐 통제를 싫어하는 프로토콜의 규율에 따른 BTC의 행복감에서 비롯된 것으로 보인다. 자본주의는 본질적으로 팽창하고 자본이 축적되기 때문에 총자본이 확대됨에 따라 유통되는 화폐의 양이 증가할 수밖에 없다. 그리고 금본위제에서 금 보유고의 총량을 초과하면 디플레이션이 불가피하다고 생각하며, BTC도 마찬가지라고 생각한다. 그런데 디플레이션은 케인즈 경제학에 따르면 혐오스러운 것이다.

인류 역사상 가장 평화로운 혁명 즉, 돈과 국가를 분리하고 개방적이고 투명한 대안 금융 시스템을 구축하는 것을 목표로 하는 비트코인 주의는 어떤 철학적 기반에서 출발하였을까? 비트코인에 대한 정신승리가 아닌 암호화폐의 본질을 꿰뚫어 보는 스토이즘이 나침판이 될 수 있을 것이다.

블록체인과 암호화폐 혁명인가 반란인가

4장

비트코인과 기술사회의 윤리

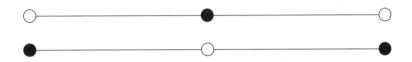

비트코인은 온라인 거래에 사용하기 위한 P2P 결제 시스템으로 존재하게 되었다. 이러한 혁신과 그 기반 기술인 블록체인은 블록체인과 인공지능(AI)의 공동 사용이 차세대 기술혁명의 씨앗이 되면서 패러다임 변화의 뿌리가 되었다. 그러나 종종 그렇듯이 이 혁신적인 발명품은 금융 부문과 사회 전반에서 회의론에 부딪혔다. 이 장에서는 비트코인과 블록체인의 사례를 사용하여 이러한 혁신의 근간이 되는 철학과 기술 사이의 교차점, 그리고 사회 부문의 전망을 분석해 보았다.

Ⅰ. 비트코인과 기술철학의 소개 ▮

"On ne résiste pas à l'invasion des idées. (우리는 군대의 침략
에 저항한다. 그러나) 우리는 사상의 침입에 저항할 수 없다."
– 빅토르 위고, 『범죄의 역사』

비트코인은 프로토콜을 의미하고 비트코인은 통화 자체를 의미
한다. 비트코인은 2009년 온라인 거래에 사용하기 위한 P2P 결제
시스템으로 등장했다. 2008년 10월 31일 사토시 나카모토(Satoshi
Nakamoto)라는 가명을 사용하는 개인(혹은 집단)이 프로토콜의 첫 번
째 버전을 전송(broadcasting)하고 2009년 1월에 관련 소프트웨어를
출시하면서 알려지게 되었다. 이 소프트웨어는 누구나 다운로드할 수
있으며 이를 실행하는 모든 컴퓨터가 네트워크에 연결할 수 있다. 비
트코인을 사용하면 거래의 제3자가 없어지는데, 발신자와 수신자를
연결하는 중개자 없이 거래를 실행할 수 있기 때문이다. 대신, 이 작업
은 비트코인 오픈 소스 소프트웨어를 통해 서로 직접 통신하는 컴퓨터
네트워크를 사용했다.

비트코인이 시장에 소개될 무렵에는 디지털 통화(E-gold 또는
Liberty Reserve)를 출시하려는 시도가 여러 번 있었다. 비트코인이 대
중에게 공개되기 전의 오랜 기술 진화의 역사를 감안할 때, 비트코인
의 성공을 이끈 아이디어는 수십 년에 걸쳐 만들어졌다고 말할 수 있
다. 이러한 성과는 온라인 전자결제 시스템을 개발해야 할 필요성에
따른 결과였다. 또한 이러한 결과는 개인정보보호, 효율성, 신뢰성 및
투명성에 대한 요구를 무시할 수 없으며 개인의 자유에 대한 인식을

블록체인과 암호화폐 혁명인가 반란인가

가지고 공유공간에 거주해야 하는 초현대 사회의 요구에 부응했다.

따라서 비트코인은 사토시 나카모토가 주도했지만, 각자 고유한 방식으로 다양한 확장으로 개발에 협력한 개인들 간의 적극적인 협력의 결과였다. 그러나 다른 많은 개념적·기술적 차이점을 제외하고, 다양한 유형의 디지털 현금을 만들려는 이전의 실패한 시도와 달리 비트코인은 성공을 거두었고 2011년 4월 네임코인이 등장할 때까지 유일한 분산형 디지털 현금 코인이었다.

이 글에서 나는 암호화폐, 디지털 화폐 및 디지털 통화를 동의어로 사용한다. 이 용어는 비트코인과 같은 기본 디지털 통화를 의미하며 유로, 달러, 파운드 등과 같은 디지털 버전의 법정화폐를 의미하지 않는다. "비트코인"이라는 용어는 전체 비트코인 네트워크를 지칭하는 반면, "비트코인"은 이 네트워크에서 생산되는 디지털 화폐를 의미한다.

비트코인의 성공의 주요 이유는 비트코인의 창시자가 두 가지 오래된 수수께끼인 이중지출 문제와 비잔틴 장군 문제(Byzantine Generals Problem)에 대한 해결책을 설계에 통합할 수 있었기 때문이다. 이러한 문제 중 첫 번째는 수신된 정보가 완전하고 정확하며 동일한 돈이 두 번 이상 사용되지 않도록 위조된 업데이트가 원장에 도입되지 않게 하는 것이다. 두 번째 문제는 같은 이해관계를 공유하지 않기 때문에 서로를 신뢰하지 않는 당사자들 사이에서 합의에 도달하는 것과 관련이 있다.

2009년에 공개된 이래로 "블록체인" 또는 "타임체인"(나카모토가 비트코인의 기본 기술이라고 처음 부른 것)은 패러다임 변화의 뿌리가 되어 왔다. 그 이유는 블록체인과 AI의 공동 사용이 차세대 기술혁명의 씨앗이 될 것으로 예상되기 때문이다. 기술 확장과 함께 혁명적 발전에 대한 막대한 잠재적 경제적 보상에 대한 약속은 많은 사람들이 이러한 새로운 부문에서 다른 활동을 수행하도록 유도했다. 일부는 기업가인데 그들은 채굴자가 되었고, 다른 일부는 이러한 시장의 투자자, 거래자 또는 투기꾼이 되었다. 마침내 이러한 금융시장의 투기적 성격은 우려스러운 것이 되었다.

현재 "cryptocurrencies"라는 일반적인 우산 아래 그룹화된 다양한 솔루션의 공정한 평가를 방해하는 한 가지 근본적인 장애물은 이러한 제품의 기술적 복잡성이다. 하지만 기술을 이해하는 사람들 사이에도 여전히 어떤 속성이 구조와 본질을 정의해야 하는지에 대한 근본적인 지적 · 도덕적 싸움이 있다. 특히, 전자결제 시스템 개발의 진화 역사의 핵심이었던 추적 가능성의 핵심 문제가 있다. 그 외에도 혁신이 종종 그렇듯이 많은 사람들 사이에서 논란이 불거져 나왔다. 기술이 어떻게 작동하는지에 대한 이해 부족과 도덕적 근거에 뿌리를 둔 태도는 많은 비판으로 이어졌다. 이러한 감정의 일부는 새로운 기술의 존재에 적응하려고 할 때 나타나는 어려움으로 설명된다.

기술이 어떻게 작동하는지에 대한 이해 부족과 도덕적 근거에 뿌리를 둔 기술에 대한 인식은 금융 부문과 사회 전반의 관련 인물을 포함한 많은 사람들로부터 다양한 평가를 받았다. 노벨상 수상자 폴 크루그먼의 「비트코인이 불에 타 죽기를 바라는 이유」, 찰리 스트로스의 「J.P. 모건 CEO 제이미 다이먼(Jamie Dimon)의 여러 선언」 등이 그 예이다. 역사적으로 비트코인이 "암호화폐"로 분류되는 자산 중에서 가장 인지도가 높고 관련성이 높다는 점을 감안할 때, 많은 비판은 비트코인을 가상자산군을 대표하는 것으로 사용한 결과이다.

II. 딥웹과 사이퍼펑크

　다양한 디지털 자산 간의 차이점과는 별개로, 자산 클래스로서의 암호화폐와 기술로서의 블록체인은 시장 관찰자와 참가자에게 논란을 불러일으켰다. 문제의 핵심은 이러한 기술이 그 자체로 존재할 가치가 있는지 여부이다. 그리고 만약 그렇다면, 그것들을 재산과 개인적 권리의 공통 범주 안에 어떻게 수용할 것인가? 그 외에도 딥웹에서 개인이 이러한 기술을 사용하여 위법 행위 및 불법 거래를 하는 것은 막기 어려웠다. 이러한 부정적인 인상은 블록체인 기술의 작동에 대한 일반적인 비학문적 태도와 일반 독자가 이러한 기술을 서로 구별할 수 없다는 점에서 더욱 굳어졌다.

　예를 들어, 비트코인은 "추적할 수 없는 디지털 현금"이라는 일반적인 이해가 있다. 따라서 이 디지털 현금 도구는 잠재적으로 세금 납부를 피하고 마약 거래, 테러, 납치 및 갈취와 같은 수많은 불법 활동에 자금을 조달하는 데 사용될 수 있다. 따라서 많은 암호화폐의 반익명성 또는 익명성은 이러한 불리한 인식의 핵심이다. 그럼에도 불구하고 이러한 정서는 사이퍼펑크 운동의 전설로 인해 확고하게 자리 잡고 있다.

　사이퍼펑크(cypherpunk)는 1970년대의 운동으로, 그들은 경제성장을 억누르는 정부의 통제를 약화시켜야 한다는 믿음을 갖고 있었다. 이 믿음은 자유주의적 개념과 강력한 암호학이 개인 문제에 대한 정부의 간섭을 막을 수 있다는 직관과 결합되었다. 그리고 제안된 해결책은 정부의 통제에서 자유로운 디지털 현금 화폐를 사용하는 것이었다. 웨이 다이(Wei Dai)는 논문에서 "b-money"에 대해 다음과 같이 설명했다.

> "공동체는 참여자들의 협력에 의해 정의되며, 효율적인 협력을
> 위해서는 교환(돈)의 매개체와 계약을 집행하는 방법이 필요하
> 다. 전통적으로 이러한 서비스는 정부 또는 정부 후원 기관에서
> 법인에만 제공되었다. 이 논문에서는 추적할 수 없는 엔터티에
> 이러한 서비스를 제공할 수 있는 프로토콜에 대해 설명한다."

　이 단체는 정부에서 개인으로 권력을 이전하는 방법으로 암호화를
옹호했다. 그리고 공개 키 암호화가 발전함에 따라 미래 사회가 돈을
어떻게 다룰 수 있는지 구상하기 시작했다. 정부의 통제에서 벗어날
수 있는 디지털 화폐를 개발하려는 그들의 시도는 수많은 단계를 거쳤
다. 그러나 디지털 현금을 익명으로 교환할 수 있는 디지털 가치의 파
일로 처음 제안한 사람은 데이비드 차움(David Chaum)이었다. 그의
1981년 논문『추적할 수 없는 전자메일, 반송주소 및 디지털 가명』은
이후 "익명 커뮤니케이션"에 대한 연구의 초석이었다.
　사이퍼펑크 세대는 탈중앙화되고 강력한 온라인 통화의 개발을 향
한 큰 진전을 이뤘다. 예를 들어, 차움(Chaum)은 조폐국의 서명을 깨
지 않고 동전을 수정할 수 있는 알고리즘을 만들었다. 그는 1982년 논
문『추적할 수 없는 지불을 위한 블라인드 서명』에서 전자뱅킹 서비스
의 성장과 자동결제 시스템의 구축을 위해서는 개인 프라이버시의 필
요성과 결제의 범죄 이용 가능성 사이에서 균형을 맞춰야 한다고 설명
했다. 그런 다음 그는 이상적인 지불 시스템에는 다음과 같은 세 가지
주요 속성이 있다고 요약했다.

블록체인과 암호화폐 혁명인가 반란인가

- 제3자가 수취인, 시간 또는 개인이 지불한 금액을 결정할 수 없음
- 개인이 지불증명을 제공하거나 예외적인 상황에서 수취인의 신원을 확인할 수 있는 능력
- 도난 신고된 자금의 인출을 중지할 수 있는 능력

이 기술의 사용을 설명하기 위해 차움은 선거행사에서 선거인이 비밀 투표용지를 떨어뜨리기 위해 선거인단에 모일 필요 없이 투표할 수 있는 세 가지 열거된 속성을 충족함으로써 투표할 수 있는 방법을 제안했다. 차움의 시스템은 투표를 비밀로 유지해야 할 필요성, 투표가 집계되었는지 확인할 수 있는 능력, 유권자 사기를 방지할 수 있는 능력의 균형을 맞출 것이라고 하였다.

이외에도 여러 선구자들이 다른 버전의 전자화폐에 대해서 실용화를 위해 노력했다. 한 가지 예로, 할 피니(Hal Finney)는 RPOW(Reusable Proof-of-Work)를 내놓았는데, 이 솔루션은 작업증명(PoW)을 기반으로 한다. 그러나 앞서 말했듯이 2009년이 되어서야 수십 년간의 기술 발전, 암호화 연구의 노력, 많은 실패 끝에 비트코인이 시장에 출시되면서 최초의 디지털 현금 코인이 되었다.

III. 감정 대 사실, 지각 대 현실 ▌

사람들이 변화에 저항하는 데에는 여러 가지 이유가 있다. 첫째, 변화는 기성 질서를 처리하는 데 시간이 필요한 심리적 경험이다. 더욱

이 변화가 크고 예상치 못한 경우, 일반적인 반응은 부정이다. 새로운 환경에 대한 준비가 되어 있지 않다고 느끼는 것은 사람들이 안전지 대에서 밀려나면서 이러한 거부감을 설명하는 것이기도 한다. 변화는 "낡은 방식"에서 벗어나는 것을 의미한다. 따라서 새 버전을 따라잡지 못한 사람들은 대체되었다고 느낄 수 있으며 이에 대해 방어적일 수밖 에 없다. 그리고 변화에 새로운 기술이 수반되는 경우, 공통적인 관심 사는 개인의 역량이다. 사람들은 자신의 기술이 쓸모없게 될까 봐 걱 정하고, 방어기제로서 혁신의 성공이나 적절성에 대해 회의적인 반응 을 보일 수 있다. 또한 변화는 더 많은 일을 의미할 수 있으며 이는 분 노와 기타 부정적인 감정으로 파급될 수 있다. 결국, 변화에 대한 저 항은 영향을 받는 사람들의 위치에 따라 발을 질질 끄는 행동과 나태 함에서 사보타주와 반항에 이르기까지 다양한 방식으로 외부화될 수 있다.

새로운 기술이 낡은 기술을 대체할 때, 사회의 모든 부문이 타격을 입는 것처럼 보인다. 영향을 받는 사람들이 시대를 따라잡으려 하지 않을 때 특히 그러할 것이다. 이러한 경우 손상된 부문은 이전 기술의 공급자 및 현실에 애착이 강한 사용자와 같은 다양한 사람을 포함할 수 있으므로 그들의 저항이 상당히 클 수 있다. 이러한 저항 과정의 정 서적 경험은 "비이성적인 것"과 비교되어 왔다. 이러한 관점에서 감정 은 변화를 구현하는 동안 직면하는 근본적인 어려움의 표현이 아니라 문제의 근원으로 이해된다. 심리학적 관점에서 감정은 개인이 어려 운 상황에 적응하는 데 도움이 되기 때문에 반드시 파괴적인 것은 아 니다. 그러나 그러한 감정은 불건전한 저항을 불러일으켜 스트레스를 받는 사람들이 상황을 적절하게 평가하는 능력을 차단할 수 있다.

블록체인과 암호화폐 혁명인가 반란인가

이전 단락에서 소개한 변화에 대한 일반적인 반응은 주류 언론 매체와 사회의 많은 영향력 있는 관련 인물이 암호화폐에 대해 보도할 때 보여 주는 강한 감정을 부분적으로 설명할 수 있을 것이다. 시장에서 경험한 높은 변동성이 많은 사람들에게 경각심을 불러일으켰음에도 불구하고, 우려를 표현하는 방식은 기술에 대한 제한된 이해뿐만 아니라 높은 수준의 감정표현을 자주 보여주었다. 이러한 "혐오"라는 표현은 "암호화폐 혹은 대체통화" 제목 아래 그룹화된 모든 제품을 마치 동등하거나 동등한 자산인 것처럼 지칭하는 경우가 가장 많았다. 즉, 일반적으로 많은 평론가들은 이러한 자산의 기반이 되는 기술의 주요측면을 구분하지 않았다. 예를 들어, 2018년 2월 15일 파이낸셜 타임스(Financial Times)가 보도한 공개 포럼에서 버크셔 해서웨이 부회장 찰리 멍거(Charlie Munger)는 비트코인을 "완전히 비열한" 것이라고 덧붙이며 정부의 단속을 받아야 한다고 덧붙였다. 그리고 같은 해 3월 5일, 하버드 경제학자 케네스 로고프(Kenneth Rogoff)는 CNBC 기자와의 인터뷰에서 비트코인이 2028년까지 "10만 달러보다 100달러의 가치가 더 높을 것"이라고 말하며, "비트코인의 가치가 '자금 세탁 및 탈세'에 사용되는지에 따라 가치가 달라질 것"이라고 말했다.

　또 J.P. 모건 CEO 제이미 다이먼(Jamie Dimon)은 뉴욕에서 열린 공개회의에서 다이먼은 가상화폐 거래가 "어리석은 일"이라고 선언하면서, 자신의 회사에서 그런 일을 하는 것이 발각된다면 그 사람은 누구든 "순식간에 해고"할 것이라고 경고하였다. 이후 2018년 8월 5일 아스펜 인스티튜트(Aspen Institute)의 제25회 연례 여름 축하 갈라(gala)에서 다이먼은 비트코인을 "사기"이자 "속임수"라고 부르며 다음과 같이 비판했다.

"(비트코인은) 튤립 매니아보다 더 나쁘다. 베네수엘라와 같은 나라 사람들에게만 해당된다. 에콰도르 또는 북한 또는 그런 부분들, 또는 당신이 마약상, 살인자, 그런 것들이라면 미국 달러보다 비트코인으로 하는 것이 더 낫다. 그래서 그런 시장이 있을 수 있지만, 그것은 제한된 시장이 될 것이다. … 정부가 그들을 통제할 능력이 없다면 그들을 폐쇄해야 한다."

비트코인에 대한 비판적인 시각으로 경고하는 대표적인 글로는 노벨상 수상자인 폴 크루그먼(Paul Krugman)의 「비트코인은 악이다(Bitcoin Is Evil)」, 찰리 스트로스(Charlie Stross)의 「왜 나는 비트코인이 화재로 죽기를 원하는가(Why I want Bitcoin to die in a fire)」, 노벨상 수상자인 로버트 쉴러(Robert Shiller)의 「암호화폐는 신비한 매력을 가지고 있지만 일시적인 유행에 불과한가?」가 있다.

"비트코인은 암묵적인 정치적 의제가 첨부되어 있고, 추적할 수 없으며 숨기기 쉽도록 설계되었으며, 자유주의자들은 금 페티쉬와 동일한 버튼을 누르기 때문에 그것을 좋아하고 '명목화폐'처럼 보이지 않으며, 거래되는 상품에 암살이 포함될 상품시장의 중심이 될 것이다. 마약, 아동 포르노 등, 비트코인은 탈세를 위해 설계되었으며, 암호화폐는 국가 정부보다 우위에 있는 사람들에 의해 설계되었다."

2018년 가레스 젠킨슨(Gareth Jenkinson)은 『Tulips, Bubbles, Obituaries: Peering Through the FUD About Crypto』에서 비트코

블록체인과 암호화폐 혁명인가 반란인가

인이 존재한 9년 동안 비트코인의 죽음을 묻는 부고(obituary)가 적지 않게 출판되었음을 보여 주었다. 이 글은 다양한 업계 전문가와 평론가들이 전반적으로 주관적이고 부정적인 의견을 제시하면서 블록체인 기술에 의해 촉발된 돌파구를 얕잡아 보려는 두려움을 조장하는 사고방식을 보여 주었다.

"비트코인 죽음의 간략한 역사" 섹션에서 저자는 주류 언론매체가 비트코인의 종말을 예고한 사례를 분석했다. 2017년까지 이러한 기사는 118개에 이른다. 2024년 1월 중순 현재 이 수치는 1,395개로 증가했다. 그들의 은 사기, 자금 세탁, 폰지 사기 등을 사용하여 비트코인의 종말을 발표한 다양한 평론가들의 가정(hypothesis)이나 인용문을 기반으로 한다.

가레스 젠킨슨은 이러한 비판에 대해 다음과 같은 사실로 반박했다. 명목화폐의 아이러니한 약세, 즉 달러는 지난 100년 동안 그 가치의 98%를 잃었다. 또 정부에 의해 구제금융을 받은 것은 비트코인이 아니라 J.P. 모건으로, 2008년 부실자산 구제 프로그램(TARP)을 통해 250억 달러를 지원받았다는 것이다. 그는 여전히 비트코인 통화는 불법이며 정부가 막아야 할 진짜 문제가 있는 통화라고 주장한다. 제이미 다이먼(Jamie Dimon)이 수년 동안 그의 은행을 규제하는 뉴욕 연방준비은행(Federal Reserve Bank of New York)의 이사회에 참석한 은행의 CEO이고, J.P. 모건이 2018년 2월 27일 NY Fed에 제출한 것은 증권거래위원회(SEC)에 제출한 2017년 연례 보고서의 암호화폐 부문인 "Risk Factor"에서 언급한 바와 같이 암호화폐를 경쟁과 위험으로 본다는 사실이다.

"금융기관과 비은행 경쟁업체 모두 중개가 필요 없는 암호화폐
와 같은 기술로 인해 결제처리 및 기타 서비스가 중단될 수 있는
위험에 직면해 있다. … 새로운 기술로 인하여 J.P. 모건 체이스
가 고객과 고객을 유치 및 유지하거나 기술회사를 포함한 경쟁
업체가 제공하는 제품 및 서비스와 일치하기 위해 제품을 수정
하거나 조정하는 데 더 많은 비용을 지출해야 할 수 있다. … J.P.
모건 체이스의 제품과 서비스에 대한 가격과 수수료에 하방 압력
을 가하거나 J.P. 모건 체이스의 시장점유율을 잃게 할 수 있다."

이러한 우려의 목소리는 경쟁업체들이 암호화폐의 잠재력을 깨
달으면서 사실로 드러났다. 이는 동료 거대 기업인 골드만 삭스
(Goldman Sachs)가 비트코인 선물(Bitcoin Futures)의 창설을 조사하고
있다고 밝히면서 특히 분명해졌다. 골드만 삭스는 암호화폐 매매를
계획하고 비트코인 노출과 함께 다양한 계약을 제안했다. 골드만삭스
임원 라나 야레드(Rana Yared)에 따르면, 이 은행은 비트코인을 신봉
하는 사람은 아니지만, 비트코인을 사용해 달라는 여러 고객의 요청
을 받아들여야 했다.

골드만 삭스와 J.P. 모건뿐 아니라 많은 은행이 변화하는 환경에 주
목하고 있다. 예를 들어, 2018년 2월 22일 증권거래위원회(SEC)에 제
출한 연례보고서에서 뱅크오브아메리카(BoA)는 성장하는 암호화폐
시장에서 경쟁할 수 없다고 느낀다고 밝혔다. 이 보고서에서 BoA는
암호화폐 분야에서 경쟁력을 유지하기 위해 막대한 비용을 감당해야
한다는 점을 인식하고 있다.

"진화하는 산업표준과 소비자 선호도에 맞춰 제품과 서비스를 조정할 수 없는 것은 우리 사업에 해를 끼칠 수 있다. 인터넷 서비스, 암호화폐 및 결제 시스템을 포함한 새로운 기술의 광범위한 채택은 기존 제품과 서비스를 수정하거나 조정하는 데 상당한 지출을 요구할 수 있다."

이에 BoA는 암호화폐 거래소 시스템에 대한 특허를 요청해 혁신을 꾀했다. 그러나 이것이 은행이 고객의 신용카드 암호화폐 구매를 중단하는 것을 막지는 못했다. 은행은 SEC 보고서에서 읽은 바와 같이 새로운 경쟁이 전망에 어떻게 해로울 것인지 매우 잘 알고 있기 때문이다.

"경쟁구도는 전통적인 은행상품과 새로운 혁신상품을 제공하는 비예금기관의 성장에 영향을 받을 수 있다. 이는 수수료 기반 상품 및 서비스의 순이자 마진과 수익을 감소시킬 수 있다. 또한 인터넷 서비스, 암호화폐 및 결제 시스템을 포함한 새로운 기술의 광범위한 채택은 기존 제품 및 서비스를 수정하거나 조정하는 데 상당한 지출을 요구할 수 있다."

BoA가 SEC에 제출한 신고서와 J.P. 모건과 같은 다른 기관의 신고서는 암호화폐가 비즈니스를 위험에 빠뜨리고 있지만 국경 간 또는 국제 결제와 같이 전통적으로 문제가 있거나 느린 업무 처리의 여러 영역에서 명백한 이점에 주목하기 때문에 "혁신적"이고 "사라질 것 같지 않다"고 인식했다.

비트코인 기술은 발신자와 수신자 간에 직접 작동하도록 설계된 전자결제 시스템이므로 사용자가 프로세서가 부과하는 2~3% 이상의 수수료를 절약할 수 있다. 지불 시스템으로서 이 기술은 일부 사람들이 비윤리적인 목적으로 사용하더라도 윤리적으로 중립적이다. 마찬가지로, 은행 시스템도 많은 사람들이 불법 지불을 위해 사용했지만 우리는 HSBC나 도이치 뱅크를 "악"이라고 부르지 않는다. 따라서 "비트코인이 악"이라는 크루그먼의 주장은 중앙은행, 비자나 마스터카드와 같은 결제 중개기관, 그리고 국가 일반에 대한 감정적 방어에 기반을 두고 있다고 해석할 수 있다.

가상화폐는 블록체인 기술을 사용하여 거래를 기록하는 개인화폐의 한 형태일 뿐이다. 그러나 이 기술은 문제를 해결하고 여러 유형의 운영에서 효율성과 효과를 얻기 위해 쉽게 구축할 수 있으므로 산업 전반에 걸쳐 잠재적으로 사용할 수 있고 용도는 무궁무진하다. 또한 거래 네트워크는 비교적 안전하고 투명하며 또 빠르고 국경이 없다. 그래서 경제학자들은 이것들이 "돌팔이와 장난"의 혼합물이라는 이유로 그 관련성을 얕잡아 보고 불신하려고 한다(Skidelsky). 돈세탁, 범죄, 탈세를 위한 도구, 또는 낡은 자유지상주의나 거품 매니아의 새로운 버전이라는 평가는 단순히 잘못된 것이다(Shiller). 예를 들어, 가장 흔한 두 가지 오해를 다음과 같이 쉽게 해결할 수 있다.

• 비트코인의 주요 용도는 돈세탁과 불법 거래에 대한 지불이다?

비트코인의 기본 기술은 블록체인으로, 블록체인이 존재한 이래로 이루어진 모든 거래를 영구적으로 기록하는 원장이다. 이 영구기록은 각 코인의 모든 보유자(비트코인 지갑)를 등록한다. 따라서 기록은 각

블록체인과 암호화폐 혁명인가 반란인가

비트코인을 하나 이상의 지갑과 연결한다. 지갑은 스마트 폰과 컴퓨터에서 처리되므로 기술적으로 비트코인이 직접 연결되어 있지는 않지만 전자장치를 통해 간접적으로 사람과 연결된다. 따라서 불법 거래는 발견될 수 있고 지울 수 없으며 특정 개인을 추적할 수 있다.

• 비트코인은 세금을 피하는 데 도움이 된다?

이미 말했듯이 모든 비트코인 거래는 영구적으로 기록되고 공개적으로 액세스할 수 있다. 따라서 국세청(IRS) 또는 이에 상응하는 조직은 그들의 움직임을 추적하고 개인에게 부과되는 세금을 쉽게 추정할 수 있다.

IV. 소셜 네트워크에서의 윤리 ▮

불행히도, 소셜 네트워크 내의 현재 거버넌스는 합법적인 출처와 다른 출처를 구별하는 데 도움이 되지 않는다. 그리고 분명히 다른 사람의 이미지와 이름을 사용하여 순진한 방문자에게 혼란을 주고 거짓말을 하는 사람과 회사를 적극적으로 기소하는 문제도 있다. 이는 다양한 차원에서 나타나는데, 민간기업은 네트워크와 활동에 대한 직접적인 책임을 지고, 정부 차원에서는 기업이 법의 지배 속에서 성장할 수 있도록 할 권한과 책임이 있다.

최근 녹음된 라이언 엑스 찰스(Ryan X. Charles)와의 대화에서, 크레이그 S. 라이트(Craig S. Wright) 박사는 그러한 사례 중 하나를 예로 들었다. 그 동기는 디지털 밀레니엄 저작권법(Digital Millennium Copyright Act)에 따른 저작권 침해에 대한 관심을 불러일으키기 위한 것이었다. 영상을 만들고 저작권이 있는 자신의 사진을 사용하는 사람들에 대해 조치를 취해 달라고 네트워크에 요청했다. 그의 요청에 대한 응답으로 트위터는 라이트 박사의 플랫폼을 삭제하는 한편, 저작권이 있는 이미지를 사용하는 사람들에 대해 아무런 조치도 취하지 않았으며, 그 이미지는 이후 네트워크에 게시되었다. 그러나 트위터만 그런 것은 아니다. 예를 들어, 최근 2021년 1월 26일까지 라이트 박사의 사진과 이름을 사용하는 수많은 계정이 인스타그램에서 발견되었다.

2021년 1월 발표한 논문『소셜 미디어 및 금융 시스템에서 사회적으로 혐오스러운 행동을 개발하는 내집단 행동과 사회심리학에 대한 탐구』의 초록에서 크레이그 S. 라이트(Craig S. Wright) 박사는 관련 관찰 결과를 다음과 같이 요약하였다.

> "Cryptocurrency 하위 그룹의 성장, 자동화된 시스템을 사용한 소셜 미디어의 남용, 트롤링의 향상 및 이러한 활동이 정치적 · 재정적 위협을 제기할 수 있는 능력에 대한 근거를 제공한다. 악의적인 행위자는 기술을 활용하여 기존의 심리적 행동을 수정하고 온라인에서 개인을 통제하고 조종하는 자동화된 접근방식을 허용하는 부족주의적 대응을 활성화한다. 이런 점에서 권위주의적 리더는 기술의 진화적 혜택을 통해 발전한 사회학적, 심리학적 혜택을 비대칭적으로 활용할 수 있지만, 현대사회에서는 역효과를 보일 수 있다."

그리고 다음과 같이 결론 내렸다.

"악의적인 행위자가 익명의 사회 시스템과 기술을 사용할 수 있는 능력은 정치 시스템, 금융 시스템을 표적으로 삼고 일반적으로 많은 사람들에게 경제적 기회를 잃게 하는 딜레마를 유발하고 심지어 사회심리학에까지 나아가 개인적 피해를 입히는 범죄집단을 만들 수 있게 해 주었다. 봇(bot)을 사용하여 비대칭 시스템에서 제어되는 것과 같이 가짜 및 조작 가능한 소스에 연결될 수 있는 다양한 플랫폼에 대한 액세스를 제공함에 있어 권위주의적이고 사회적으로 일탈적인 행위자는 다른 사람들을 조작하여 그룹을 양극화하고 당파화할 수 있다. 이러한 결과는 BTC Core와 같은 그룹을 통해 비트코인을 포함한 암호화폐의 잘못된 조작과 부자가 될 것뿐만 아니라 권력과 명성을 얻을 것이라고 믿는 내집단을 위한 전문 언어의 도입에서 볼 수 있다. 결과적으로, 개인의 정체성을 분리할 수 있는 새로운 기술의 등장과 개인이 자신의 활동과 거리를 둘 수 있는 방법의 창출은 이러한 시스템을 규제하기 위해 조사되어야 한다."

V. 우리는 윤리적으로 옳은 것을 어떻게 판단할 수 있을까?

태너 강연(Tanner lectures) '과학과 혁명'에서 로알드 지누로비치 사그데예프(Roald Zinnurovich Sagdeev)는 "지식인 공동체가 혁명의 직접적인 수혜자가 된 적은 거의 없다."고 말했다. 사실 사그데예프가 언급한 것은 다른 유형의 반란이지만, 비트코인과 블록체인은 그에 필적할 만한 혁명적 환경을 제공하고 있다. 이 혁명 역시 이해관계의 충돌을 수반한다. 한편으로는 정치적 슬로건, 권력 놀음, 현상 유지, 그리고 혼란스러운 환경을 이용하여 자신의 개인적 이익을 위해 약탈하는 사람들, 그리고 다른 한편으로는 진리, 합리성, 진보를 추구하려는 지적 욕구이다.

사회적 정치 현상에 지적 사고를 적용하려는 시도는 사그데예프의 견해에 따르면, 과학자들이 "혁명의 성공 또는 실패 이후 최초의 혁명가, 그리고 종종 첫 번째 포로가 되는 이유 중 하나"이다. 예를 들어, 그는 아인슈타인과 일단의 물리학자들이 양자역학을 '부르주아적' 불확정성의 원리로부터 해방시키고, 상대성 이론을 상상의 관찰자들이 수행하는 모호한 역할로부터 '해방'시킬 것을 요구한 소련 철학자들의 공격의 희생양이 되었던 때를 인용한다. 그 당시에 과학은 마르크스주의의 고전적 선언에 의해 주어진 공산주의의 '최고의 지혜'에 인질로 잡혀 있었다. 그리고 '새로운 소비에트 인간'을 생산하거나 성공적으로 숨는 데 필요한 영혼공학 과정을 거치지 못한 많은 사람들이 몰살당했다. 이와 비슷한 사건들을 프랑스의 혁명가들에게서 발견할 수 있는데, 예를 들어 장 폴 마라(Jean-Paul Marat)가 화학을 '인간 친화적인 과학'으로 요구한 경우였다. 이로 인해 화학의 창시자인 앙투안 라부아지에(Antoine Lavoisier)가 단두대에서 참수형을 당하는 등 전반적인 유혈 사태가 벌어졌는데, 라부아지에는 화학의 본질에 대한 생각이 마라(Marat)와 달랐다.

블록체인과 암호화폐 혁명인가 반란인가

이제 우리는 다른 시대에 살고 있다. 그러나 여전히 우리는 농노제를 느낄 수 있는데, 그것은 인정할 수 있는 정권에 예속되는 것이 아니라, 오히려 과다한 세력들, 즉 일부 대기업이 되고, 다수의 정부가 되고, 복지국가의 개념이 되고, 통신 거대기업과 같은 현상 유지 권력의 다른 원천이 되기도 하며, 그들은 또한 편의에 따라 일종의 "새로운 현대인"을 형성하고 누가 가치 있는 지식인인지를 결정하려고 한다. 이러한 공격에 맞서 각 개인은 옛 소련에서처럼 "국내 이주"의 길을 택하고 침묵을 지킬 수도 있고, 자신의 위신과 명성, 그리고 어쩌면 자신의 신체적 안전까지 지키기 위해 공동의 노력을 기울일 수도 있다.

현재 상황으로 볼 때, 셜러가 제안한 것처럼 현재의 지식인은 사실상 "자신의 국가와 정부 위에 있어야 할 수도 있다." 그 이유는 입법이 시대의 현실을 따라잡을 수 있도록 해야 할 정치인들의 의제에서 기술혁신이 우선순위가 아니기 때문이다. 그러나 비트코인과 블록체인 기반 혁신에는 유연하고, 명확하고, 투명하고, 민첩하고, 유능한 규제 시스템이 필요하다. 물론 이를 위해서는 환경을 규제하는 사람들이 기술을 이해해야 한다. 책임 있는 기관과 기업단체가 무엇이 진실이고 무엇이 거짓인지를 명확히 해야 하는 또 하나의 이유이다.

정치인들의 몰이해로 기업가가 필요한 면허를 취득할 수 없거나, 발명품이 쓸모없게 되는 방식으로 프로세스가 지연되거나, 재정적 의무가 명확하지 않다고 의심되는 경우, 기업가는 자신의 상황을 재고해야 한다.

한 예로, 스페인에서는 전자화폐 라이센스를 취득하는 데 오랜 시간이 걸린다. 프로토콜이 아닌 금융자산으로 간주하는 기술에 대한 당국의 제한된 이해를 감안할 때, 세금 목적으로 토큰을 처리하는 방법에 대한 불확실성도 있다. 법적 샌드박스에 진입할 수 있는 가능성과 민첩성에 관해서도 마찬가지이다. 스페인에서는 샌드박스가 막 승인되었지만, 관료주의적·행정적 혼란으로 남아 있다. 기업은 일부 대면 활동 없이는 100% 원격으로 회사를 설립하고 관리할 수 없다. 이는 설립비용을 증가시킨다.

이것들은 스페인 영토 내에서 사업을 시작하려는 디지털 현금 및 블록체인 기업가가 직면한 주요 문제 중 일부에 불과하다. 이는 비트코인을 통신 프로토콜이 아닌 금융자산 또는 금융수단으로 간주하는 정부의 믿음 즉, 비트코인은 투기용과 범죄자를 위한 것이라는 생각에서 비롯된 것이다. 이로 인해 많은 현지 혁신가들이 자국을 떠나 주로 스위스, 영국 및 미국에 있는 해외에서 회사를 설립하고 있다. 이는 이들 국가가 보다 투명하고 사용자 친화적인 환경을 개발하여 회사설립 속도와 국경 내 기술이전 속도를 모두 완화했기 때문이다.

이러한 상황은 관련된 모든 사람들에게 법적·윤리적 문제를 제기할 뿐만 아니라 강력한 재정적 결과도 초래한다. 스페인과 같은 정부는 대부분의 과학 발전이 정치권력에 의해 계획되고 계약이나 보조금에 대한 작업으로 지원되었던 소비에트 러시아의 환경을 떠올리게 한다. 문제를 해결하는 대신 관료주의적 미로를 만들거나 직접 또는 간접적으로 통제하는 조직 내에서 개발을 제한함으로써 개발속도를 중단시키려고 하기 때문이다.

블록체인과 암호화폐 혁명인가 반란인가

VI. 정직하고 진실한 자산

위르겐 하버마스(Jürgen Habermas)는 1986년 「합법성(legality)에 기초하여 정당성(legitimacy)은 어떻게 가능한가?」에서 '합법성'에 기초하여 '정당성'이 가능한지에 대한 의문을 제기했다. 그리고 이 진술 속에 숨겨진 갈등과 부조화를 강조하기 위해 그는 막스 베버(Max Weber)의 서구 정치체제에 대한 비전을 "법적 지배"라고 설명했다. 요점은 이러한 정치체제의 정당성은 정치권력 행사의 "합법성"에 대한 믿음 대 "전통"에 대한 믿음에 달려 있다는 것이다.

현재의 현대민주주의 사회에서 이러한 전제를 수용하는 것은 기존 정치구조 내에서 해결할 수 없는 논쟁을 야기할 수 있다. 그 이유는 그러한 시스템에 내재된 이해 상충 때문이다. 예를 들어, 민주주의 체제에서 정당의 가장 중요한 목표는 집권이고 재선이다. 그리고 이 목적을 달성하기 위해 정치인들은 종종 대중매체 커뮤니케이션과 같은 공공자산을 마치 자신의 것인 양 사용할 것이다. 모든 정당이 동일한 이해관계를 공유하고, 따라서 이러한 조치로부터 이익을 얻을 것이라는 점을 감안할 때, 견제와 균형이 제거되어 각 정당이 번갈아 가며 시스템을 남용할 수 있다. 더욱이 "복지국가"의 근본적인 기반이 사회의 일부 부문으로부터 부를 빼앗고, 그중 일부를 기구를 지원하는 데 사용하며, 나머지를 집권 정당의 유권자가 될 것으로 예상되는 다른 집단들에게 재분배하는 것으로 구성되어 있다는 점을 감안할 때, 우리는 정당에 의해 권리와 재산을 위협받는 상황을 볼 수 있다.

2015년 10월, 라스베이거스에서 열린 비트코인 투자자 컨퍼런스에서 "올스타 패널"의 사회자로 활동한 미셸 세븐(Michelle Seven)은 재산권의 본질에 대해 질문했다. 첫 번째 대담자는 크레이그 S. 라이트 (Craig S. Wright) 박사였다.

> "우리는 우리 자신의 자유를 통제할 수 있어야 하며, 그렇게 할 수 있는 유일한 방법은 기본적으로 재산과 소유권에 대한 권리를 갖는 것이다. 상환 가능한 계약이 있는 곳에 물건을 가져다 놓고 이를 블록체인에 연결하고, 돈, 상품, 디지털 권리 및 소유권을 변경할 수 없는 것, 즉 근본적으로 개방적이고 정직하며 진실한 자산인 블록체인으로 연결할 수 있게 되면 그때 우리는 세상에서 진정한 자유를 보게 될 것이다."

같은 질문과 관련하여, 조셉 본 펄링(Joseph Vaughn Perling)은 "현재 누가 무엇을 소유하고 있는지 알려 주는 재산 기록을 보관하기 위해 정부의 장부(등기부)에 의존하고 있으며, 그러한 시스템은 세금으로 자금을 조달하기 때문에 신뢰할 수 없고 비용이 많이 든다."는 것을 청중에게 상기시켰다. 그럼에도 불구하고 새로운 기술을 사용하면 자산 기록이 비트코인의 원장에 저장됨에 따라 이러한 모든 비용을 잠재적으로 줄일 수 있다. 그런 다음 사회와 권력의 중심 사이의 잠재적인 미래의 이해 충돌에 대해 성찰하면서 다음과 같은 시기가 올 수 있다고 덧붙였다.

> "정직한 정치인과 부정직한 정치인의 구분은 비트코인이 정부 기능을 위해 비트코인을 사용하는 것을 지지하는지 여부에 달려 있는데, 이는 비트코인이 가청성과 반부패 도구를 제공하기 때

블록체인과 암호화폐 혁명인가 반란인가

문이다. 정부는 이전에는 결코 가능하지 않았던 방식으로 정부를 증명할 수 있을 정도로 정직하게 만들 수 있으며, 증명할 수 있을 정도로 정직한 정부는 우리가 본 적이 없는 것이다. … 그리하여 그것은 사람들 사이의 분열을 만들어 낼 수 있다. 그들이 정직한 정도를 증명할 수 있기 때문에 더 선출될 수 있는 정부 내의 사람들과 그들의 직책을 놓고 경쟁하는 사람들 사이에 분열을 일으킬 수 있다."

보다 투명한 정치 무대를 확보하기 위해 블록체인을 사용하는 것은 특히 법이 가지고 있는 합리성이 도덕과 무관하다는 "법적 지배"의 관행에 비추어 볼 때 흥미로운 발전이 될 것이다. 오늘날 시민들이 법적 절차를 통해 제도화되는 것이 도덕적 논증이라고 요구하지 않는 사회는 상상할 수 없다. 그리고 이러한 기대는 과학에 영향을 미치는 것을 포함하여 정부의 모든 측면에 걸쳐 구체화되어야 할 것이다.

윌리엄 젝 보멀(William Jack Baumol)은 "18세기 이후 발생한 거의 모든 경제성장은 궁극적으로 혁신에 기인한다."고 밝혔다. 블록체인이 인터넷이 등장한 이래 가장 상서로운 혁신으로 여겨진다는 점을 감안할 때, 이 발명품은 막대한 재정적 이익을 제공할 것으로 예측된다. 이는 전 세계 수많은 부문에서 분산거래를 간소화하고 보호하기 위한 프로세스에 통합하는 경제적 영향으로 인해 발생할 것이다.

블록체인은 제약산업, 토지 등기소, 부동산, 불법복제 및 저작권 문제와 같이 소유권 이력이 필수적인 상황뿐만 아니라 의료지원 및 복지의 지불과 같은 공공 서비스와 특히 관련이 있다. 이 혁신의 한계에는 AI의 도움과 최소한의 인간 개입으로 실행할 수 있는 자체 실행계약이 있다. 블록체인의 사용은 현재의 곤경에 대한 효율성과 비용 효율적인 솔루션을 제공할 것이다. 그리고 오래된 기술이 대체됨에 따라 블록체인은 사기를 줄여 신뢰와 보안을 높이고 다자간 거래의 투명성을 향상시킬 것이다.

이 모든 것을 감안할 때, 공공기관이 이러한 발전을 촉진하기 위해 환영하고 지원할 것으로 예상할 수 있다. 그러나 정치적 · 경제적 악화의 분위기 속에서, 정치적 · 현상적 의제가 발전 속도를 통제하고 있기 때문에, 과학계와 이에 자금을 지원하려는 기업가들은 다소 적대적인 심리적 분위기 속에서 방황하고 있다.

VII. 공개적으로 확장된 블록체인을 통해 정부에 대한 신뢰, 투명성 및 효율성 회복 ▌

1822년 8월 4일 배리(W. T. Barry)에게 보낸 편지에서 제임스 매디슨(James Madison)은 다음과 같이 진술하고 있다.

"대중적인 정보나 그것을 얻을 수단이 없는 대중적인 정부는 희극이나 비극의 서막에 불과하다. 어쩌면 둘 다일 수도 있다. 지식은 영원히 무지를 지배할 것이며, 그들 자신의 통치자가 되고자 하는 사람들은 지식이 주는 힘으로 무장해야 한다."

투명성과 책임성은 자유롭고 민주적인 사회에서 가장 중요한 두 가

블록체인과 암호화폐 혁명인가 반란인가

지 원칙이다. 더욱이 부패로 인해 전 세계 민주주의 정부의 정당성과 신뢰성이 계속 훼손됨에 따라 투명성과 책임성이 그 어느 때보다 중요해졌다. 퓨 리서치 센터(Pew Research Center)에 따르면, 미국에서 정부와 선출직 공무원에 대한 대중의 불신은 사상 최고치를 기록했다. 이는 시민 불안, 폭력시위, 정부 정책, 정치인 및 언론기관에 반대하는 빈번한 시위의 증가로 강조되었다. 정부와 뉴스매체에 대한 대중의 신뢰가 무너지는 데는 수많은 요인에 기인할 수 있으며, 그중 정보에 대한 정직성, 개방성이 대부분을 차지한다.

2011년 당시 미국 대통령이었던 오바마는 21세기 디지털 정부 구축을 목표로 하는 포괄적인 디지털 정부 전략을 발표했다. 행정명령의 주요 내용은 다음과 같다.

> "정부 관리자는 민간 부문에서 작동하는 것을 배우고 이러한 모범 사례를 적용하여 더 빠르고 더 낮은 비용으로 서비스를 제공해야 한다. 이러한 모범 사례에는 인터넷이나 휴대폰으로 액세스할 수 있는 점점 더 대중화되고 있는 저비용 셀프서비스 옵션과 서비스를 더 빠르고 신속하게 제공하여 고객의 문의 및 불만에 대한 전반적인 필요성을 줄이는 개선된 프로세스가 포함된다. 연방정부는 대중에게 더 나은 서비스를 제공하기 위해 서비스 제공을 간소화하고 보다 효율적으로 만들 책임이 있다."

전략 발표 후 10년이 지난 지금도 우리는 기술 변화에 대한 정부의 느린 대응에 대한 증거를 찾을 수 있다. 예를 들어, 2020년 12월 사이버 보안 및 인프라국(Cyber-Security and Infrastructure Agency)은 1년 동안 지속된 해킹이 미국 민간기업, 정부기관 및 주요 인프라 기관에 영향을 미쳤다고 밝혔다. 여기에는 미국 재무부, 국토안보부, 국무부, 국방부, 상무부, 국립보건원, 질병통제예방센터, 법무부 등이 포함되었다. 총 18,000개의 기업이 러시아 해킹의 희생양이 된 것으로 추정된다. 이 해킹으로 인해 미국 기업과 납세자는 1,000억 달러 이상의 비용을 지출한 것으로 보인다.

한국에서도 북한의 해커조직 라자루스(Lazarus)로부터 해킹 공격을 받았음에도 공격 사실조차도 모르고 피해 규모도 모르는 사건이 한두 번 일어난 게 아니다. 일반 시민을 겨냥한 이러한 유형의 공격은 너무나 빈번하게 일어나고 있다.

1. 비트코인으로 신뢰 구축을 위해 블록체인 개혁이 필요하다

퍼블릭 블록체인은 신뢰를 회복하고, 데이터를 인증하고, 비용을 크게 절감하는 데 사용할 수 있는 매우 효율적인 데이터 관리 플랫폼뿐만 아니라 더 큰 투명성과 감사 가능성을 제공함으로써 정부 프로세스를 혁신할 수 있는 능력을 가지고 있다.

비트코인은 개방적이고 정직한 시스템, 즉 공개적이고 일련의 견제와 균형, 작업증명에 기반한 참여 인센티브를 제공하는 시스템의 기반이 되도록 설계되었다. 비트코인 네트워크에서 모든 거래는 트랜잭션 프로세서라고 하는 전문화된 분산노드로 구성된 소규모 네트워크에 의해 유지되는 공개원장에 기록된다. 트랜잭션이 브로드캐스트됨에 따라 프로세서는 불변의 정보블록으로 보호되는 일련의 해시 기반, 합의된 이벤트 체인에서 수신되는 각 트랜잭션을 수집하고, 유효성을 검사하며, 타임스탬프 설정에 추가한다.

블록체인과 암호화폐 혁명인가 반란인가

앞서 설명했듯이 많은 대중적인 믿음과 달리 비트코인은 단순한 재정적 가치의 전송 또는 저장 이상의 것을 제공한다. 비트코인은 정보를 저장, 검증, 공유, 보호 및 인증할 수 있는 보편적인 진실의 원천을 구축한다. 이는 기존 시스템 또는 클라우드 투 체인 솔루션을 활용하는 새로운 하이브리드 옵션과 함께 사용할 수 있다. 모든 데이터를 체인에 저장해야 하는 것은 아니지만, 클라우드에서 해시하고 해당 해시의 사본을 온체인에 저장하기만 하면 정보를 인증할 수 있다. 이렇게 하면 클라우드 또는 다른 곳에 저장된 데이터를 간단히 인증하여 변경되지 않았음을 확인할 수 있다.

실제 중앙집중화 병목현상을 제거하여 비트코인 오리지널 프로토콜을 복원함으로써 진정한 혁신과 무한한 온체인 확장이 가능해졌다. 2020년 5월, 비트코인 SV 블록체인은 130만 건의 거래가 포함된 369MB의 세계 기록의 블록을 처리했다. 실제로 이 네트워크는 이미 초당 약 4,000tps(Transactions Per Second)를 넘어섰으며, 2021년 말에 50,000tps에 도달하였다. 확장을 통해 비용 효율성이 높아지며 사토시(Satoshi)의 비전은 미국 센트의 100분의 1 수준의 중간 거래 수수료를 부과하는 마이크로 거래, 심지어 나노 거래까지 전송할 수 있는 능력에서 타의 추종을 불허한다.

비트코인 SV의 안전하고 즉각적이며 낮은 수수료 거래를 통해 정부 기관은 금융 및 데이터 거래와 관련된 비용을 크게 줄일 수 있다. 이러한 비용 절감은 감사, 사이버 보안 및 네트워킹 하드웨어와 관련된 비용의 감소로 인해 더욱 복잡해질 수 있다.

2. 비트코인은 정부가 투명성과 신뢰를 회복하는 데 도움이 될 수 있다

비트코인 SV는 공공 부문에 완전한 투명성과 효율성을 제공함으로써 블록체인 개혁 시대의 약속을 이행할 준비가 되어 있다. 정부기관은 공통된 정보 제공의 요청으로 시작하기만 하면 되지만, 전통적으로 조달 단계는 정부의 기술 요구사항을 최신 신기술을 통합할 수 있는 공급업체와 연결하는 데 가장 큰 장벽 중 하나로 오랫동안 간주되어 왔다. 그 결과 많은 소규모 기업과 업계 외부인들은 프로세스가 얼마나 복잡하고 시간이 많이 걸리며 비용이 많이 들 수 있는지로 인해 참여에서 완전히 배제된다. 이와는 대조적으로, 투명성을 개선하고 신뢰를 회복함으로써 보다 윤리적인 사회에 기여하기 위해 수많은 혁신적인 블록체인 솔루션이 기다리고 있다. 그중 일부는 다음과 같다.

• 금융거래 관리

분산원장으로서 비트코인은 네트워크 내에서 즉시 발생하는 유효한 거래에 대한 회계를 제공한다. 소액의 거래 수수료(바이트당 .00011)로 거래 프로세서는 보안원장에 항목을 기록한다. 최신 거래관리 시스템의 비용과 비교할 때 비트코인은 타의 추종을 불허하는 비용 절감, 감사 가능성, 보안 및 스마트 계약 및 토큰의 통합을 통한 상호 운용성을 제공한다(예: 토큰화).

• 규정 준수

거래가 검증되고 비트코인 블록체인에 공개적으로 기록됨에 따라 불변의 작업증명으로 보호된다. 이를 통해 규제기관, 뉴스 미디어 및 정부 감시 그룹은 공유하고 신뢰할 수 있는 규정 준수 관련 데이터에 실시간으로 액세스할 수 있다. 그 대가로 정부기관에 대한 보고 및 감사의 부담을 덜어 주고 비용을 절감하며 투명성을 높일 수 있다. 정부 조달 기회를 위한 스마트 계약은 규정 준수, 공정성을 보장하고 전반적인 구현 속도를 향상시킬 것이다(예: nChain).

• 신원 관리

중앙집중식 정부 데이터베이스와 달리 비트코인은 시민들이 공식 정부 문서나 혜택을 위해 자신의 신원에 쉽게 서명하고 인증할 수 있는 훨씬 더 안전한 분산 데이터 관리 플랫폼을 제공한다. 또한 정부가 신원을 확인하고 민감한 데이터를 보호하는 데 필요한 시간과 리소스를 줄일 수 있으며, 특히 제한적인 기관 간 데이터 사일로(Data Silo)에서 더욱 그렇다(예: 합법적으로 체인으로 묶임).

• 레지스트리(Registry)

비트코인의 고유한 데이터 관리 네트워크를 통해 모든 유형의 기록 또는 레지스트리를 관리할 수 있는 기능은 정부가 데이터를 효율적으로 관리하고 인증하는 데 있어 전반적인 복잡성을 제거한다. 이렇게 하면 토지 소유권, 회사 등록은 물론 출생, 결혼, 이혼, 범죄 또는 사망을 포함한 다른 모든 유형의 기록을 처리하는 데 불필요한 마찰이 제거된다. 원장은 사기와 부패를 획기적으로 줄일 수 있는 정직하고 보편적인 진실의 원천을 제공할 것이다(예: Elas Digital).

- **블록체인 투표**

   2020년 미국 대통령 선거 주기에서 보았듯이 시민들이 투표 과정의
무결성을 믿는 것이 중요하다. 오류, 사기, 해킹, 부패 또는 투명성 부
족으로 인한 의심은 유권자들 사이에 불신 분위기를 조성할 수 있다.
비트코인의 변조방지 공개원장은 미래의 선거 사기를 제거하는 데 완
벽하게 적합하며, 신원 기반 토큰과 결합하면 유권자는 모든 유형의
장치를 사용하여 쉽게 투표할 수 있어 장벽을 제거하고 참여를 늘릴
수 있다(예: Layer 2 기술 B-투표).

- **공급망 추적성**

   코로나 팬데믹은 글로벌 공급망이 혼란 중에 얼마나 취약할 수 있
는지를 보여 주었다. 정부기관들은 의료장비, 용품 및 개인보호 장
비를 찾고, 구매하고, 배포하기 위해 경쟁했다. 이로 인해 대중은 공
포에 휩싸였고, 의료 서비스는 거부 혹은 지연되었으며 보호장구
의 재사용으로 위태로워졌다. 공급망의 추적성 부족은 계속해서
COVID-19 구호를 괴롭히고 있었다. 전통적인 정부 공급업체가 백
신 배포 및 감염원의 추적 기술을 개발하기 시작하면서 많은 시민들은
미래에 개인 의료 데이터가 어떻게 저장되고 사용될지에 대해 우려하
였다. 비트코인은 귀중한 데이터를 공유해야 하는 당사자 간의 신뢰
와 개인정보보호를 개선하여 이러한 문제를 해결한다(예: UNISOT, VX
패스).

- **건강관리**

   오피오이드 전염병과 같은 공중보건의 위기는 지역사회, 납세자 및

블록체인과 암호화폐 혁명인가 반란인가

정부 모두에게 큰 비용을 초래한다. 환자 데이터는 일반적으로 서로 잘 통신하지 않는 다양한 데이터 사일로와 데이터베이스에 분산되어 있다. 이로 인해 허가된 의약품 처방자가 환자가 얼마나 많은 동시 처방을 받을 수 있는지 확인할 수 없게 되면서 시스템에 공백이 생겼다. 비트코인은 이러한 데이터 사일로를 제거하고 환자가 통제하고 감사가 가능한 기록을 통해 공중보건을 개선할 수 있는 잠재력을 가지고 있다(예: EHR Data).

• 과세

비트코인과 소액결제를 통해 정부 및 기업의 세금신고가 자동화되고 감사 친화적이며 매우 효율적으로 변하게 된다. 세금 납부 요구사항을 프로그래밍 가능한 스마트 계약에 통합함으로써 급여 및 기타 세금을 정부가 즉시 사용할 수 있게 되어 더 빠르게 지불을 확보하고 예산을 보다 정확하게 책정하며 사기 위험을 줄일 수 있다.

• 공공 지원

비트코인의 스마트 계약은 공공사업인 보충 영양 지원(food stamp) 프로그램(SNAP)과 같은 정부 지원 프로그램에 활용될 수 있는 프로그래밍 가능한 토큰을 만드는 데에도 사용할 수 있다. 이러한 토큰은 특정한 요구 기반의 항목만 구매 승인하는 기능을 통해 남용을 방지할 수 있다.

VIII. 블록체인과 AI

AI에 대한 고대 신화는 그리스 시대부터 계몽주의 시대까지 수 세기에 걸쳐 게임 이론과 정리 증명 분야에서 초기 진전을 이룬 20세기까지 발전해 왔다. AI의 현대 개념은 1950년대에 새로운 컴퓨터가 등장하면서 인간 행동과 유사한 추론 프로세스의 설계가 가능해진 후 구체화되기 시작했다. 이러한 맥락에서 앨런 튜링(Alan Turing)의 1950년대 컴퓨팅 기계와 지능(Computing Machinery and Intelligence)의 "튜링 테스트(Turing Test)"는 기계가 "지능적"인지를 판단하는 방법으로 중요한 진전을 이루었다.

여기서 질문은 기계가 생각할 수 있는지 여부에서 기계가 생각하는 사람처럼 행동할 수 있는지 여부로 바뀌었다. 70여 년이 지난 지금도 AI 작업은 충분한 대표성, 적시에 결정을 내리고 실행할 수 있는 효과적이고 효율적인 의사결정 메커니즘, 통제의 요구를 조화시키기 위해 고군분투하고 있다.

데이터의 불변성, 접근성, 부인 방지 및 탈중앙화는 블록체인 기술을 스마트 계약과 같은 AI 개발에 사용할 수 있도록 하는 속성 중 일부이다. 또한 블록체인과 AI의 통합은 블록체인에 내재된 문제를 해결할 수 있는 솔루션을 제공한다. AI는 또한 블록체인 및 스마트 계약의 보안을 개선하는 데 유용한 것으로 입증되었다. 예를 들어, 코드 확인 프로세스를 지원한다.

기계에 인지능력을 설치하여 학습, 해석 및 적응과 같은 기능을 수행할 수 있도록 하는 AI의 기술적 능력은 소비된 데이터와 관련이 있다. 이러한 데이터는 종종 스마트 폰 사용자, 소셜 미디어 및 웹 애플리케이션 소비자로부터 수집된다. 결과적으로 이러한 데이터를 수집하는 민간 및 공공조직은 정보의 중앙집중화, 합법성, 신뢰성, 보안 및 개인정보보호 문제를 처리한다.

데이터는 AI 프로젝트로 중앙에서 관리되기 때문에 잠재적으로 해킹 및 변조될 위험이 있다. 그러나 AI는 자원의 할당, 대규모 데이터 세트의 관리, 절차적 및 반복적 작업과 같은 주요 작업에 효율적인 솔루션을 제공하는 도구이다. 따라서 블록체인과 AI를 함께 사용하면 중앙집중화와 관련된 문제를 해결하고 리소스 최적화와 관련된 문제에 대한 솔루션을 제공할 수 있다.

지능적이고 자율적인 애플리케이션은 다양한 유형의 프로세스에서 사람의 개입을 줄이도록 설계되었다. 따라서 개인과 사회에 미치는 영향은 중요한 우려를 불러일으킨다. 사생활 침해, 잠재적 차별, 시민 선택권 및 정보 접근에 대한 제한, 기술 손실, 경제적 충격, 중요 인프라의 보안 또는 사회복지에 대한 장기적인 영향은 이러한 기술 발전이 사회에 제기하는 주요 우려 사항 중 일부이다. 그렇기 때문에 이러한 혁신은 일련의 정의된 가치와 윤리적 원칙에 부합해야 한다.

IX. 윤리적 디자인 프레임워크 ▮

이러한 새로운 기술이 발생하는 윤리적 문제를 감안하여 기술과 사회적 이익에 관한 업무를 수행하는 여러 기관에서 일련의 지침을 발표했다. 여기서는 Beeck Center에서 보고한 내용을 참조하고자 한다.

시스템 설계의 초기 단계에서 윤리적 접근방식을 확립하는 것은 블록체인과 AI를 사용할 때 중요하다. 이 프레임워크는 다음과 같은 내용을 요약한다.

- 의사 결정권자에게 블록체인 설계 선택의 맥락별 결과와 윤리적 영향을 평가할 수 있는 결과 중심의 사용자 중심 도구를 제공한다.
- 이러한 이해를 사용하여 더 나은 사회적 결과를 달성하기 위해 적절한 가치 기반 설계(design)를 선택할 수 있도록 한다.

궁극적으로 이러한 윤리적 고려사항은 거버넌스, ID, 액세스, 확인 및 인증, 데이터 소유권, 보안 등 6가지 근본 문제이다. 이러한 요소는 3단계 프레임워크의 기초이다. 첫 번째 단계는 윤리에 중점을 둔 설계의 의도성을 확립하는 5단계 프로세스이다. 두 번째 단계는 생태계의 다른 요소(예: 사용자, 커뮤니티 등)에 미치는 영향에 비추어 각 디자인 결정을 검토하는 반복적인 프로세스이다. 세 번째 단계는 컨텍스트가 시간에 따라 진화하고 각 요소의 관련성이 변한다는 것을 인정한다. 따라서 이 마지막 단계에서는 환경의 중요한 변화를 평가하기 위해 첫 번째 및 두 번째 단계를 재평가한다.

이러한 목표를 구현하려면 각 프로젝트를 시작할 때 추가 시간과 자원이 필요하지만, 스마트 계약 환경에 미치는 영향을 고려하더라도 이점은 자명하다. 그 이유는 스마트 계약이 사전 정의된 조건 그룹이 충족될 때 작업을 시작하도록 배치되기 때문이다. 즉, 계약은 외부 이벤트, 정보 시스템 소스 또는 기타와 같은 입력에 의해 촉발되며 이러한 프로세스는 윤리적 또는 법적 고려사항에 의해 제한되지 않는 알고

블록체인과 암호화폐 혁명인가 반란인가

리즘에 의해 자동으로 시행된다.

따라서 스마트 계약을 설계할 때 계약법의 영역을 넘어서는 영향을 분석해야 한다. 예를 들어, 스마트 계약은 기술 솔루션을 제공할 때 윤리적으로 용인되는 규칙을 사용할 수 있으며, 새로운 사회계약을 통해 거버넌스 모델을 만들 수 있다. 이런 의미에서 레이어스 등(Reijers et al.)의 2016년 연구는 블록체인 거버넌스 모델링이 사회계약론의 핵심 아이디어를 어떻게 반영하는지 분석한다. 그들의 결론은 다음과 같다.

- 블록체인 거버넌스는 부패한 제도의 기존 구조에 대한 해결책을 제공한다는 루소의 주장에 의해 정당화된다.
- 비차별적이기 때문에 롤즈(Rawls)의 "무지의 베일"을 반영하지만, 권력관계는 공적 장부에 표현되어 있다.
- 홉스의 "규칙의 집행 측면에서 전체주의적 주권자"라는 개념에 따라 행동하며, 루소의 분권화된 통치개념과 롤즈의 모든 사람, 즉 모든 노드에 대한 평등한 권리와 자유 개념과 결합된다.

그럼에도 불구하고 루소의 공동선 개념을 통합하는 데 실패하고, 롤즈가 초기 상황을 극복하는 데 필수적이라고 생각했던 분배 정의의 조건을 구현하지 못한다.

블록체인은 "중립적인" 기술로 인식되지만, 그 변혁적 힘의 정치적 함의는 경제적·법적·제도적·정치적 공간을 재구성할 것이기 때문에 심오하다. 정보화 시대는 규모의 경제와 자원의 보다 효율적인 사용이라는 큰 이점을 약속하지만, 시대를 따라갈 수 없는 배제된 개인을 대량으로 양산할 수 있는 엄청난 위협적인 잠재력도 가지고 있다. 서로 다른 계층의 시민들 사이의 단절이 발생할 가능성이 높다는 점을 감안할 때, 새로운 사회계약은 인간의 존엄성과 모든 사람의 권리와 기회를 보호하는 데 필수적이다.

더 나아가 우리의 민주적 절차를 보다 투명하고 포용적이며 참여적으로 만드는 모든 변화는 사회에 도움이 될 것이다. 멜라니 스완(Melanie Swan)은 2015년 저서 『블록체인: 새로운 경제를 위한 청사진 (Blockchain: Blueprint for a New Economy)』에서 이 기술이 새로운 종류의 거버넌스 모델과 서비스의 출현을 용이하게 할 것이라고 확신했다.

예를 들어, 그녀는 민주주의의 질을 높일 수 있는 제도를 개발하기 위한 여러 가지 노력 가운데 데이비드 차움(David Chaum)의 무작위 표본 선거에 대한 아이디어를 설명하였다. 이 제도하에서 무작위로 선정된 사람들은 후보자 토론회와 선거 웹사이트를 통해 투표를 해야 한다. 데이비드 차움은 비용 절감으로 인해 더 많은 협의 프로세스가 생성될 수 있다고 생각한다. 또한 사람들은 정치 광고에 압도당하기보다는 어떤 문제에 대해 스스로 알 시간을 가질 수 있을 것이다. 더욱이, 정부의 개입이 필요하지 않을 것이다.

스완(Swan)의 책에서 논의된 또 다른 아이디어는 분산자율사회를 의미하는 DAS이다. 이 모델은 합의 기반의 탈중앙화 거버넌스 시스템과 탈중앙화 투표 시스템에 대한 원칙을 개발한다. 스완 교수는 자신의 연구에서 이 프로젝트를 투표권이 대표자에게 부여되는 대의제 위임 민주주의의 한 형태로 논의한다. 이러한 서비스를 제공하는 예로 제안을 제시하고 결정을 내리는 데 도움이 되는 오픈 소스 소프트

블록체인과 암호화폐 혁명인가 반란인가

웨어를 제공하는 회사(홈페이지 https://liquidfeedback.org/)를 들 수 있다.

이것은 매우 설득력 있는 제안이다. 왜냐하면, 이 방법하에서 사람들은 "이데올로기적" 이론이 아닌 특정 행동의 기초 위에서 서로 일치할 수 있기 때문이다. 더욱이 권력은 오래 유지되지 않는다. 오히려 개인은 특정 프로젝트에 대한 책임이 있다. 따라서 만약 표준화된다면, 유동적 민주주의의 이 "유동성"은 오늘날 행해지고 있는 영구적인 권력의 정치적 형태로 마무리될 것이다. 이러한 플랫폼의 형성으로 예측할 수 있는 두 가지 변화는 권력을 국민에게 재분배하는 것과 정치적 부패를 행사하는 데 더 많은 장애물을 두는 것이다.

전반적으로, 블록체인과 AI로 설계된 투표 프로토콜을 사용하여 적절하게 조직된 모든 선거는 투표의 프라이버시, 완벽한 투표 비밀성, 공정성, 검증 가능성, 자체 집계기능, 분쟁 없음, 내결함성 및 심각한 오류에 대한 저항과 같은 바람직한 속성을 나타낼 것으로 기대할 수 있다. 또한 이것이 최근 2020년 미국 대통령 선거의 기반 기술이었다면 많은 격변을 막을 수 있었을 것이라고 확신할 수 있다.

국가는 각 개인이 인신과 재산을 안전하게 지킬 수 있는 권리를 보장하고 시민의 선택권을 확대해야 한다. 이를 위해 투명성과 책임성은 두 가지 핵심 요건이다. 이것은 개인들이 "원자재 공급원"으로 간주되고 이용될 수 있는 "감시자본주의" 시대에 특히 중요하다.

기술은 규범적으로 중립적인 것으로 간주되지만, 거래는 되돌릴 수 없고 코드를 경제법칙으로 전환하여 경제 계약을 공고히 해야하기 때문에 비트코인의 사용은 일련의 윤리적 문제를 제기한다. 비트코인은 시민들이 보다 자발적인 삶을 살 수 있도록 할 것이며, 이러한 방식으로 더 공정한 사회를 만드는 데 도움을 줌으로써 정의의 도덕적 규범에 기여할 것이다.

미국의 제35대 대통령 존 피츠제럴드 케네디는 "변화는 생명의 법칙이다. 과거나 현재만 바라보는 사람은 미래를 놓치게 된다."고 말했다. 나는 이 책이 독자들이 비트코인 혁명이 전개할 변화의 깊이를 평가하고 자세를 교정해서 도약하는 데 도움이 되기를 바란다.

5장

비트코인 담론과
탈중앙화 이데올로기

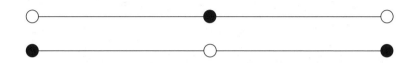

"디지털에서 우리는 신뢰한다."

– 존 볼드윈

이 장에서는 비트코인의 디지털 통화와 네트워크 기술이 어떻게 기능하는지 간략하게 설명하고 그것이 출현한 맥락을 탐구한다.

비트코인은 2008년 금융위기 기간 동안 최저치였던 정부와 은행에 대한 신뢰를 완화하기 위한 시도로 고안되었다. 그러나 비트코인을 사용하면 신뢰가 사라지는 것이 아니라 오히려 바뀐다. 은행이나 국가에 대한 신뢰에서 알고리즘과 암호화 소프트웨어에 대한 신뢰로 이동한다. 금본위제에 대한 기존의 신뢰("In Gold We Trust")에서 미국 통화로 발표된 "In God We Trust"라는 신뢰를 거쳐 소프트웨어 및 네트워크에 대한 신뢰("In Digital We Trust")로 이동하고 있다. 비트코인 담론의 과장법은 캘리포니아 이데올로기의 표현으로 간주되며, 그 자체로 종종 우익 의제를 은폐한다.

또 이 책은 탈중앙화된 디지털 네트워크를 축하하는 이면의 과대광고를 분석한다. 그것은 네트워크 물신주의의 한 형태가 여기에서 작동한다고 제안한다. 비트코인이 신흥 거품 속의 비축된 상품이 아니라 통화로서 그리고 아이디어로서 실패한 것은 초현대적 디지털 네트워크가 권력과 자본의 매우 전통적인 통합을 어떻게 은폐하는지 알지 못했기 때문일 수 있다. 비트코인의 흥망성쇠는 본래의 야망이라는 측면에서 디지털 시대에 경종을 울리는 이야기로, 권력과 자본의 통합에 도전할 수 있는 독창적인 혁신이 어떻게 자본에 의해 채택되고 식민지화되는지를 보여 준다.

마지막으로, 이 책은 비트코인이 촉진한 디지털 기술의 점진적인 사용 가능성에 대한 논의를 제공한다.

Ⅰ. 비트코인, 돈의 우버피케이션

한때 디지털 경제의 수사학에서 긍정적인 속성으로 간주되었던 비트코인 담론을 시작한다. '비트코인'이라는 단어는 '비트(bit)'와 '코인(coin)'의 합성어이다. 일부 출처는 기술 및 네트워크로서의 비트코인과 계정 단위로서의 비트코인을 구별하기 위해 비트코인을 대문자로 사용하지만, 옥스퍼드 영어사전(OED)은 모든 경우에 소문자 사용을 옹호한다. 이것은 일종의 우버피케이션(Uberfication)이다.

블록체인과 암호화폐 혁명인가 반란인가

전형적인 사이버 유토피아 담론에서 브래드 스톤(Brad Stone)은 우버(Uber)와 에어비앤비(Airbnb)와 같은 거대 디지털 기술기업과 복제되고 있는 광범위한 비즈니스 모델인 "우버피케이션(Uberfication)"이 세상을 바꾸고 있으며, "21세기의 새로운 건축가"이며, 세계 정치지도자들만큼 많은 권력을 행사할 수 있다고 주장한다. 이 신생 실리콘 밸리 스타트업들은 주로 벤처캐피털에 의해 유지되고, 확립된 법적 요구사항을 우회하고, 아이러니하게도 대중의 지지를 활용하여 규제기관과 "구식" 법률을 극복함으로써 글로벌 지배력을 갖게 되었다.

우버는 '수월하고', '원활하다'는 브랜드 이미지로 사람들을 설득해 대중교통보다 개인 교통수단이 더 낫다고 설득했고, 에어비앤비는 '연결성'과 '커뮤니티'라는 마케팅을 통해 사회주택보다 사적 소유와 사적 임대료 징수를 장려했다. 시민을 대체하는 자본가-소비자는 이제 자신의 자본, 공간, 시간의 기업가가 된다. P2P 네트워킹은 의심할 여지 없이 전 세계 많은 사람들을 위한 휴가용 임대 및 택시 시장을 변화시켰으며, 독점적 지위를 획득하면 기성 시장질서를 더욱 변화시킬 것이다. 그들의 모든 초현대적 정신과 데이터 및 기술에 대한 통달에도 불구하고, 이러한 성장의 무대 뒤에는 가혹하고 고전적인 자본주의적이며 일상적인 비즈니스 절차가 남아 있다.

디지털 경제에서 '윤리와 이상주의'는 e-비즈니스의 치명적인 결함으로 자주 인용된다. 한동안 도널드 트럼프의 전략 및 정책포럼 기업 고문이었던 우버의 트래비스 칼라닉(Travis Kalanick)은 공개적으로 '공격적인 사람'으로 묘사되며, 규제개혁 회의에서 경멸적으로 의자를 뒤집어 놓고, 그의 경쟁자들이 "예의범절"과 "만성적인 친절함"에 의해 실패할 가능성이 있음을 주장하였다.

에어비앤비와 우버는 규제를 우회하기 위해 호스트와 운전자에게 법적 책임을 알리지 않고, 불안정한 '긱 이코노미(gig-economy)'를 조장하지 않으며, 고용의 권한과 구제 정책을 제공하지 않고, 전통적인 경쟁사에 적용되는 규칙·세금·면허 수수료를 회피하여 이윤을 창출하는 '조세 회피자'라는 비난을 받고 있다. 가속주의 철학자 닉 스르니첵(Nick Srnicek)은 근로자에게 기본적인 노동자 권리가 주어지면 이는 경제적으로 지속 가능하지 않은 사업이라는 주장도 제기한다. 그들은 독점 조건이 달성되면 장기적인 수익을 추구하는 단기 벤처캐피털 투자로 인해 유지되고 있다.

글로벌 디지털 경제에서 서구의 풍요로움의 대부분은 명백히 "제3세계"의 아웃소싱과 착취에서 비롯된다고 한다. 콩고의 코발트 광산과 중국의 폭스콘/애플 노동 착취 현장과 같은 관행을 고려하면서 젝린추안 초우(Jack Linchuan Qiu)는 iSlave의 개념을 설득력 있게 소개하고 디지털 경제와 대서양 노예제도 간의 유사점을 제시하였다. 우버와 비트코인의 비교는 여기까지만 가능하다.

우버는 A에서 B로 이동하려는 자동차와 승객의 미사용 신뢰 용량에 대한 피어 투 피어 매칭 시스템이 아니라 독점과 자율주행 차량에 의한 운전자 네트워크의 대체를 설계한 회사가 조직한 매우 중앙집중적이고 강력한 플랫폼이라는 것이다. 월드 와이드 웹(World Wide Web)의 창시자라고 불리는 팀 버너스 리(Tim Berners-Lee)는 1999년에 "우리는 이 두 가지 재앙, 즉 전 세계적으로 획일화된 맥도날드의 단일 문화와 자신들만 이해하는 고립된 헤븐스 게이트 컬트(Heaven's Gate Cult)를 피할 수 있는 확실한 구조가 필요하다."고 썼다.

돈의 Uber를 사용하면 동료가 중앙 노드(예: 규제를 받는 택시회사)와

블록체인과 암호화폐 혁명인가 반란인가

의 중재 없이 네트워크 내에서 연결하고 여행 일정을 잡을 수 있다. 비트코인도 마찬가지다. 피어는 중앙 노드(은행, 금융기관 또는 정부)와의 중재 없이 네트워크 내에서 연결하고 금융 교환을 할 수 있다. 디지털 통화와 소프트웨어의 설계 및 개발의 동기는 인터넷을 활용하여 "피어 투 피어 전자화폐 시스템"(Nakamoto)을 구축하는 것이었다. 이것은 전통적인 금융기관과의 중재나 신뢰가 필요하지 않은 비물질적인 형태의 화폐가 될 것이다.

"In God We Trust"라는 모토는 1957년 이래로 미국 지폐에 등장해 왔다. 디지털 암호화폐로서의 비트코인은 "In Digital We Trust"에 대한 신뢰의 전환을 나타낸다. 그러나 이러한 디지털 이니셔티브는 인터넷 발전의 순진한 순간에 속한다. 불행히도 여태까지 버너스 리(Berners-Lee)의 야망(ambition)은 충족되지 않았다. 2008년에 도입된 이래로 비트코인은 정부나 중앙은행과 같은 제3자의 통제로부터 독립적인 것으로 일부 지역에서 널리 옹호되었을 뿐이다. 사이버 자유주의자, 기술 유토피아주의자, 벤처 캐피털리스트 및 기타 사람들은 비트코인을 세계 경제질서에 도전하고, 자유의 형태를 촉진하고, 선(善)을 위한 탈중앙화 세력이 되고, 온라인 상거래에서 국민국가에 이르기까지 모든 것에 혁명을 일으킬 수 있는 디지털 통화로 축하했다.

암호화폐의 출현으로 한편으로는 인터넷의 기업 식민지화와 "망 중립성"의 불가피한 종말, 다른 한편으로는 "대안 우파"의 출현과 "가짜 뉴스"의 확산을 감안할 때 두 가지 재앙이 모두 발생했다. 인터넷의 탈중심적 성격은 기업과 같은 중앙집권적 저항이 없는 자의 역할을 의미하며, "대안 우파" 또는 이중적 콘텐츠에 대한 중앙집권적, 교육적 또는 도덕적 저항이 없음을 의미한다.

와이어드(Wired) 매거진과 같은 잡지들이 우리에게 네트워크화된 사회의 도래를 말하고 배포될 때, 비즈니스와 문화의 낡은 위계질서 모델은 군중의 지혜, 사용자 생성 콘텐츠, 투명성과 협업의 정신으로 대체될 것이다. 이 전망은 불과 50년도 채 지나기 전에 그 가능성이 매우 희박해 보인다. 따라서 비트코인조차 이미 구식이라는 매우 현실적인 감각이 등장할 수 있다. 다른 한편으로, 비트코인과 같은 디지털 화폐의 개발과 운영은 새로운 디지털 경제, 그 담론 및 불만을 조명할 수 있다. 디지털 경제, 즉 정보기술, 인터넷, 데이터의 속도와 흐름에 의존하는 비즈니스는 역동성을 가지고 있다. 따라서 그것은 현대자본주의를 보다 광범위하게 정당화할 수 있는 헤게모니 모델이자 점점 더 이상(理想)으로 제시되고 있다. 자본주의의 명백한 미래는 디지털 경제에 가까이 있으며 비트코인은 이 경제의 프로토타입 디지털 통화 역할을 한다.

II. 비트코인의 성격:
색불이공 공불이색(色不異空 空不異色),
색즉시공 공즉시색(色卽是空 空卽是色)

비트코인은 나카모토가 설계하고 정의한 "디지털 서명의 체인"으로 간주한 전자 동전이다. 비트코인은 자율적인 분산형 디지털 통화 및 결제 시스템을 구축하려는 시도로, 중앙집중식 중개(자) 없이 온라인 거래를 순전히 P2P로 만든다. 온라인 거래를 확인하고 보호하는 수단으로 암호화를 구현한다. 비트코인 자체는 가명이다. 모든 거래가 기록되기 때문에 익명은 아니지만 "거래에 관련된 사람들의 실제 신원을 확인하려면 네트워크에서 직접 사용할 수 있는 것보다 더 많은 정보가 필요하다." 물리적 품질이 없으며 디지털 원장에 기재된 항목에 지나지 않는다.

디지털 전송이 이루어지면 소유자는 코인의 합법적인 취득을 확인하는 식별서명과 다음 소유자의 고유한 공개 키를 남긴다. 수신자는 첨부된 서명을 추적하여 "소유권 체인을 확인"할 수 있다. 트랜잭션은 브로드캐스트된 다음 이중지출을 방지하기 위해 "타임스탬프"가 지정된다. 외부 노드 또는 개별 CPU는 전송을 합법화할 수 있는 P2P 네트워크를 만들고 이 정보를 블록에 저장한다. 블록에는 트랜잭션 내역과 복잡한 수학적 알고리즘이 포함된다. 이후 노드는 이러한 알고리즘을 해결하기 위해 경쟁하고, 성공하면 새로운 블록을 생성하는데, 이를 코인 채굴이라고 한다.

잭 짐머(Zac Zimmer)는 비트코인 채굴 개념의 은유(metaphor)와 문자주의를 모두 탐구하여 이전의 메탈리즘(Metallism) 통화체제와 연결한다. 짐머는 식민지 시대의 남미 은광과 그것이 만든 신세계 은폐소에 기초한 세계 통화체제와의 역사적 비교를 제안한다. 짐머는 자원, 노동, 에너지, 생태학의 문제를 포함하여 비트코인의 이해관계에 대한 역사적·정치적 이해를 전면에 내세운다. 전통적인 채굴과 그에 수반되는 채굴장치는 항상 행성 자체를 재형성하는 대규모 토공작업을 의미하며, 이는 테라포밍으로 알려진 과정이다.

짐머는 이와 같은 비교를 통해 비트코인이 그가 잠정적으로 크립토포밍(cryptoforming)이라고 명명한 유사한 디지털 원시적 축적 과정의 일부를 형성하고 있음을 보여 주었다. 이 과정에서 짐머는 탈중앙화에 대한 모든 이야기에도 불구하고 비트코인이 최근 비트코인 채굴 통합에서 볼 수 있듯이 중앙집중화를 지향하는 일반적인 채굴 패턴을 어떻게 재현하고 있는지를 보여 준다.

성공적인 노드는 새로운 비트코인을 획득하며 이는 네트워크 유지와 노드의 정직성 모두에 대한 인센티브이다. 이러한 작업의 명백한 익명성으로 그리고 탈중심화 방식으로 비트코인은 통화를 전파하고 규제하기 위해 중앙기관(central authority)이나 중앙노드(central node)에 의존하지 않는다. 그러나 블록체인의 전체 거래기록을 통해 거래에 관련된 사람들을 식별할 수 있고, 적어도 현금과 관련된 거래일 가능성이 더 높은 것을 확인할 수 있다. 네트워크 자체가 이를 수행하고 비트코인의 명목가치(nominal value)를 유지한다. 블록체인은 사회적 자본, 물리적 공간배치(colocation) 또는 신뢰할 수 있는 제3자 관리와 같은 것이 없을 때 신뢰를 조성하기 위한 알고리즘 도구로 제시된다.

개발자에 의해 발행되고 통제되는 이 규제되지 않은 가상화폐는 법정통화(legal tender)로 교환되기 위해 자체 준거(self reference)에서 벗어났다. 이것은 디지털 기술과 암호학의 혁신적인 사용이지만, 비트코인이 서류상으로 가지고 있는 것처럼 보이는 가치를 뒷받침하는 것은 무엇인가? 본질적으로 새로운 형태의 신뢰이다. 즉, "코인이 가진 주요 가치는 미래에 더 가치가 있을 것이라는 기대였으며, 현재 보유자가 지불한 것보다 더 많은 것을 현금화할 수 있다"는 믿음이다. 명목화폐를 비트코인으로 교환하려는 시장 참여자의 신뢰와 의지가 약화되고 종료되면 비트코인의 가치가 영구적이고 총체적으로 손실될 가능성이 있다. 이런 의미에서 비트코인은 폰지 사기와 유사하다고 주

블록체인과 암호화폐 혁명인가 반란인가

장할 수 있다.

돈, 시장, 금융은 진화하면서 기술과 중요한 관계를 맺어 왔다. 중요한 순간에는 고대 수메르의 문자개발과 재고 및 무역기록이 포함될 수 있다. 르네상스 시대 이탈리아에서 대차대조표와 은행의 대중화는 사회의 다양한 거래를 단일 등록부로 수집할 수 있었다. 1694년 영국 은행의 설립과 함께 중앙은행의 발명과 이후 지폐 인쇄 권한의 개발역사가 있다. 보다 최근의 변화는 상업박람회에서 금융시장으로의 변화로, 상품이 더 이상 노출되지 않고 (서류상의) 거래가 상징이 되었다.

1988년에 설립된 아이오와 전자시장(Iowa Electronic Market)은 모든 상호작용이 온라인으로 이루어진 최초의 가상시장이었다. 간단히 말해서, 이것은 장 조셉 국스(Jean-Joseph Goux)가 제시한 화폐의 비물질화에 대한 광범위한 서사(narrative)를 요약하며, 화폐는 금(또는 금속 또는 물질적 화폐)에서 종이(화폐의 표상)로, 그리고 비물질적인 디지털 화폐 및 신용화폐의 시대로 세 단계를 거친다. 비트코인은 새롭게 등장한 비물질화된 디지털 화폐이다.

자동거래의 개발과 전자금융 상품의 개발은 시장과 금융거래소 자체의 조직을 근본적으로 변화시켰다. 오늘날의 디지털 화폐는 그 자체로 언어, 더 구체적으로는 문자 또는 코드의 형태로 볼 수 있다. 그들이 제기하는 주요 분석의 문제는 더 이상 금과 지폐와 같은 가치와 표현에 관한 것이 아니라 보안과 암호화에 관한 것이다. 도드(Dodd)가 주장하듯이, "이러한 우려가 화폐가 점점 더 자기 준거적이 되어가는 금융화 시대와 일치하는 것은 우연이 아니다." 금융화는 포드주의적 생산양식에서 금융자본주의로의 이행을 의미하며, 금융시장에서 자본이 실물경제에서 더 이상 얻을 수 없는 것을 회수하려는 시도를 의미한다.

1950년대에는 금융 관련 문제가 전체 기업이익의 4%를 차지했으나 2006년에는 디지털 기술의 발전으로 40%를 차지할 정도로 증가했다. 1970년대와 1980년대에 비금융 기업들은 플랜트 및 장비에 대한 투자에 비해 금융자산에 대한 투자를 늘렸다. 포드주의적 규범의 전복으로, 그들은 생산적 활동에서 얻은 수입과 이윤에 비해 비물질적인 수입원과 이윤에 점점 더 의존하게 되었다. 실물 물질 경제로부터 자유로운 이 비물질적 초실재 경제의 함의는 토지, 기계, 노동, 주식과 같은 실질적 이해관계로부터 금융자본의 자율화이다.

생산에 대한 투자는 더 이상 매력적이지 않기 때문에 자본은 더 높은 수익이 약속되는 금융시장으로 향한다. 이것이 바로 주식관리 자본주의이다. 이는 규제가 미흡하고 통제되지 않은 서브프라임 대출과 이러한 대출을 기반으로 한 파생상품이 상환되지 않을 때 폭락으로 이어지면서 심화되었다. 금융 디지털화의 진전 및 기술 변화와 함께 대다수의 재정 문제가 반드시 개선된 것은 아니다.

오히려 그것은 독점적 권력을 향한 자본주의적 경향을 촉진했고, 신자유주의를 공고히 하고, 강화하고, 정당화했으며, 호황과 불황의 시기를 낳았을 뿐 아니라, 급기야 가장 최근에는 2008년의 서브프라임 모기지로 인한 금융시스템의 붕괴로 이어졌다. 실제로 토마 피케티(Thomas Piketty)의 통찰에 따르면, 디지털 경제 시대에 디지털 기술이 전 세계로 확산됨에 따라 부와 권력이 속도, 효율성, 연결성, '인터넷 자유'와 같은 모호한 슬로건이라는 이름으로 엄청나게 집중되었고 불평등은 더 심화되었다.

블록체인과 암호화폐 혁명인가 반란인가

III. 초현실 경제와 세계 금융제도 붕괴의 맥락 █

비트코인의 경제적 맥락은 금본위제의 포기(1971), 현상의 정량화 과정, 금융화의 성장, 디지털 사회와 신경제의 실현이 합쳐지면서 등장하는 초현실 경제이다. 후자에는 첨단기술 산업, 비즈니스 및 금융 서비스, 대출 및 투기, 미디어 및 전자 문화산업이 포함된다. 비트코인과 비트코인의 블록체인 기술은 비물질화된 화폐의 한 형태로, 근본적인 담보자산과 아무런 연관이 없는 순수한 토큰이며, 현실 세계와 아무런 관련이 없는 시뮬라크르(simulacra)로서 무(ex nihilo)에서 창조된 화폐이다. 비트코인을 사용하면 "무에서 유를 창조할 수 있는 즉, 네트워크 자체 내에서 돈을 만들 수 있다." 비트코인은 가상 네트워크의 가상화폐로서 새로운 디지털 기술에 전적으로 의존하고 있으며, 흥미롭게도 2008년 세계 금융체제의 붕괴에 대한 대응과 해결책으로 등장했다.

2008년 세계 금융위기 이후 자본주의 문제에 대한 사회주의적 해결책으로 은행들이 구제금융을 받은 것은 비트코인의 원동력이 된 것으로 추정된다. 여기에는 약간의 기회주의가 있을 수 있지만, 비트코인은 2008년 10월 31일 사토시 나카모토(Satoshi Nakamoto)라는 이름으로 발표된 논문에서 시작되었다. 이 날짜는 2008년 9월 15일 리먼 브러더스가 붕괴하고 세계 금융 시스템이 거의 붕괴될 뻔한 직후였다. 비트코인의 첫 번째 데이터 블록인 제네시스 블록(Genesis block)으로 알려진 것에는 코인베이스에 숨겨진 메시지가 저장되어 있었다. 표준 데이터와 함께 원래 거래에는 "The Times 03/Jan/2009 Chancellor on brink of second bailout for banks"라는 메시지도 포함되어 있다. 이것은 정부와 은행에 대한 문제인식을 참조하고 비트코인과 기존 은행을 대조하려는 시도이다. 비트코인을 P2P 통화로 출시하면서 나카모토는 다음과 같이 제안하였다.

> "기존 통화의 근본적인 문제는 이를 작동시키는 데 필요한 모든 신뢰이다. 중앙은행은 화폐의 가치를 떨어뜨리지 않을 것이라는 신뢰를 얻어야 하지만, 명목화폐의 역사는 그 신뢰의 위반으로 가득 차 있다. 은행은 우리의 돈을 보관하고 전자적으로 이체할 수 있다는 신뢰를 받아야 하지만, 그들은 준비금이 거의 없는 신용 거품의 물결 속에서 돈을 빌려준다. 우리는 우리의 개인정보를 그들에게 맡겨야 하고, 신원 도둑이 우리 계정을 빼돌리지 않도록 그들을 믿어야 한다."

정부와 은행에 대한 신뢰는 2008년 세계 금융위기 당시 최저치였고, 나카모토는 이를 통해 자본을 창출했다. 그러나 비트코인을 사용하면 신뢰가 사라지는 것이 아니라 오히려 바뀐다. 신뢰는 은행이나 국가에 대한 신뢰에서 알고리즘과 암호화 소프트웨어에 대한 신뢰로 이동한다.

마우어(Maurer et al.) 등은 비트코인이 다른 화폐형태와 마찬가지로 "디지털 P2P 네트워크에서 알고리즘과 그 표현에 의해 보증되고 뒷받침되는 약속을 나타낸다"고 생각한다. 비트코인의 '실용적 유물론'이라고 부르는 것에도 불구하고, 마우어(Maurer et al.) 등은 '커뮤니티와 신뢰의 사회적 역동성'이 '비트코인 사용자가 만든 산문과 시(詩)'에서 여전히 분명하다고 지적한다. 그들은 초기에 "비트코인이 코드를 전

블록체인과 암호화폐 혁명인가 반란인가

면과 중앙에 두는 공동체 및 신뢰의 정치와 실용적인 유물론을 결합했음"을 상기시킨다. 그들에게 이것은 개인, 기관, 정부의 (사회적 · 정치적으로 구성된) 신뢰성을 대체하는 규범에 대한 신뢰이다. 익명성이나 암호학, 경제성이 아니라 바로 이 점이 비트코인을 돈의 본질에 대한 긴 대화에서 참신하게 만든다.

궁극적으로, 초기 비트코인에서 코드에 대한 신뢰는 그것을 부여하는 커뮤니티를 완전히 지우지 않았다. 하지만 오늘날 그러한 공동체에 대해 이야기할 수 있는지는 논쟁의 여지가 있다. 어떻든 금본위제에 대한 기존의 신뢰("In Gold We Trust")에서 미국 통화로 발표된 신뢰("In God We Trust")로 다시 여기에서 소프트웨어와 네트워크에 대한 신뢰("In Digital We Trust")로 바뀌고 있다. 이는 디지털 문화의 근본적인 변화를 예고한다.

Ⅳ. 비트코인 담론 ▌

전통적인 금융의 문제점에 대한 해결책으로서 비트코인에 대한 신뢰와 믿음은 비트코인을 둘러싼 대중적인 담론에 반영되어 왔다. 여기에는 과장법, 반쪽짜리 진실, 흥분이 있으며, 통화 · 기술 · 실현된 자유시장 · 상품 · 투자로서의 비트코인이 있는가 하면, 비트코인과 같은 암호화폐, 일반적인 암호화폐, 비트코인과 같은 블록체인, 또는 일반적인 블록체인 사이의 담론에는 많은 모호함이 있다.

디지털 기술 철학에 대한 토론은 21세기 경제와 사회에 영향을 미친 디지털 기술의 명백한 유토피아적 경향에 대한 캘리포니아 이데올로기와 비즈니스, 저널리즘, 투자자 및 열광적인 논평에 불편할 정도로 의존하고 있다. 그러나 이 담론은 결코 현실에 무관심하지 않다. 피셔(Fisher)가 제안하듯이, "기술에 대한 담론은 현실에 대한 투명한 비네트가 아니라 현실에 대한 특정한 관점"이다. 또한 "기술은 현대사회의 물질적 토대를 구성할 뿐만 아니라 그 정당성으로도 기능"한다.

한 증권 트레이딩 회사의 리서치 애널리스트는 "비트코인의 내재적 가치를 새로운 글로벌 크라우드 펀딩 오픈 소스 결제 네트워크의 통로로 보고 있다."고 발표했다. 여기서 비트코인은 다양한 애호가들에 의해 "돈의 인터넷"과 "고도로 분산된 신뢰를 기반으로 한 최초의 온라인 통화"로 묘사되었다.

비트코인의 가능성에 대해 다소 무례한 주장이 제기되었다. 비트코인은 현재의 금융 시스템을 대체할 것이다. 인터넷이 재산에 대해 그랬던 것처럼 비트코인이 사람들에게 돈과 거래에 대한 통제권을 다시 부여함에 따라 세계의 권력구조에 기념비적인 변화가 일어날 가능성이 있다. 그리고 그것은 "새로운 수정헌법 제1조 앱"으로 상정된다.

비트코인의 블록체인은 1975년 개인용 컴퓨터, 1993년 인터넷만큼이나 오늘날 혁명적이라고 발표되었다. 한 신제품광(early adopter)은 부자가 되고 세상을 바꿀 수 있는 첫 번째 방법이라고 흥분해서 외쳤다. 비트코인은 인터넷 이후 가장 중요한 발명품이다. 그들은 전 세계가 사업을 하는 방식을 바꿀 것이다. 이것은 공상과학소설이 약속한 미래의 보편적인 통화이다. 그것은 10년 안에 전 세계를 바꿀 것이다. 그리고 비트코인은 5,000년 만에 처음으로 금보다 더 나은 것을 갖게 되었다고 외쳤다.

블록체인과 암호화폐 혁명인가 반란인가

마지막으로, 분산형, 익명성, 자체 검증, 완전히 신뢰할 수 있는 이러한 종류의 등록제도는 메디치 가문 이래 화폐 시스템에 대한 가장 큰 잠재적 변화이다. 비트코인은 은행 없는 은행, 돈 없는 돈이다. 한편 이 평가를 액면 그대로 받아들이면, 비트코인에서 탐구할 수 있는 은폐된 철학은 흥미로운 잠재력과 기존 금융권력에 대한 도전이 있다. 다른 한편, 이 모든 것이 단순히 근시안적인 기술적 유토피아주의이거나 벤처캐피털 투자를 이야기하려는 의도적인 시도일 수 있다.

닷컴 버블 기간 동안 벤처캐피털 거래의 평균 규모는 1996년과 2000년 사이에 4배로 증가했는데, 이는 투자자들이 '이익 전 성장 모델'을 채택하여 미래의 수익성을 추구했기 때문이다. 이 모델은 시장 점유율을 확보하고 결국 지배하는 것을 추구한다. 독점적 지배를 목표로 한다.

최근에는 기술회사들이 벤처캐피털 투자에 특히 열중하고 있다. 이러한 기업은 탈세를 용이하게 하기 위해 공장과 같은 물리적 자산이 아닌 지적재산을 다른 조세관할권으로 이전하기만 하면 된다. 따라서 그들은 막대한 양의 투자를 남겼다.

아마도 비트코인 담론의 정점은 그 이데올로그인데 브라이언 켈리(Brian Kelly)가 그의 저작 『비트코인 빅뱅: 대안 통화가 세상을 바꾸는 방법(The Bitcoin Big Bang: How Alternative Currencies Are About to Change the World)』에서 제시한 것일 것이다. 비트코인 담론은 복음주의적 열정을 얻고 있으며, '비트코인이 금융 시스템을 중앙집중화에서 탈중앙화로 변화시키는 수단이 될 수 있다'는 깨달음에서 행복감이 비롯된다.

켈리(Kelly)는 허브에서 장애를 방지하는 것이 필수적일 때 분산형 시스템이 중앙집중식 시스템보다 우수하다고 말한다. 여러 허브가 동시에 실패할 위험이 남아 있지만 시스템 진화에서 한 걸음 더 나아간 것이기 때문이다. 이것은 아래에서 더 자세히 논의할 폴 바란(Paul Baran)이 선동한 분산형 네트워크에 대한 논의를 반영한다. 탈중앙화가 지정학적 결정에 기초하고, 우연한 선택이며, 특정한 역사적 기능을 수행하고, 적절한 비용분석을 통해 고려하는 대신, 탈중앙화가 우월하고 실제로 시스템 진화의 한 걸음이라고 주장한다. 문화적이고 특수한 것을 보편화하고 자연화하는 이데올로기적 과정은 탈중앙화를 진화와 자연선택에 참여하는 것으로 상정함으로써 달성된다.

어떤 자율성(autopoiesis) 또는 자기 조직화(self-organizationing)의 과정에 의해 추동되는 준자율성(quasi-autonomous)으로서의 기술 변화의 개념은 현대사회에서 현실의 많은 측면들이 자연의 사실과 유사하게, 필연적이고 불변하는 상황으로 받아들여지도록 허용한다. 이러한 방식으로 비트코인과 디지털 담론은 네트워크 기술을 자연화하고, 신학화하고, 목적론화한다. 이 담론은 네트워크 기술로 인한 진보를 자연법칙이자 필연적인 것으로 간주한다. 따라서 디지털 기술에 관한 철학적 담론은 기술과 사회의 부정적 측면을 무시하고 인터넷과 사회에 대한 심오한 비변증법적인 그림을 제공한다.

이란 피셔(Eran Fisher)는 디지털 기술의 담론이 기술과 사회의 관계를 탈정치화하고 중화시킨다고 말한다. 그것은 사회적인 것에 봉사하는 것이 아니라 사회적인 것이 봉사해야 하는 것으로 여겨진다.

다른 디지털 중개자들과 마찬가지로, 비트코인 지지자들은 그들의 서비스와 기술을 진보의 행진으로, 우월하고, 자연스러우며, 불가피한 것으로 구성해야 한다고 믿는다. 그들은 또한 그들의 디지털 기술

블록체인과 암호화폐 혁명인가 반란인가

에 대한 봉사가 의미가 있는 문화적 상상을 제시해야 한다고 생각한다. 디지털 문화적 상상 속에서, 개인은 본질적으로 온라인, 소비, 도박, 게임, 일, 블로깅, 다운로드 또는 문자, 사진, 음성, 영상 메시지를 보내는 것이 필수적인 일상이다. 네트워크로 연결된 자원을 무제한 쇼핑하거나, 소비 또는 이용할 수 없는 순간, 장소 또는 상황이 존재하지 않기 때문에, 사회생활과 개인 생활은 24시간 365일 모든 시간에 가차 없이 침입하고 있다. 비트코인은 초고속으로 이루어지는 원활한 거래의 정신을 가지고 있으며, 거래 참가자는 언제든지 순간적인 상상에서도 자신의 창문을 통해 세상에 참여할 수 있다.

디지털 문화적 상상은 '결절적 시민권'과 '결절적 소비'를 촉진하고 요구한다. 그렌트 볼리머(Grant Bolimer)에게 "결절적 시민권"은 들뢰즈(Gilles Deleuze)적 통제이며, 푸코(Michel Foucault)적 자아의 통치성이다. 디지털 문화는 단순히 기술 플랫폼이나 장치의 집합이 아니라 특정 행동을 정상화하고 네트워크 기술로 정의된 세계에서 내면화해야 하는 적절한 행동에 대한 사양을 제공한다. 연결의 유지와 흐름의 영속화는 특히 네트워크 기술의 물질성으로 구현되는 선량한 '시민'의 임무이다.

포드주의 기간 동안 기술담론과 문화적 상상은 개입주의적 복지국가, 비즈니스와 경제의 중앙계획, 계층화된 협동(corporation), 종신 노동자를 정당화했다. 그러나 금융화와 포드주의 이후의 동시대 사회에서 기술담론과 문화적 상상은 시장으로부터의 국가 철수, 경제의 세계화, 비즈니스의 탈계층화와 분권화, 생산과 노동과정의 유연화를 정당화한다. 이러한 문화적 상상은 중앙집권화가 신자유주의 금융의 분권화된 흐름에 대한 장애물로 간주되는 것이다.

모든 정부, 특히 중앙집권적 정부는 억압적이고, 모든 중앙은행은 썩었으며, 금융과 소비는 시간적·공간적 한계에 부딪혀서는 안 되며, 자유는 시장과 신자유주의에 원활하게 참여할 수 있는 자유이지 시장과 신자유주의로부터의 자유가 아니다. 이러한 비트코인 담론에는 '정부나 은행을 신뢰할 필요가 없다'는 나카모토의 자유지상주의적 비유, 효율성·속도·연결성과 같은 기술 유토피아적 비유, 자유·탈중앙화·분배·익명성과 같은 사이버 무정부주의적 비유 등 여러 비유가 결합된다.

비트코인의 사회적·문화적 상상은 정부와 은행을 결코 신뢰할 수 없고, 디지털 기술이 항상 힘을 실어 주며, 사회적 정체성에 대한 집단적 인식보다 탈중앙화된 개인의 익명성이 선호되는 상상이다. 모든 형태의 규제, 법률, 중앙집권화, 조직화, 집단성은 정치적으로 문제가 되고 이 상상 속에서는 보이지 않는다. 이러한 관념은 정부의 거대한 간섭, 농노제로 가는 길, 극복해야 할 장애물로 간주된다. 그러나 기업, 신자유주의, 자유시장, 경제권력은 그 자체의 신뢰성, 중앙집권화, 성장, 공고화에 대한 견제를 필요로 하지 않는 것으로 보인다.

탈레톤 길레스피(Tarleton Gillespie)가 플랫폼이라는 개념으로 보여 주었듯이 페이스북과 관련하여, 비트코인 담론에서 탈중앙화(또는 분산형, 금융 흐름 또는 신뢰)와 같은 용어는 다양한 긴장을 은폐하고 제거하는 담론적 휴게소가 될 수 있다. '플랫폼'이라는 용어는 유튜브(YouTube)와 다른 사람들이 이러한 유권자를 위해 어떻게 스스로를 준비하는지 드러내는 데 도움이 되며, 이를 통해 광범위하게 진보적인 판매 피치를 할 수 있도록 하는 동시에 사용자 생성 콘텐츠와 상업적으로 제작된 콘텐츠 사이, 커뮤니티 육성과 광고 제공 사이, 콘텐츠

전달에 개입하는 것과 중립을 유지하는 것 사이의 서비스에 내재된 긴장을 제거할 수 있다.

더 많은 혁신은 기술이 사회적, 문화적 상상 속에서 어떻게 기능할 것인가에 대한 아이디어를 지향할 수 있다. 부르디외(Bourdieu)가 말하듯이, 그러한 용어들은 헌법이 그 용어의 법적 · 정치적 의미에서 하는 것과 똑같은 방식으로 사물의 특정한 상태, 확립된 질서를 승인하고 신성화한다. 탈중앙화, 디지털 유토피아주의, 기술 진보에 대한 아이디어를 결합하는 과정에서 우익 자유주의 이데올로기는 디지털 통화에 대한 공공 담론을 설정하고 형성한다. 이러한 용어와 주장은 법률, 정책 및 법학과 같은 권위 있는 담론 내에서 채택되고 정당성을 부여받음에 따라 더욱 확립되고, 구체화되고, 시행된다. 이 담론은 사용자 생성 콘텐츠, 아마추어 전문지식, 대중적 창의성, 동료 수준의 소셜 네트워킹 및 온라인 논평에 대한 최근의 열정과 매핑된다.

인터넷의 민주화 잠재력에 대한 오랜 미사여구는 차치하고라도, 비트코인에 대한 미사여구는 길레스피가 밝힌 바와 같이 '플랫폼'이라는 개념에 수반되는 개방적이고, 중립적이며, 평등주의적이고, 진보적인 활동 지원을 함축하는 많은 디지털 담론과 같다. 이 담론은 특히 전통적인 대중매체 또는 비트코인의 경우 전통적인 경제기관과 달리 디지털 중개자가 사용자에게 호소할 수 있는 용어를 설득력 있게 만드는 기능을 한다. 그러나 약속에도 불구하고 '플랫폼'은 인정하고 싶은 것보다 더 전통적인 미디어와 비슷하다. 그리고 '플랫폼'의 담론은 기술적 중립성과 진보적 개방성에 대한 위안을 주는 것처럼 그러한 정밀성을 발전시키는 것에 반대한다.

마찬가지로, 논쟁의 여지가 있듯이 탈중앙화된 금융 네트워크는 전통적인 금융 강국처럼 기능하고 중앙집중식 네트워크의 권력구조에 따라 운영된다. 탈중앙화되고 개방적이며 참여적인 웹이라는 디지털 꿈과 디지털 현실 사이에는 깔끔한 이데올로기적 적합성이 없다. 그러한 균열 속에서 비평은 작동할 수 있다. 여기서 길레스피의 접근방식은 비판적 인터넷 이론 연구에 의해 알려졌다.

그레그 엘머(Greg Elmer)는 비판적 인터넷 연구의 세 가지 특징, 즉 인터넷이 혁명적이라고 주장하는 이데올로기에 대한 반박과 의문, 인터넷 기업화의 과정에 대한 분석, 특히 인터넷을 특징짓는 지배형태의 균열, 그리고 균열 및 구멍에서 비판적 인터넷 커뮤니티의 급진적 가능성에 초점을 맞출 것을 제안했다.

이에 이어 크리스찬 푹스(Christian Fuchs)는 비판적 인터넷 이론연구와 인터넷의 정치경제학 비판을, 인터넷과 사회의 관계에서 적대감을 식별하고 분석하는 것에 관여하는 접근방식으로 정의한다. 인터넷이 어떻게 형성되고 경쟁과 협력의 충돌하는 힘을 형성하는지 보여 준 것이다. 그것은 지배와 착취가 어떻게 구조화되고 인터넷이 구조화되는지, 그리고 계급 형성과 잠재적 계급투쟁이 어떻게 기술적으로 매개되는지를 보여 주는 것을 지향한다. 그것은 인터넷이 지원하지만 아직 실현되지 않은 사회 발전의 잠재력을 식별하고 협력, 자기 결정, 참여, 행복 및 자기 관리에 대한 인간과 사회의 잠재력을 제한하는 구조에 근본적으로 의문을 제기한다.

비트코인 담론과 나카모토의 백서는 내가 문제 제기를 시작하고자 하는 일련의 전제들로 정리된다. 첫째, 규제나 정부의 중재가 없는 탈중앙화된 네트워크와 자유시장은 완전히 가능하고 비정치적이다. 나는 비트코인 기술과 담론에 내재된 우익 이데올로기를 강조함으로써 이에 도전한다. 둘째, 어떤 의미에서는 중앙집권화에서 발전한 탈중앙화의 가치화가 있다. 이 개념은 인터넷의 구조와 기원을 잊어버린다. 또한 바이러스 및 해킹과 같은 탈중앙화에 대한 위협도 생략한다.

마지막으로, 네트워크 주변에는 네트워크의 문제를 고려하지 않는 유토피아적 감수성이 있다. 나는 이것이 네트워크 페티시즘의 한 형태라고 생각한다. 즉, 이것은 탈중앙화된 네트워크의 역사적 형성과 구조, 정치(지역 및 글로벌 수준 모두), 기본 이데올로기, 문제적 생산방식을 고려하지 않고 탈중앙화된 네트워크에 대한 적용과 근시안적 이해이다. 더 나아가 그것은 기술과 진보의 얽힘에 대한 완전히 유토피아적 개념을 받아들이는 관점이다.

비트코인은 이러한 접근방식에 취약하다는 주장이 있다. 상품 물신주의에 대한 고전적인 연구에서와 마찬가지로, 비트코인의 선구자들은 탈중앙화 네트워크가 독자적인 삶을 부여받은 자율적인 존재로 등장한다고 홍보했다. 이 경우 네트워크는 경제적 착취와 다른 착취를 은폐하는 가면으로 기능했다.

V. 우익 이데올로기로서의 비트코인 ▐

디지털 경제의 상당 부분은 명시적이든 아니든 우익에 기원을 두고 있다. 우버의 트래비스 칼라닉(Travis Kalanick)의 트위터 계정에는 아인 랜드(Ayn Rand)의 선언문 '파운틴헤드(The Fountainhead)'의 표지가 아바타로 등장했다. 비트코인의 관점에서, 데이비드 패트릭 골룸비아

(David Patrick Golumbia)는 비트코인의 이데올로기와 정치에 대한 가장 명확한 비전을 제시하고 있으며, 이에 따라 우익 극단주의로서의 소프트웨어의 개념이 등장한다. 즉, 현재 구성되고 있는 비트코인과 비트코인의 기반이 되는 블록체인 기술은 우익 정치의 맥락에서만 의미가 있는 요구를 충족시킨다. 비트코인의 발전에 영향을 미친 사이버펑크와 크립토아나키스트들은 종종 깨닫지 못하는 것처럼 보이지만, 로널드 레이건의 1981년 대통령 취임 연설에서 그는 '정부는 우리 문제의 해결책이 아니다. 정부는 우리의 문제다.'라고 발표하였다.

정부, 규제, 과세를 회피할 수 있는 비트코인에 대한 사이버 자유주의자들의 열광은 전자적으로 매개된 삶의 형태에 대한 황홀한 열정을 자유, 사회생활, 경제 및 정치의 올바른 정의에 대한 급진적이고 우익적인 자유주의적 아이디어와 연결하는 신념체계에서 비롯된다. 예를 들어, 사토시 나카모토(Satoshi Nakamoto)로부터 첫 번째 비트코인 거래를 받은 할 피니(Hal Finney)는 칼 테크(Cal Tech)와 아인 랜드(Ayn Rand)의 소설을 읽으면서 자유지상주의 사상을 주입했다.

원래 비트코인 클라이언트의 수석 관리자인 개빈 안드레센(Gavin Andresen)은 첫 번째 프로그래밍 작업 동안 끈질긴 동료에 의해 좌파적 생각이 흔들리면서 자유지상주의로 이동했다. 이러한 정치는 그에게 비트코인과 같은 자유시장 통화에 대한 자연스러운 관심을 심어 주었다. 비트코인이 인플레이션 문제에서 벗어날 수 있다고 제안하면서, 많은 비트코인 담론은 인플레이션이 중앙은행에 의한 '화폐 발행'의 또 다른 이름일 뿐이라는 밀턴 프리드먼(Milton Friedman)의 주장의 단순한 우익 버전을 채택하였다. 본질적으로 비트코인은 자유주의적 친기술, 급진적 우파로부터 시작되었으며 그들의 공통된 관심사이다.

블록체인과 암호화폐 혁명인가 반란인가

VI. 탈중앙화와 그것에 대한 불만

비트코인은 중앙화에 도전하는 방식으로 탈중앙화된 네트워크를 활용하는 것으로 유명하다. 탈중앙화 네트워크는 중앙화된 네트워크에 비해 자연스러운 발전으로 간주된다. 이러한 주장은 종종 인터넷의 역사적 구조를 무시한다. 폴 바란(Paul Baran)은 버너스 리(Berners-Lee)에 의해 "컴퓨터를 서로 연결하고 웹이 그 위에 있는 일반 통신 인프라"의 개발을 담당한 세 사람 중 한 명으로 인용되었다.

바란(Paul Baran)의 "On Distributed Communication Networks"는 결국 인터넷으로 발전할 초기 연구에 기여했다. 바란(Baran)은 "우리는 많은 잠재적 간헐적 사용자를 위한 데이터 처리에 최적화된 자원, 즉 새로운 일반 사용자 시스템을 제공하기 위해 많은 모든 디지털 링크의 상호 연결을 1일 동안 고려하고 싶다."고 말한 바 있는데 이 구절에서 그는 인터넷(작업)을 예상하고 있음을 시사할 수 있다. 이제 그의 세 가지 유형의 네트워크(centralized, decentralized, distributed)에 대해 설명한다.

탈중앙화 네트워크와 분산 네트워크는 종종 비트코인에 대한 논의에서 중앙집중식 네트워크와 대립하기 위해 합쳐 사용하기도 한다. 중앙집중식 네트워크에서의 통신은 중앙노드의 파괴가 엔드 스테이션 간의 상호통신을 파괴하기 때문에 취약하다고 제안한다. 이 시나리오에서 바람직한 것은 단일 지점에 대한 완전한 의존이 항상 필요한 것은 아니기 때문에 분산된 네트워크이다.

바란(Baran)은 그가 말했듯이 열핵 시대 그것은 최악의 파멸을 예상해야 한다. 우리가 현재 인터넷으로 이해하고 있는 것을 알려 주는 네트워크에 대한 논의는 지정학적 적대감에 기반을 두고 있다. 여기서 우파와 신자유주의의 토대가 된 프리드리히 폰 하이에크(Friedrich von Hayek)의 저작을 언급할 수 있을 것이다.

모든 형태의 중앙집권적 정부, 특히 소련과 같은 규제와 중앙집권적 계획에 관여하는 정부와 지방분권화 및 규제 완화된 시장경쟁의 정치적 촉진에 대한 그의 공격은 환상이든 아니든 소련의 위협에 대한 두려움에서 비롯되었다. 하이에크가 제안한 한 가지 주장은 중앙계획경제에서는 개인이나 특정 집단이 자원의 분배를 결정해야 한다는 것이었다. 그러나 하이에크는 이러한 계획가들이 이 분배를 안정적으로 수행할 수 있는 충분한 정보를 결코 갖지 못할 것이라고 주장한다.

하이에크는 오직 자유시장만이 가격메커니즘을 통해 상품의 교환과 자원의 사용을 효율적으로 유지할 수 있다. 물론 오늘날 원칙적으로 디지털 기술과 데이터는 분산형 시장만이 제공할 수 있는 것보다 자원의 교환과 분배에 대한 더 나은 중앙집중식 분석을 제공한다고 반박할 수 있다. 그리고 네트워크는 큰 피해를 예상하고 구축되어야 한다. 핵전쟁의 편집증에서 벗어나야 하므로 핵공격에서도 파괴할 수 있는 중앙노드가 없는 분산형 네트워크를 통해 군사용 통신을 유지할 수 있다. 이를 통해 미국은 핵 사격을 재개할 수 있다. 즉, 탈중앙화된 네트워크는 미국의 핵 군사설계에 영향을 미쳤다.

에릭 슐로스(Eric Schlosser)가 설명하듯이, 핵 사일로는 대평원 전역에 널리 퍼져 있어서, 소련의 기습공격으로 모든 사일로를 쉽게 파괴할 수 없다. 몬태나에서 새로운 핵무기 발사장은 14,000 평방 마일에 달하는 지역에 건설되었다. 그러나 결정적으로 탈중앙화 네트워크는 중앙노드의 취약성이라는 한 가지 우려를 완화할 수 있지만, 결과적

블록체인과 암호화폐 혁명인가 반란인가

으로 탈중앙화된 다중 및 취약한 노드의 새로운 취약성을 야기한다.

슐로스(Schlosser)는 20세기의 효율성과 군사전략의 이유로 내려진 결정은 21세기의 핵 테러리즘에 대한 영향을 예측할 수 없었다고 통찰력 있게 덧붙였다. 예를 들어, 파키스탄은 세계에서 가장 빠르게 성장하는 국가로서 이미 핵무기를 보유하고 있다. 북한은 인정하지 않더라도 사실상 핵무기를 여러 곳에 분산시켰고, 이로 인해 핵무기는 외국에 의한 파괴에는 덜 취약하지만 테러리스트들에 의한 절도에는 더 취약해졌다.

네트워크는 또한 유출, 해킹 등에 취약할 수밖에 없다. 에드워드 스노든(Edward Snowden)은 미국 국가안보국(NSA)의 기밀문건에 접근할 수 있었다. NSA는 미국의 핵무기에 대한 발사 코드를 생성하는 것뿐만 아니라 암호를 해독하는 장비를 설계하는 것에도 책임이 있다.

이러한 상황은 마침내 상호 확증파괴로 이어진다. 이것은 종종 간과되거나 인정되지 않는 인터넷의 발전이 핵전쟁에 대한 두려움과 맺고 있는 관계를 확인시켜 준다.

또한 바란(Baran)은 인터넷의 발전에 자본주의 중간관리자의 비용분석을 고려했다. 미래의 통신 링크를 선택할 때, 디지털 링크는 저비용 스위칭과 저비용 링크를 허용함으로써 점점 더 매력적으로 보인다. 바란(Baran)의 모델은 네트워크의 수많은 모순된 역사적 속성을 협상하여 모든 것을 포괄하고 제한적이며 잠재적으로 총체화하는 동시에 약하고 유동적이며 유연한 구조를 발명했다. 요약하자면, 핵전쟁 시 미군의 통신을 유지하기 위해 고안된 값싸고 따라서 약한 네트워크의 생성이 조정되었다. 1990년대 초에 소련이 해체되었고, 미국의 정보 네트워크가 군사적 기능에서 경제적 기능으로 동시에 전환된 것은 우연이 아니다.

현재 우리가 인터넷으로 알고 있는 아키텍처에 영향을 미치기 위해 개방화와 분산화가 채택되었다. 이는 프리드리히 키틀러(Friedrich Kittler)와 파울 비릴리오(Paul Virilio)와 같은 사상가들이 제시한 아이디어, 즉 현대의 문화적 조건은 전쟁과 미디어의 필수적인 결합이며, 지휘·통제·통신 및 정보의 사이버네틱 물류라는 생각을 따른다. 엄밀히 말하면 군사 네트워크는 비즈니스 및 엔터테인먼트 미디어로 확장되고 영향력을 행사한다.

탈중앙화는 인지된 위협에 대응하기 위해 전자통신의 특정요소를 촉진시켰지만 컴퓨터 바이러스라는 새로운 문제도 야기한다. 중앙집중식 노드에 대한 가능한 위협은 다소 완화되었을 수 있지만, 보안이 생성되지 않고 위협이 단순히 위치를 변경한다. 탈중앙화된 다중 및 취약한 노드는 이제 바이러스, 웜(worm), 해킹, 사이버 테러, 이상 징후, 사고, 집합, 전염 등에 취약하다. 탈중앙화의 '해결책'은 그 자체로 새로운 문제와 위협을 야기한다.

여러 개의 취약한 노드와 패킷 스위칭이 있는 분산형 네트워크의 특성은 바이러스가 확산되고 해킹이 발생할 수 있는 완벽한 환경을 제공한다는 것이다. 패킷 스위칭은 메시지가 여러 부분으로 나뉘어 각 패킷에 가장 적합한 경로를 통해 독립적으로 전송되고 대상에서 리어셈블되는 데이터 전송 모드이다. 이는 바란(Baran)의 네트워크에서 옹호되며 통신에 로컬 인텔리전스를 도입한다.

중앙집중화된 계층적 위치에서 위로부터 제어되는 대신, 네트워크 통신은 발신자에서 수신자로 고유한 경로를 찾는 작은 패킷으로 제어를 분산했다. 인터넷의 기본 아키텍처는 네트워크를 사용하여 작업을

블록체인과 암호화폐 혁명인가 반란인가

수행하기 위한 자체 명령을 포함한다는 의미에서 지능적인 데이터를 기반으로 한다. 이러한 의미에서 우리는 악성 SW프로그램 웜(worm)과 유사하고 부분적으로 바이러스와 유사한 프로그램의 기원이 일반적으로 네트워크 컴퓨팅의 회로도에 있다고 정당하게 주장할 수 있다.

바이러스, 해킹 등은 네트워크 문화의 존재론이 바이럴과 같은 한 제거될 수 없다. 컴퓨터 바이러스는 정보공간의 개방성에서 번성한다. 그리고 알고리즘 컴퓨팅의 무한한 잠재력으로 번창한다. 알고리즘의 개방적이고 유연하며 결정할 수 없는 문법은 바이러스가 확산되고, 감염되고, 진화할 수 있도록 한다. 탈중앙화는 중앙기관이 없는 무정부 바이러스에 약하다. 그것은 모든 장군과 권력의 중심에 대한 심오한 거부이다. 한때 네트워크 중앙집중화라는 문제에 대한 일종의 해결책으로 제안되었던 것이 바이러스와 해킹 측면에서 자체 문제를 제기했다. 비트코인 자체는 항상 완전한 실패에서 멀리 떨어져 있는 하나의 큰 해킹이다.

2011년 6월 19일, 비트코인 거래소 플랫폼이 해킹당했을 때 관리자들은 단 하나의 비밀번호만 있으면 로그인할 수 있었다. 2011년 7월, 폴란드의 작은 비트코인 거래소인 비토마트(Bitomat)의 설립자가 고객의 17,000비트코인이 저장된 비트코인 주소의 개인 키를 보관하는 파일을 실수로 삭제했다고 발표했을 때, 이와 유사한 로우파이(Lo-Fi: 음질이 낮고 잡음이 많은) 보안이 명백해졌다. 이때 비트코인의 가치는 한 시간도 채 되지 않아 17달러에서 1센트로 떨어졌다.

네트워크 페티시즘과
암호화폐의 종말

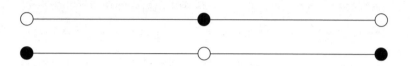

"우리는 혼돈과 질서를 호기심 있게 관찰하는 사람인지 생각해
보아야 한다."

– 김종호

I. 비트코인의 철학적 가치: █
분산화와 재정적 자유의 등대

디지털 금융 분야에서 비트코인은 선구적인 기술적 능력뿐만 아니
라 구현하는 심오한 철학적 가치로 상징적인 징표로 자리 잡고 있다.
이 놀라운 암호화폐는 글로벌 커뮤니티를 활성화했으며, 각 구성원은 단순한 화폐적 유용성을 초월하는 기본 원칙에 사로잡혔다. 비트코인의 세계를 탐구하면서 이 디지털 혁신이 단순한 금융 도구 이상을 나타낸다는 것이 분명해졌다. 그것은 논쟁을 불러일으키고 경제적 풍경에 대한 우리의 인식을 재편한 일련의 철학적 이상을 수반한다.

• 분산화: 키스톤 철학

비트코인의 철학적 태피스트리(tapestry)의 핵심에는 분산화라는 개념이 있다. 중앙집권화된 권위에 의해 뒷받침되는 전통적인 금융 시스템과 달리, 비트코인은 분산화된 네트워크 내에서 번창한다. 중앙의 관리기구가 없는 피어 투 피어 통화로 기능한다. 이 원칙은 기관 내의 집중된 권력이 부패를 조장하고, 개인의 자율성을 억압하고, 혁신을 저해할 수 있다는 믿음과 일치한다. 분산화된 설계에서 비트코인은 기존의 금융질서를 재구조화할 것을 요구하는 대안을 제공한다.

• 신뢰 부족: 금융의 패러다임 전환

비트코인은 신뢰 없는 시스템을 상징하며, 이는 비트코인의 존재를 뒷받침하는 철학적 변화이다. 이 암호화폐의 영역에서 신뢰는 전제조건이 아니다. 대신 암호화 증명과 수학적 알고리즘이 진실의 중재자로 서 있다. 이 기본 개념은 신뢰가 금융거래에 필수적이라는 오래된 개념에 도전한다. 신뢰를 쓸모없게 만듦으로써 비트코인은 객관적인 검증을 통해 절대적인 확실성을 얻을 수 있는 세상을 구현한다.

• 검열 저항: 통제에 대한 저항

비트코인 철학의 가장 심오한 측면 중 하나는 검열에 대한 저항이다. 정부와 중앙집권화된 기관은 비트코인 거래의 흐름을 억제할 준비가 되어 있지 않다. 이러한 저항은 금융 문제에 대한 선택의 자유가 본질적인 권리이며 억압적인 정권이 그러한 자유를 억제해서는 안 된다는 철학에 확고히 뿌리를 두고 있다. 비트코인은 재정적 자유를 추구하는 사람들에게 희망의 등대이자 권위주의적 권한 남용에 대한 방벽으로 등장한다.

• 금융 포용성: 격차 해소

금융포용 철학은 비트코인의 매력의 또 다른 측면이다. 그것은 은행 서비스를 받지 못하는 사람들과 은행 서비스를 충분히 받지 못하는 사람들에게 금융 서비스를 확대하여 금융 부문에서 오랫동안 존재해 온 틈을 메울 잠재력이 있다. 그것은 금융 서비스에 대한 접근이 기본적인 인권으로 간주되어야 한다는 생각과 공명한다. 비트코인의 권한 부여 범위에서 금융 해방이 특권층 소수에게만 국한되지 않는다는 것이 분명해진다.

• 건전한 돈: 경제적 신중함으로의 회귀

건전한 화폐를 강조하는 오스트리아 경제학은 비트코인에서 자연스러운 동맹을 찾았다. 종종 '디지털 골드'라고 불리는 비트코인은 2,100만 개의 코인이라는 한정된 공급을 자랑하며, 이는 인플레이션에 대한 저항력을 제공한다. 건전한 화폐이론은 책임 있는 경제적 의사결정이 고정된 공급을 가진 통화에 근거한다고 주장하는데, 이는 비트코인이 소중히 여기는 원칙이다.

블록체인과 암호화폐 혁명인가 반란인가

비트코인이 우리의 잠재력에 어떤 영향을 미칠 수 있을까? 도대체 잠재력을 해방시킬 수 있을까?

• 개인정보보호 및 보안: 개인의 책임

비트코인의 영역에서 프라이버시와 보안은 가장 중요하다. 개인은 재정적 거래를 보호할 수 있는 도구를 제공받으며, 재정적 프라이버시는 기본적 권리라는 철학에 공감한다. 그러나 비트코인은 또한 자신의 보안에 대한 개인적 책임이 진정한 재정적 자율성을 달성하는 열쇠라는 생각을 내세운다.

• 개인의 권한 부여: 주권자로 가는 길

비트코인을 통해 개인은 전통적인 금융 중개자의 필요성을 넘어 재정을 통제할 수 있는 힘을 부여받는다. 이 철학은 자립과 재정적 주권을 강조하며, 사용자가 자신의 재정 관리자로서의 역할을 수용하도록 옹호한다.

• 투명성: 개인정보보호와 책임의 균형

비트코인 네트워크는 투명한 공개원장인 블록체인에서 운영된다. 이 투명성은 역설적이다. 신뢰와 책임을 강화하는 개방적이고 감사 가능한 금융 시스템이라는 철학을 고수하는 반면, 암호화폐의 강력한 개인정보보호 기능과 공존한다. 이는 개인의 정보를 존중하고 집단적 책임을 유지하는 시스템을 가능하게 한다.

- **정부의 과도한 권한 행사에 대한 저항: 과도한 통제에 대한 방패**

마지막으로, 비트코인은 종종 정부의 권한 남용, 검열, 부당한 통화 통제에 대한 보호장치로 선전된다. 개인이 자신의 재산을 평가절하와 몰수로부터 보호할 수 있도록 권한을 부여하며, 중앙집권적 권위의 침해로부터 개인의 자유를 보호하는 것을 옹호하는 철학을 구현한다.

비트코인의 철학적 가치는 그것을 단순한 디지털 통화 이상으로 만들었다. 그것은 기존 규범을 거부하는 금융 비전에 대한 증거이다. 분산화, 신뢰 없음, 검열에 대한 저항, 금융 포용성, 건전한 화폐, 프라이버시, 개인의 권한 부여, 투명성, 그리고 정부의 권한 남용에 저항하는 능력은 모두 합쳐져 새로운 시대의 금융 자유를 예고하는 암호화폐를 만들어 냈다. 복잡한 비트코인 세계에서 이러한 철학적 가치는 그 자체로 짜여 더 공평하고 자유로운 글로벌 금융 시스템으로 가는 길을 밝힌다.

II. 네트워크 페티시즘 ▌

네트워크는 종종 물신화되고, 지배와 착취 그리고 소외가 은폐되어 제시되고, 탈중심적이며 민주적인 것으로 가정되는데, 이는 그들이 중앙의 명령 없이 존재한다고 가정하기 때문이다. 이것은 비헤게모니적, 비강압적, 개인주의적 이동의 자유를 촉진하는 동시에 일종의 분산된 대표성과 참여를 장려하기 위한 것이다. 이 유토피아적 비전에

블록체인과 암호화폐 혁명인가 반란인가

대해 우리는 점점 더 의심스러워지고 있다. 우리는 아직도 네트워크들이 또한 중단, 폐쇄, 어두운 점들, 그리고 그들 자신의 특정한 형태의 통제와 거버넌스를 만들어 낸다는 것을 알지 못하는가?

탈중심화된 네트워크의 또 다른 가능한 문제와 빈곤은 데이비드 베리(David M. Berry)가 잘 요약 정리하였다. 그는 새로운 형태의 사회조직이 네트워크와 관련하여 발전하고 있으며, 네트워크를 탈중앙화되고 무제한적이며 종종 비위계적이고 구조가 없는 형태 또는 유동적인 조직으로 칭송한다. 따라서 명백히 적대적인 두 가지 경제적·사회적·기술적 형태, 즉 산업계층적 대량생산 대 동료생산 분산 네트워크 생산이 구별된다. 이 체계에서는 새로운 시대의 형태를 결정할 소프트웨어, 알고리즘, 특허 및 저작권과 같은 비물질적인 것의 소유권에 새로운 우선순위가 부여된다.

그러나 바로 이 지점에서 베리(Berry)는 문제가 있는 이분법(물질적/비물질적)의 출현을 볼 수 있으며, 심지어 소프트웨어와 같은 일시적인 것조차도 이러한 구분을 문제화하는 구체적인 물질성을 가지고 있다고 주장한다. 또한 블록체인 운영에 소비되는 전력량이 너무 커서 비트코인 자체가 지속 가능하지 않다는 주장이 제기되었다.

네트워크의 물질성, 그리고 그 물질성에 내재된 착취적 관계는 네트워크 물신주의의 맹점이다.

우리가 사용하는 네트워크 모델과 다이어그램이 아직 오지 않은 현실을 생성한다는 사실을 잊을 때 문제는 계속된다. 성향 표현과 능동형은 공간 소프트웨어, 프로토콜 또는 다이어그램이 될 수 있다.

들뢰즈(Deleuze)와 가타리(Guattari)가 관념을 표현하듯이, 도식은 단일한 배열의 표상적 스케치가 아니라 오히려 '아직 오지 않은 실재'

를 생성하는 '추상적 기계'이다. 세상이 우리의 디지털 모델과 알고리즘에 순응한다고 생각할 때 또는 우리는 네트워크 이론의 관점에서 세계를 재구성하려고 시도한다.

존 물라키(John Mullarkey)는 베르그송(Bergson)이 시간의 공간화에서 시간 선으로서의 시간의 도식적 이미지를 어떻게 경멸했는지에 대해 이야기한다. 그것은 위협적이었다. 정확히 말하자면, 살아 있는 시간은 동질적인 선의 상태에 접근할 수 있기 때문이다. 우리는 일선적인 피시적(Fisher) 삶을 사는 경향이 있다. 이것이 시간과 자유의지의 배후에 있는 합리화이다. 삶에 대한 묘사는 그것이 묘사하는 것에 내재되어 있기 때문에 삶에 대한 묘사가 삶의 수정이 될 수 있다는 것이다. 이 모델들은 세계를 단순화한 것이다. 네트워크는 존재론적인 것이 아니라 분석적이며, 따라서 그것이 우리에게 얼마나 많은 것을 말해 줄 수 있고 얼마나 유용할 수 있는지에 제한이 있다. 문제는 네트워크의 존재는 우리가 네트워크에 적합한 방식으로 생각하도록 초대한다는 것이다.

네트워크는 연결되지 않은 사람은 (정의에 따라) 네트워크 내에 있지 않으므로 연결된 사람에게만 권한을 부여한다. 그들은 통시적 전개보다 공시적 분산을 강조하는 현실 읽기를 왜곡한다. 이런 의미에서 네트워크는 역사를 폐지하고 우리의 초점을 사건, 현재 또는 현재 발생한 현상으로 옮긴다.

탈중심 네트워크의 개념은 연결된 노드에 대한 위상정보를 제공하는 공간 다이어그램으로만 남아 있다. 결정적으로, 그것은 현실을 평평하게 만들고 다른 노드 간의 구별을 제거한다. 이것은 네트워크에서 개별 프로그래머와 다국적 기업이 네트워크의 연결된 노드로 동등해진다는 것을 의미한다. 네트워크 다이어그램에서 동등하고 민주적이며 탈중심적으로 보이는 것, 구별할 수 없는 노드 간의 단순한 연결과 연결선은 권력과 권력관계의 거대한 왜곡을 은폐한다. 여기서 우리는 브뤼노 라투르(Bruno Latour)가 피터 슬로터다이크(Peter Sloterdijk)와의 철학적 토론에서 네트워크와 구체(spheres)를 구분하는 방식으로 네트워크와 노드를 구분할 수 있다.

라투르(Latour)는 '네트워크'라는 단어가 기술 인프라, 사회적 관계, 지정학, 마피아, 그리고 물론 우리의 새로운 온라인 생활에 대한 유비쿼터스 명칭이 되었다고 지적한다. 네트워크는 지역적 지점에서 출발하는 장거리와 예상치 못한 연결을 묘사하는 데 능숙한 반면, (슬로터다이크의) 구체는 지역적이고, 취약하고, 복잡한 '대기 조건'을 묘사하는 데 유용하다.

네트워크는 가장자리와 이동을 강조하는 데 능숙하다. 외피와 자궁을 강조하는 구체(球體)는 라투르의 행위자이다. 네트워크 이론과 슬로터다이크의 구형론 중 하나를 선택해야 하는 대신, 라투르는 그 많은 거품, 구체, 그리고 네트워크를 하나의 용어로 재편성하려는 야망으로 그가 '구성'이라고 부르는 개념을 발표한 것이다.

네트워크와 달리 구체(spheres)는 빈혈(anemi)이 아니며 점과 링크뿐만 아니라 복잡한 생태계이다. 마찬가지로, 노드는 점, 링크 및 다이어그램 표현 라인의 명백한 단순성 뒤에 있는 복잡한 생태계로 간주되어야 한다. 탈중앙화된 네트워크 물신주의는 지배, 착취, 소외의 관계와 시스템을 은폐한다. 이것은 틀림없이 비트코인에서 일어난 일이다. 탈중앙화된 노드로 경제력을 우회하는 환상이 있지만, 면밀한 조사를 통해 드러난 것은 강력하고 깊은 노드에서 사이버 공간을 점유하는 기업이다.

Ⅲ. 또 다른 비트코인의 부고(Obituary) ▎

　처음 몇 년 동안 비트코인은 애호가들이 운영하는 디지털 가내 산업이었고 기술은 여전히 본질적으로 사용자의 선의에 의존하는 자원봉사 프로젝트일 뿐이었다. 비트코인은 분산형 네트워크에서 비교적 동등한 노드 역할을 하는 비교적 빠른 가정용 컴퓨터에 의해서도 채굴될 수 있었다. 그러나 오늘날 대부분의 성공적인 채굴은 인터넷의 노드 파워와 자본 식민지화가 증가하고 있다는 신호로 전용 고전력 시스템 풀에 의해 수행된다. 네트워크 페티시즘이 맹목적인 것은 바로 이 결절의 힘이다.

　골룸비아(Golumbia)가 시사하듯이, 이 사실만으로도 비트코인이 화폐의 운영을 '민주화' 또는 '탈중앙화'한다는 주장에 대해 상당한 의문을 제기했다. 이것은 또한 비트코인 시스템을 '51% 문제'에 노출되게 한다. 한 노드 또는 노드 클러스터가 채굴작업의 51% 이상을 소유하면 적어도 이론적으로는 언제든지 비트코인의 규칙을 변경할 수 있다. 물론 다른 논쟁도 있다. 즉, 원칙적으로 누구나 비트코인 프로토콜에 대한 변경을 제안할 수 있었지만, 나카모토와 그의 동료는 여전히 본질적으로 변경에 서명할 수 있는 유일한 사람들이었고, 이는 시스템에서 그들에게 이례적인 양의 권력을 부여했다.

　비트코인 '포크'를 둘러싸고 오픈 소스 소프트웨어 개발 용어로 말하자면, 새로운 버전으로의 전환 가능성이 있다. 이러한 문제들은 비트코인이 상상하는 것만큼 탈중앙화되어 있지 않다는 것을 의미한다. 비트코인의 지배구조는 블록체인이 종종 마술처럼 해체되었다고 말하는 독재, 내분, 악의, 중앙집중화를 정확히 보여 주었다. 본질적으로 탈중앙화의 약속은 지켜지지 않았으며 네트워크 물신주의는 특정 노드가 중앙화된 권력을 기반으로 기능한다는 사실을 은폐했다.

가장 기본적인 수준에서 돈에 관하여 비트코인이 디지털 화폐가 되는 데 성공했거나 가능성을 암시했는가? 니겔 도드(Nigel Dodd)가 조언하듯이, 돈은 놀라울 정도로 다양한 현상이며, 일반적인 의미에서 돈으로 간주되는 것에 대한 보편적인 견해는 없다. 화폐에 관한 현존하는 문헌은 상충되는 정의에 대한 논쟁으로 가득 차 있다.

케인즈 이후, 화폐의 추상적 역할과 교환매체로서의 화폐의 속성에 대한 논쟁이 있다. 도드(Nigel Dodd)는 돈을 사회적 형태로 간주한다. 예를 들어, 보편적 상품 형태(마르크스), 사회에 대한 주장(짐멜), 확산된 소셜 미디어(젤라이저), 사회적 기술(잉햄), 집단기억의 도구(하트), 일반화된 상징매체(파슨스), 사회적 상응과정(마우러), 공동체적 환상(가라타니) 등이 있다. 비트코인을 사회적 형태로 간주할 수 있는지 고려해야 한다. 도드(Nigel Dodd)는 돈이 '아이디어'로 가장 잘 생각된다고 제안한다. 나카모토(Nakamoto)가 백서 제목에서 '현금'이라는 용어를 사용한 것은 돈의 정의와 관행에 대한 이러한 혼란의 증거이다. 나카모토는 백서에서 주로 통화를 요약하고 있다.

경제학자들은 일반적으로 세 가지 주요 기능을 가지고 있다고 주장한다. 회계 단위의 역할을 하고, 교환가치를 가지며(교환매체 역할), 사용가치(부를 저장할 수 있음)가 있다는 것이다. 비트코인은 변동성으로 인해 가격이 크게 변동하고 파생 및 투기에 개방되어 있기 때문에 틀림없이 잘 알려져 있다. 즉, 저명한 비트코인 옹호자인 릭 포크빙지(Rick Falkvinge)는 한때 비트코인 1개의 가격이 결국 100만 달러까지 오를 수 있다고 주장했지만, 2013년 9월에는 많은 비트코인 애호가들에게 비트코인 시장의 정부규칙 집행 불능이 특징임에도 불구하고 불법적인 가격담합으로 인해 그 가치가 몇 배나 부당해졌다고 썼다. 이것은 특징이 아니라 버그이며, 시장을 조작하는 과정에서 일부 비트코인 거래자는 일종의 부정행위인 사회계약 위반에 참여하고 있다. 이것은 디지털에 대한 비트코인의 신뢰를 의심스럽게 만든다.

현재로서는 안정성이 없기 때문에 변조된 금이 가치를 저장할 수 없는 방식인 것처럼 비트코인을 대체하기 위해 홍보된 명목화폐(국가에 의해 규제됨)가 부를 저장할 수 있는 방식으로 교환되어야 하므로 현재는 비트코인을 안전한 가치저장 수단으로 간주하기 어렵다. 비트코인의 규제 부족과 시장의 변덕에 대한 개방성(다시 한 번 말하지만, 옹호된 것)은 부(富)를 저장하거나 실제로 계정단위로 작동하는 데 필요한 안정성을 방해하는 상황이며 변동성을 보장한다. 비트코인이 대체로 일반적인 가치평가 프로세스에 대한 닻 없이 떠다닌다는 사실은 안정적인 회계단위로 완전히 기능할 수 없음을 의미한다.

샘 댈린(Sam Dallyn)은 변동성이 큰 금융자산으로서의 비트코인의 지위를 이해하기 위해 시장 특이점의 개념을 활용한다. 시장 특이점은 불확실하고 비교할 수 없는 가치를 지닌 특정 상품과 서비스에 대한 시장이다. 이러한 특이점 시장에는 추종자 커뮤니티와 독특한 신념체계가 있다. 비트코인의 지위의 기초가 되는 자유주의적 정치적 신념체계에 대한 확인이 있지만 이는 완전히 통합되지 않았으며, 거

블록체인과 암호화폐 혁명인가 반란인가

버넌스 및 중앙집중화와 관련하여 커뮤니티 내에 약간의 정치적 긴장이 있다.

2014년 골드만삭스는 비트코인에 대한 우리의 최선의 정의는 현재 상황에서는 교환의 매개체로 사용될 수 있는 투기성 금융자산이라고 발표했다.

브라이언 켈리(Brian Kelly)의 비트코인 빅뱅(The Bitcoin Big Bang)과 같은 대부분의 비트코인 계정은 돈의 다른 기능을 무시하고 돈을 통화로만 환원한다. 초기에 비트코인의 익명성은 익명성 소프트웨어인 토르(Tor)를 사용하는 다크 웹 자판기 사이트인 실크로드(Silk Road)에서 불법 활동에 사용되는 통화가 되었다. 이것은 짧은 기간 동안 불법 활동과 마약, 무기 및 의심스러운 외설물의 보급을 촉진한 유산일 수 있다.

비트코인의 변동성을 이해할 수 있는 것은 투기성 금융자산이다. 여느 폰지 사기와 마찬가지로, 투자는 끊임없이 논의되어야 하고, 거품은 부풀려져야 하며, 이를 통해 비트코인 담론의 과장된 내용을 상당 부분 이해할 수 있다.

일부 지역에서는 디지털 화폐, P2P, 암호화 기능이 있는 비트코인이 페이팔(PayPal) 등과 같은 것으로 대체되거나 경쟁할 것이라는 희망이 있었다. 그러나 이것은 사실이 아니다. 비트코인의 지평선에는 애플(Apple), 구글(Google) 및 페이스북(Facebook)과 같은 기업이 결제 플랫폼이 되려는 시도가 있다. 비트코인과 마찬가지로 거래에 대해 약간의 수수료를 징수하지만 결정적으로 비트코인과 달리 거래와 함께 진행되는 데이터를 얻을 수 있다. 데이터는 추출되고 활용되고 있는 디지털 경제의 새로운 원자재이다. 이러한 하우스 홀드 네임 플랫폼이 현재 가지고 있는 강력한 위치와 더 많은 데이터를 추출하는 비즈니스 모델은 하나 이상의 플랫폼이 '이익 전 성장 모델'에 자금을 조달하기에 충분한 투자 및 벤처 캐피탈을 유치하는 것을 보게 될 것이다.

이것은 사용과 활동을 증가시킬 것이며, 결국 디지털 경제의 행동과 거래를 독점하기 시작할 것이다. 이 제안된 시나리오에서, 그리고 비트코인의 비효율성을 개선한다고 주장하는 이더리움, 도지코인, 라이트코인과 같은 다른 디지털 화폐와의 경쟁으로 인해 비트코인은 경쟁하지 못할 가능성이 높다. 비트코인 버블의 붕괴 또는 오랫동안 끌어온 디플레이션이 있을 수 있으며, 기억될 수 있는 가장 확실한 평가는 암호화폐의 초기 혁신의 실험일 가능성이 높다는 사실이다.

비트코인의 사망 기사는 거의 그 자체로 하나의 장르이다. 또한 비트코인에 대해 작성되기 시작하는 모든 문장은 끝나기도 전에 사건으로 대체된다는 의미도 있다.

1990년 암호학자 데이비드 차움(David Chaum)이 '블라인드 시그니처 기술(Blind Signature Technology)'을 활용해 만든 디지캐시(DigiCash)는 1998년 파산했다. 빈즈닷컴(Beenz.com, 1998)와 플루즈닷컴(Flooz.com, 1999)은 소비를 돕기 위해 가상 암호화폐를 사용했지만 2001년 닷컴 붕괴로 파산했다. 비트코인은 현재 더 내구성이 있는 것으로 보인다. 비트코인 이후 900개 이상의 암호화폐가 출시되었다. 이 시간에도 신생 화폐는 계속 잉태되고 있다.

비트코인의 실패에 대응하여, 적어도 비트코인의 본래 야망의 관점에서, 새로운 실리콘 밸리 옹호자들은 2014년에 중요한 기술 발전이 나카모토가 처음에 의도했던 것처럼 참가자들이 정부와 은행 시스

블록체인과 암호화폐 혁명인가 반란인가

템의 손이 닿지 않는 곳에서 익명으로 거래를 할 수 있도록 하는 네트워크가 아니라 디지털 암호학과 분산원장 기술이라고 주장하기 시작했다. 중앙집중식 정부와 은행이 초기 비트코인 이데올로기의 정신에 반하는 방식으로 통제력과 권력을 강화하기 위해 이 디지털 기술을 기회로 삼고 있다는 것은 아이러니하다.

블록체인은 기존 시스템보다 마찰이 적고 비용이 적으며 보안성이 높아 시장에 잘 적응할 수 있다고 생각된다. 2016년 영국 정부의 수석 과학고문은 분산원장 기술이 "정부가 세금을 징수하고, 복지혜택을 제공하고, 여권을 발급하고, 토지 등기를 기록하고, 상품의 공급망을 보장하고, 일반적으로 정부 기록 및 서비스의 무결성을 보장하는 데 도움이 될 잠재력이 있다."는 내용의 보고서를 발표했다.

블록체인의 사용은 원래 비트코인 형태는 아니지만 자연스럽게 은행의 관심을 끌었다. 중앙집중화 비트코인이 원래 전복을 의도했던 금융기관은 이 새로운 기술을 사용하여 권력을 유지하고 가능한 모든 거래 네트워크의 한가운데에서 가능한 모든 임대료를 추출할 것이다. 정부와 은행을 약화시키고 비즈니스를 변화시키기는커녕 비트코인의 아이러니하고 조심스러운 이야기는 이러한 기업들이 비트코인이 시작한 디지털 기술에 의해 힘을 얻을 가능성이 높다는 것이다.

더 넓은 사회적 함의의 관점에서, 퀸 듀폰(Quinn DuPont)은 암호학이 들뢰즈적 통제사회의 새로운 무기, 즉 비트코인의 주문 적용을 통한 경제의 통제라고 주장했다. 디지털 경제는 소유와 권력의 종말이 아니라 재산과 권력의 집중을 목격했다. 미래에는 마르크스와 엥겔스의 유명한 슬로건을 다소 수정해야 할지도 모른다. 세계의 탈중앙화된 디지털 네트워커들이여, 단결하라! 블록체인 외에는 잃을 것이 없다!

IV. 비트코인, 공유, 그리고 집단화

비트코인과 그 기술은 더 진보적인 미래를 가질 수 있을까? 이러한 주장 중 하나는 「In The Real World of the Decentralized Autonomous Society」에서 제기되었는데, 조엘 지 개러드(Joel Z. Garrod)는 비트코인이 인간이 중앙집권적 형태의 권력과 통제로부터 자유로운 탈중앙화 자율사회의 도래를 나타낸다는 개념을 조사하였다. 여기서 '자유'와 자율성은 국가의 전제정치로부터의 '자유'와 자율성으로만 이해되는 한 예를 들어, 시장의 횡포로부터의 '자유'가 아니라 이 개념의 특정 요소들에 대해 정당하게 비판적인 개념이다.

비트코인 담론은 자본이 우리에 대해 가지고 있는 힘을 무시한다. 이러한 비판에도 불구하고 개러드(Garrod)는 디지털 탈중앙화의 비트코인 실험에서 무언가를 구하고 좌파나 공유지를 위해 활용할 수 있다고 제안한다. 비트코인 기술 모델을 기반으로 분산된 협업조직 또는 '개방형 협동조합주의'를 만드는 것이 가능할 수 있다고 한다. 이는 더 작은 지역들이 의료, 교육, 물, 공기, 인터넷, 지식 등의 형태로 자신의 공유지를 보호하는 데 사용될 수 있다.

개러드(Garrod)의 시나리오에서, 진보적 목표를 위해 반동적 기술을 활용할 가능성 즉, 비트코인과 비트코인의 기술을 신자유주의적 출현과 맥락에서 벗어나 좌파의 목표를 추진하고 공유지에 봉사할 가능성도 있다. 이 야망은 히토 스테예리(Hito Steyeri)에 의해서도 요약된다.

"이미지가 공유되고 유포될 수 있다면, 왜 다른 모든 것들은 그

블록체인과 암호화폐 혁명인가 반란인가

렇게 될 수 없을까? 데이터가 화면을 가로질러 이동하면 데이터
의 물질적 화신도 상점 창과 다른 인클로저를 가로질러 이동할
수 있다. 저작권을 회피하고 의문을 제기할 수 있다면, 사유재
산은 왜 그럴 수 없는가? 페이스북(Facebook)에서 레스토랑 요
리 JPEG를 공유할 수 있는데도 실제 식사가 아닌 이유는 무엇일
까? 공간, 공원, 수영장에 공정사용을 적용하지 않는 이유는 무
엇일까? 왜 MIT나 학교, 병원, 대학이 아닌 제이스토어(JSTOR)
에 대한 오픈 액세스만 주장하는 것일까? 데이터 클라우드가 슈
퍼마켓을 습격하는 것처럼 방출되어서는 안 되는 이유는 무엇일
까? 오픈 소스 물, 에너지, 돔 페리뇽(Dom Perignon) 샴페인은
어떨까?"

이에 대해 개러드(Garrod)는 비트코인이 점진적인 인간 개발의 기
초를 제공할 수 있다고 주장한다. 과연 그럴까 두고 볼 일이다.
현대의 기술적 배치는 본질적으로 해방적 정치에 봉사하는 것을 포
함하여 다양한 방식으로 사용될 수 있는 중립적인 도구의 집합이라는
주장이 자주 제기되고 있다. 그러나 조나단 크래리(Jonathan Crary)는
조르조 아감벤(Giorgio Agamben)을 통해 이러한 주장을 반박한다.

"오늘날 개인의 삶이 어떤 장치에 의해 모델링되거나, 오염되거
나, 통제되지 않는 순간은 단 한순간도 없다. (그러므로) 장치의
주체가 그것을 올바른 방법으로 사용하는 것은 불가능하다. 비
슷한 주장을 계속 퍼뜨리는 사람들은 그들이 포획된 미디어 장
치의 산물이다."

이처럼 억압적인 구조와 기술적 관행에 도전해야 한다는 것은 동의할 수 있지만, 억압자의 기술과 도구를 사용하고 있다면 어떨까? 그리고 이러한 도구가 응용 프로그램에서 홀더를 변형하고 왜곡할 경우는 어떨까?

잉그리드 엠 후푸드(Ingrid M. Hoofd)는 디지털 행동주의(또는 디지털 기술의 사용)가 디지털 신자유주의의 주체-주체의 속도, 연결성, 디지털 활동의 가치화를 복제하는 유사한 상황을 탐구하였다. 이것은 실제로 디지털 신자유주의 세계의 회전을 가속화하고 강화하는 결과를 낳을 수 있다.

정치적 행동주의는 이용 가능한 도구와 물질적 자원을 창의적으로 사용하는 것을 의미하지만, 도구 자체가 본질적인 구속적 가치를 지닌다고 상상하는 것을 수반해서는 안 된다.

정치적 우파의 이익에 봉사하기 위해 개발된 기술이 좌파에 의해 성공적으로 회복된 적이 있는가? 적어도 이러한 것들은 제기할 가치가 있는 우려들이다. 이것은 명백히 좌파정치를 하는 사람들 사이에서 비트코인에 대한 열광에 대한 응답으로 골룸비아가 제기한 침묵으로 대답한 비판적인 질문의 유형이다.

나의 대답은 유보하고 이 질문에 답하기에 앞서 분석적으로 두 가지 질문을 제기한다. 첫째, 정치적 우파가 선호하는 권력을 확대하기 위해 특별히 개발된 기술이 그 권력이 아니라 세력에 봉사하기 위해 변이(變異)가 어디서, 어떻게 일어났는지에 대한 설명을 요청하는 것이다. 하지만 그들은 내 요청을 반대한다. 둘째, 좌파사상(마르크스주의적이든 케인즈주의적이든)에서 비트코인의 필요성과 유용성에 이르기까지 경제적, 정치 · 경제적 근거에 대한 설명을 요청하는 것이다.

블록체인과 암호화폐 혁명인가 반란인가

디지털 암호학의 활용을 둘러싼 담론은 부(Wealth)의 보호와 사유재산의 보안을 둘러싼 쟁점들에 의해 지배되고 있는 것으로 보인다. 이것이 좌파와 공유지의 목표와 양립할 수 있는가? 비트코인 기술의 진보적 가능성에 대한 가장 큰 장애물은 아마도 비트코인 디지털 탈중앙화가 인프라와 기술의 산물이라는 측면에서 철저하게 이데올로기적이고 신자유주의적인 개념이라는 점일 것이다. 골룸비아(Golumbia)가 말했듯이, 정치적 가치는 말 그대로 (비트코인) 소프트웨어 자체에 코딩되어 있다. 이 디지털 기술이 점진적으로 사용되려면 이 코드와 소프트웨어를 많이 재고해야 한다.

궁극적으로는 인터넷의 인간화일 뿐일지도 모른다. 인터넷의 인간화는 공산주의 사회에서 공산주의 인터넷, 자본의 논리와 사적 이윤 창출에 의해 통제되는 인터넷이 아니라, 모든 사용자에 의해 통제되고, 모든 사용자에게 혜택을 주며, 소비에 의해 무궁무진하고 모든 사람이 지불 없이 접근할 수 있는 정보 선물의 논리에 기반을 둔 인터넷을 필요로 한다. 이러한 인터넷은 기술과 지식에 대한 공동의 접근, 공동생산, 공동의 소유, 공동의 통제, 계급을 초월한 공동의 이해관계, 공동의 이익, 공유지의 논리=공산주의의 현실이다. 그리고 진정한 진보적 가치가 충족되는 것을 보는 경우 인터넷의 집단화를 경계해야 할 것이다.

스르니첵(Srnicek)은 아마도 오늘날 우리는 플랫폼을 집단화해야 할 것이라고 제안하고, 골룸비아(Golumbia)는 권력에 맞서 싸우기 위해 필요한 것은 알고리즘 플랫폼과 스스로를 정치 위에 있다고 보는 개인들 사이의 더 많은 전쟁이 아니라 블록체인이 해체하기 위해 특별히 구성한 정치적 힘의 재주장이라고 한다.

디지털 경제의 특정 요소를 통제하고 규제하기 위한 조직화된 집회, 공공통제 및 집단적 권력의 재확인과 부활은 디지털 독점의 해체로 이어질 수 있고, 비즈니스 관행을 규제하고, 착취적인 기대치 플랫폼(lean platform)의 고용 조건을 금지하고, 새로운 개인정보 통제를 부과하고, 조세 회피에 대한 조치를 조정하고, 시장의 횡포로부터 우리를 해방시킬 수 있다.

블록체인 기술은 자본과 권력을 대중의 손에 맡기기 시작한다. 장기적 평등주의적 목표와 진보적 정치적 목표는 마침내 중앙집권적 지도자가 아닌 집단에서 나올 수 있다. 그러는 동안 네트워크 참여자는 국가권력의 최악의 과잉을 감시하고 완화하며 '감시국가 기구'로부터 독립적으로 의사결정을 해야 할 것이다. 물론 이것은 야심 찬 것이지만 그렇게 된다면 인터넷의 진정한 진보적 잠재력이 마침내 시야에 들어오는 것을 보게 될 것이다.

V. 암호화폐의 종말의 시작 ▮

암호화폐는 10년 남짓 만에 모호함에서 1조 달러의 가치로 놀라운 발전을 이루었다. 세계 지도자들은 암호화폐를 동등하게 칭찬하고 비난하며, 심지어 일부 국가에서는 법정통화가 되었다.

크립토는 짧은 수명 동안 두 단계를 거쳤다. 가격이 빠르게 상승하고 무명에서 벗어나는 단계, 그 후 세계적으로 인정받고 논란이 일고 가격이 변동하는 장기간의 단계가 이어졌지만 장기적으로 가격이 상

블록체인과 암호화폐 혁명인가 반란인가

승하지는 않았다. 이제 징후는 크립토가 마지막, 종말 단계를 시작한 다는 것을 보여 준다. 크립토 전도사들의 약속에 부응하지 못했더라도 크립토는 훌륭한 유산을 남길 것이다.

암호화폐가 마지막 단계에 접어든 이유는 암호화폐가 성공한 이유와 암호화폐가 약속하고 제공하지 못하는 것과 많은 관련이 있다. 모두 정치, 추측, 효율성에 달려 있다.

정치는 암호화폐의 기본이다. 그 기초 신화는 기술이 부패한 인간과 그들의 조직을 대체하는 세상이다. 정부가 초저금리와 반복적인 양적 완화로 남용하는 불환화폐 대신, 우리는 공정하게 프로그래밍된 알고리즘에 의해 생성되고 관리되는 디지털 화폐를 얻는다. 이러한 암호화폐 금융 시스템은 오늘날 우리가 가지고 있는 시스템보다 훨씬 더 효율적일 것으로 기대되며, 비용이 많이 들고 오류가 발생하기 쉬우며 부패한 은행 시스템을 현대 알고리즘, 프로그래밍 언어 및 시스템으로 대체할 것이다. 이 은행 시스템은 수 세기 동안의 유산 관행과 IT 시스템에 대한 반세기 이상의 점진적인 변경이 있었으며, 여전히 많은 부분이 반세기 전에 작성된 코볼(Cobol)을 기반으로 하고 있으며 IBM 메인프레임에서 실행되고 있다.

암호화폐 사명(mission)의 세 번째 판자는 투기이다. 암호화폐의 정치적, 효율성 측면을 매수하는 사람의 수가 너무 적어서 세상에 큰 영향을 미칠 수 없다. 진정한 신봉자는 암호화폐 내러티브를 형성하는 데 필수적이지만, 성공과 실패는 주로 비트코인의 가격이 4센트에서 오늘날 67,000달러로 엄청나게 상승한 데 힘입은 투기자들에게서 나온다.

기초 신화는 암호화폐의 성공에 필수적이다. 그렇지 않으면 기존 금융질서를 대체할 필요가 없을 뿐만 아니라, 더 중요한 것은 암호화폐가 폰지 사기가 아닌 이유이다.

암호화폐가 눈에 띄게 되었고 많은 투기꾼을 부유하게 만들었지만, 그것은 재단 신화가 약속한 성공을 누리지 못했다. 그것들은 말이 되지 않을 수도 있다. 결국, 금융 시스템은 여전히 거의 전적으로 구식 법정통화 금융기관에 기반을 두고 있다. 그리고 그것은 암호화폐의 높은 가격이 투기꾼들이 성공에 베팅하는 데 기반을 두고 있기 때문에 문제이다. 그렇게 되려면 재단 신화의 약속이 손이 닿을 수 있는 곳에 있어야 한다. 그렇지 않으면 투기꾼들은 낙담하고 암호화폐를 포기할 가능성이 크다. 그러면 악순환이 될 수 있다.

최근 정치와 추측이 모두 시험을 거쳤다. 정치부터 논의를 시작하자. 암호화폐의 건국 신화가 믿을 만하려면 그것이 기존 질서에 대한 믿을 만한 대안이어야 하며 정치적 기원에 충실해야 한다. 그러나 암호화폐 세계는 점점 더 정치를 포기하고 있다. 거의 모든 암호화폐 거래소는 구식 금융 규제기관이 부과한 자금 세탁 방지, 고객확인 및 제재 요건을 준수한다. 구식 금융당국은 너무 강력하다. 암호화폐는 주류로 이동하고 있으며, 암호화폐 전도사들은 암호화폐가 어떻게 진화해야 하는지 논의할 때 미시 신중 규제라는 언어를 점점 더 많이 사용하고 있다. 그것이 기초 신화를 파괴하지는 않지만, 메시지를 훼손하고 혼란스럽게 한다.

암호화폐는 국가의 통제에서 자유로운 화폐인가, 아니면 국가가 정한 규범에 따라 관리되는 화폐인가?

재단 신화의 효율성 측면도 훼손되었다. 암호화폐는 구식 금융 시스템보다 훨씬 나을 것이라고 약속하지만, 프라이버시, 무결성, 효율성 간의 어려운 균형 때문에 장애물에 부딪혔다. 가장 인기 있는 암호화폐인 비트코인은 본질적으로 비효율적이며 경제에 필요한 거래의 아주 작은 부분만 처리할 수 있다. 두 번째로 인기 있는 이더리움은 더 효율적이고 스마트 계약(암호화가 주류에 합류하기 위한 주요 수단)에 맞게 설계되었다. 그러나 이더리움은 최근 효율성과 정치적 수용성을 추구하기 위해 지분증명을 위한 채굴을 포기했다. 이는 더 이상 환경에 해로운 채굴이 없다는 것을 의미하지만, 이더리움 투자자가 무료로 돈을 인쇄할 수 있는 허가이기도 하여 재단 신화를 훼손한다. 한편, 스마트 계약에 대한 약속은 금융 규제기관과 법률 시스템이 설정한 심각한 장애물에 부딪혔다.

구식 법정통화 시스템은 가만있지 않았다. 금융당국과 민간 부문은 암호화폐가 초래하는 위협에 민감하게 반응하고 있으며, 절실히 필요한 개혁을 제안하고 심지어 이행함으로써 대응했다. 결국, 개혁이 현직자들의 임대료를 위협하기 때문에 금융중개가 비효율적이고 착취적일 때, 암호화폐에 대한 여지를 남긴다. 이를 미연에 방지하기 위해 당국은 대응했다. 브라질의 PIX는 구식 시스템이 압력을 받으면 무엇을 할 수 있는지 보여 주는 훌륭한 사례이다. 중앙은행 디지털 통화는 암호화폐 덕분이다.

한편, 암호화폐는 비트코인 가격이 4센트에서 16,000달러로 상승하면서 동기를 부여받았던 과거만큼 투기자들에게 매력적이지 않다. 비트코인은 5년 전만 해도 16,000달러였고, 최고가에서는 67,000달러까지 오르다가 최저 3,200달러까지 떨어졌다. 아마존이나 애플과 비교하면 투기적 투자로서 그다지 매력적이지 않다. 그리고 우리는 모든 스캔들을 가지고 있다.

암호화폐의 가장 큰 문제 중 하나는 기술적으로 가장 유능하고 결단력 있는 투자자만이 자체 보관을 관리하고 자신의 키를 제어할 수 있다는 것이다. 대부분의 투기자는 암호화폐 금융기관을 사용해야 한다. 그리고 그들은 사람들의 돈을 훔치는 습관이 있다. 최근에 FTX는 실사, 소비자 보호 등과 같은 기존 관행을 새로운 암호화폐 세계가 아닌 구식 시스템에 속한다고 큰 소리로 일축했다.

이제 암호화폐 정치철학의 부패를 논의한다. 금융 시스템은 항상 부패하고 무능한 은행가를 끌어들였으며 암호화폐 세계에서도 다를 이유가 없다. 문제는 투기자가 사기로 인해 상당한 손실을 입었고 그 손실이 널리 알려지면 새로운 투기가 억제된다는 것이다. 또 암호화폐 가격을 떨어뜨린다. 그러면 투기자는 왜 대신 테슬라나 게임스톱을 선택하지 않을까라고 생각한다. 그러는 동안, 그것은 구식 시스템의 제도가 시스템 사용자를 보호하는 데 필요하다는 이야기를 강화하여 기초 신화를 더욱 침식한다.

훼손된 정치적 사명, 아직 실현되지 않은 효율성, 그리고 투기꾼들의 피해는 암호화폐가 마지막 쇠퇴 단계에 접어들고 있음을 시사한다. 물론, 이는 빠르게 일어나지 않을 것이고, 우리는 암호화폐 랠리를 볼 가능성이 크다. 하지만 근본적인 변화가 없다면, 이는 종말의 시작일 뿐이다. 아마도 금융당국은 인플레이션에 대한 통제력을 더욱 상실하여 기반 신화를 부추길 것이다. 나는 그것만으로는 충분하지 않다고 생각한다.

암호화폐의 강점은 분산화이지만, 그것이 약점이기도 하다. 암호화폐 세계는 FTX와 같은 학대적인 회사가 상점을 차리는 것을 막을 수 없다. 심지어 투기를 용이하게 하기 위해 규제되지 않은 회사가 필요하고, 그들이 실패하면 그 여파를 감수해야 한다.

한편, 암호화폐 애호가들은 모두 자신만의 견해를 가지고 있어 메시지를 희석한다. 그러나 거시적 또는 미시적 신중한 관점에서 암호화폐에 대한 대중의 우려는 거의 없다. 그것이 사회에 체계적인 금융 위협을 가한다는 것을 암시하는 것은 거의 없다. 오히려 그것은 너무 작아서 옛날식의 너무 커서 실패할 수 없는(대마불사) 은행과 달리 체계적일 수 없다.

크립토는 금융 시스템의 고객을 보호하는 것과 관련된 미시적 신중성 문제이다. 하지만 사람들은 흡연, 오토바이 타기, 복권 구매, 비행기에서 뛰어내리기, 도박, 고위험 음수 NPV 투자에 대한 투기 등과 같은 높은 위험을 감수할 수 있다. 따라서 당국이 이를 허용한다면 크립토도 허용해야 한다.

크립토의 종말이 시작되었지만, 기존 시스템의 모든 비효율성과 착취에 대해 경고함으로써 많은 좋은 결과를 가져왔고, 당국과 민간 부문이 개혁하도록 강요했다. 그리고 그것이 크립토가 남긴 긍정적인 유산이다.

블록체인과 암호화폐 혁명인가 반란인가

블록체인과 암호화폐 혁명인가 반란인가

블록체인과 암호화폐 혁명인가 반란인가

블록체인과 암호화폐 혁명인가 반란인가

블록체인과 암호화폐 혁명인가 반란인가

블록체인과 암호화폐 혁명인가 반란인가

참고문헌

이 책을 집필하면서 참고하여 인용한 문헌 및 인터넷 자료는 다음과 같다.

▶ Brent Donnelly, "Crypto: 21st-Century Philosophy for People Who Have Never Studied History," (Nov. 16, 2022), https://squareman. substack.com/p/crypto-21st-century-philosophy-for-people-who-have-never-studied-history.

▶ Brian Tall, "Bitcoin: It's Probably Not What You Think It Is," (Jan. 11, 2018), https://www.brightonjones.com/blog/cryptocurrency-bitcoin-origin/.

▶ Chainalysis Team, "How Governments Regulate Cryptocurrency," (Oct. 26, 2021), https://www.chainalysis.com/blog/cryptocurrency-regulation-explained/.

▶ Eva R. Porras and Bryan Daugherty, "Bitcoin and Ethics in a Technological Society," (Mar. 23, 2021), doi: 10.5772/intechopen.96798. https://www.intechopen.com/chapters/75905.

▶ Fernando Sanchez, "Determinism: The Philosophy of Blockchain," (Feb. 8, 2020), https://blockchain.news/insight/determinism-the-philosophy-of-blockchain.

▶ Gianluca Segato, "A Philosophical Intuition Behind the Blockchain," (July 2021), https://giansegato.com/essays/a-philosophical-intuition-behind-the-blockchain.

블록체인과 암호화폐 혁명인가 반란인가

▶ Griffin Daughtry, "The Ideological Origins of Bitcoin," Foundation for
  Economic Education (FEE), (Jun. 26, 2019), https://fee.org/articles/the-
  ideological-origins-of-bitcoin/.

▶ https://recommended.top/philosophy-of-cryptocurrency/#Philosophy_
  of_Cryptocurrency.

▶ Jesper, "Stoicism Philosophy & Crypto Investments: How to Build
  Wealth & Success," (Feb. 7, 2022), https://mindandpractice.com/
  stoicism-philosophy-crypto-investments-how-to-build-wealth-
  success/.

▶ Jon Baldwin, "In Digital We Trust: Bitcoin Discourse, Digital
  Currencies, and Decentralized Network Fetishism," Palgrave
  Communications Vol.4, No.14, (2018), https://www.nature.com/
  articles/s41599-018-0065-0.

▶ Sasha Shilina, "Chain of Thought: Exploring Blockchain Through the
  Lens of Philosophy," Paradigm (May 26, 2023), https://medium.com/
  paradigm-research/chain-of-thought-exploring-blockchain-
  through-the-lens-of-philosophy-5c81198312bd.

▶ Shawn Amick, "Bitcoin And The Philosophy Of Free Choice,"
  (Oct 21, 2021), https://bitcoinmagazine.com/culture/bitcoin-and-
  philosophy-of-free-choice.

▶ Simon Butler, "The Philosophy of Bitcoin and the Question of Money,"
  Sage Journal Vol.39, No.5 (Nov. 5, 2021), https://orcid.org/0000-
  0001-9547-1558, https://doi.org/10.1177/02632764211049826;
  https://journals.sagepub.com/doi/10.1177/02632764211049826.

▶ sshshln, "Blockchain in terms of philosophy: From Plato to Foucault,"
  (May 30, 2023), https://hackernoon.com/blockchain-in-terms-of-
  philosophy-from-plato-to-foucault.

▶ Stephen Diehl, "The Philosophical Argument Against Crypto," (Apr. 17, 2022), https://www.stephendiehl.com/blog/philosophy.html.

▶ Turan Sert, "Philosophy behing Blockchain," (May 25, 2021), https://turansert.com/genel/2021/05/25/philosophy-behind-blockchain.html.

▶ Wanguba Muriuki, "The Philosophy Behind Cryptocurrency Forks," (Dec. 21, 2023), https://totalbitcoin.org/philosophy-behind-forks/.

▶ Wendy McElroy, "Wendy McElroy: The Narrative and Philosophy of Cryptocurrency," (Feb. 5, 2020), https://news.bitcoin.com/the-narrative-and-philosophy/.

블록체인과 암호화폐 혁명인가 반란인가